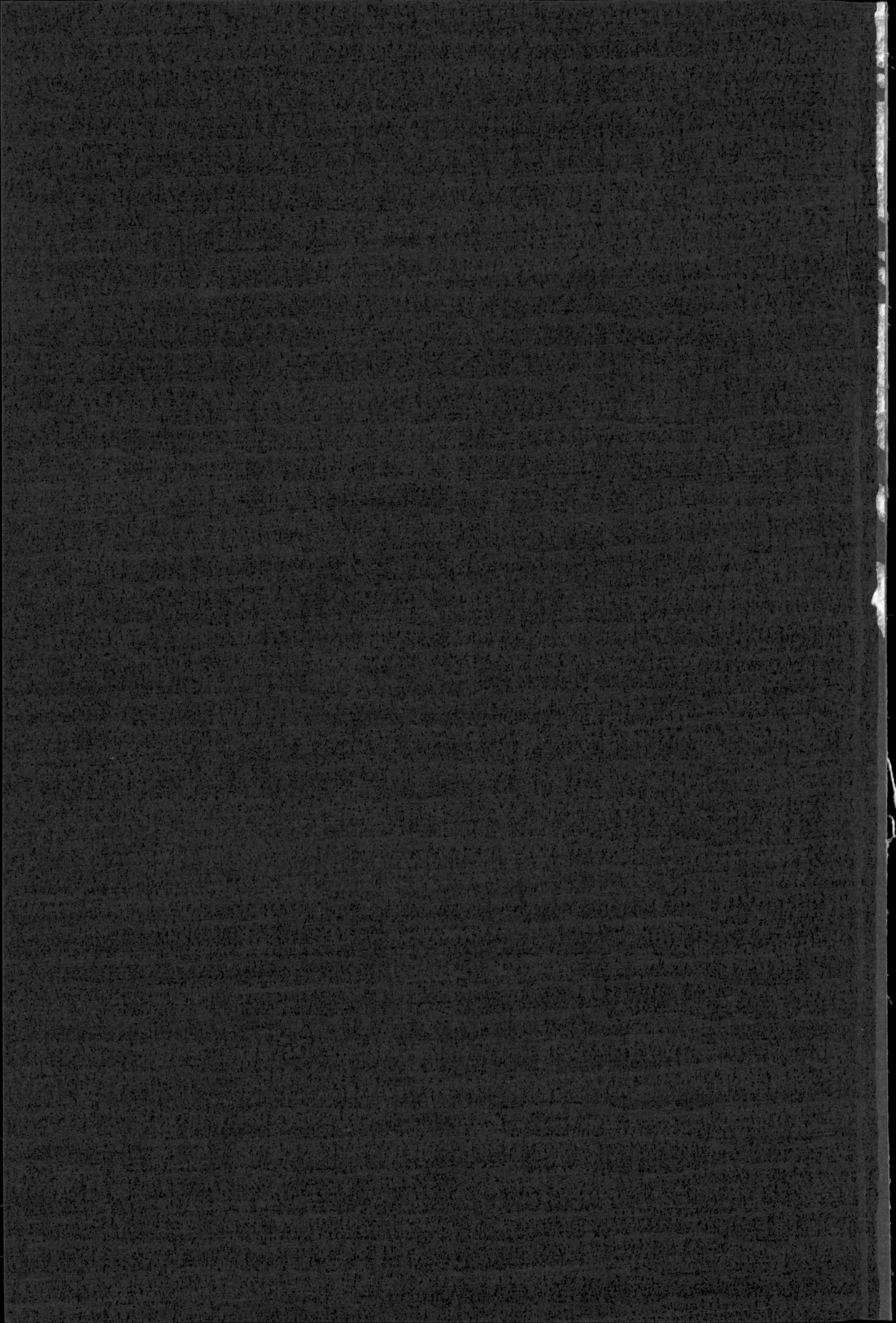

广东华侨史文库

民国粤人赴澳大利亚留学档案全述

（新会卷）

粟明鲜　编著

南方出版传媒　广东人民出版社

·广州·

图书在版编目（CIP）数据

民国粤人赴澳大利亚留学档案全述. 新会卷 / 粟明鲜编著. —广州：广东人民出版社，2021.3

（广东华侨史文库）

ISBN 978-7-218-14737-6

Ⅰ. ①民…　Ⅱ. ①粟…　Ⅲ. ①留学教育—教育史—档案资料—汇编—新会—民国　Ⅳ. ① G649.296.5

中国版本图书馆 CIP 数据核字（2020）第 245983 号

MINGUO YUEREN FU AODALIYA LIUXUE DANG' AN QUANSHU · XINHUI JUAN

民国粤人赴澳大利亚留学档案全述·新会卷

粟明鲜　编著

版权所有　翻印必究

出 版 人：肖风华

策划编辑：王俊辉
责任编辑：胡扬文
装帧设计：奔流文化
责任技编：吴彦斌

出版发行：广东人民出版社
地　　址：广东省广州市海珠区新港西路204号2号楼（邮政编码：510300）
电　　话：（020）85716809（总编室）
传　　真：（020）85716872
网　　址：http://www.gdpph.com
印　　刷：广州市人杰彩印厂
开　　本：787毫米×1092毫米　1/16
印　　张：33　　字　　数：660千
版　　次：2021年3月第1版
印　　次：2021年3月第1次印刷
定　　价：98.00元

本研究得到五邑大学广东侨乡文化研究院资助

《广东华侨史文库》
编委会

《广东华侨史文库》总序

广东是我国第一大侨乡，广东人移民海外历史久远、人数众多、分布广泛，目前海外粤籍华侨华人有3000多万，约占全国的2/3，遍及五大洲160多个国家和地区。

长期以来，粤籍华侨华人紧密追随世界发展潮流，积极融入住在国的建设发展。他们吃苦耐劳、勇于开拓，无论是东南亚地区的产业发展，还是横跨北美大陆的铁路修建，抑或古巴民族独立解放战争以及世界反法西斯战争，都凝聚着粤籍侨胞的辛勤努力、智慧汗水甚至流血牺牲。时至今日，越来越多的粤籍华侨华人政治上有地位、社会上有影响、经济上有实力、学术上有成就，成为住在国发展进步的重要力量。

长期以来，粤籍华侨华人无论身处何方，都始终情系祖国兴衰、民族复兴、家乡建设。他们献计献策、出资出力，无论是辛亥革命之时，还是革命战争年代，特别是改革开放时期，都不遗余力地支持、投身于中国革命和家乡的建设与发展。全省实际利用外资中近七成是侨、港、澳资金，外资企业中六成是侨资企业，华侨华人在广东兴办慈善公益项目超过3.3万宗、捐赠资金总额超过470亿元，为家乡的建设发挥了独特而巨大的作用。

长期以来，粤籍华侨华人充分发挥桥梁纽带作用，致力于促进中外友好交流。他们在自身的奋斗发展中，既将优秀的中华文化、岭南文化传播到五大洲，又将海外的先进经验、文化艺术带回家乡，促进广东成为中外交流最频繁、多元文化融合发展的先行地，推动中外友好交流不断深入、互利合作不断拓展，成为世界和平与发展的友好使者。

可以说，粤籍华侨华人的移民和发展史，既是中国历史的重要组成部分，更是世界历史不可缺少的亮丽篇章。

站在中华民族更深入地融入世界、加快实现伟大复兴中国梦的历史关口，面对广东全面深化改革开放、奋力实现"三个定位、两个率先"总目标的使命要求，中共广东省委、广东省人民政府决定编修《广东华侨史》，向全世界广东侨胞和光荣伟大的华侨历史致敬，向世界真实展示中国和平崛起的历史元素，也希望通过修史，全面、系统地总结梳理广东人走向世界、融入世界、贡献世界的历史过程和规律，更好地以史为鉴、古为今用，为广东在新形势下深化改革开放、加快转型升级、进一步当好排头兵提供宝贵的历史经验，形成强大的现实助力和合力。

编修一部高质量的《广东华侨史》，使之成为"资料翔实、观点全面、定性准确、结论权威"的世界侨史学界权威的、标志性的成果，是一项艰巨的使命，任重而道远。这既需要有世界视野的客观立场，有正确把握历史规律的态度和方法，有把握全方位全过程的顶层设计，更需要抓紧抢救、深入发掘整理各种资料，对涉及广东华侨史的各方面重大课题进行研究，并加强与海内外侨史学界的交流，虚心吸收国内外的研究成果。作为《广东华侨史》编修工程的重要组成部分，编辑出版《广东华侨史文库》无疑十分必要。我希望并相信，《广东华侨史文库》的出版，能够为广东华侨华人研究队伍的培育壮大，为广东华侨华人研究的可持续发展，为《广东华侨史》撰著提供坚实的学术理论和基础资料支撑，为推进中国和世界的华侨华人研究做出独特贡献，并成为中国华侨华人研究的重要品牌。

是为序。

广东省省长 朱小丹

2014年8月

前　言

　　中国向西方学习的留学潮，始于近代洋务运动时期。而自那时起，广东，尤其是珠江三角洲各市县，就一直是这一留学潮的领先者。

　　档案资料表明，中国近代大规模留学潮，发端于十九世纪七十年代，亦即始于清朝官派的赴美留学计划。根据这项计划，从一八七二年到一八七五年，清政府每年向美国派送了三十名小留学生，前后达一百二十人，史称"留美幼童"。而检视这一百二十名留美幼童的籍贯，可以发现他们中来自广东一省者，竟有八十四人之多，即占了其全部留学人数的百分之七十，而又以香山（中山）县为最。另外有二十二名籍贯为江苏的孩童，占百分之十八。其余的孩童，则分别零星地来自以下四省：浙江八人，安徽三人，福建二人，山东一人。①

　　然而，清朝的上述留学计划进行不到十年，因种种阻碍与非难，竟半途夭折。但是前往西方的道路已经打通，"师夷长技以制夷"的理念已在中国生根发芽。向外国学习，已成为中国社会变革的一项动力。由是，自晚清起，中国人出洋留学渐成浪潮，如清末的留学日本热、民国初年的赴法勤工俭学、北伐时期的苏联留学热、民国不同政府时期的官派赴欧美留学等，一波接一波，连绵不绝。不过，上述所列种种留学热潮多为官派性质，大多须先通过官方的考试，且以青少年为主，通常都是去读中学和大学。事实上，

---

① 钱刚、胡劲草著：《大清留美幼童记》，当代中国出版社，2010年。

在上述过程中，还有大批的赴外留学，是属于自费性质的。

民国时期，这种自费性质的赴外留学行为已遍及全国，但仍以广东省为最。盖因自近代开始，前往北美大陆和大洋洲讨生活并最终定居当地之粤省民众日盛，引得众多具有条件之家庭纷纷顺应留学潮遣送子女前往这些国家尤其是英语国家留学；同时也继承了晚清官派留美幼童的传统，许多家庭送去国外留学者也都是幼童——亦即我们现在所说的"小留学生"。

目前国内关于民国时期赴外留学的研究，所涉及的中国人自费前往留学之目的地，多集中在东洋和欧美，鲜少涉及大洋洲地区（主要是澳大利亚）。[①]即便是已经由广东省侨务部门组织出版的该省侨乡地区之华侨史志，有关民国时期前往大洋洲地区的自费留学史实，亦多付之阙如。[②]即或坊间有某个家族中人赴澳大利亚留学之传闻，也难以载入史书，主要原因在于，中国当地与此相关之档案十分难觅。然在民国初期（二十世纪一十年代至三十年代），广东赴澳留学实有数百人之众，俨然生成中国赴澳留学潮流的第一波。

在过去数年间，笔者对澳大利亚国家档案馆所藏的相关档案资料进行了检索查阅，结果表明，民国时期，主要是北洋政府（包括广州军政府时期）以及南京国民政府时期，有相当一大批的广东学子（主要是少年儿童），曾在二十多年的时间里，相继赴澳留学。此种留学以就读小学和中学为主，其后，一些人也在澳就读商校（商学院）、技校（工学院）或大学。这些到澳大利亚留学的年轻人，大多来自珠江三角洲，尤集中在当时的香山（后改称中山，现中山市和珠海市）、四邑（台山、新会、开平、恩平）、惠阳、高要、东莞、增城等县。从澳大利亚现有档案所显示出之留学生籍贯来看，他们以来自香山县、新宁（台山）县、新会县和开平县者最多。澳大利亚当地

---

① 有关研究近代以来中国人留学东西洋的课题及其成果，可以参阅实藤惠秀：《中国人留学日本史》，生活·读书·新知三联书店，1983年；陈学恂、田正平编：《中国近代教育史汇编——留学教育》，上海教育出版社，1991年；舒新城：《近代中国留学史》，上海中华书局，1933年；李喜所、刘集林等：《近代中国的留美教育》，天津古籍出版社，2000年；刘晓琴：《中国近代留英教育史》，南开大学出版社，2005年；林子勋：《中国留学教育史（1847-1975）》，（台湾）华冈出版有限公司，1976年；魏善玲："民国前期出国留学生的结构分析（1912-1927）"，《华南农业大学学报（社会科学版）》，2012年第1期。

② 比如，1996年广东人民出版社出版之《广东省志·华侨志》，恰恰就是缺少侨乡的出国教育方面之记述。

学者迄今尚未有利用这些档案，对这段历史予以整理和开展研究的，因而，将这些档案资料收集整理，就有助于我们了解二十世纪上半叶的澳大利亚华人生存状况及他们的子女在澳读书学习的情况。

实际上，这些来澳留学的珠江三角洲少年儿童，其父辈（包括父亲、叔伯、舅舅、兄长等）大多是第一代移居澳大利亚之华人，基本上都是自十九世纪中叶淘金热始至二十世纪初先后奔赴澳大利亚淘金和做工，于澳大利亚联邦成立前后定居于这块土地上的广东人。[①]有鉴于第二次世界大战之前在澳大利亚谋生和定居的华人籍贯这一特点，从而造成了民国时期赴澳留学生来源地亦主要是上述地区这一现象。这些来自于珠江三角洲的小留学生，之所以于此时前来澳大利亚留学并形成一股潮流，皆肇因于一九〇一年澳大利亚联邦成立后正式推行的歧视和排斥亚裔尤其是华人移民的"白澳政策"（White Australia Policy）。[②]由于"白澳政策"的实施，中国人要想进入澳大利亚，就有许多障碍。而正是这些障碍，导致二十世纪初年后在澳华人数量急剧下降。根据澳大利亚人口统计资料，随着澳大利亚联邦的建立，在澳之华人逐渐减少，如一九〇一年，在澳华人总计有两万九千二百六十七人，此外还有中国人与欧裔婚配而生之混血者（被称为"半生蕃"）三千零九十人；一九一一年，华人有两万二千七百五十三人，加上混血者三千零十九人；十年之后的一九二一年，华人减至一万七千一百五十七人，加上混血者三千六百六十九人，总计也就只剩下两万人左右；到一九三三年，华人总数更降至一万零八百四十六，再加上混血人口三千五百零三，共剩不到一万五千人。[③]这些能留澳继续打拼的华人，大都是取得长期或永久居留权

① 关于早期粤人赴澳谋生及定居的著述，可参阅亨利·简斯顿著、杨于军译：《四邑淘金工在澳洲》，中国华侨出版社，2010年；梅伟强、关泽峰：《广东台山华侨史》，中国华侨出版社，2010年。

② 关于澳大利亚自一九〇一年成立联邦之后便开始实施的"白澳政策"及其对在澳华人之影响，可参阅John Fitzgerald, *Big White Lie*: *Chinese Australians in White Australia*, Sydney: University of New South Wales, 2007。

③ Population of Chinese in Australia, NAA：A433, 1949/2/8505（此处的"NAA"是指澳大利亚国家档案馆宗卷，其后为其宗卷号，下同）。

者，包括少数已入澳籍之华人，比如，来自香山县的欧阳南（D. Y. Narme）[①]和来自新宁县的刘光福（William Joseph Liu）[②]。这些留在澳大利亚的华人，在二十世纪初年之后生活普遍地稳定下来，收入有了一定的保障，他们陆续回国结亲，生育后代。但囿于"白澳政策"，绝大部分澳大利亚华人只能将妻小留在中国。[③]同样是由于"白澳政策"的限制，那些得以长期居留在澳、甚或在澳大利亚联邦成立之前已入澳籍之华人，其在中国婚配的妻室及他们在中国出生的后代皆非澳籍，也不能自由前往澳大利亚团聚，子女教育也就成为他们（包括在澳之华人以及他们在中国的亲属）十分关注的一大问题。拼搏奋斗多年后，若稍有积蓄，申请将其子女以及子侄辈接来澳大利亚留学读书，便是解决此项问题的一个途径。经由此径，一方面使其子女及子侄辈能有机会在澳大利亚接受正式的西方教育，学得英语及一技之长，回国后无论是经商创业还是从军入仕都可占据相当优势；另一方面，于子女来澳留学期间，他们也正好一尽家长监护之责，增进父子或父女之情；随着其子女和

---

① 欧阳南，生于一八九〇年，但未及十岁就在十九世纪末年来到澳大利亚发展，一九二十年代便在雪梨华社中极为活跃，是当地著名华商。澳大利亚国家档案馆中有关欧阳南的宗卷，见：David O'Young Narme［Chinese-arrived Sydney per SS EASTERN, 1899. Box 36］，NAA: SP11/2, CHINESE/ NARME D O。但另一篇文章显示，欧阳南是香山县南朗麻子村人，十八岁随叔父赴澳谋生，后创设安益利行(On Yik Lee & Co.)，批发中国药材，是最早在雪梨开金山庄的香山人，此后又兼营机器洗衣店(见陈迪秋："澳洲香山华侨对孙中山领导的革命运动的贡献（二）"，载《中山侨刊》第93期［2011年4月1日］，第32页)。根据澳洲档案，安益利公司由来自广东省香山县的华商李益徽 (William Robert George Lee)等于十九世纪末在雪梨开创，后由其子李元信(William Yuison Lee)继承并成为大股东，于一九一三年二月十八日在鸟修威省工商局正式注册。详见鸟修威省档案馆保存的十九世纪末二十世纪初在该省工商局登记的工商企业注册记录：https://search.records.nsw.gov.au/ permalink/f/1ebnd1l/INDEX1817337；但到一九二二年，该公司重组，李元信退出，由欧阳南、林祥等人接管成为股东，并在当年七月十日在鸟修威省工商局正式注册，显示其董事会的变更，详见同上：https://search.records.nsw.gov.au/permalink/f/1ebnd1l/INDEX1817338。据此，所谓欧阳南创设安益利公司的说法并不正确，只能说在一九二十年代初重组该公司时，他成为主要股东。
② 黄昆章："澳大利亚华人领袖刘光福"，《华侨华人历史研究》1989年第3期；另见Barry McGowan："Liu, William Joseph（1893-1983）"，in *Australian Dictionary of Biography*，Vol. 18，（MUP），2012。
③ 二十世纪初澳大利亚限制居澳华人携带妻子入境的最著名一例，是来自广东省开平县的潘巍（Poon Gooey）偕妻入澳案。潘妻经其夫力争，于一九一〇年获入澳半年签证，后因在澳生育二女而延签，于一九一三年被澳洲政府遣返。该案成为澳洲限制华人尤其是中国妇女入境之最佳证据。详见Kate Bagnall："*A legacy of White Australia: Records about Chinese Australians in the National Archives*"，in http://www.naa.gov.au/collection/publications/papers-and-podcasts/ immigration/white-australia.aspx#section14，visited on 17：25，30/1/2016。

子侄辈之年龄增长，英文能力及知识技艺提高，以及社会阅历增长，他们也可为自己在澳之生意与事业拓展增添帮手，如为具备留澳条件之子女申请长期居留澳大利亚，以继承生意和事业。根据已经检索到的澳大利亚档案资料显示，这些粤省小留学生来澳大利亚入学的年龄，大多在十至十七岁之间，还有年龄在七至八岁甚或更小者；他们在澳留学的时间跨度，少仅数月，多则长达十年以上，甚至还有因太平洋战争爆发滞留时间更长者。

当然，中国学子要成功地赴澳留学，其先决条件须有政策的制定与颁行，方可办得入澳签证。澳大利亚此前是英国殖民地，虽然于一九〇一年建立了澳大利亚联邦，成为英国的自治领，但其外交事务仍由宗主国负责，因此，大清国直到光绪三十四年（一九〇八年）方才于澳大利亚设立总领事馆。首任总领事梁澜勋抵达澳大利亚后，就已经听到了华社的强烈呼声，要求协助办理居澳华人在中国之子女及亲属来澳留学事宜，为此，梁总领事便开始准备就此与澳大利亚当局商讨，以解决中国学生来澳留学之签证问题。但他未及着手进行，就于宣统二年（一九一〇年）离任。接替他职位的是唐恩桐总领事，到任不到半年，即因水土不服于次年五月奉调回国，也来不及处理此事。随后，黄良荣接任大清国最后一任驻澳大利亚总领事，他从一九一一年下半年开始行动，就此问题与澳大利亚当局反复磋商。此后，中华民国驻澳大利亚的头两任总领事曾宗鉴和魏子京持续不断地与澳大利亚政府相关部门进行了几近十年的马拉松式的谈判（期间因第一次世界大战而导致谈判工作停顿），最终于一九二〇年达成了中国学生入境留学的备忘录，亦即《中国留学生章程》。

根据这个章程，中国学生入境澳大利亚留学的条件如下：

一、中国男女学生持中国外交机构所发给之具中英二种文字的护照，并由在华相关出境地之英国领事签证，或由在澳洲境内中国总领事馆发给之护照并由内务部核发签证者，准允入境。护照上应贴具持有人之近照，并详列其性别、年龄、财政担保来源、拟在澳留学之年限与欲读课程，以及留学地点及住所。

二、学生抵澳后，按规定无须"免试纸"。[①]其签证有效期为十二个月，如需展签，在签证期满前，须通过中国总领事馆向内务部长提出申请。

三、学生抵澳后，应立即在中国驻澳总领事馆登记，如住址和学习计划变更，应及时知照之；而中国总领事馆对此亦应及时知照内务部，以随时保持其对这些学生信息之知情。

四、学生在抵澳后，应立即提供给内务部两位担保其在澳留学之澳大利亚居民或商号之姓名（或名称）与地址，他们应为该生在澳留学提供财政资助，并保证其在学成后如期返回中国。

五、学生入境后，须就读政府认可之正规学校，修读正式课程，并可由内务部长特批进行实习、替工或接受技术或其他特别的培训，但不能打工挣钱以支撑其在澳之生活。

六、学生在签证期满之后，应按规定返回中国。

七、内务部长保留对上述章程之解释权，并可根据情况对违规者取消其签证。[②]

该章程于一九二一年正式实施，主要由中国驻澳大利亚总领事馆主导学生护照和入澳签证的申请和办理。当年，仅该馆就发出一百多份学生护照，可见赴澳留学之踊跃，形成了中国人赴澳留学的首波浪潮。[③]但随着中国留学

---

① Certificate of Exemption from Dictation Test（英文简写成CEDT，亦译为"听写测试豁免证明"或"免试纸"，当时的华人也称之为"回头纸"）。听写测试（Dictation Test）是澳大利亚联邦成立后实施排斥亚裔移民之"白澳政策"（White Australia Policy）最重要的组成部分，于一九〇一年开始实施，一九五八年终止。根据一九〇一年澳大利亚第一次联邦议会通过的《移民限制法案》（The Immigration Restriction Act）的核心内容语言测试法案规定，移民官员可使用任何一门欧洲语言，对有意申请移民入境者进行一项五十个单词的听写测试；如未能达标，则有权拒绝其入境。其主要针对者，即为华人。而听写测试豁免证明则是发给那些非欧裔之澳大利亚居民（长期居民或永久居民）短期出境澳大利亚时使用，作为返回证明。该项证明也给予那些非欧裔获准入境澳大利亚经商、留学及探亲之人士，与签证类似。

② Chinese merchants and students：Conditions governing entry into Australia, NAA：A2998, 1951/2130。

③ 根据档案记载，在上述章程实施之前，即二十世纪二十年代之前的清末民初时期，澳大利亚已经接受了部分中国留学生入读各类学校，但人数不多，申请亦不规范，不似二十年代之后形成一波浪潮。而且此前这些中国留学生中，有些人其实是澳大利亚本地出生的第二代华人，也被列入外侨学生（中国留学生）之类别。详见Chinese students at Australian Universities, NAA：A1, 1910/1811；Photographs of Chinese Children admitted for education purposes, NAA：A1, 1920/7136；Yu Wing Educn Ex/cert Education Exemption Certificate, NAA：A1, 1917/13767；Application for permission for Gock Bow to enter the Commonwealth for 3 years for Educational purposes, NAA：A1, 1911/11687。

生陆续抵澳，在他们留学澳大利亚的过程中逐渐暴露出一些问题，包括学生来澳之年龄以及学籍的管理，学生的出勤率及学费，还有英语学识能力等，而后者直接关系到这些来澳留学的中国学生与本地学生一同上课时，能否听得懂授课内容以及是否能跟得上课程学习进度等问题。事实上，有的中国小学生抵达澳大利亚时，年仅五岁。另一方面，上述章程没有规定中国留学生来澳就读学校的性质，故大部分入读之当地学校皆为公立，这就意味着他们可与当地学生一样享受免费教育，但这是致力于推行"白澳政策"之澳大利亚当局及主流社会所不愿意提供给亚裔人士的福利。此外，来澳留学生与其担保人或监护人之间的关系也受到明确限制，亦即要限于在澳华人之子女或其子侄辈，方才符合入境之条件。为此，澳中两国通过联邦政府内务部与中国驻澳大利亚总领事馆商讨修改章程中的年龄限制，于一九二四年达成初步意见后，修订了《中国留学生章程》并于一九二六年中正式实施。其主要的变化在于：（一）对来澳学生年龄设限，即最低为十岁，最高为二十四岁。对在澳留学最高年龄设限，旨在强调，中国学生于年满二十四岁之后，必须结束学业返回中国，不得滞留。对十岁至十三岁之学子，申请时不要求有英文基础，惟须有家长陪同来澳；但对十四岁至十七岁之学子，申请时须具备基本的英文学识能力；十九岁以上者则不能再读中学，须进入技校、商学院或工学院等专门学校或大专学院入读。（二）来澳留学生只能入读政府认可之私立学校，同时要提供拟入读私校接纳该生之录取函，以作凭据。[①]由是时始，中国学生皆循此《中国留学生章程》修订新规，申请来澳留学。

上述《中国留学生章程》的修订，实际上也是澳大利亚政府在推行其"白澳政策"的过程中，于入境细节上进一步强化对来澳中国留学生的限制和管理。至一九三〇年底一九三一年初，由中国驻澳大利亚总领事馆发出的学生护照已超过六百份，尽管其中或有部分护照发出后被澳大利亚内务部拒签，但中国政府驻相关省份如广东和江苏省之外交部特派交涉员公署以及北洋政府外交部等机构同期也签发了一定数量的护照并获得当地英国使领馆的

---

① Chinese students–Conditions of admission to Australia，NAA：B13，1926/26683。在该章程修订前，来澳之中国留学生既可以入读政府所办之公立学校，也可以进入私立学校或教会学校。事实上，大部分来澳留学生是注册入读公立学校，如此在学费上便可节省一大笔开销。

签证（澳大利亚当时仍由英国代为负责对外事务，由英驻各国之使领馆代办所有赴澳签证），因而这十年间，最终来澳留学的人数实不低于六百。自一九三〇年起，有鉴于现行在澳实施的中国学生留学章程仍有若干值得争取改进之处，中国学子来澳留学的利益尚待更周全之维护，中国驻澳大利亚总领事馆再次与澳大利亚政府协商，对其中的一些条款做出了调整，主要是将无须英文基础的年龄限制提高到十四岁，[①]甚至酌情提高到十五岁，从而使更多的中国学生可以规避英语要求成功来澳留学。调整后的中国学生一九三零留学章程共十一条，其内容如下：

一、中国学生自十岁至十九岁者可以来澳留学；

二、学生在澳年龄以至二十四岁为限；

三、学生在澳之时须专事读书按时到校授课不得兼营他业或帮助工作；

四、学生到澳后须入经澳内务部认可之私立学校不得入汽车学校；

五、学生一切费用均由其父母或保护人完全担任；

六、学生自十四岁至十九岁者须识初等英文方能来澳因到澳时须经税关考试；

七、学生自十岁至十五岁来澳依从其父母者可向本馆领取护照，此项学生无需英文知识惟学生之生期年龄须准确因华人曾于某年回国澳洲税关有案可稽不可稍事含糊；

八、凡有请发留学护照者应将下列各项寄交本馆：

（甲）学生相片四张三寸四寸皆可

（乙）填单两张由请照人填写签押

（丙）声明书汉文英文各一张由请照人及担保人填写签押

（丁）私立学校声明承允收容该生之函件；

九、凡有学生年满十四岁来澳留学而非依从其父母者除第八条所述各项以外另需下列两项：

（甲）该生曾在中国何校读书英文程度如何应由该校校长来函证明

（乙）该生亲笔抄写英文一张；

十、学生若迁移住所或拟转入他校时担保人应立即报告总领事馆；

---

① 详见：Chin Loon Hee-Student passport [1cm], NAA: A433, 1949/2/8534。

十一、学生来澳留学每届十二个月为一时期若拟继续留学时应在该期届满以前函达总领事馆并须附来该生在学校之成绩表。①

自此之后，中国总领事馆在处理中国学生来澳留学之护照与签证申请时，就一直按此章程办理。到了一九四二年，澳大利亚与中国成为共同抗击日本军国主义侵略之盟国，上述章程因战事而自动停止实施。战后，尽管还有一些来自中国的赴澳留学申请，但其数量已不多，其方式也有了很大的变化，同时中国的国内形势也发生了翻天覆地的变化，可以说，中国学子赴澳留学进入了一个新的时期。

因此，将澳大利亚现存涉及民国时期广东珠江三角洲各县来澳留学人士之档案收集整理，实具有重大的历史与现实意义：一方面，可填补这些地方学子赴澳留学史亦即民国时期华侨史的空白；另一方面，也可追溯这些早期粤人学子之踪迹，如有可能的话甚或循迹查访他们学成回国之后在家乡的成就，充实广东侨乡对外教育交流的历史，丰富当地的人文内涵。

要言之，这些涉及广东珠江三角洲各县赴澳小留学生的档案，主要文字为英文（仅护照申请表附有中文），涵盖了申请中国护照、入境签证、离境日期以及在澳期间之学习包括转校情况等方面的文件，涉及澳大利亚内务部、海关、公立及私立（包括教会）学校、中国总领事馆，及中国学生护照的请照者、担保人和澳大利亚境外之学校，后者主要是为请照者提供英语学识能力证明。形式上基本是一位学生一份宗卷，时间跨度从二十世纪初到三十年代，小部分延拓到四十年代。由于这些小留学生居澳时间的长短不同，其档案的内容亦简繁不一。这些档案显示，绝大部分人在获得签证后皆来澳留学，他们无论是否完成在澳学业最终都回国或他往，但只有很少人得以不同方式留居下来。其中也有小部分的档案，其内容是被拒签的申请材料，以及虽然获得入境签证，但申请者最终因各种原因并未入境者。

上述档案资料，大多保存在位于首都堪培拉（Canberra）的澳大利亚国家档案馆（National Archives of Australia）。但鉴于早期珠江三角洲的中国移民

---

① 见Wong Choy-1. Inquiry to movements　2. Exemption of the Commonwealth for son, NAA: A1, 1930/9357。注：此项章程译件系中国驻澳大利亚总领事馆抄件原文。

分散定居于澳大利亚的各个州，依次是新南威尔士州（New South Wales）、维多利亚州（Victoria）、昆士兰州（Queensland）、南澳大利亚州（South Australia）、西澳大利亚州（Western Australia）、塔斯马尼亚州（Tasmania）以及北领地（Northern Territory），因此，在澳大利亚国家档案馆设于上述各州及领地之分馆里，也藏有部分相关档案。比如，来自香山（中山）县的小留学生的档案，除了堪培拉的澳大利亚国家档案馆收藏最多之外，在悉尼（Sydney）、布里斯班（Brisbane）和墨尔本（Melbourne）的分馆里也有相当多的收藏，因为当年香山籍的华人主要就集中在新南威尔士州、昆士兰州和维多利亚州。根据笔者数年来陆续收集和访寻之结果，初步估算这些档案中所涉及的上述时期广东赴澳小留学生人数，如前所述，已知者达六百多，或会更多，因为目前澳大利亚国家档案馆尚有许多早期的宗卷未整理上架（上线），无从查阅。

如果以民国时的县一级单位来计，这些档案以涉及香山（中山）县和新宁（台山）县者为最，各超过一百多个宗卷；其次则为新会县、开平县及珠江三角洲其他县市。

为此，笔者根据历年从上述档案馆中蒐集的中国留学生档案，将其分门别类予以整理后，以每个宗卷所涉及留学生个体的资料，考证真伪，撰写成篇，始成这套《民国粤人赴澳大利亚留学档案全述》。

蒐集、整理、考证、编著和出版这套书之目的，旨在利用澳大利亚现已公开的档案宗卷资料，将中国人第一波赴澳留学潮如实地反映出来，为读者了解一百年前中国侨乡各界人士之教育观，以及当时留学之形态，提供依据；同时，也为研究中国侨乡教育和文化交流的学者，提供第一手的资料，以供作进一步研究参考之用。

粟明鲜

二〇一六年七月十八日初稿

二〇一九年十一月十一日修订

澳大利亚昆士兰州布里斯本

目 录

凡 例

一、本书是利用澳大利亚国家档案馆（包括其主馆及各州分馆）典藏的有关民国时期中国赴澳大利亚留学生（当时基本上以广东人尤其是来自珠江三角洲各县者为主）的档案宗卷，经整理、研究、考证与甄别，据实编写而成。

二、本书所涉及的年代主要是二十世纪二十年代和三十年代，而在四十年代因太平洋战争爆发，自中国赴澳留学之人数就极少了，但仍有部分档案涉及战时和战后年份。

三、书中涉及澳大利亚地名之中译名，以当时赴澳留学生护照申请表上所填之中译名及当时澳大利亚华人的通译为准，可切实反映那个时代中国人之澳大利亚印象，但会在其后附上英文原名。比如，Sydney，现在译为悉尼，但当时居澳华人咸称之为雪梨，护照申请表上亦如此填写，故行文中亦使用此称呼。本书后附有译名对照表，以备检索查对。

四、书中之中国留学生人名，以护照申请表及护照为准；对于其中部分使用英文名字者，如果无法还原中文，则照录，以使其保持原有形态。

五、新会之辖区自清末以来变化较大，本书中涉及的部分村落，当时是属于新会县辖内，但现在可能已经划归他地管辖，本书所涉者仍以原归属计。

六、书中涉及之每个中国留学生的籍贯或出生地，皆以其中国护照申请表上所填写者为准。其中或有错漏者，除非常明显者，已经在行文中通过注释或其他形式指出外，余皆请识者指正为荷。

1

七、本书所涉及之民国时期新会学生之赴澳留学，因时间先后不一，年龄跨度也大，申请赴澳留学的时间与实际抵达时间亦相差甚大，有的达六年之久或时间更长。在每篇文章的排序上，无论是从其申请赴澳或者是抵达日期甚至是按姓氏笔画排序，以反映这一时期的留学情况，皆有不甚完备之处。为此，本书以这些留学生的出生日期为据，将每篇文章依次排列下来，一方面便于检索，另一方面亦希望借此展示新会学子赴澳留学之秘辛。

八、民国时期留学生在澳就读的学校，许多都有中文译名，有的还有几个不同的译名，本书在行文中根据护照申请者所填照录其中译名，以保持原生态。

九、本书有关年代和金额，基本上使用汉字数字，以便统一。

十、中国学生赴澳之交通工具，基本上都是蒸汽轮船，分属不同国家和公司，有些原来就有中文船名，有的日本轮船名也有汉字，澳大利亚船只有的也有固定中文译名，故书中行文涉及这些船只时，尽可能记录或还原其中文名或中文译名。

十一、尽管是以还原历史为原则，因资料线索所限，仍或有疏漏错讹之处，此皆编著者之责任，尚祈赐教更正。

本卷说明

　　本书主要是根据澳大利亚国家档案馆所藏之档案资料，将民国时期，广东省新会县青少年赴澳留学的档案宗卷资料作一整理，并对其中的一些问题加以甄别和考证，编写成篇，以供参考。

　　本书所涉及的留学年份，主要集中于二十世纪二十年代到三十年代。但亦有少数留学生因在澳留学时间长，后来又改变身份，即从学生身份改为工作签证，得以继续留在澳大利亚发展，其档案所涉及之年份直到四十年代末五十年代初。

　　因档案中的每一个个体宗卷基本上涉及一名留学生，个别的则是兄弟俩，故本书基本上按照这一分类编写，并在起止年份上也基本与档案宗卷所涉及者同步，即从其递交护照申请表到其最终回国，或档案终止。

　　从这些档案中可以发现，民国时期赴澳留学的新会籍学子，其留学地点最主要集中于维多利亚（Victoria，域多利）和新南威尔士（New South Wales，鸟修威）二州。前者大部分都集中于墨尔本（Melbourne，美利滨）城区，及该州之西部和北部农业区，后者则大部分集中于悉尼（Sydney，雪梨）城区，少数则去往维多利亚州与新南威尔士州交界地区。此外，也有少部分新会籍留学生去到西澳大利亚（Western Australia）州、南澳大利亚（South Australia）州和塔斯马尼亚（Tasmania）州，个别的去到北领地（Northern Territory）和昆士兰（Queensland）州。这种现象所反映出来的现实是，自十九世纪中叶澳大利亚淘金热兴起至民国初年，新会人前赴后继前往这块土地，实际上也主要聚居于上述维多利亚和新南威尔士二州。

从这些档案文件中，我们也发现了另外一个特点，即大部分的新会籍小留学生赴澳留学，在当地学校入读少则半年，多则十几年之后，又都返回中国；只有少数留学生因父辈及其所属商行的安排及机缘，先是以工作签证的形式留居，延至二十世纪五十年代，最终留在了澳大利亚这块土地上。这些学生来澳后大多就读中小学校，少数人得以升读大专院校，但最终获得学位和文凭者不多。

　　此外，这些档案宗卷还揭示了一个特点，即新会籍学生以家族或宗族为特征的抱团式留学，其所折射出来的一个现象便是其父辈以姓氏宗亲为特征的在澳散居分布。比如，陈姓与凌姓宗族以去维多利亚州最多，除了经营传统果栏杂货，主要从事的是洗衣业；尽管也有新会籍人士去到西澳，但也主要是与其在维多利亚州的同乡相类，而极少有像台山籍人士从事珍珠养殖业的。

　　所有赴澳留学的青少年儿童，除了极少数是由其他亲属资助担保外，余皆为父亲出面担保，来澳后也多与父亲住在一起。这些留学生父辈在澳大利亚从事的营生，仍然是集中于杂货店兼营与中国的进出口贸易（土货进出口与销售）、果蔬店与自营农场、洗衣业、木工家具业以及餐饮业。

　　需要说明的是，目前的澳大利亚国家档案馆中有关民国时期中国留学生的档案资料库目录并不完备，一些档案还没有做好索引备查，故许多已知的赴澳留学生之人名尚无法在数据库目录中检索得到。也许随着时间的推移，数据库的进一步充实完善，在今后会陆续可以查找和检索到更多的相关文件资料。而本书只是迄今可以从澳大利亚档案馆里搜集和检索到的有关早期新会籍留学生的一个汇集。今后如果还能发现更多的与此相关的档案资料，则可以考虑再编续集，供研究早期侨乡出国留学和教育文化交流的人士参考。

二〇一八年四月三十日

张　炼

新会官田村

　　三江镇下属官田村，距离新会县城会城只有十三公里，三面环山，一面临海，出洋便利。张炼（Cheong Lin）便是官田村人，因档案中未有载明其具体的出生日期，只是表明他是一九〇二年八月出生。

　　张建（Charles Gum）是张炼的父亲。在澳大利亚国家档案馆里，目前无法检索到与他相关的卷宗资料。只是从张炼的档案获知，在二十世纪二十年代初，他已在澳大利亚雪梨（Sydney）西部的啪㖇孖叮（Parramatta）埠经营一个菜园铺。按照当年在澳华人于乡镇经营果菜园店铺的模式，店主应当还拥有或租有一块菜地，自行耕种（如果土地面积大的话，还会雇人），通常属于自产自销的生意。至于其何时来澳发展，因未见档案有确切记载，无从得知。以其子出生于二十世纪初年的情况，再结合当时赴澳华人的惯常做法判断，即这些人大多是青少年时便出洋，先在澳大利亚工作多年，有了一些积蓄之后方才回家探亲，娶妻生子，由是可以推测，张建赴澳闯荡的年份当在十九世纪末年。[①]

----

① 根据一份同名档案宗卷，Charles Gum（亦即张建）出生于一八六七年，于一八八四年来到澳大利亚发展，直接就去往鸟修威省（New South Wales）登陆入境。他先在雪梨呆了十年，然后去到雪梨南部约有一百二十公里处的一个沿海镇子基亚马埠（Kiama），在此奋斗了五年，再掉头北上，去到雪梨西部的啪㖇孖叮埠，就在此定居下来。可能就在基亚马埠奋斗的那几年中，他邂逅了一位名叫弗朗西丝（Frances）的欧裔女性，共渡爱河，于一八九六年生下一子。几年后，他们分离，但张建却在一九〇九年将上述儿子送往中国，直到二年后，孩子的母亲才得以通过联邦政府及大英帝国驻广州总领事馆的努力，将儿子从中国带回澳大利亚。见：Application for the re-admission of Charles Allen（or Gum），NAA: A1, 1911/13854。而这份档案也显示，Charles Gum 在啪㖇孖叮埠经营菜园，也给永安公司供货。由此可见，他很可能就是本文所提到的张建。只是本文的张建除了有上述异国婚姻及结晶之外，仍然按照中国人传统，在一八九十年代末年拿到永久居留权后，回国探亲，结婚生子，开枝散叶。见：Mrs Frances Allen and son Charles Albert Allen [or Gum] [includes photograph showing front and side views and left and right thumb prints pertaining to Charles Allen] [box 137], NAA: SP42/1, C1922/4449。

当一九二一年澳大利亚实施《中国留学生章程》，开放中国青少年赴澳留学念书的政策落实之后，张建考虑到儿子张炼即将届满十九岁，距离允许中国留学生在澳留学的最高年龄上限二十四岁只有五年时间，遂决定申办其来澳留学。一九二一年四月二十四日，张建填好表格，递交给位于当时澳大利亚临时首都美利滨（Melbourne）埠的中国驻澳大利亚总领事馆，请领儿子张炼的中国学生护照并办理签证。他以自己经营的菜园铺作保，应允每年供给儿子膏火费六十镑，想将儿子办来其所在地的啪𡅏孖叮学校（Parramatta District School）念书。

中国驻澳大利亚总领事馆接到上述申请之后，很快就给予了处理。三个星期后，中国驻澳总领事魏子京便在五月十六日为张炼签发了中国学生护照，号码是41/S/21。再过了五天，澳大利亚联邦政府内务部在接到上述中国学生护照后，也于五月二十一日为他核发了入境签证。五月二十四日，中国总领事馆按照流程将此护照和签证寄往中国张炼的家乡。在家乡拿到上述护照之后，张炼便积极准备，订好船票，赶往香港，在那里搭乘"获多利"（Victoria）号轮船，于九月二十日航抵雪梨港口，顺利入境。

张炼来澳的目的就是留学。但是当他抵埠后，其父张建代为联系好的啪𡅏孖叮学校校长却拒绝接收这位中国学生，理由是他已经十九岁，根本不适合在这间小学里跟比他小得多的孩童一起读书。张建本人及由他动员来游说的其他几位中西人士几番求情，校长仍然固守底线不松口。不得已，张建找到他十几年的澳人老朋友、在当地南葛兰围公校（South Granville Public School）任教的莫森（Mowson）先生作为其子张炼的家教，并同时让他注册入读南啪𡅏孖叮进修学校（South Parramatta Continuation School）念书。在不到半年左右的时间里，张炼的英语进步不小，从什么也不懂，到开始能听懂基本的话语，还能简单地应付写作。

因张建的目的是要儿子读商校课程，以便为其留学后回国经商时能学以致用，为此，莫森先生曾建议张炼入读啪𡅏孖叮埠的基督兄弟会书院（Christian Brothers' College）。从一九二二年新学年开始，张炼虽然没有进入上述学校，但还是注册入读同样是由天主教会主办的啪𡅏孖叮埠圣母昆仲会男校（Marist Brothers' School，Parramatta）。根据校长的报告，张炼在校表现非常令人满意，成绩优异，英语进步明显，是其见过的最佳学生之一。就这样，张炼在这里念了一年多一点的书。

但在一九二三年三月九日，即将年满二十一岁的张炼提前结束了在圣母昆仲会男校的学习，在雪梨港口登上"麦卢卡"（Manuka）号轮船，告别澳大利亚，前往新西兰（New Zealand）。鉴于此时新西兰的华人也大多来自广东省珠三角和四邑地区，那里可能也有张炼的家人或亲戚，因此他在回国前赶赴那里拜会亲友也在情理之中。而新西兰与当时的澳大利亚一样，对华人移民控制很严，限制亚裔人口的增长，故张炼想在那里留下来发展的机会极小。由是，最大的可能是，他在新西兰探亲访友之后，最终回到了家乡。只是因为资料档案阙如，我们无法找到此后他在中国发展的踪迹。

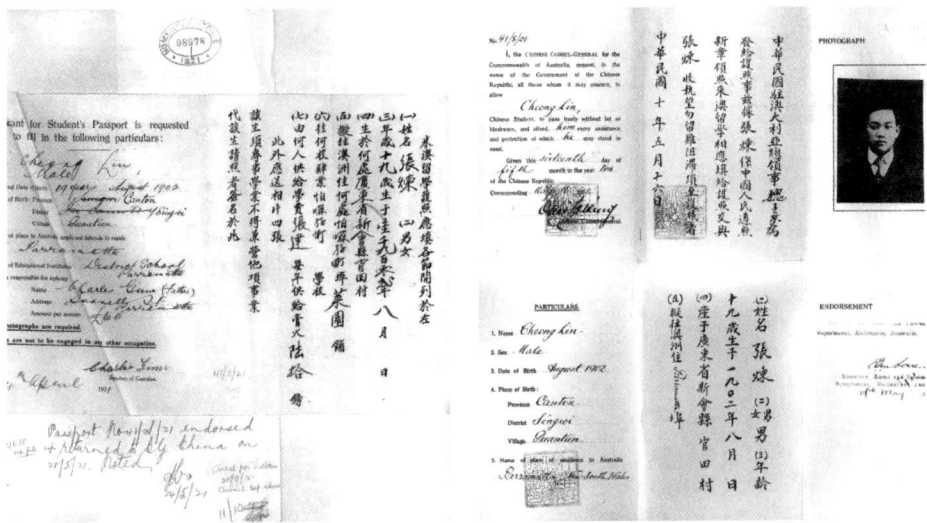

一九二一年四月二十四日，张建具表向中国驻澳总领事馆请领儿子张炼的学生护照与签证。

一九二一年五月十六日，中国驻澳总领事魏子京为张炼签发的中国学生护照。

档案出处（澳大利亚国家档案馆档案宗卷号）：

C. Cheong Lin Students Passport, NAA: A1, 1923/5399

吴崇引

新会江门

　　吴崇引（Ah Soong，或Ng Ah Soong，或Ng Soong Yen），新会县江门人，生于一九〇四年三月十四日。他的父亲是吴能炎（Ng Nung Yuen）。从澳大利亚档案馆里，无法查找到与此姓名相关的档案，因而无法得知其何时从新会来到澳大利亚谋生与定居。而从吴崇引的档案中可以得知，在二十世纪二十年代，吴能炎居住于美利滨（Melbourne），在晓佛柏（Albert Park）埠开设有一间商铺，名为"珍富"（Chun Loy）号。从发音上判断，珍富这个中文名字与英文商号"Chun Loy"并不是很能对应得上。但如果说，Chun Loy是吴能炎在澳定居时通常使用的英文名字，则是与实情比较相符合的，因为当时很多在澳华人官方文件上的英文名字往往与真实姓名的英文拼音有很大的区别，这是一个普遍的现象。由是，在澳大利亚档案馆检索Chun Loy，我们找到一份与这个名字相同的档案宗卷。档案中提到一九〇一年Chun Loy从中国返回澳大利亚，中途经雪梨（Sydney）港入境，再由该处搭乘火车前往他所居住的美利滨。[①] 该档案的年份和所涉及的地域至少表明，吴能炎应该是在十九世纪末的某一个年份便已来到澳大利亚，并且一直在美利滨谋生和居住。

　　一九二一年六月十六日，吴能炎填具表格，向中国驻澳大利亚总领事馆申办已届十七岁之儿子吴崇引的中国学生护照和赴澳留学签证。他以自己经

---

① CHUN LOY [correspondence of the Collector of Customs relating to immigration restrictions] [9 pages] [box 1], NAA: SP42/1, C1901/724。

营的"珍富"号商铺作保，承诺每年提供足镑（亦即需要多少便供给多少）膏火，供儿子在澳留学期间的学费和生活费等开销，并计划让其入读位于美利滨大学附近的卡顿专馆学校（Carlton Advanced School）。

接到上述申请后，中国驻澳大利亚总领事馆隔了二个月左右的时间，于八月二十二日由总领事魏子京为吴崇引签发了一份号码为91/S/21的中国学生护照，并在四天之后，也为他从澳大利亚内务部拿到了入境签证。随后，总领事馆按照流程，在拿到护照的当天，便将其寄往中国吴崇引的家乡，以便他尽快启程来澳。

不过，吴崇引并未及时赴澳，而是又在家乡等了大半年的时间，最终于次年年中赶赴香港，搭乘"获多利"（Victoria）号轮船，于一九二二年六月二十二日抵达美利滨，入境澳大利亚。

在父亲的店铺中稍事休息了几天，吴崇引便按照事先的安排，于七月十日正式注册入读卡顿专馆学校。在这间学校里，他念了半年书，一直到该年年底学期结束。校长的报告对他的评价是，无论在校表现还是学习成绩都是优异，进步巨大，但没有给予特别的具体说明。到一九二三年新学年开始，他在卡顿专馆学校上了两个星期的课之后，便直接转学，进入中国城里位于小博街（Little Bourke Street）的长老会学校（P.W.M.U. School）念书。他在这里念了一年多的书，校长的评价与他此前在卡顿专馆学校一样，品学兼优，各项成绩俱佳，但具体表现如何，则没有说明。

一九二四年六月，又到了中国总领事馆为他申办新的一年续签之时，二十岁的吴崇引向总领事馆表示，他不再需要续签了，已决定结束留学，近期回国。他打算先去雪梨（Sydney），七月份时再从那里乘坐与他来时所搭乘的同一艘"获多利"号班轮返回家乡。但计划赶不上变化。结果他并没有按照设想前往雪梨，而是在六月三十日那天，在美利滨港口登上驶往香港的"获多利"号轮船，直接回国。

吴崇引的档案到此中止。回到中国后，他也许会继续读中学，或升读大专院校，也许就此直接走向职场。只是因无法检索到他在国内的任何线索，对于他的最后走向结果如何，无从得知，只能付诸阙如。

吴能炎一九二一年六月十六日具表向中国驻大利亚总领事馆申办儿子吴崇引的护照和签证。

一九二一年八月二十二日，中国驻澳总领事魏子京为吴崇引签发的中国学生护照。

档案出处（澳大利亚国家档案馆档案宗卷号）：

Soong, Ah-Student's passport, NAA: A1, 1924/19799

钟子源

新会南合村

　　钟子源（Chung Do Goon）是新会县崖门镇南合村人，生于一九〇四年八月十七日。其父名为钟大柱（Charlie Fun，或者也写成Chung Hee Cheng）。我们只是知道，他在二十世纪二十年代前后已定居于雪梨（Sydney）附近的典磨（Enmore）埠，于距雪梨大学不远的典磨路（Enmore Road）一百八十五号上开设一间名为"永盛"（Wing Shing）号的商铺，主要做果蔬销售的生意[①]。除此之外，我们在澳大利亚档案馆里无法找到其何时来澳的任何线索，只能推测其来澳谋生与当时大多数在澳华人相似，大抵是在十九世纪末二十世纪初年便已来到。与当时大多数的华人来澳时皆为青壮年，且都是在澳奋斗几年后，手中有了一定的积蓄，方才返乡娶妻生子一样，他显然也是在一九〇四年之前回乡结亲，进而生下了儿子钟子源。

　　就在一九二一年澳大利亚正式实施《中国留学生章程》后，得知信息的钟大柱觉得儿子虽然已近十七岁，但距留学最高年限二十四岁尚有数年，应该让他来澳留学，学好英文等西方知识，以备将来在国内经商或入仕有所凭借。当然，对于儿子此后的发展，鉴于有了可以来澳留学的便利，他可能也有另外的一个打算，亦即看事态的发展再作决断。由此，他在与家乡的亲人

[①] 据鸟修威省档案馆（NSW State Archives & Records）保存的工商局二十世纪初该省工商企业注册记录，显示出永盛号专售蔬菜水果及杂货，正式注册日期为一九二〇年一月二十日，钟大柱是唯一注册股东。详见：https://search.records.nsw.gov.au/permalink/f/1ebnd1l/INDEX1837399。

取得联络并达成一致之后，便于二月二日填妥申请表格，递交给位于澳大利亚临时首都美利滨（Melbourne）的中国驻澳大利亚总领事馆，为儿子钟子源申办来澳留学的护照和签证。他以自己经营的"永盛号"商铺作保，应允每年供给儿子膏火费一百镑，以充学费和生活费等项开销。至于儿子来澳后入读的学校，他选择了名校，即位于杜里奇希（Dulwich Hill）埠颇具名望的私校睬晚地加林学校（Trinity Grammar School，亦即"三一文法学校"），希望钟子源能在这样优质资源的学校里真正学到点东西。

可能是因上述《中国留学生章程》刚刚实施，当地华人起初递交的申请并不多，由是，中国总领事馆接到上述申请后，只用了两天时间处理，便由中国总领事魏子京给钟子源签发了号码为7/S/21的中国学生护照。从护照号码的编排顺序来看，这是《中国留学生章程》实施后，负责办理和审核中国青少年来澳留学事宜的中国总领事馆发出的第七份学生护照。四天之后，中国总领事馆也顺利地从澳大利亚政府内务部那里拿到了钟子源的入境签证，并在当天按照流程，将此护照寄往中国钟子源的家乡，以便其前来读书。

在家乡的钟子源接到护照后，并没有耽搁，立即收拾行囊，辞别家人赶到香港，在那里乘坐由中澳船行经营的"获多利"（Victoria）号轮船，于一九二一年五月二十四日抵达雪梨港口。次日，他办妥所有通关手续，在父亲的接引下入境，开始其在澳留学生涯。

尽管他入境的日期距当地学校的寒假已经为时不远，但钟子源还是在抵达一个星期后，于六月一日正式注册入读父亲为他选择的睬晚地加林学校。校长在三个月后提供的报告内容虽然很简单，但显示出这位中国学生的在校表现和学习成绩都非常令人满意。此后的一年时间里，校长的每次报告皆认为钟子源在这间学校里属于品学兼优、学习成绩名列前茅之优秀学生。

从一九二二年九月十六日开始，钟子源转学到位于雪梨城里必街（Pitt Street）的私校——基督堂学校（Christ Church School）念书。在这里，他的表现跟此前在三一文法学校一样，皆获好评。但从学校提供的其在校出勤情况来看，则显示出其时不时请假在"永盛号"商铺看店，尤其是当其父亲去蔬果市场摆摊时，钟子源便得请假到店里照看生意。事实上，早在他刚来的那一年在睬晈地加林学校念书时，这样的请假就时常发生，只不过当时他的每次请假都获得学校的批准，也就没有引起内务部的注意。但在基督堂学校的情况则因其太过于频繁请假，终于使学校忍无可忍，向内务部详细报告其请假和缺勤的情况。于是，内务部在一九二三年年中为钟子源核发了下一年度的续签之后，于七月十一日致函雪梨海关，请其约谈这位中国留学生的父亲钟大柱，警告他要遵守留学生来澳不能工作的规定，不能以自己生意需要照顾为由，一而再、再而三地要其子从学校请假以适应其私人事务之需要。如果他不改弦易辙，内务部将按照章程条例取消其子的续签，直接将其子遣返回中国。经过海关的知照提醒，钟大柱意识到此事的严重性，遂停止了上述做法。到这一年十月底基督堂学校校长提供的报告显示，钟子源除了两天病假并有医生证明之外，再也没有发生过此前的那种旷课缺勤情况。当然，其在校表现和学习成绩依然一如既往地受到好评。

到一九二四年四月十七日，基督堂学校因生源日少，经营困难，宣布破产关闭，原有的在校生只能选择转学。于是，经一番联络，钟子源最终选择靠近唐人街的华人英文学校（Chinese School of English），并于五月初正式入读，且获得学校较高的评价，从而于六月二日顺利地拿到了下一年度的续签。

这时，钟大柱为了已届二十岁的儿子此后发展计，开始采取行动了。就在儿子拿到续签的次日，钟大柱致函内务部秘书，以自己想回中国探亲为由，希望在其回国期间，其店铺的生意需要一个值得信赖的人代为管理照看，尽管他在当地雇有一人为其工作，但人手显然不够，而其子钟子源已来澳留学三年，已经熟练掌握了英语，也熟悉了当地的商务操作，故恳请内务部将其子学生签证转为工作签证。因自己计划回国一年，且希望能尽快尽早成行，由此，他希望内务部能对此予以积极回应，以遂其愿。为了推动此申请，其后在七月份时，钟大柱还特地找到华人英文学校校长戴雯丽（Winifred M. Davies），由其出具保证书，准允钟子源在父亲回国探亲期间休学一年。

钟大柱的上述申请看起来是合情合理的，也是当时在澳华人每遇回国探亲而采取的通常做法，故内务部并没有对此置之不理，而是给予积极回应。

六月十二日，内务部秘书复函钟大柱，表示可以受理其申请，惟希望其提供其所经营之"永盛号"商铺之上一财政年度的营业额及其商号自身价值评估，以便内务部最终决定是否可以给其子钟子源转换一年的工作签证。

但不知何故，钟大柱对内务部回复中提出的要求不置可否，事情就这样一直拖到了十一月份。十一月十三日，华人英文学校校长戴雯丽小姐向内务部提供例行报告时，称钟子源自九月二十六日开始便不再返校念书，原因不明。此前，他在校上学时对完成作业就不是很上心，表现得心不在焉，为此，校长还特地就此事跟他谈过，希望他能遵守校规，做好作业。内务部接获上述报告后，也觉得事态严重，五天后便致函雪梨海关，指示其派人调查钟子源旷课的原因。在信中，内务部秘书还特别强调，因六月初钟大柱就曾申请要回中国探亲，希望其子能代他照看"永盛号"商铺的生意，但在内务部复函让他提供上一财政年度的营业额及其生意本身的价值多少后，一直也没有得到回复。考虑到上述情况，九月底后钟子源突然从华人英文学校旷课，内务部设想是否因为钟大柱说的他要回国探亲，其子就直接回到其店铺帮忙照顾生意去了。为此，也希望雪梨海关前往"永盛号"商铺查证一下，以确认钟氏父子的真实情况。

可是，雪梨海关接到上述指示后，并没有回复，也没有采取任何行动。一直到过了年，到一九二五年一月二十一日，内务部秘书见事情已经过了三个月，仍然没有得到海关的任何回应，便再次致函，请其尽快就上述问题采取行动，提供报告。一个星期后，海关终于报告说，事实上，钟子源并没有在其父亲的店铺中工作，而是在去年九月底离开华人英文学校之后，便转学进入纽因顿学院（Newington College）念书。因此时是新学年刚刚开始，海关表示已经跟纽因顿学院的院长联络，希望他尽快将这位中国留学生的在校表现和学业情况报告上来。到二月十八日，海关再次报告说，根据校长的报告，钟子源在校品学兼优，只有四天因病无法上学，但皆按例请假并获得校方批准在案。报告中没有提及钟大柱的行踪，也没有说明其是否已准备了"永盛号"的财务报告。这种迹象表明，钟大柱已经打消了回国探亲的念头。换言之，此前钟大柱显然是想以儿子代工的形式，让其能留在澳大利亚发展；但鉴于其准备财务报告有困难，难以达到政府规定之一定的营业额，原先设想的办法可能行不通，遂将此计划搁置，也就不去回复内务部的相关要求了。

上述海关的报告解除了内务部对钟子源去向的猜疑，而且纽因顿学院院长随后提供的报告也表明这位中国学生学习优异，尤其是英语有了很大的进步，算术尤其出色，商科作业完成得很好。由是，当这一年五月份中国总领事馆循例向内务部申请钟子源下一年度续签时，内务部毫不犹豫地予以批复。钟子源在纽因顿学院又刻苦读了一年，到一九二六年五月七日，中国驻澳总领事馆继续为他向内务部申请下一年度的续签时，内务部仍然是毫不犹豫，于五月十四日批复，再给予一年的续签。

但钟子源并没有充分利用这续签的一年时间。仅仅在获得上述续签三个月之后，这位年已二十二岁的中国留学生就结束了在纽因顿学院的学习，于一九二六年八月二十一日在雪梨港登上驶往香港的"太平"（Taiping）号轮船，告别澳大利亚，返回中国。他在这里总共留学五年多的时间，虽然未能照其父亲的设想以代工的名义留下来，继承父亲的生意，但亦算是学成归国。

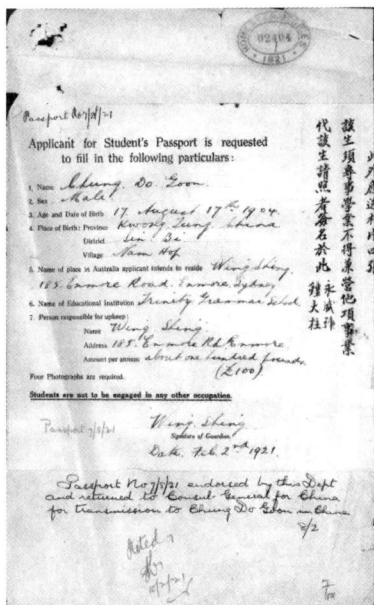

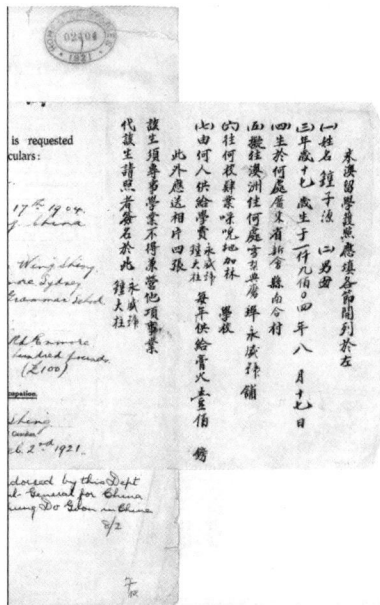

一九二一年二月二日，钟大柱具表向中国驻澳总领事馆申办儿子钟子源赴澳留学护照和签证。

一九二一年二月四日，中国驻澳大利亚总领事魏子京为钟子源签发的中国学生护照。

档案出处（澳大利亚国家档案馆档案宗卷号）：

Goon, Chung Do-Chinese student on passport, NAA: A1, 1926/8533

凌如权

新会大范里

凌如权（Ling Yee Can），生于清朝光绪三十年十月初十日（公历则为一九〇四年十一月十六日），是新会县大范里人（查现在司前镇下辖有大范村，但未能查到大范里，或许二者已经合一）。

他的父亲凌先宏（Sin Fang，或者写成 Sing Fang），出生于清同治十年（一八七一年），光绪十九年（一八九三年）二十二岁时与乡人一道从新会出洋谋生，进入澳大利亚的域多利省（Victoria），[1] 遂在美利伴（Melbourne）埠立下脚跟，后在该埠中国城的小博街（Little Bourke Street）一百一十七号与人合股开设一间商行，名为"宏昌"（Fang Chong）号。[2]

一九二一年上半年（因档案文件中未标明日期，故具体日期不明），鉴于澳大利亚实施《中国留学生章程》，开放有父辈在澳居住和工作之中国学生来澳留学，凌先宏便填具表格，向同样是位于美利伴的中国驻澳大利亚总领事馆提交申请，要办理十七岁的儿子凌如权来澳留学的护照和入境签证。他以自己所参与经营的"宏昌号"商行名义，担保儿子来澳就读公立学校，并允诺每年供给膏火八十镑作为其在澳留学期间的学费、生活费及其他各项

---

[1] FANG Sing: Nationality-Chinese: Date of Birth-1871: Date of Arrival-1893: First Registered at Little Bourke Street Melbourne, NAA: MT269/1, VIC/CHINA/FANG SING.

[2] 据美利伴当地华文报纸显示，宏昌号最早出现在一九〇三年惠赐报金的报道中。见："安来号"，载《爱国报》（The Chinese Times），一九〇三年三月二十五日，第四版。而宏昌号在当地华文报纸上的广告，则出现于一九〇四年。见："宏昌号"广告，载《爱国报》，一九〇四年二月十日，第四版。

费用之需。中国总领事馆依照程序处理上述申请后，于六月二十七日由总领事魏子京为凌如权签发了号码为61/S/21的中国学生护照，并在次日为他从澳大利亚政府内务部拿到了入境签证。第二天，中国总领事馆便将护照寄往中国，交由护照持有者收讫。

或因父亲在澳经商，能持续汇款给在新会的家人，凌如权在家乡接受了良好教育。对于赴澳留学，他是做好了心理准备的。收到从澳大利亚寄来的护照之后，家人便积极为他张罗船票，然后将他送往香港，搭乘"依市顿"（Eastern）号轮船，[①]于同年十月十八日抵达美利伴，由父亲凌先宏接出海关，入境澳大利亚。

在申办儿子赴澳留学填表之时，凌先宏并没有想好让他进入哪间学校念书，但他非常明确的一点则是，要让儿子先进入公立学校。毕竟公立学校是免费的，私校则须付费，后者视学校的名气不同，学费也有一定的区别。在凌如权抵达澳大利亚后，经过比较，最终凌先宏为儿子选择了位于美利伴大学附近的一所公立学校——卡顿专馆学校（Carlton Advanced School），该校距中国城不远，走路去上学也方便。这一年十一月，凌如权正式注册入读该校。

在这间学校里，凌如权的学习成绩非常令人满意，也遵守学校的规章制度，前后在这里读了半年左右的书。到一九二二年四月八日，他便离开此校，转学到位于美利伴城里的圣佐治学校（St. George's School）念书。这是一间由英国圣公会主办的教会学校，于一九一一年从别的教会组织手中接收过来后改为现名，在当地有一定的声望，当然，这属于一间私校。按照《中国留学生章程》，中国学生转学应该知照内务部，但凌如权并没有这样做，直到这一年六月份，内务部在接到卡顿专馆学校校长的例行报告后方才知道这一信息，随后经过来往公文说明，才最终确认其转学的这一事实。他在这里一直读到年底学校放假，也一直保持其刻苦学习、成绩优异的好学生

---

① LAN Ling Yee: Nationality-Chinese: Date of Birth-1904: Arrived per EASTERN: First registered at Thursday Island, NAA: MT269/1, VIC/CHINA/LAN LING。

形象。

从一九二三年新学年开始，凌如权再次转学到位于圣科达（St. Kilda）区的诸圣文法学校（All Saints Grammar School）念书。这也是圣公会主办的另一间教会学校，开办于一八七一年，属于比较有声望的私校。这次转学之前，凌如权跟校方进行了较好的沟通，圣佐治学校校长虽然表示舍不得他走，但还是觉得以他的聪明勤奋，到诸圣文法学校后会有更好的扩展空间，对学业助益更大，因而不仅支持其转学，还及时地代他知照内务部。在接下来的一年多时间里，凌如权在这间学校的表现非常令人满意，各项学习成绩名列前茅，校长的例行报告也都是满满的称赞之语。

然而，到了一九二四年五月十六日，时年二十岁的凌如权在诸圣文法学校上述的一切良好表现戛然而止。为此，该校于六月初向内务部报告说，自那一天之后，就再也未见凌如权到校上课。对此，内务部深感惊讶，表示要核查。但反馈回来的信息是，这位中国学生可能近期就要转道去美国，于是，内务部便叮嘱海关部门去查询其何时离境。然而，几个月过去，没有任何消息，没人知道凌如权去了何处，在做什么。

一直到十月初，内务部接到中国总领事馆的公函，循例为凌如权申请下一年度的续签，并告知该学生现已转学进入开设在美利伴城里的泽口商学院（Zercho's Business College）就读，并附上该学院证明这名学生已于九月十日正式注册入读的信函。虽然知道了凌如权的下落，但内务部对其自五月中旬就失踪、直到九月才又进入学校念书之事仍存疑虑，遂于十月十四日函复中国总领事馆，希望其先解释该生上述几个月时间里的行踪以及所作所为，然后才会考虑是否核发续签给这位中国学生。中国总领事馆接到上述函件后很重视，花了不少时间去核查，直到一九二五年一月十五日，才回复内务部，说明凌如权失踪是因离开时正值第一学期结束后为期三周的假期，随后又染上眼病无法上学，不得不接受治疗，过了三个月的时间方才痊愈。在复函中，中国总领事馆也附上了凌如权的主治医生在上一年十二月十七日开具的医疗证明，以表明其罹患眼病以及随后治疗的真实性。既然情况属实，内务部于一月二十九日批复了凌如权的续签。这一耽搁，就比通常情况下续签的核发晚了三个月左右的时间。如是这般，凌如权便在泽口商学院勤勤恳恳地读了将近一年，依然成绩优异；同时，他在该商学院就读期间还为自己取了一个英文名，叫"佐治·凌"（George Ling）。

一九二五年八月十一日，中国总领事馆致函内务部秘书，告知凌如权计划下月初将返回中国探亲，结束探亲后会重返澳大利亚继续念书，希望内务部能签发给他再入境签证。内务部秘书认为这一要求合乎情理，便于十九日回复，要求说明此去探亲需要多长时间，以及重返澳大利亚后将入读哪间学校。八天后中国总领事馆函告说，凌如权的探亲时间定为八个月，计划重返泽口商学院念书。内务部见上述问题得到了明确答复，凌如权的再入境签证申请符合所有的要求，便于九月四日批复，准其一年内入境有效。而凌如权在当天拿到签证后，次日便在美利伴港口登上驶往香港的"圣阿炉滨士"（St. Albans）号轮船，按计划回国探亲去了。

可是凌如权此番回国探亲，在家乡待了不止八个月，而要再加上半年的时间，直到一九二六年十一月十五日，已经二十二岁的他才搭乘从日本起航途径香港的日本邮船株式会社的轮船"安艺丸"（Aki Maru），抵达美利伴。虽然他的再入境签证有效期是到九月份截止，此时已经失效两个多月，但海关仍然网开一面，让其顺利入境。此时当地的学校已经进入学年的末尾，很快就要放暑假了，由是，凌如权决定到次年新学年开学后再返回泽口商学院入读，经由中国总领事馆知会内务部，获得同意。

一九二七年新学年开始后，凌如权如期注册重新入读泽口商学院。尽管他的在校表现和学习成绩一如既往，但学院在五月二十日向内务部提交的例行报告则显示，在过往的七十九个出勤日里，他缺勤旷课达二十四天，原因是他从美利伴前往雪梨（Sydney）公干，是作为澳大利亚洪门（致公堂，The Chinese Masonic Society）的秘书，前往该埠参与一些具体事务。档案中没有任何文件说明他是如何加入致公堂，并成为该组织秘书的。这或许跟美利伴的洪门信众主体是四邑人有关，也就是说，乡缘地域的关系或许是其参与该组织的主要原因。但无论是什么原因，泽口商学院并不想要这样随意缺勤旷课的学生。

　　内务部接到上述报告，非常紧张，因为他们已经意识到，如果放任这位年已二十三岁的中国学生，将会对《中国留学生章程》的实施造成什么样的不良影响。为慎重起见，内务部秘书于五月二十七日致函中国总领事馆，指出凌如权旷课近五个星期已经违反了留学章程的规定，希望其澄清这位中国学生担任澳大利亚致公堂秘书是否受薪以及还会在这个职位上工作多长时间，内务部将视事态的发展对凌如权能否继续在澳留学作出最后的定夺。

　　中国总领事魏子京对此事也很重视，在经过一番询问调查之后，于六月七日函复内务部秘书，对上述情况予以解释。他表示，凌如权去雪梨是在今年复活节假期期间，本来只是去那里度假并探望朋友。但当他在那里的时候，雪梨致公堂希望他帮忙审计其账目。这些账目因多年未有审计，数量繁多，且由于中英文混用记录，需要一位中英文俱佳的业内人士在现场审计，如有什么疑问的话还需要多方就近咨询，故需要比较多的时间来做此事。而凌如权正好符合这一条件，可以承担上述责任。更重要的是，他是致公堂成员，服务于雪梨致公堂也是其应尽的义务。而正因为此事，使其耽搁了从雪梨返回美利伴的原定行程，从而造成了旷课。现在此项审计工作已接近尾声，一俟完成审计，他便立即启程回返美利伴，回到泽口商学院继续学业。此外，魏子京总领事也在信中澄清凌如权只是美利伴致公堂的秘书，而不是全澳致公堂的秘书，而且这个秘书是荣誉性的职位，并非受薪职位，与澳大利亚各种公会或行会的专职秘书是受薪的职业人士完全不同。与此相关的是，他在雪梨所承担的致公堂财务账目审计工作，亦非支薪性质，只是义务帮忙而已。

　　当然，对于上面中国总领事馆的解释，内务部并不完全相信，便通过自己的海关稽查渠道去作进一步的了解。六月二十七日，美利伴海关稽查官葛礼生（J. Gleeson）向海关总部报告，汇报他在接到指示后去到泽口商学院了解凌如权的旷课情况。根据学院的统计，这个学年是二月四日正式开学，但迄今凌如权已经旷课达五十一天之多。事实上，在四月十一日至五月十一日的一个月时间里，他只去上过一天的学。为此，葛礼生多方寻找与这位旷课学生见面，最终后者于六月二十三日去海关办公室见到了这位稽查官。他当面向葛礼生承认于复活节期间去了雪梨，在那里待了一个月左右的时间。葛礼生也在此得知，凌如权现在是代理致公堂秘书之职；但葛礼生最终也并没有搞清楚凌所代理的是美利伴的致公堂抑或全澳致公堂的秘书。当稽查官劝后者返回学校念书时，凌如权也确实照办，当天就返回学校，并且还待了一整天。可是他也就去了这一天，此后一直到葛礼生落笔写报告的当天，也再未见到凌如权回校上课。从与其交谈以及他的行为来看，葛礼生明显地感觉得到，这位留学生事实上已经无心向学，而泽口商学院也已经对这样旷课的学生绝望，无意再接收他继续读下去。为此，葛礼生的意见是，内务部应尽快采取措施，将其遣返中国。过了五天，葛礼生再次报告说，他刚刚接到泽口商学院办公室人员的电话，到现在也没有见到凌如权来学院上课。为此，学院最终决定取消其学籍。当葛礼生再致电中国总领事馆知照泽口商学院上述决定时，恰好凌如权就在总领事馆里，他仍然喋喋不休地对中国总领事馆官员们说他已经返回学院念书，继续欺骗这些外交官，掩饰其旷课的实际情况。

看来事情已经很清楚，凌如权早已无心向学，一直旷课逃学；而泽口商学院也已忍无可忍，表示不再要这样的学生。如此，再继续劝其返校念书显然是两边不讨好。七月六日，内务部致函中国总领事馆，通知魏子京总领事，当局正式决定遣返凌如权回中国。为此，内务部希望中国总领事馆即时知会凌如权的父亲凌先宏，并协助他尽快为其子订妥船票，离开澳大利亚。

接到内务部的函件后，中国总领事魏子京坐不住了，他要为这位中国学子的在澳留学再争取一下。七月七日，他函复内务部秘书。他在信中表示，经教育部的调查和询问，对凌如权自雪梨返回后仍然旷课的内情有了充分的了解。事情的起因是，凌如权回到美利伴后便身体不适，总是无法集中精力上课念书，便只好在家休养，希望近期能康复，便继续上学去。可就在这个过程中，他的父亲也病了，而且还病得不轻，无法下床行走。为此，凌如权便只好去照顾父亲。魏子京总领事强调说，经与凌如权当面交谈，后者承诺到下星期一（七月十一日）便会重返学校，潜心念书。总领事坚信这位中国留学生一定会如期出勤，认真读书。换言之，他希望内务部再给凌如权一个机会，让其完成在商学院的学业。内务部虽然明白魏子京总领事这是在强找理由，根本就不相信所谓父子二人相继生病的借口，但既然如此，决定应该给这个中国外交官一个面子，便表示假如泽口商学院出具一份书面证明，表示仍然接收凌如权入学的话，那么，当局可以给他一个机会，但他必须要去上学，以观后效。到七月十八日，内务部收到泽口商学院的信函，证明经中国总领事馆的介入与交涉，凌如权已经获准于七月十一日又重新返回到课堂念书。

由于凌如权此前记录不佳，当局对其承诺上学始终抱有怀疑态度，由此，到八月十六日，奉命查看其行踪和表现的美利伴海关稽查官葛礼生向内务部提交了一份报告，说明这位中国留学生过去几个星期都正常上学，期间只有两天确实因生病不得不请假；就是在写报告之前的这两天里，他实际上也是在生病，但还是坚持来学校上课了，看来他还算是谨守诺言的。但是，葛礼生在报告中也提到了另外一件事，即凌如权近期总是与不同的女孩子约会，招摇过市，极具炫耀之态。很显然，这表明是有许多位华裔女孩子在追求他，下课后他便与这些女孩子在城里到处闲逛。葛礼生表示，他曾亲眼目睹这些女孩子徘徊于中国城小博街附近，就等着凌如权放学走出校门；有时候她们打电话，总是以其妹妹的名义来找他；因这样的行为太过于频繁，搞得整个商学院里都对她们侧目而视。曾经有一次，当一位华裔姑娘以凌的妹妹名义再次来商学院找凌如权时，葛礼生听到一位职员在一旁酸溜溜地说：我真希望自己也有二十个妹妹。为此，葛礼生认为，如此频繁的社交活动，凌如权哪里还会有足够的时间去应付学业；而且，他每天衣着光鲜，显得他总有花不完的钱，看起来也不像个学生的作为。但因凌如权基本上没有缺勤，能正常上课，内务部便没有把葛礼生的评论当一回事，对其社交活动频繁也睁一只眼闭一只眼。

但好景不长。同年十月二十一日，内务部接到泽口商学院的报告，投诉凌如权此前又旷课了十四天，还是因去雪梨而未获批准。接到报告后，内务部一位早已对这位中国留学生的在校表现十分不满的主管官员，于十月二十八日建议立即将其遣返，但其上级主管则表示要慎重一些，认为应先询问一下凌如权到底去雪梨要干什么，听听他的解释。于是，内务部秘书于十一月四日致函中国总领事馆，对凌如权未经批准旷课十四天表达了强烈的不满，要求中国总领事馆尽快找到他，对其前往雪梨的目的以及何以总是违反规定无故旷课予以解释。内务部秘书表示，当局将会视解释是否能自圆其说，而对其作出是否遣返的最终决定。

与此同时，内务部也指示海关，再去泽口商学院核查这位旷课的中国学生是否已经返校，其在校表现如何，上报到内务部。当局是想在作出最终决定前尽可能地多方面获得信息，以便有理有据。稽查官葛礼生于十一月二十一日提交报告，确认凌如权自此前泽口商学院报告其赴雪梨之后至今未回，也没有注册入读其他学校。目前，他住在父亲凌先宏距美利伴城区不远的卑剌咸（Prahran）区係街（High Street）上开设的"胜利"（Sam Lee）号洗衣馆里，无所事事。为此，葛礼生再次建议应当对该中国学生采取遣返措施，不能再让他侨寓此地，成为破坏规矩的坏榜样。

十二月五日，中国驻澳大利亚总领事魏子京复函内务部秘书，对于此前所请中国总领事馆协助找到凌如权以解释其旷课奔赴雪梨之事，已不似以前那样为这位中国学生辩护，只是转交了前一天由其所写的自辩信，供内务部参考。看来，魏子京总领事已经意识到此事大势已去，他不方便再插手。

那么，凌如权的自辩信是如何写的呢？他在信中表示，因为接到消息，他在中国的家人被土匪绑架，勒索八千银元作为赎金，为此，他赶赴雪梨，想通过那里的朋友凑齐这笔钱，将家人尽快解救出来。办妥此事返回美利伴之后，他打算搭乘即将起航的"彰德"（Changte）号轮船返回中国，但在准备登船之前，忽接叔叔从中国寄来之信函，告知家人已经从土匪手中安全脱身，告诫他目前先不要急着回去，在外避一下风再作打算。此外，还有人告诉他，因他身为美利伴致公堂秘书，被人告发总是与现今的国民政府作对，故后者没收了其父在乡下的房屋财产，并声称要判处他死刑。为此，他希望中国总领事馆能再次伸出援手，协助他申请一年的续签，待时局好转，他将离开澳大利亚返回中国。

对于凌如权自辩信中所述内容，魏子京未置可否。这一方面在于他担任中华民国驻澳总领事一职长达十年，是由位于北京的北洋政府所任命，与起家于广州军政府的国民政府无关；另一方面，在这段时间里，他远离国内的政治，对于国民政府的所作所为并没有直观的认识，现今中国的局势如何演变，他心中也没有底，事实上这也关系到其个人的去向。此外，凌如权所述之理由显得牵强附会，其可信度能有多少，也是心知肚明。众所周知，致公堂亦即洪门，自清末起便一直追随孙中山和国民党致力于国民革命，是起家于广东的广州军政府亦即后来的国民政府在海外华侨中最有力的支持者。因此，凌如权以参加致公堂而成为国民政府所打击对象之说法，显然只是拿来说事而已，应该与事实相距甚远。这也许就是魏子京总领事何以只负责转交此自辩信而不置一词的深层原因吧。内务部在接到上述中国总领事转来的凌如权自辩信后，也没有任何回应，显然是不信其说。从一九二八年二月二日内务部指示海关及时报告凌如权何时离境的消息来看，内务部已经通过海关向后者发出遣返令了。

终于，一九二八年二月八日，中国总领事馆知会内务部，凌如权将于当日与同村宗亲兄弟凌月超（Ling Giet Chow）一起，从美利伴搭乘"太平"（Taiping）号轮船驶往香港，返回家乡。[①]为此，内务部再次致函海关，请其确认凌如权是否真的如期离境。十六日，海关答复，凌如权所搭乘的"太平"号正式起航的日期是二月九日，其时已经驶往澳大利亚东北部海岸，即将驶离澳大利亚海域。凌如权这位不断制造麻烦的中国留学生，几经周折，终于离开澳大利亚了，而内务部也终于可以不再为此头疼。

凌如权来澳留学时是十七岁，到回国时已经进入二十四岁的年纪了。留学期间他曾回国探亲一年多，故他真正在澳留学的时间大约是五年。

---

① Ling Yee Can-Departure per "Taiping" February 1928, NAA: B13, 1928/4593。

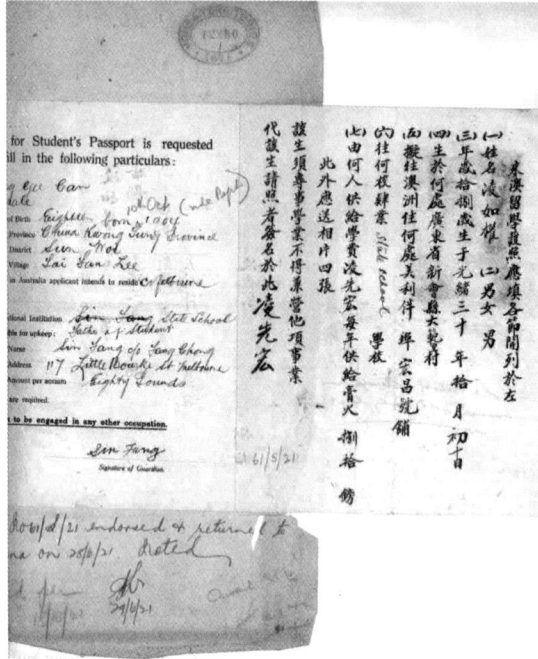

一九二一年上半年，凌先宏具表向中国驻澳大利亚总领事馆申办儿子凌如权护照和签证。

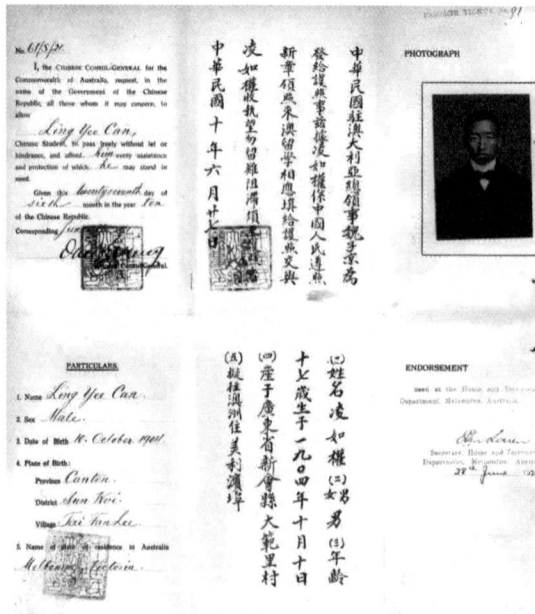

一九二一年六月二十七日，中国驻澳大利亚总领事魏子京为凌如权签发的中国学生护照。

左为一九二四年十二月十七日，医生为凌如权特地开具的治疗眼病的证明。右为一九二七年六月二十七日，美利伴海关稽查官葛礼生（J. Gleeson）向海关总部报告凌如权的旷课情况。

档案出处（澳大利亚国家档案馆档案宗卷号）：

Cay, L Y-Students passport, NAA: A1, 1926/21284

赵　治

新会三江村

　　三江因江门水道、谭江、虎坑河汇流于此而得名，赵治（Jew Gee）便出生于该地（一九〇五年八月二十一日生）。他的父亲名叫赵士德（Jew Jack），二十世纪二十年代初居于澳大利亚雪梨（Sydney），可能是参与经营或者任职于当时位于矜布炉街（Campbell Street）六十七号的上海楼餐馆（Shanghai Café）。因澳大利亚档案馆中没能查找到赵士德英文名字Jew Jack的资料，我们无法知道他是何时去到澳大利亚的，主要做什么[1]。当时的上海楼老板是台山籍的余荣（Peter Yee Wing），他在二十年代时有一位大厨名叫Koo Jack，与上述赵士德的英文名字中的Jack一词重合。如果上述两个名字是同一个人，则当时赵士德显然是任职于上海楼餐馆。[2] 数年后，因合同到期，内务部拒绝再发放续签给他，他只能在一九二六年三月离开澳大利亚。此后，余荣历经两年，以各种方式想再申办他重返雪梨，进入上海楼餐馆续任大厨，终因内务部严拒未果。[3]

---

[1] 根据美利滨中文报纸报导，在一九〇六年捐助新会西南方高等小学堂善者名单中，赵士德捐款十圆。由此可见，早在这一年之前，赵士德便已在澳居留生活多时了。见："续录新会西南方高等小学堂孖辣埠捐名列"，载《警东新报》（The Chinese Times），一九〇六年六月九日，第一版。

[2] Certificate Exempting from Dictation Test (CEDT)-Name: Jack Koo-Nationality: Chinese-Birthplace: Canton China-departed for China per ST ALBANS 22 September 1923 returned Cairns per TANDA 21 March 1926, NAA: J2483, 361/17。

[3] Hoi Lee [or Koo Jack (or Jick)] and Kin Guy [includes 4 photographs showing front and side views, left and right thumb prints, 4 'Certificate of Exemption' forms, and 3 'Form of Chinese Certificate' in English and Chinese with photograph of subject pertaining to Hoi Lee; and 3 'Certificate of Exemption' forms and left and right thumb prints pertaining to Kin Guy] [box 221], NAA: SP42/1, C1928/6762。

虽然赵士德当时的身份尚不能明确，但一九二一年澳大利亚开放中国留学生赴澳留学，赵士德是积极响应者之一。这一年上半年的某个时候（因申请表上未有填表日期栏目，故具体填表日期不明），他将申请表递交给驻美利滨（Melbourne）的中国总领事馆，申办十六岁的儿子赵治前来留学所需之护照和签证。他以上述上海楼餐馆作保，允诺提供给儿子足镑膏火，以满足其在澳期间的所有学费、生活费及其他开支。至于赵治来雪梨后应该就读的学校，他选择了距餐馆只有一箭之遥的库郎街公学（Crown Street Public Commercial School），以便就近入学。中国总领事馆在接到上述申请后，经过必要的处理，于八月四日由总领事魏子京为赵治签发了中国学生护照，号码是79/S/21；八天之后，即八月十二日，内务部也为他核发了入境签证。

在中国接到寄来的上述护照之后，赵治稍事准备，便前往香港，购好船票，搭乘中澳船行经营的"获多利"（Victoria）号轮船，于当年十一月十七日抵达雪梨港入境。当天，上海楼餐馆老板余荣亲往海关将其接引出关。

一九二一年十二月一日，赵治正式注册入读库郎街公学。入学后，他就一直表现优秀，被认为是刻苦学习聪颖向上的好学生，经两年的学习，于一九二三年底拿到初中毕业文凭。随后，他又继续在该校读了一年，学校给予的评语与之前同样，表明他能够很好地应付学业，亦显示出他在赴澳之前在家乡甚至是省城就已受到过良好的英语教育，有相当好的英文基础。

进入一九二五年，事情起了变化。当新学年开学后，赵治没有继续注册上学，而是通知学校和中国总领事馆，他要由此前往美国发展。二月十八日，他从雪梨港登上驶往美国的轮船"羲娜"（Sierra）号，告别了留学三年的澳大利亚。

可是仅仅两个月后，赵治又跟库郎街公学校长联络，想重返该校继续读书，并于四月八日获得后者首肯。随后，他再与中国总领事馆接洽，请其协助他重新获得学生签证。于是，四月十七日，总领事魏子京致函内务部秘书，解释说赵治赴美原计划是去读工学院，但到了那里后诸事不顺，一事无成，遂决定回到澳大利亚继续原来的学业，还请内务部看在此前三年该生一直努力学习、从未有违反任何校规的事情之份上，继续核发其入境签证，俾其能在此完成学业。

内务部接到上述申请后，觉得事情有点儿蹊跷，遂指示海关询查该生是否已经抵埠。海关于五月十三日报告说，事实上赵治已于四月四日乘坐前述驶往美国的"羲娜"号轮船返航抵达雪梨。换言之，他抵达美国后根本就未获准入境，因而只能原船返回雪梨。惟其此前离境时学生签证自动失效，没有了入境签证，但他表示作为中转，将由此再搭船返回中国，海关才允许其上岸，核发给他的是临时入境签证。内务部长见是这种情况，且这位中国学生此前各方面表现亦相当令人满意，便于五月二十二日批复了中国总领事的申请，准允赵治重返库郎街公学念书。其学生签证有效期自其抵岸的那天算起，一年后再予以核覆。由是，赵治在库郎街公学又继续读了一年，仍然是各科成绩优异，备受称赞。

转眼就到了一九二六年四月，又该是续签的时候了，但时年二十一岁的赵治已经决定不再在澳大利亚读书，并预定六月中旬搭乘"圣阿炉滨士"（St. Albans）号轮船回国，因其签证有效期是到四月四日，他便委托中国总领事馆于四月二十日致函内务部，申请额外三个月的延期签证。既然这位中国学生自觉回国，并且也都为此做好了安排，内务部自然乐见其成，很快便答复批准。

事实上，从三月一日开始，赵治便正式退学了。他计划在回国前，在澳大利亚全国转一下，了解当地的工商业情况，以便作为回国后人生设计的参考。原本他已经获得了三个月的延签，但到六月份原计划离境的日子，他才走完了鸟修威省（State of New South Wales）各埠，尚有国内其他地方未曾踏足。因此，他致函海关，希望再给他六个月的延签。内务部接获海关转来的上述申请后很不高兴，认为他是在误导当局，因为当时批复他三个月延签时根本就没有说明是让他利用这个时间考察全国的工商业情况。于是，内务部回复说，要么他重返学校继续念书，要么立即打包回国，没有别的选择。到八月十日，内务部秘书也就此事致函中国总领事馆，再次重申上述决定，并强调说，此时只有尽快离境回国一条路了，请后者协助尽快告知这位中国学生的离境日期。

赵治见无法再待下去，遂于八月二十四日致函内务部，告知已经预订好十月九日从雪梨起航前往香港的"吞打"（Tanda）号轮船，届时一定会如期离境。但内务部则希望他越早走越好，与海关商量是否可以安排他提早到九月十一日，在雪梨港搭乘另一班驶往香港的"丫剌夫剌"（Arafura）号轮船，只是因为最终因船票钱未能谈拢，只好作罢。

一九二六年十月九日，二十一岁的赵治如期登上"吞打"号轮船，返回中国。事实上，他在原有延期三个月签证的基础上，成功地在澳大利亚多待了三个多月的时间，这种分段拖延战术的实施，足够他去其他几个省的大城市走访考察。此后，再未见到任何他重返澳大利亚的信息。

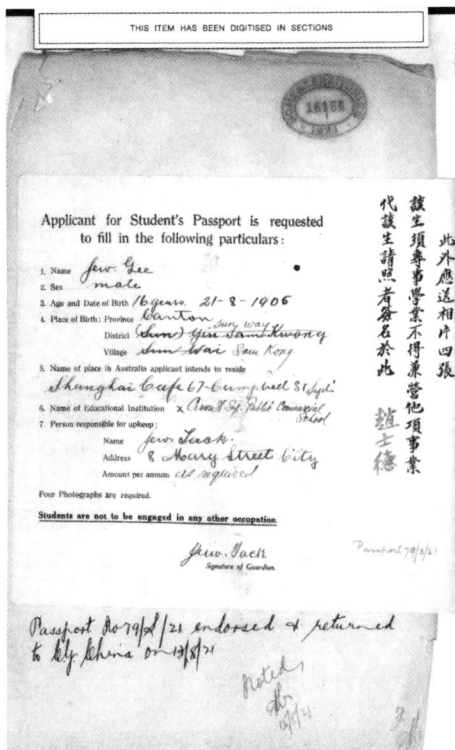

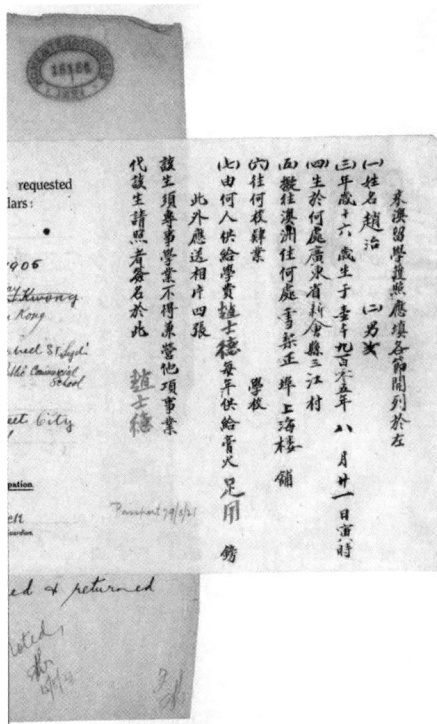

一九二一年，赵士德具表向中国驻澳大利亚总领事馆申办儿子赵治赴澳留学护照和签证。

一九二一年八月四日，中国驻澳大利亚总
领事魏子京为赵治签发的中国学生护照。

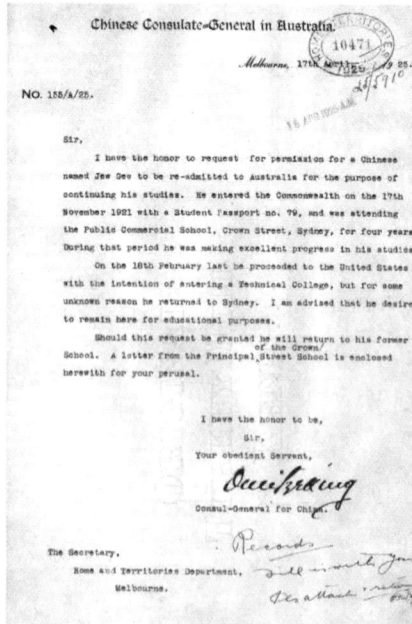

一九二五年四月十七日，中国总领事魏子
京致函内务部秘书为赵治申请再入境签证。

档案出处（澳大利亚国家档案馆档案宗卷号）：

Jew Gee-Student passport, NAA: A1, 1925/13072

凌月超

新会大范里

跟前面的凌如权一样，凌月超（Ling Giet Chow）的籍贯也是新会县大范里，出生于一九〇六年六月二十一日。他的父亲名叫凌熙（Ling Hie），一八六九年出生。[①] 因无法在澳大利亚国家档案馆中找到凌熙更多的档案，我们难以准确地说明他何时来到澳大利亚，只能根据当时其同村人以及其他乡人抵澳的大致年份，猜测他也应该是随着同一股大潮，在十九世纪九十年代左右来到澳大利亚，并且主要是在美利滨（Melbourne）埠发展。由于没有记录，我们不知他在此做何营生。档案中与其子赴澳留学相关的申请材料亦告缺失，我们也无法知道他是何时递交的申请表，只是知道中国驻澳大利亚总领事魏子京于一九二一年八月二十九日为凌月超签发了号码为103/S/21的中国学生护照，并于两天后也为他拿到了澳大利亚内务部核发的入境签证。

一九二一年十二月十二日，凌月超搭乘从香港起航的"圣柯炉滨"（St. Albans）号轮船抵达美利滨埠，由父亲凌熙接应出关。[②]

从内务部事先知道凌月超将要入读的是美利滨城南晓拂柏公学（Albert Park State School）这一情况来看，显然是因为他的父亲凌熙经营的生意就在该小区晓拂柏（Albert Park）附近，住处可能也距此不远。但为他联络入读

① HIE Ling: Nationality-Chinese: Date of Birth-1869: Arrived per Eastern: First registered at Thursday Island, NAA: MT269/1, VIC/CHINA/HIE LING。

② CHOW Ling Giet: Nationality-Chinese: Date of Birth-1905: Arrived per ST ALBANS: First Registered at Thursday Island, NAA: MT269/1, VIC/CHINA/CHOW LING GIET。

晓拂柏公学的并不是其父亲，而是凌熙的一位名叫马三才（Mah Sam Toy）的朋友。马三才生于一八八四年三月二十二日，一九〇一年渡海南来，八月二十三日在塔斯马尼亚（Tasmania）岛登陆入境。[①] 此后他辗转来到美利滨，在城里罗苏街（Russell Street）二百二十八号"隆记"（Loon Kee）商铺充当钟表匠。在凌熙为儿子申办护照和签证时，马三才便代其前往晓拂柏公学面见校长，希望为凌月超办理入学手续。他当时告诉校长说，凌月超曾在中国（校长理解的具体地点是在广州或者香港）学过英语，英语已有相当高的水平，来此留学是为了使其英语更加流利。校长先是首肯，惟表示需要面试以作定夺。因此，当凌月超入境之后，马三才便将其带到晓拂柏公学校长办公室，由校长亲自面试。校长首先觉得这位中国学生已经十六岁了，个子也较高大，跟这间以小学课程为主之学校里的小学生比起来，显得很不协调。其次，他虽然可以说上几句英语，但仅是几个单词而已，连他的年纪有多大都不能用英语完整说出来，由是对其印象大打折扣。校长觉得他很不合适在此念书，拒绝其注册入学。当然，他建议将此学生置放到另外合适的学校，也许会对其英语提高及其他课业的学习有很大的帮助。因此，当一九二二年新学年开学后，内务部于二月十八日致函晓拂柏公学想询问凌月超的情况时，方才得知他并没有在此上学，而是去了别的学校。

但凌月超去了什么学校呢？晓拂柏公学校长并不知晓，无法告知其去处。内务部遂发动海关等部门去询查，想尽快知道这位中国学生到底去了什么学校念书。不久，内务部就在二月二十四日从海关的报告中确认，凌月超此前于二月六日便已进入美利滨大学附近的卡顿专馆学校（Carlton Advanced School）就读。三月十八日，内务部也收到了凌熙在前一天所写来的信函，确认其子是在上述学校念书。随后，卡顿专馆学校也向内务部报告说，该生在校品学兼优，出满全勤。此后的大半年时间里，学校的例行报告都对其称赞有加。

一九二二年十月底，因父亲凌熙将生意店铺搬到了美利滨城南靠海湾的加顿围（Garden Vale）区，凌月超也转学进入加顿围公学（Garden Vale State

---

① TOY, Mah Sam-Nationality: Chinese-Form of Application for Registration as an alien, NAA: A396, TOY M S。

School）读书。但仅仅在此读了一个多月，学校就进入暑假，到下一年开学时，他转学进入临近位于圣科达（St. Kilda）区的诸圣文法学校（All Saints Grammar School）念书。他同村的宗兄凌如权也同时转学进入该校就读，可能暑假中两位宗亲兄弟已对此有过合计，故新学年开始时采取一致行动。在此后的两年时间里，学校都认为他是遵守校规、努力学习的学生，各项成绩亦令人满意，基本上都处于班级的中上水平。

从一九二五年六月开始，凌月超再次转学，进入邻区不远的考飞文法学校（Caulfield Grammar School）就读。他在该校的表现，刚开始时仍一如既往。可是仅仅过去二十来天，即从六月二十九日开始，这位此前学业优异的中国学生，突然旷课了，且种种迹象显示不会再去学校上课。学校经一番访查，最终得知他是准备返回中国；但此后他是否按计划离境，学校并不清楚。无奈，学校遂于九月十五日向内务部报告此事。接到报告后，内务部便指示海关核查。海关稽查官葛礼生（J. Gleeson）经多方寻找，终于在九月底见到了凌月超本人。他表示，此前已经对学校和其他相关人士说过多次要离开澳大利亚回国，但因故直到现在也没有走成。既然如此，经劝告，九月三十日，他再次回到学校继续念书，但没有直接返回考飞文法学校，而是回到此前就读的诸圣文法学校。

尽管回到了学校，但由此时到十一月十七日，总共三十三天上课日，他仍然有十三天旷课。此后才保证按时到校上课。此前凌月超有三个月的时间不去上学也不回国，已经违规了，现在又继续违规，按照《中国留学生章程》，他面临的前景应该是被遣返回中国，事实上海关人员和内务部的主管部门也是这样建议的，但内务部长似乎对这位中国学生网开一面，指示要再给予他一个机会，以观后效。因此，当中国总领事馆于十一月份按例向内务部提出为凌月超申请下一年度的续签时，内务部长并没有留难，很爽快就予以批复，只是鉴于其此前不断违规旷课的情况而附加了一个条件：一旦他在校表现无法令人满意，亦即继续旷课，就不会再核发其续签。换言之，内务部还是对他维护有加，并没有表示取消其签证，立即将其遣返回中国。

到一九二六年新学年开学后不久，中国总领事馆于二月二十二日致函内务部，告知凌月超计划在下个月六日搭乘去香港的"圣柯炉滨"号轮船，回国探亲，希望为其申请再入境签证。他打算在结束探亲后重返美利滨，再回到诸圣文法学校继续念书。这一次，内务部就对凌月超的申请进行了很认真的审核。他们了解到，上述"圣柯炉滨"号轮船已经比预定日期提前一天驶离了美利滨，但凌月超并没有登上这艘船，经与中国总领事馆沟通后，内务部得知，前者已经知照中国总领事馆，他已改订了三月二十六日离港的日本轮船"三岛丸"（Mishima Maru）。此外，经与诸圣文法学校联络，内务部也获悉自新学年开学以来，凌月超只是在开学的头两天去了学校，此后便不见了踪影。据海关官员的说法，该中国学生是不想在离境前的五六个星期里再注册缴费。但无论是什么样理由，均说明他并不在意此间的学习，也完全违反了相关的规定。为此，内务部长此次便不再宽容，于三月十六日指示秘书函复中国总领事魏子京，拒绝了凌月超的再入境签证申请。十天后，凌月超按计划登上"三岛丸"，返回中国去了。

正常情况下，申请再入境签证遭拒，再加上已年届二十岁，凌月超此次回国，应当是继续在国内升读大学，或者就此走向职场。可是到了一九二七年三月二十一日，距其上次离境还差五天就满一年之时，他却出人意料地乘坐同一艘日本轮船"三岛丸"回到了美利滨。此时此刻，上一年才接到了对这位中国学生入境申请拒签决定的美利滨海关，一方面对凌月超这种不顾禁令的做法感到不可思议，另一方面也不敢对是否放行其入境擅作决定，遂立即致电内务部，讨要办法。几经折冲商量，最终在内务部首肯之下，海关先让他缴纳一百澳镑的保证金，再给他入境一个月的签证，允许其登陆上岸，然后官方再与中国总领事馆和他本人商讨此事的处置方案。

四月七日，中国总领事魏子京终于致函内务部秘书，对上述凌月超闯关入境之事表示了歉意，并对此事前因后果作出解释。魏总领事在信中说，事缘中国总领事馆官员在去年转述内务部对凌月超拒签时，将其误述为如果他在十二个月内不返回澳大利亚，其签证失效。这项规定事实上是对那些获批再入境签证之人士而言，而不适用于被拒签人士。由是，凌月超领会错了意思，以为自己仍然可以入境，即在规定时间内抵达即可，因此，他在三月初匆匆赶往香港，再次赶上这艘赴澳的日本轮船，在离境满十二个月之前回到澳大利亚。换言之，虽然凌月超属于贸然闯关，但错不在这位年轻人，而在于中国总领事馆工作人员误导了他。既然处于这样的境地，中国总领事馆对他理应鼓励与支持。魏总领事表示，在与诸圣文法学校联络之后，该校校长也在三月二十七日正式致函中国总领事馆，愿意接受凌月超重返该校读书。由是之故，恳请内务部酌情再次批复这位青年学生的一年签证，以圆其澳大利亚留学梦，从而可以学到知识，返回祖国，服务社会。

综合分析了情况，内务部长觉得中国总领事馆的陈述有一定的可信度，对这位中国留学生动了恻隐之心。他在四月二十六要求秘书知照中国总领事馆，批复了凌月超的入境签证，有效期从其入境之日起算。但他也对凌月超的入学及其出勤率提出了严格要求：一是必须就读于上述业经联络好的诸圣文法学校；二是只能潜心学习，不能出外打工，不允许无故旷课，一旦发现，将立即取消其签证资格。就这样，凌月超再次返回了诸圣文法学校念书，同时也取回了缴纳给海关的一百镑保证金。

事情好像又回到了从前。六月份，诸圣文法学校校长提供的例行报告显示，凌月超在校各项表现中规中矩，似乎很令人满意。但到九月中提供的例行报告则显示，自八月十二日之后，他就一直旷课，加上此前他也有几天未经请假就跑到雪梨（Sydney）见朋友，总共旷课达三十四天之久。内务部接到报告后立即指示海关核查。十月中，海关报告说，自十月一日起，凌月超又回到了学校读书，未再旷课。此时，因他的父亲回中国探亲仍未返回[1]，他并没有住在父亲的店铺里，而是有时候住在中布莱顿（Middle Brighton）区教堂街（Church Street）上的"三利"（Sam Lee）号洗衣店，有时候也住在南圣科达（South St. Kilda）区格兰亨特利路（Glenhuntly Road）上的"胜利"（Sing Lee）号洗衣馆里，跟其宗亲兄弟凌如权待在一起。但内务部始终对其八月份和九月份的旷课耿耿于怀，揪住不放。为此，海关根据指示，知会

---

[1] 在上一年凌月超回国探亲时，其父凌熙也跟他同船回国，并且一去就是四年多，直到一九三一年方才回到美利滨。见：Ling Hie-Applications for Certificates of Exemption from Dictation Test [includes 4 photographs], NAA: B13, 1931/18234。

中国总领事馆，请其约谈凌月超，要求对此旷课予以解释。十月二十日，中国总领事魏子京致函内务部秘书，说明凌月超的旷课是因其父亲不在，失去了管束，而放任自己的结果。现在，经与其详谈，晓以利害，该学生已经意识到错误，诚恳表示不会再犯，要严格要求自己，正常上学。现在他的在校表现说明该生已经回到了正轨，望内务部再给予他机会。海关稽查官葛礼生此后又报告说，该生此前的旷课实际上是想在回国前到澳大利亚各地游玩走走，可能很快就要打道回府，结束其在澳之留学生活。于是，内务部也就默许了中国总领事的建议，对凌月超的旷课不再追究。

　　果然，一九二八年二月九日，二十二岁的凌月超在美利滨港口登上"太平"号轮船，与宗兄凌如权结伴而行，一同返回中国。[1] 他在澳留学总共六年时间，扣除其中一年的返乡探亲期，实际在澳亦逾五年。

一九二一年八月二十九日，中国驻澳大利亚总领事魏子京为凌月超签发的中国学生护照。

---

[1]　Ling Giet Chow-Departure per "Taiping" February 1928, NAA: B13, 1928/3600。

左为一九二五年九月和十一月因凌月超旷课，美利滨海关稽查官葛礼生有关其出勤情况的报告。右为一九二七年三月凌月超闯关之后，海关对是否给予其入境签证的意见。

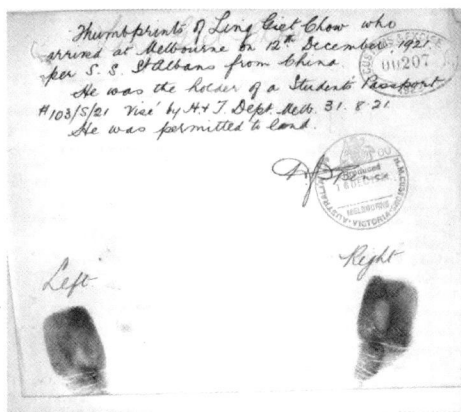

左为一九二一年十二月十二日凌月超抵达美利滨入关时所摁手指印。右为一九二七年三月二十七日诸圣文法学校校长手书致中国总领事函，同意接收凌月超重返该校读书。

档案出处（澳大利亚国家档案馆档案宗卷号）：

Ling Giet CHOW-Students passport, NAA: A1, 1927/8131

陈 荣

新会旺冲村

　　陈荣（Ah Wing，又写成Chang Wing），一九〇六年十一月六日出生于新会县旺冲村，父亲是陈典濯（Sam War，也写成Chun Tin Jock）。陈典濯出生于一八六九年，二十六岁时随大流去澳大利亚谋生，在鸟修威（New South Wales）闯荡，最后在雪梨（Sydney）立下脚跟，于二十世纪初年在雪梨市中心（市政厅往海德公园方向）的加士薗街（Castlereagh Street）二百〇九号与人合股开设一间洗衣馆，名为"三和"号（Sam War）。[①]此后，他本人也就一直以这个英文铺名为自己在当地的英文名字，反而很少使用其根据新会话发音而拼成的英文名Chun Tin Jock。在澳大利亚打拼七年后，他才首次于一九〇二年返乡探亲，娶妻生子，盘桓两年后方再次返回雪梨。根据他在一九〇七年申请"回头纸"返乡探亲时的声明显示，这是他第二次申请回中国探亲。[②]由是，他声称上述陈荣是其儿子，从血缘上看显然是不成立的。一种可能是，陈荣是其新会家人代其领养的儿子，这在当时的广东乡村是普遍存在的一种现象，而且养子也会被家人视为己出，也为乡村的宗法社会所认可。严格说来，澳大利亚对因上述类型的父子关系而申请来留学者是严拒的，只是在《中国留学生章程》刚刚实施的头几年，因监护人和财政担保人的审核

[①] 据鸟修威省档案馆（NSW State Archives & Records）保存的工商局二十世纪初该省工商企业注册记录，表明三和号正式注册日期为一九一二年十一月十二日，注册股东有三人。详见：https://search.records.nsw.gov.au/permalink/f/1ebnd1l/INDEX1822424。

[②] Sam War, NAA: SP42/1, C1910/5099。

主要由中国驻澳大利亚总领事馆负责，澳大利亚内务部对这种领养关系的审核也不严，因此，一些在澳华人申请他们的养子来澳留学并未遇到困难。

就是在这样的情况下，一九二三年（申请表上未设填表日期栏目），陈典濯考虑到儿子陈荣就要十六岁了，希望他能来澳接受英语教育，便填表向中国驻澳大利亚总领事馆申办陈荣的中国护照和入境签证。他以自己参与经营的"三和"号洗衣馆作保，应允每年提供一百二十镑膏火，以充其子在澳留学期间所需之各项费用，要将其办来雪梨公立学校念书，他心目中的理想学校是纪聂公立高小（Glebe Superior Public School）。

这一年的九月五日，中国驻澳大利亚总领事魏子京为陈荣签发了号码为328/S/23的中国学生护照，并在三天后为他拿到了澳大利亚内务部核发的入境签证，随即将护照寄往香港指定的商行代为转交给护照持有人，以便其能尽快赴澳留学。在家乡的陈荣接到护照后，收拾好行装，于年底结束了其在家乡学校的学习，赶赴香港，搭乘中澳船行经营的"获多利"（Victoria）号轮船，于一九二四年二月四日抵达雪梨。当天，陈典濯在朋友的陪同下去到海关，帮儿子办理好入境手续，使其顺利出关。

陈荣抵澳之时，当地的新学年也刚刚开始。但是陈典濯临时改变了主意，没有送儿子进入原先选定的纪聂公立高小，而是将其送入兰域预备学校（Randwick Preparatory School）念书，并将其名字的英文改为Chang Wing。尽管陈荣在这间学校的表现良好，英语进步令人满意，但他只是读了一个学期而已。到五月八日，他转学进入库郎街公学（Public School， Crown Street）。他在这里一直读到年底，同样是各科成绩优秀，备受好评。

可是就在这一学年尚未结束、学校尚未放暑假之前，陈荣突然于一九二四年十一月二十二日在雪梨登上前往新西兰的"乌里马洛"（Ulimaroa）号轮船，驶往该国最大城市屋仑（Auckland）去了。走之前他只告诉了学校，既没有知照内务部，也没有通知中国总领事馆；而去该地的目的为何，亦未见有任何文字说明。

前后加起来，陈荣的在澳留学时间不到十个月。此后，澳大利亚的档案里再未有陈荣入境的任何信息。

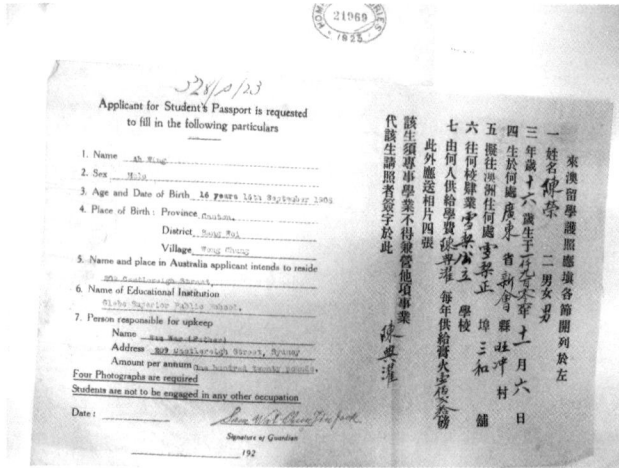

一九二三年，陈典濯填表向中国驻澳大利亚总领事馆申办陈荣留学所需之护照和入境签证。

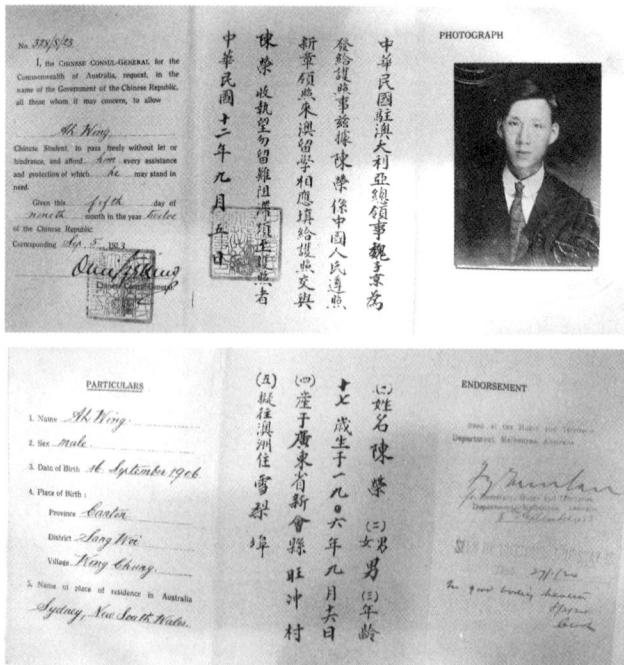

一九二三年九月五日，中国驻澳大利亚总领事魏子京为陈荣签发的中国学生护照。

档案出处（澳大利亚国家档案馆档案宗卷号）：

Ah Wing-Student's passport [0.5cm], NAA: A1, 1924/30179

陈金源

新会京梅村

京梅村是新会县陈氏宗族的主要村落，是蔡李佛拳的发源地。一九〇六年十月三十日，陈金源（Chan Kam Yuen，或写成Gum Woon，或A. Chan）便是出生于这个人杰地灵的村庄。他的父亲陈亚耀（Chin Ah You），一八七六年十月十一日出生，[①] 一八八五年之前还是孩童时便由父辈带着，跟随乡人南下淘金大潮的步伐，桴海南下，进入澳大利亚的域多利省（Victoria），在美利滨（Melbourne）埠立足，并归化为澳籍，[②] 后来在中国城的小博街（Little Bourke Street）二百一十四号与人合股开设"宽记"（Foon Kee）号杂货铺，售卖时鲜果蔬及华洋日用货品。

陈金源进入学龄之后，便在家乡接受新式学堂教育。到一九二五年初，他已经满了十八岁，父亲陈亚耀觉得有必要将他办理前来澳大利亚留学，使之一方面接受英语教育，另一方面也能在此上大学或者工商学院，获取专业文凭，作为日后进入社会谋生或从事商业的敲门砖。于是，三月十一日，陈亚耀填具申请表，向中国驻澳大利亚总领事馆申办其子赴澳留学的护照和入境签证。他以自己经营的"宽记"号商铺作保，允诺每年提供足镑膏火，以满足儿子在澳留学期间所需之学杂费等所有开支，要将儿子办来近在咫尺的

---

① YOU Chin Ah: Nationality-Chinese: Date of Birth-11 October 1876: First registered at Russell Street, Melbourne, NAA: MT269/1, VIC/CHINA/YOU CHIN/5。

② Chin Ah You-naturalisation, NAA: A712, 1885/C10421。

基督教长老会学校（P.M.W.U. School）念书，因为该校同样位于小博街上，上学十分方便。

因《中国留学生章程》自一九二一年实施以来，在执行的过程中出现了很多问题，反响较大，出于形势的需要，修订调整势所难免。自一九二二年开始，澳大利亚政府内务部便与中国驻澳大利亚总领事馆开始协商修订其中的一些条例，双方同意于一九二六年开始实施修订过的新章程。因此，当陈亚耀将申请递交上去后，中国总领事馆发现其子年龄已过十八岁，指出必须具备一定的英语能力方可获批。于是，陈金源遂按照家人的安排，于当年下半年从家乡前往香港，进入香港预科书院（The Tutorial Institute of Hongkong）专攻英语。经四个多月的学习，其英语能力在班上达中上水平，遂由书院院长霍乃铿在十一月二十三日出具其初具英文学识能力的证明，附上其班主任谢敦全提供的英语各科成绩单，以及陈金源写给中国总领事馆的一封英文自荐信以证明自己已具备的基础英语能力，一同寄往中国驻澳大利亚总领事馆备案。

待上述材料齐全之后，中国总领事馆方才对此申请予以处理。一九二六年二月十二日，中国总领事魏子京给陈金源签发了号码为431/S/26的中国学生护照，三天后也顺利地拿到了内务部核发的入境签证。随后，中国总领事馆按照要求，将护照寄往香港鲗鱼涌的宽和祥商行，由其转交业已在香港等候的陈金源，俾其能尽快成行，早日赴澳留学。在香港一边读书一边等候消息的陈金源，收到护照后并没有耽搁多久。他在把该年度上半学期的课程基本上结束之后，便搭乘路经香港的日本轮船"三岛丸"（Mishima Maru），于六月十四日抵达美利滨港口，在父亲的接应下，顺利入境。

原本陈亚耀是想让儿子就近入读长老会学校，但陈金源抵埠后，觉得自己英语水平已经有了长足进步，想进入更加有名望的学校学习。因此，自七月一日开始，他给自己取了一个英文名，叫做Alfred Yuen，注册入读圣多马文法学校（St. Thomas Grammar School），期望能由此更快地提高自己的英语水平并适应当地的学习环境。在这间学校，他也确实没有让父亲失望。学校的每次报告都对他称赞有加，认为他尽心尽力地学习，各项成绩优秀，且出勤率极高，基本上没有缺过课，总是做到最好。就这样，他在这间学校读了两年半，直到一九二八年底，完成了中学课程。

一九二九年新学年开始，陈金源注册入读位于美利滨城里的司铎茨商学院（Stott's Business College）。在这里他也读了整整一年，其成绩还是跟以前读中学一样，各科都很优秀，仍然是遵守校规，备受称赞。

到这一年的年底放暑假前，陈金源跟中国驻澳大利亚总领事馆表示，他想回中国探亲一年，然后再返回美利滨继续完成其在司铎茨商学院的余下课程，希望总领事宋发祥能代他向内务部申请再入境签证。对此，宋总领事自然应允，遂于十二月七日致函内务部，表达上述要求。但内务部秘书收到上述申请后，检视陈金源的档案发现，来年他就届满二十四周岁，这是中国留学生在澳留学的最高年限，如果批复其以学生身份再入境念书，与《中国留学生章程》的规定相违背，便于十天后复函拒绝了上述申请。

事实上，早在宋总领事为他申请再入境签证的同时，陈金源便已订妥了一九三○年一月二日从美利滨港口出发的"吞打"（Tanda）号轮船的船票。既然内务部对其拒签，而陈金源也确实明白因年龄原因已经无法再留下来完成学业，便告别留学达三年半的澳大利亚，返回中国，翻开其人生新的一页。

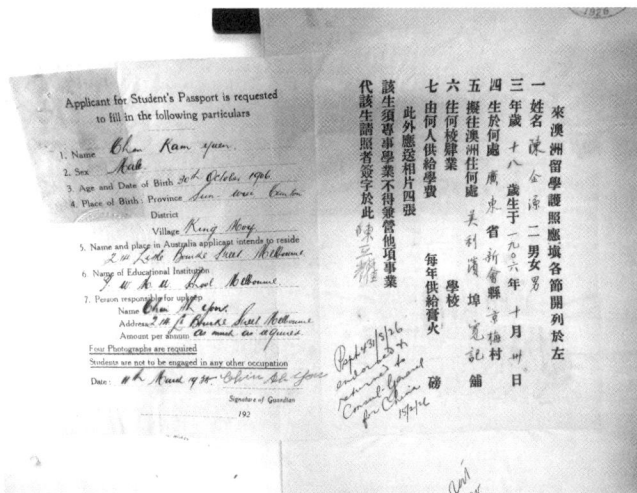

一九二五年三月十一日，陈亚耀填表向中国驻澳大利亚总领事馆申办其子陈金源赴澳留学护照和签证。

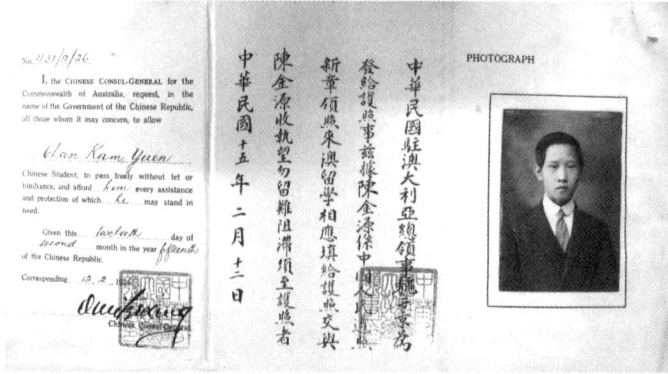

一九二六年二月十二日，中国驻澳大利亚总领事魏子京给陈金源签发的中国学生护照。

一九二五年十一月二十八日，香港预科书院第五班班主任谢敦全提供的陈金源第四学期英语各科成绩单。

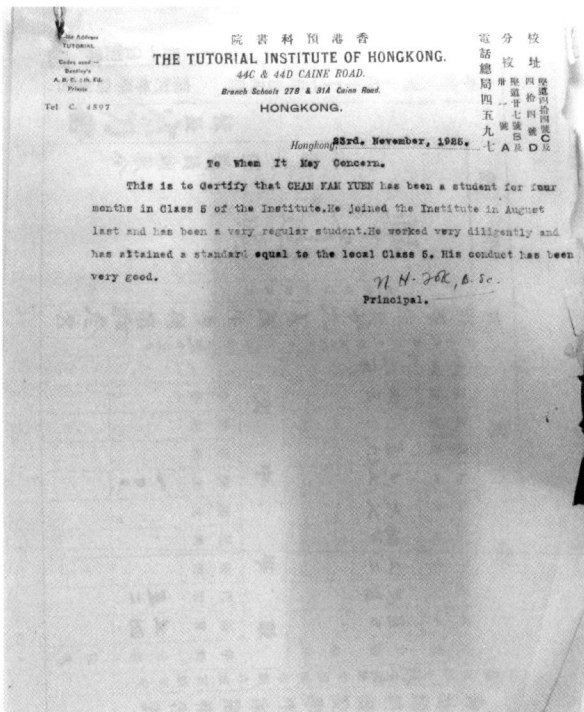

一九二五年十一月二十三日，香港预科书院院长霍乃铿出具
的陈金源初具英文学识能力的证明信。

档案出处（澳大利亚国家档案馆档案宗卷号）：

CHAN Kam Yuen [aka Gum Woon and A. CHAN]-Chinese Student's Passport,

NAA: A1, 1934/8071

张　钦

新会三江镇官田村

自澳大利亚联邦成立后，对在澳华人影响最大者，就是全面实施严格限制华人移民的"白澳政策"。事实上，自十九世纪中叶澳大利亚大陆淘金热兴起后，因大批中国人（主要是广东人）前来寻找梦想，当时的各殖民地就对其采取各种不同程度的歧视、排斥和限制措施，"白澳政策"就是将这些整合起来而在全国实施的以打压华人为主的政策。尽管如此，许多当地白人还是与在此努力工作与人为善的华人建立起友谊，并对其争取权益的努力提供了力所能及的帮助。在鸟修威省雪梨（Sydney）西区啪冧孖咓埠（Parramatta）南葛兰围公校（South Granville Public School）任教的莫森（E. R. Mawson）先生，就是这样一位热心助人的澳大利亚当地白人。

一九一九年九月三日，莫森写信给时任澳大利亚联邦政府海军部长约瑟夫·库克爵士（Sir Joseph Cook）。库克是澳大利亚的资深政客，十九世纪末成为澳大利亚工党的创始人之一，但迅即因理念不同而在澳大利亚联邦政府成立之前脱离该党，随后获邀加入自由党，逐渐成为该党的领袖。澳大利亚联邦成立时，他获选为啪冧孖咓选区的国会议员。此后，他无论是作为执政党还是反对党的重要成员，一直活跃在澳大利亚政坛，期间担任过政府的国防部长，并在一九一三至一九一四年成为澳大利亚联邦第六任总理，资历深厚，极具影响力。而在库克进入联邦政坛之前，莫森就与其交厚。莫森在信中表示，他本人有一要好的华人朋友，已经来澳定居和发展达二十五年之久，在啪秣孖叮埠经营菜园，服务周边，遵纪守法，是社区令人尊重的好公民。现该华人欲将其年十二岁的次子办理来澳大利亚留学，接受英语教育，希望作为该选区政府代表的库克爵士能对此予以最大限度的支持，以助其达成目标。库克确实是个重情义的人，接到老朋友的信后，立即于九月十一日将其转给时任内务部长戈林（P. McM. Glynn），请其代为办理。第二天，内务部秘书便按照指示复函库克爵士，告知如果那位华人通过内务部直接申请，说明其子赴澳留学的年限并按照规定向海关缴纳保证金，则该部门将会按例回复并给予办理。

待接到库克爵士转来的内务部就此问题的回复之后，莫森于十月十六日再致函这位位居政坛高层的老朋友，告知其自己的华人朋友Charles Ginn之子目前已在香港待命，打算来此读五年或者十年左右的书，请其寄送相关表格过来，以便填写，然后向有关部门提出申请。十月二十七日，库克再次循要求将此信转交给内务部秘书，请其办理。四天后，内务部秘书复函库克爵士，告知没有表格填写，只需申请者写信申请便可。内务部将通过海关和警察局对监护人和财政担保人作一番核查，然后将此项申请提交内务部长来做出最后决定。

看来还是库克爵士的政坛影响力大，事情进展比较顺利。此处一直提到的这位名叫Charles Ginn的华人菜农，内务部查出他有时也叫做Charles Gum。根据两年后澳大利亚正式实施《中国留学生章程》时，一份与Charles Ginn或者Charles Gum同名并地址相同的华人申办儿子张炼（Cheong Lin）前来读书的档案，可以得知，这位华人的中文名叫张建，是广东省新会县三江镇官田村人[①]，约在一八九三年与兄弟一起从家乡南渡，来到澳大利亚谋生并寻求发展[②]。经一番打拼，他成为鸟修威省(New South Wales)永久居民，遂立足于啪

[①] C. Cheong Lin Students Passport, NAA: A1, 1923/5399。

[②] 按照另一份与Charles Gum相关的档案宗卷，则显示张建早在一八八四年便已来到澳大利亚。一八九三年的时候，他还住在雪梨，次年才去基亚马埠（Kiama）发展，五年后重返雪梨，进入啪秣孖叮埠成为菜农。见：Mrs Frances Allen and son Charles Albert Allen [or Gum] [includes photograph showing front and side views and left and right thumb prints pertaining to Charles Allen] [box 137], NAA: SP42/1, C1922/4449。

冧孖町埠做菜农，在此租种三公顷的菜地，并像当时许许多多其他来自广东的菜农一样，也在主街上开设一店面，出售蔬果及其它产品。警察局的记录表明，张建为人谦和，品行端正，买卖公平，经商有道，虽然除了上述菜园和价值约七十镑的农具以及相关设施之外，他在此没有其它财产，但在社区里是颇受尊重之人。海关也跟张建本人核对过，在过去二十六年间，他曾经回国探亲五次。其次子名张钦（Cheong Ham），出生于一九〇七年；鉴于已经年满十二岁，希望办他来雪梨读四年书。张建表示，一旦获批签证，将把儿子安排到南啪冧孖町公立学校（Parramatta South Public School）念书。读完四年后，如果儿子想留在澳大利亚发展的话，他希望能申请让其留下；届时，他将送儿子进入某间商铺先做学徒，学习经商技巧，以便将来自己开业，独当一面。

虽然海关接到内务部协查要求后，很快就完成了任务，评估结果也很正面，可是直到这一年过去了，进入到一九二〇年，在将近三个月的时间里，张建也没有听到内务部对其请求作出任何回应。而在去年初，他的兄弟就回到中国探亲，按计划很快就要返回雪梨了，原本是计划在返回时顺便将侄儿一并带过来，但到现在也没有任何儿子是否获签的消息，他着急了，遂就此事再次商之于老友莫森。在此之前，莫森也接受过海关和警察局的询问，就张建的相关情况以及张钦留学之事做出解答，也从海关那里得到他们对核查结果很满意并已将核查报告提交给内务部的通告，就等着内务部秘书的通知了。因此，在接到老友的求助后，自然明白其难处，也明白有些事情可能会受大环境影响，尤其是上年底和今年初，适逢澳大利亚联邦议会大选，部长是政客，须全力以赴投入选举，可能就对工作相关的许多业务无暇顾及或未及时处理。好在现在大选结果揭晓，他的老友库克爵士再次成功连任，在新内阁中继续担任海军部长，因此，他便再次挺身而出，为张建发声。

一九二〇年一月二十四日，莫森再次写信给库克爵士，先对其赢得大选顺利连任予以祝贺，然后将上述核查的结果以及张钦正在等待赴澳的情况一一告知，请其协助询问内务部，敦促尽快将签证申请批复下来。一月二十八日，库克便行文内务部秘书，请其尽快办理此事。事实上，早在一个多月前经相关部门的努力拿到评估结果，内务部秘书就将建议批复的报告送交到部长办公室待批，只是因为大选，部长一直很忙，顾不上看文件和签字，事情就这样拖了下来。接到库克爵士的催促后，内务部秘书再对部长提出此事，获后者批复，准允张钦来澳留学，入境后先给予十二个月留学签证，期满后可再申请展签，如此年复一年地申请，以四年为期。一月三十一日，内务部秘书将上述决定通告了库克爵士，并将该决定之抄件送交雪梨海关备案。

库克爵士马上就将上述决定转告了莫森，后者当然也为自己成功地帮助了华人老友张建而感到高兴，把消息告诉给后者，由其致电在国内探亲的兄弟尽快为儿子张钦办好护照，前来澳大利亚。经一番紧锣密鼓的申请和安排，张建的弟弟为侄儿张钦从广东军政府外交部特派广东交涉员公署办到了护照，遂带着张钦直奔香港，在此搭乘"获多利"（Victoria）号轮船，于当年五月二十三日抵达雪梨港口，入境澳大利亚。

从六月一日起，十三岁的张钦便注册入读父亲早已为他选择并联系好的南啪冧孖叮公立学校。学校报告显示，他每天去上学时都服装整洁，显得干练清爽，非常阳光，也很能应对其学校生活和学习。到第二年初，张建想将一九〇二年八月出生的大儿子张炼也办来雪梨读书，让他与弟弟作伴，进入同一间学校就读，便再次通过老友莫森走上次同样的道路。但此时因澳大利亚已经实施《中国留学生章程》，所有护照申请及签证评估的事情都由中国驻澳大利亚总领事馆负责办理，故库克爵士从内务部秘书那里了解到这个情况后，便转告张建，可直接向中国总领事馆申请办理。张炼顺利拿到护照，于当年九月二十日抵达雪梨入境。

张钦继续在南啪冧孖叮公立学校念书，一直像此前学校报告中的评价那样，保持良好形象，也显得对学习十分投入，故很顺利地在一九二一年和一九二二年拿到了展签。他的哥哥张炼因此时已经过了十九岁，南啪冧孖叮公立学校不愿意接受他入学，其父张建找到老友莫森，利用其在当地南葛兰围公校任教的空余时间充任其子张炼的家教，并同时让他注册入读南啪㘉孖叮进修学校（South Parramatta Continuation School）。待其英语提高之后，莫森便建议张炼入读天主教会开设在啪㘉孖叮埠的基督兄弟会书院（Christian Brothers'College）。虽然张炼最终没有进入上述学校就读，但还是从一九二二年新学年开始，注册入读同样是由天主教主办的啪㘉孖叮埠圣母昆仲会男校（Marist Brothers'School， Parramatta），在此读了一年的书。

一九二三年三月九日，即将年满二十一岁的张炼提前结束了在圣母昆仲会男校的学习，在雪梨港口登上"麦卢卡"（Manuka）号轮船，挥别澳大利亚，前往新西兰。而在大儿子走之前一天，张建也写信给内务部秘书，告知其本人准备近期就返回中国探亲，鉴于次子张钦年仅十五岁，他决定将其带回中国，在那里再继续让他进入学校读书。但他考虑到儿子仍然需要返回澳大利亚完成英语课程，便向内务部秘书申请儿子的再入境签证。三月十六日，内务部秘书复函，告知所有申请再入境签证等事宜，须经由中国驻澳大利亚总领事馆的渠道向内务部提出申请，方才可以受理，请其直接跟中国总领事馆联络并由后者具体代为办理，内务部一俟接到其申请，便可核发再入境签证。

不知何故，本宗卷中未见申请张钦再入境签证的文件，或许是因为张建走之前太过于匆忙未及通过中国总领事馆提出申请，也可能他根本就不想通过中国总领事馆来申请，而是还想考虑通过私人渠道如莫森和库克爵士的私人关系来处理此事。到这一年三月二十九日，张建便带着儿子张钦登上驶往香港的"获多利"号轮船，返回中国去了；张钦也就结束了还差两个月就满三年的留学生涯。他的留学档案到此结束，此后也未见到他再次入境的信息，表明张建并没有通过中国总领事馆为儿子重返澳大利亚读书申请再入境签证。

Emia
Rose St
Parramatta
3. 9. 19

Dear Sir Joseph
As one of your
very strong supporter
of Parramatta I am
writing on behalf of
a Chinese Gardener
of 45 Years residence
in Colony.
He is anxious to have
his son aged 12 yrs
out here with him
The boy is at Hongkong
now there.
The father is anxious
to have him out
& will pay all
expenses

DEPARTMENT OF THE NAVY.

11 September, 1919.

Dear Mr Glynn,

I shall be obliged if you
will let me have a reply to the
attached letter from Mr Mawson of
Parramatta.

Yours sincerely,

Joseph Cook

Hon. P. Mc.Glynn, M.P.,
Melbourne.

左为一九一九年九月三日，莫森先生写信给时任澳大利亚联邦政府海军部长的库克爵士，为老友张建之子张钦留学澳大利亚申请签证。右为一九一九年九月十一日，库克爵士致函内务部长戈林，请其代为办理此事。

档案出处（澳大利亚国家档案馆档案宗卷号）：

E.R. Mawson. Education Exemption Certificate Sons of Chinese（Charles Ginn），NAA: A1,1923/8093

黄　益

新会麦田村

　　黄益（Wong Zik，或写成George Yick）是新会县麦田村人，生于一九○七年二月九日。其父名黄庆（Wong Hing，Ah Hing，或写成George Hing），一八七○年出生，少年时期（约在一八八三年）便跟随乡人前往澳大利亚闯荡，定居于雪梨（Sydney），充当菜农，[①] 后于雪梨北部海湾磨市文（Mosman，现为著名的富人区）埠的主街上开设一间果子铺（亦即蔬果店），生活稳定，也有了一定的积蓄。

　　一九二一年澳大利亚实施《中国留学生章程》，开放在澳华人的子女从中国前来留学。有鉴于儿子黄益已届十四岁，正是求学之最佳年龄，黄庆决定将其办来澳大利亚留学，遂填具表格，向中国驻澳大利亚总领事馆申办护照和入境签证。他以自己经营之果子商铺作保，承诺每年可提供膏火五十澳镑作为儿子来澳读书所需之各项开销，并为其预先在磨市文公立学校（Mosman State School）报名注册。中国总领事馆接获上述申请后，按程序予以了审核处理，并在六月二十七日由总领事魏子京签发了一份给黄益的学生护照，号码是79/S/21，随后在次日为他拿到了内务部核发的入境签证。

---

① Lun Jone (Waterloo NSW), Ah Way (Sydney NSW), Hoo Sang (Botany NSW), George Hing (Botany NSW), Peter Chang (Sydney NSW), Wong Jung (Sydney NSW), Ah Lun (Botany NSW), Lee Lin (Sydney NSW), Ah Kum (Tamworth NSW) and Lee Yin (Botany NSW) [Certificate of Domicile- includes left hand impression and photographs] [box 2], NAA: ST84/1, 1904/11-20。

在中国家乡的黄益接到护照后，经半年时间的准备，最终由家人送往香港，搭乘"依市顿"（Eastern）号轮船，于一九二二年一月五日抵达雪梨。黄庆因蔬果店需人看管，无人替代，遂请亦在磨市文埠主街上开设蔬果店的两个朋友亚林和李荣代他前往海关，将黄益接应出关，送到其店中。

在父亲的店中休息了一段时间，间中也帮手在店里干活并熟悉了周围环境之后，十五岁的黄益于二月二十三日正式进入磨市文公立学校念书。进入学校后，他的课堂表现很好，求知欲亦很旺盛，从入学时一句英语也不会说，到这一年结束时，他已经能与人交谈、阅读课本以及应对作业了；为了在校时更好地与同学交往，他还给自己取了一个英文名，叫佐治·益（George Yick）。为此，校长在例行报告中对这个中国学生的努力给予了很高的评价。此后的三年多的时间里，他都保持这种学习状态，并逐步升到高年级班。

但从一开始进入磨市文公立学校念书，校长就在例行报告中不断反映黄益有缺勤的现象。有时候，校长对其缺勤情况给予了特别的说明，比如病假，尤其是有医生证明的病假，这些都属于学校批准的请假，属于正常现象；但更多的时候则是说明黄益缺勤原因是其父亲带他去别的地方探亲访友，或者是其父之店铺繁忙需要帮手时，就直接将儿子留在店中帮忙，且后一种情况越来越多。一九二五年四月二十九日，内务部在接到磨市文公立学校校长的报告后，终于忍不住致函中国总领事馆，请其警告黄益的监护人亦即父亲黄庆，强调其子来澳的签证是为了读书，不是为其店铺增添帮手的。如果继续这样违反《中国留学生章程》中有关学生不许打工的规定，内务部将中止其子的学生签证，遣返回国。在中国总领事馆的干预下，黄益的上课出勤率大大提高。到年底，他已经读完五年级的课程。尽管此时学校认为其英语作文能力长进不大，尚有很大的提高空间，但他还是在下一年顺利晋级到小学六年级。

一九二六年四月二十一日，中国总领事魏子京致函内务部秘书，谓黄庆要回中国探亲，下个月就走，需要将儿子黄益一并带上回国，但仍然希望他探亲结束后返澳继续学业，因此希望内务部核发给他再入境签证。内务部发现，此时的黄益已经十九岁，仍然在读小学六年级，如果明年返回澳大利亚继续读书的话，显然不能再回到磨市文公立学校与那些年龄与他差了一大截的孩童继续厮混，而且据报告说他的英语作文尚欠些火候，也是一大问题，尚须延请教师加以提高。而所有这些问题都需要中国总领事馆予以明确答复，内务部方可对其再入境签证申请作进一步的考虑。四月二十八日，魏子京总领事再函内务部，谓黄庆表示此次探亲结束后，明年回来澳大利亚将会移居美利滨（Melbourne），届时将会给儿子找一间当地有名望的中等教育性质的学校，让黄益入读。只是目前因他们人在雪梨，未能前往美利滨去找到合适的一间学校，但明年从中国回来后，相信以其子已经读了澳大利亚当地小学六年级的程度，完全可以在美利滨找到一家入读的学校。内务部接函后，认为上述理由成立，遂于四月二十九日复函魏子京总领事，批复了黄益的再入境签证，自其离境之日起算，在十二个月内重返有效。

拿到再入境签证后，黄益就在五月二十五日与父亲一同在雪梨港口登上驶往香港的"彰德"（Changte）号轮船，回国探亲去了。可是到一九二七年四月份，因黄庆在中国还有些个人及商务上的事情尚未处理完，势必影响其子黄益于五月二十五日即再入境签证失效之前返回澳大利亚，便致电中国总领事馆，希望为其子申请延签三个月。为此，总领事魏子京于四月十一日致函内务部秘书申请延签。上述理由看起来没有什么问题，只要黄益能在规定的日期内返回，且回来后严格按照规定入学即可。因此，内务部在两周之后便批复，可以延期到八月二十五日之前入境。但事实上，在申请延签入境的过程中，二十岁的黄益自己认为仍应按照此前批复的入境日期返回，遂径自奔赴香港，独自搭乘"彰德"号轮船，于五月八日抵达美利滨，再次入境澳大利亚。

按照正常程序，中国总领事馆在黄益回返美利滨后，应该督促其选定学校入读，并尽快将结果报告给内务部。但直到八月份，内务部也没有接到黄益究竟入读哪间学校的报告，反而是海关稽查官葛礼生（J. Gleeson）报告说，在美利滨街市看到黄益受雇于一家咖啡厅，充当侍应生。按照《中国留学生章程》规定，中国学生只能在学校念书，不允许受雇打工。为此，内务部秘书于八月二十二日致函中国总领事馆，请其对上述黄益的违规行为作出解释。九月四日，中国总领事魏子京复函表示，因相关中等学校对黄益的英语程度提出质疑，不接收其入学，黄益便于六月一日注册入读位于中国城小博街上的基督教长老会学校（P.W.M.U. School），期望在此学校提高其英语写作水平，在下一年开学前将注册入读一间中等教育性质的学校，魏总领事并重申会严格督促黄益遵守不打工的规定。内务部收到上述信函后，再派人去长老会学校了解到黄益的在校表现良好，学习也有进步，而此时距离年底放假也没有多长时间了，便于十一月一日复函魏子京总领事，同意黄益暂时入读长老会学校，但特别强调到明年新学年开学时，他务必注册入读一间中等教育性质的学校，方才符合规定。

一九二八年二月一日，二十一岁的黄益注册入读位于美利滨城里的泽口商学院（Zercho's Business College）。为此，中国总领事馆赶紧将此信息告知内务部，以示尽到了督促之责。可是不到三个月，黄益便于四月二十六日退学了。两个月后，中国总领事魏子京致函内务部，告知黄益将在两天后搭乘"太平"（Taiping）号轮船离境回国。最后经美利滨海关核查，事实上黄益乘坐上述轮船早在六月十四日便已驶离美利滨。如此看来，他这次回国，事先既没有知会中国总领事馆，也没有将行期通知内务部，看起来应该是一去不返了。

但事情并没有结束。将近一年之后，不知是在国内就读或者择业遇到了什么麻烦，抑或是想再次入境澳大利亚、然后设法留下来继承父亲的蔬果生意，黄益再与泽口商学院联络，表示愿意重返澳大利亚读书，希望再次入读该学院。学院院长接信后确认其可以回来，表示愿意接收其入学，并于一九二九年四月九日致函中国总领事馆，递交其录取函。同时，中国总领事馆也接到了黄益希望代为申办再入境签证的来信，在收到泽口商学院的录取函之后，也于四月十日致函内务部，解释说去年黄益突然离境是因为要回去看望母亲（未说明是因其病重或是其他原因），现在仍想返回泽口商学院完成学业，希望能再次核发给这位中国青年一份新的留学签证。接到上述申请后，内务部主管官员认为，此前黄益在泽口商学院的学习就显得他并不是想读书，而是另有所图，而且此时他也已经二十二岁，距中国留学生在澳留学的二十四岁最高限龄已经为时不远，主张对此申请拒签。但这个意见送到内务部长那里之后，部长却有不同的看法，他觉得此时距最高限龄尚有两年时间，还是可以给他一个机会，让其读完余下的两年课程。于是，内务部秘书便秉承部长意见，于五月一日致函中国总领事馆，批复了上述申请；并同时知照海关部门，如果黄益在澳大利亚境内任何口岸登陆，皆应准允其入境继续学业。

可是黄益的档案到此中止。我们不知道他是否最终收到了上述签证批复，也不清楚他是否做好了准备以便重返澳大利亚留学；而且，在国内也无法检索到他的任何信息，我们无法知道他此后的去向。

黄益在澳留学前后共六年多一点时间，期间他回国探亲一年，实际上学的时间是五年二个月，基本上算是完成了澳大利亚的小学教育。

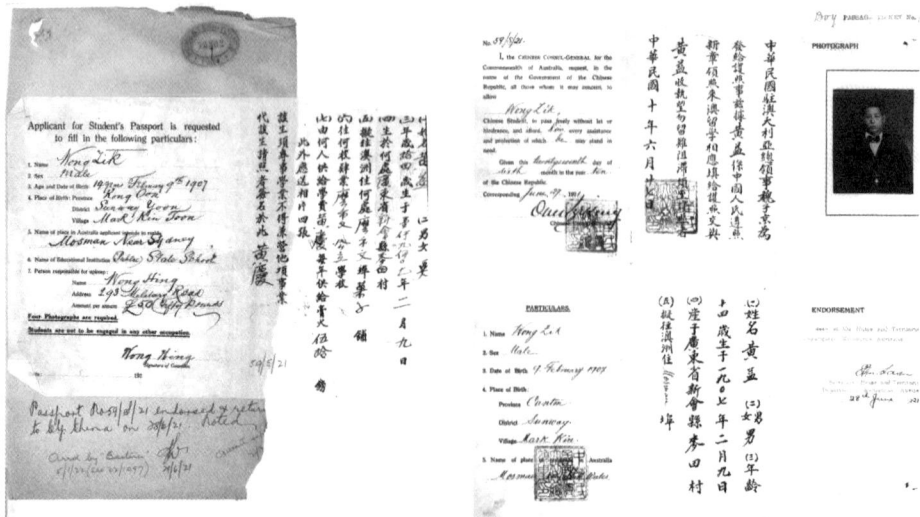

左为一九二一年上半年黄庆所填申办儿子黄益赴澳留学护照和签证的申请表（未具日期）。右为一九二一年六月二十七日中国驻澳大利亚总领事魏子京给黄益签发的中国学生护照。

　　左为一九二六年四月十三日，磨市文公立学校校长出具的黄益英语能力证明。右为一九二九年四月九日泽口商学院院长接受黄益再入学的录取函。

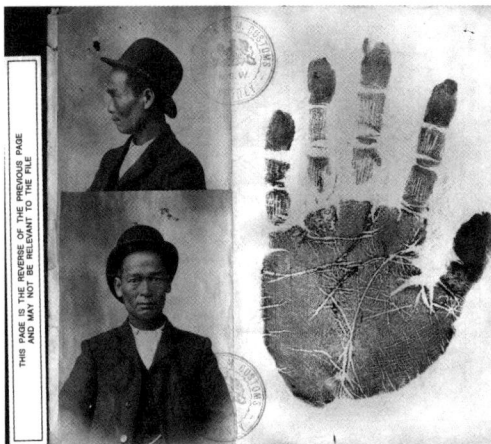

　　左为一九一二年一月十二日，黄庆在雪梨海关离境回国探亲时之出境记录。右为一九一二年一月十二日，黄庆在雪梨海关离境回国探亲时，出境记录上的照片及左手印。

档案出处（澳大利亚国家档案馆档案宗卷号）：

Zik, Wong-Student's passport, NAA: A1, 1928/4388

陈 照

新会长江村

陈照（Chin Jew，或写成Chin Chew，或Jack Chin Jew），新会县长江村人，丁未年即光绪三十三年（一九〇七年）七月十四日出生。其父陈华（Chin Wah，或Chen Wah Lee），生于一八六九年，[1] 约在一八八六年从家乡新会到澳大利亚发展，进入美利滨（Melbourne）埠后，辛勤劳作攒得第一桶金，随后于一九〇七年与人合股将中国城小博街（Little Bourke Street）二百四十四号租下，开设售卖果蔬及其它本地产品为主的杂货商铺，取名"新华隆"（Sun Wah Loong）[2]。

当澳大利亚于一九二一年正式实施《中国留学生章程》，允许在澳华人申办其在华子女入境前来接受英语教育时，陈华便决定将此时即将十四岁的儿子陈照办理来美利滨的皇家学校（即公立学校）念书，此时，他给儿子选定的学校是若丝砀街公学（Rathdown Street State School）。为此，他于五月二十七日填好申请表格，递交给位于同城的中国驻澳大利亚总领事馆，申办儿子的赴澳留学护照和入境签证。他以自己参与经营的"新华

---

[1] LEE Chin Wah: Nationality-Chinese: Date of Birth-19 September 1869: First registered at Little Bourke Street, NAA: MT269/1, VIC/CHINA/LEE CHIN。

[2] 据美利滨当地华文报纸报导，陈华与其他股东在这一年合股将此商号承顶下来，亦即该商行此前便已存在多年，大约是在十九世纪九十年代前后便已开设。当然，其后这些股东又陆续退出，到一九二十年代后只剩下陈华独自经营。见："声明告白"，载《警东新报》（The Chinese Times），一九〇七年八月二十四日，第八版。

隆"号商铺作保，允诺供给陈照足镑膏火，即其在澳留学需要多少费用便提供多少资金，不设底线，就是为了保证其子在澳留学期间能顺利完成学业。

中国总领事馆接到申请后，处理得很快。三天后，总领事魏子京便在五月三十日为陈照签发了一份中国学生护照，号码是52/S/21。仅仅一天之后，内务部也核发下来了陈照的入境签证。随后，中国总领事馆便按照陈华的要求，将上述护照寄往香港的宽和祥商行，由其转交给在家乡的陈照并代为安排赴澳行程。五个月之后，待上述商行为其安排好了所有的行程，并订好了船票，陈照便由家人陪同赶往香港，在此登上中澳船行经营的"获多利"（Victoria）号轮船，于一九二一年十一月十七日抵达美利滨，入境澳大利亚。

虽然陈照被海关准允入境，但他实际上一直在卫生检疫部门的监测之下，原因是他在航海期间罹患疥癣，但还不算很严重，仍然需要观察治疗。入境时，海关人员发现因疥癣导致其大腿出现皮肤溃疡疮，必须及时治疗，以免其入学时传染给其他的学生。因此，陈照在入境后的两个月时间里，主要就是治疗溃疡疮。好在治疗及时，到次年一月底溃疡疮得到控制，并慢慢痊愈。

一九二二年一月三十一日，陈照正式注册入学。但他就读的不是父亲陈华为他联络好的皇家学校——若丝砀街公学，而是同样位于小博街上的长老会学校（P.W.M.U. School），这是一间私校，由教会管理。他在这里给自己改名为杰克·陈（Jack Chin），通常人们也叫他亚照（Ah Jew）。他选择该校大概是因为距离近，上学方便吧。进入长老会学校的另外一个原因，是该校校长施爱莲（M. Ellen Sears）主动找到陈华，动员他将儿子送到这间学校就读。施爱莲小姐作为基督教长老会女修会传教士，此前曾在中国传教多年，对中国人比较了解，事实上她的学校设在中国城，其生源也以华人学生为主。该校虽属私校性质，但因长老会在唐人街的主要传教对象是华人，开设学校也主要是便于传教，故在一九二六年修订的《中国留学生章程》新规实施前，该校并不向学生收取学费。此外，该校的一个做法是，先入校的学生在英语能力达到一定程度后，也可帮助和照顾后来的学生。

入读长老会学校后，陈照每天按部就班去上学，基本上都没有缺勤，衣着整洁素净，举止言行亦不出格，算得上是遵守校规的好学生。在学习上，刚开始时，老师也认为他是愿意读书的，其他作业也都争取完成，而在算术上还算差强人意。可是一年后，学校对他在各科学习上的评价就逐步降低。先是说他学习不够刻苦，继而评价他过于懒惰，如果不是时时督促，步步监管，他便不肯认真完成作业。最后老师将其归为不够聪颖的学生，尤其是跟班上那些同样是从中国来的学生比起来，他的领悟力总是显得比别人迟缓。尽管如此，他还是在这间学校一点一点地读下来，撑过了五年时间，读完了小学课程。

从一九二七年新学年开始，二十岁的陈照进入圣多马文法学校（St. Thomas Grammar School）读中学。校长报告显示，他在这里的表现要好于此前在长老会学校，除了出勤率依然获得好评之外，各项学业基本上还算令人满意。他就以这种不温不火的状况读了两年，一直延续到一九二八年底学期结束。

一九二九年新学年后，二十二岁的陈照没有再去圣多马文法学校上学，而是成为父亲"新华隆"商铺的职员，直接帮助父亲做生意。直到四月份，内务部见学校没有例行报告提交上来，去函询问，方才得知他实际上已经退学了。为进一步了解他此时到底在干什么，内务部指示海关详查。接到指示后，四月二十日，海关稽查官葛礼生（J. Gleeson）便直接进入"新华隆"商铺，在这里找到了陈照。后者承认此时正在协助父亲工作，但特别说明自己不去读书的原因是准备回国，并且已经订好七月份驶往香港的"吞打"（Tanda）号轮船的船票。

内务部确认陈照在打工而不是上学念书之后，觉得他严重违规，遂于五月四日致函中国总领事馆，直接表明内务部的态度，并要求中国总领事馆协助陈照尽量安排这个月最近的一班船离境，而不是等到他自称已经订妥船票的七月份才离开澳大利亚。五月九日，中国总领事馆致函内务部，告知最近的一艘离港赴香港的轮船是本月十四日起航的"彰德"（Changte）号，已经与陈照商妥搭乘该轮离澳。就在该轮离港之前一天，稽查官葛礼生为保险起见，再次造访"新华隆"商铺，直接面见陈华，以确认明天陈照登船事宜。但陈华告诉他说，其子并没有购买"彰德"轮船票，而是改订了六月中旬离港的"太平"（Taiping）轮船票。这就意味着陈照还将在澳再待上一个月左右的时间，他的意思是想在回国之前，待在这里度度假，走亲访友，看看风景。六月四日，内务部指示海关，让他们直接告知陈华，如果这次陈照不如期搭乘"太平"号轮船离境的话，当局就会采取强制措施遣送其出境。显然，这是内务部眼见陈照老是赖在美利滨不走后所发出的严厉警告。还好，六月十一日，"太平"号轮船比预订的日期提早了三天起碇，陈照按计划上船，驶往香港回国。

从十四岁进入澳大利亚到离开时已经二十二岁，陈照在这里总共留学长达七年半的时间，其中最后的半年实际上是在父亲的店里打工。按照澳大利亚留学年龄最高到二十四岁的规定，这就意味着他此去回乡，已经无法再以留学生的身份来澳了。事实上他是想留在这里的，毕竟父亲的生意不仅需要帮手，而且还需要人接班。显然，他还会想办法返回这里。

果不其然，一九三一年五月七日，陈华致函内务部秘书，申请其子陈照前来美利滨协助其管理生意。他表示自己除了在小博街拥有一家商铺之外，还在美利滨城区北部十二英里外的矜布飞（Campbellfield）区拥有一块二十英亩的菜地，因自己年纪大了，精力有限，难以同时管理两处生意，故需要申请儿子前来帮手，代为管理店铺，而自己则可以集中精力专事管理那片菜地，希望内务部能核发签证给陈照。为支持这一申请，他请圣多马文法学校校长写了陈照在该校就读过两年的证明，也请美利滨的船务公司代理瑞特（W. H. Wright）给其子陈照出具了一封推荐信。

内务部接到上述申请后，还是很认真地给予了审核，首先便指示海关提供陈华的"新华隆"号商铺上一年度的营业额及经营性质等资料。五月二十八日，海关回报说，"新华隆"目前是独家经营，即陈华是唯一的股东，雇有两个员工。上一财政年度之营业额为三千五百镑，惟既不从事进口也不做出口生意。在得到上述报告后，尽管其商铺的营业额比较可观，确实也需要帮手维持及拓展，但内务部秘书已经知道该怎么处理了。六月六日，他复函陈华，告知内务部长否决了上述申请。陈华接到拒签信后，很感郁闷，觉得自己所经营的生意有一定规模，每年所交税金也不少，当局如此对待自己很不合理，于八月四日再函内务部，希望对自己的申请再予以考虑。不过，当局对此并未予以回复。

但陈华没有死心。到一九三二年四月五日，他再次致函内务部秘书，以相同的理由申请儿子陈照前来帮工，希望当局能核发其签证。与此同时，他还请朋友们即当地船务公司代理瑞特先生以及澳大利亚联邦邮政署长范桐（J. R. Fenton）致函内务部秘书，支持上述申请。两天后，内务部秘书复函说，内务部长不会批复上述申请，主要原因在于陈华所经营的店铺既不做出口生意也不做进口贸易，不在被批准的类别里。由是，陈华才明白上一年度的申请被拒签之原因何在。

通过当地商界和政界朋友帮忙疏通的道路也走不通之后，陈华便将中国总领事馆搬了出来。同年十月三十一日，新任中国总领事陈维屏致函内务部秘书，以新华隆号年营业额达到三千镑的业绩为由，重申上述要求。既然是正式公函，内务部自然也给予特别重视，遂指示海关再次将新华隆号是年营业额报上来，同时也要求申请方详细说明假如可以批复签证的话，陈华之子陈照将会在商铺中担任何种职位。十一月十一日，海关报告说，在今年六月三十日之前的财政年度，新华隆的营业额只有二千镑（按：此时正是世界范围的经济大萧条时期），缴纳税金一百镑，仍然雇有两名华人，但无白人受雇于该商行。因陈华年已六十一岁，其子如能来，则主要协助他管理商铺生意，事实上陈华已经有退休而荣归故里之打算。接到上述报告后再经内务部主管官员的评议，认为商铺的性质并未有任何变化，主张拒签。最终，内务部长于一九三三年一月十八日正式否决了这个申请。陈华屡受打击，彻底没招，只好作罢。

最终，陈照未能再次入境澳大利亚，其档案也到此中止。

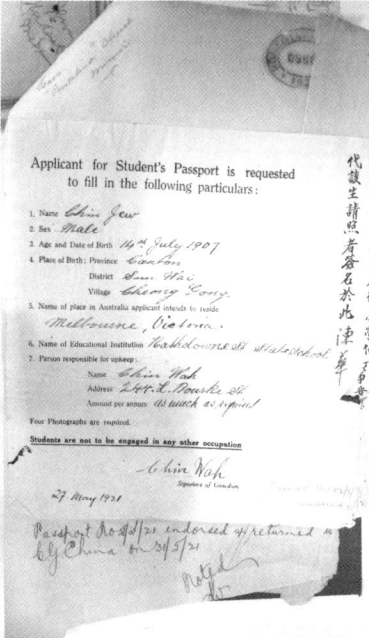

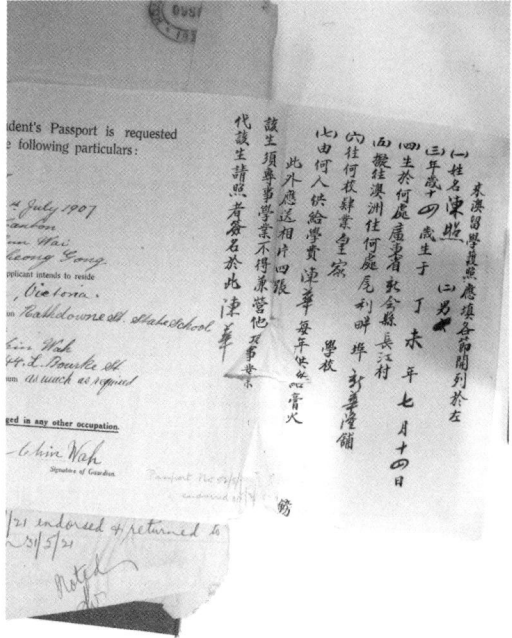

一九二一年五月二十七日，陈华填表向中国驻澳大利亚总领事馆申办儿子陈照的赴澳留学护照和入境签证。

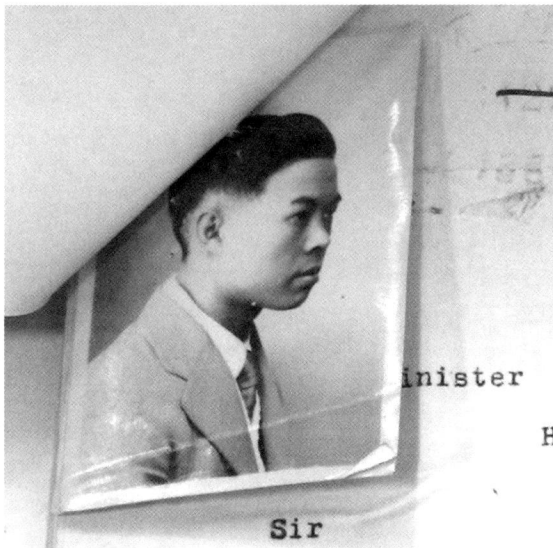

一九三一年，陈华申办儿子陈照（时年二十四岁）入境澳大利亚协助其管理商铺而提供的照片。

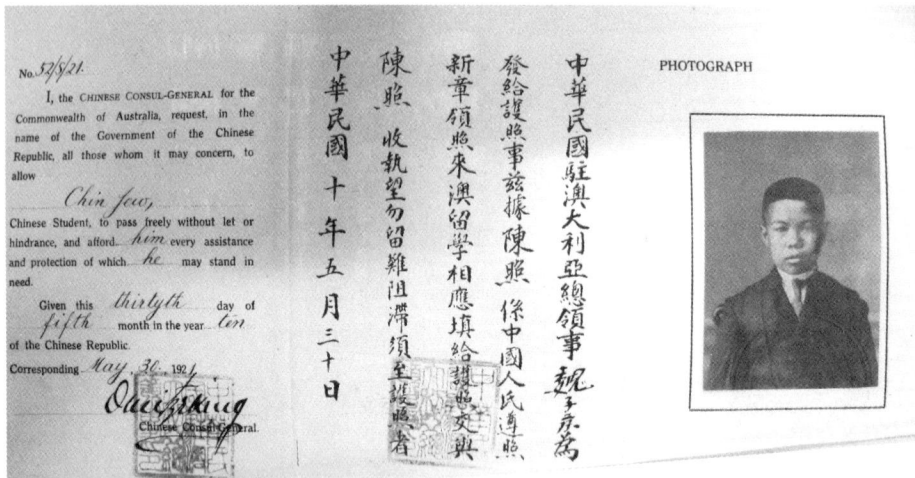

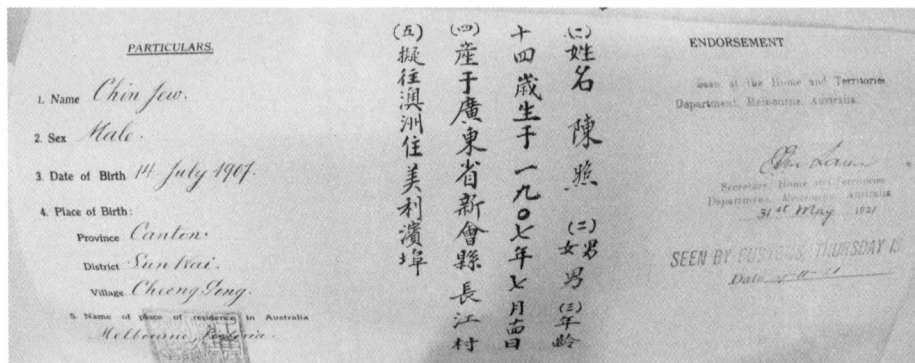

一九二一年五月三十日，中国驻澳大利亚总领事魏子京给陈照签发的中国学生护照。

档案出处（澳大利亚国家档案馆档案宗卷号）：

Chin JEW-Student Passport, NAA: A1, 1934/5354

凌　均

新会大范里

　　凌均（Ling Quan），光绪丁未年（一九〇七年）八月初七日生。跟前面提到的凌如权一样，凌均也是新会县大范里村人。

　　根据凌均的档案，其父名叫凌发（Ling Fatt）。但在澳大利亚档案馆里，只有一份档案中的姓名英文拼音与凌发相同，然而档案中标明其出生于一八九一年，抵澳年份为一九二〇年，显然这个年龄与其作为凌均父亲的年龄很不匹配，因为两人年龄只相差十五年。[1] 如果仅有的这份档案中的凌发就是凌均的父亲，很显然，其档案中的年龄极有可能造假，是虚报岁数，即少报了几岁。如果上述假设成立，凌发在一九二〇年入澳这一记录表明了下列的可能性：即他的父辈（可能是其父亲或者叔伯兄弟）早年来澳，已经在美利滨（Melbourne）站稳脚跟，并经营有小生意，此时符合条件可以申请其前来澳大利亚，进入其店铺中做帮工。而在美利滨当地华文报纸上，检索到有会邑（即新会县）凌光发在一九〇六年对粤汉铁路认股三十份。[2]考虑到当时很多人来澳后，将其名字简化，即原有的双名改为单名，成为一种普遍现象，此凌光发有可能就是本文所涉之凌发。如果是这样，那就表明，凌发早在十九世纪末年便已来澳，且在此时已经开始经营自己的生意，方才可以认

---

① 　FATT Ling: Nationality-Chinese: Date of Birth-1891: Arrived per TURBO, NAA: MT269/1, VIC/CHINA/FATT LING。

② 　见："粤汉铁路认股芳名"，载《警东新报》（The Chinese Times），一九〇六年四月十四日，第一版。这条资料及上述档案旨在说明，凌发来澳可能是上述档案中揭示的情况，也可能是这条资料所显示出在澳经商情景。

股。如此，则后面所述之其作保的商号便是他参与经营的生意。

凌发来澳之次年，澳大利亚实施《中国留学生章程》，开放签证，允许在澳华人申请其在华子女前来留学。于是，一九二一年九月十六日，凌发便以其参与经营或帮工位于美利滨晓路拂柏（Albert Park）埠布莱德波特街（Bridport Street）八十六号之商铺"新盛"（Sun Shing）号作保，[①]向中国驻澳大利亚总领事馆申请核发凌均来澳之护照及签证，并应允负担其在澳大利亚留学之学费及生活费（膏火）每年六十镑。鉴于其店铺和住址是在晓路拂柏埠，故凌发准备就近给儿子凌均办理注册入读晓路拂柏公学（Albert Park School）。

但是，与凌发处于同城的中国驻澳大利亚总领事馆接到上述申请之后，处理得十分缓慢。导致拖延的原因是多方面的：可能是因为下半年开始申请者量增，审理费时；也有可能是因为中国总领事馆还要核对凌发的个人资料，辗转反复，因而延误了许多的时间。总之，直到大半年之后，即一九二二年五月二十二日，中国驻澳大利亚总领事魏子京才为凌均签发了中国学生护照，号码是148/S/22。两天之后，澳大利亚联邦政府内务部即为其核发了入境签证。后者这样的处理是很正常的，因为此时的章程条例规定，由中国驻澳大利亚总领事馆负责申请者资料的审核及签证预评估，一旦这些学生护照送到内务部时，就意味着已符合签证条件。于是，中国驻澳大利亚总领事馆当天就将此护照寄往中国，待时年届十五岁的凌均收到后，就可以前来留学了。

与许多当年从珠三角和四邑地区来澳留学的青少年拿到护照后很快就动身上路的情况不同的是，凌均看起来对来澳读书并不是那么积极。他应该在一九二二年六月份就已经收到了护照和入澳签证，可是一直都没有动身，直到一年以后，他才从香港乘坐"寰雅"（Wyandra）号班轮，于一九二三年八月二日抵达美利滨，入境澳大利亚。

原本凌发是想把儿子凌均安排入读晓路拂柏公学，但其抵达后并没有进入该校就读，而是选择了位于美利滨唐人街的长老会学校（P.W.M.U.

---

① 如果前面以档案记载的年龄之推论符合凌发来澳实情的话，则该"新盛号"即为其父兄辈所拥有，他进入该商铺帮工，因而也就可以利用该商铺作保。

School），并于八月二十七日正式注册入读。转校的最主要原因在于此前凌均没有读过英语，基础差，而该长老会学校则主要是由专注在华人群体中传教的英国长老会女修会为这些没有英语基础的亚裔学生（主要就是中国学生）所设。从理论上讲，进入该校学习，可以比较容易适应当地的学习和生活环境，并循序渐进地提高英语能力。另一个主要原因是凌均此时已经十六岁了，晓路拂柏公学只是一间小学，他无法跟那些年纪比他小一大截的本地孩童同堂上课，而在长老会学校就不会存在这样的问题，因为该校班级里的同学年龄相距较大，大龄学童现象比较普遍。

然而，从长老会学校校长在一九二四年二月开学初的报告来看，凌均在入学后大半个学期的表现很令人头疼。上一年的下半学期，他旷课达二十八天之久，虽然他报称是因病无法上学，但校长根本就不相信这一说法。而且，在一九二四年新学年开始到二月八日共一周多的时间里，凌均仅来校上了一天半的学，就再也不见他的影子了。校长相信他极可能是厌学，将其置于问题学生之列。

其实，凌均在一九二四年新学年后离开长老会学校并非逃学，而是转学去了位于美利滨城区南部的考飞文法学校（Caulfield Grammar School），于二月一日正式注册入读。只是他并没有知照原来的长老会学校，可能他在长老会学校表现欠佳，故能躲就躲。在这间新的学校里，据校长的报告，他的表现比在前一间学校要好得多，可以说是中规中矩，但旷课现象仍未见有所改观，甚至被问起时连理由都懒得说。更要命的是，他都已经来澳大半年时间了，也已在另一间学校读了一个学期，但仍然不谙英语。为此，学校向内务部建议，要其家长到学校谈谈，看如何能帮助改进。这样到了五月九日，可能由于他又已旷课达二十九天之久，他不再去学校上学了。据该校向联邦政府内务部提交的报告，凌均决定要转到另一间学校去念书。

果然，从六月三日开始，凌均转学到相邻的东圣科达（East St. Kilda）区之诸圣文法学校（All Saints' Grammar School）。虽然他在此仍然旷课，借口是生病无法上课，但据学校在八月份的报告说，凌均在学习上还是有所进步。

按照惯例，中国驻澳大利亚总领事馆在这些中国留学生来澳一年后，都会为其申请延期签证，通常是每年都要申请一次，因为澳大利亚内务部通常只给一年的学生签证。当中国总领事魏子京于一九二四年八月向澳大利亚联邦政府内务部为凌均提出延期签证申请之后，麻烦来了。内务部鉴于凌均来澳一年，就转了三间学校，而且旷课严重，显系无心向学之辈，拒绝了延期签证申请，要求凌父尽快安排其返回中国。

中国驻澳大利亚总领事馆、可能也还包括了凌均本人，都为争取复议签证进行了危机公关。中国总领事馆致函诸圣文法学校，就凌均目前的情况以及他在学校的表现进行了咨询，得到了该校的积极回应。九月份，该校获知凌均被勒令离开澳大利亚，甚感不公，致函中国总领事馆及联邦政府内务部，说明凌均上个学期表现令人满意，除了几天因伤风感冒无法上学之外，余皆正常上学，且学习上也有很大进步。目前情况下，他实不宜离开学校返回中国。为此，该校恳请相关部门能给凌均一个机会，让他能在此完成学业。此信言辞恳切，理由充足，再加上中国总领事馆多次行文申请复议，内务部最终改变了初衷，于十月份补发了凌均的续签。当然，其条件是：凌均必须正常到校上课；如有违反，决不再姑息。

随后的一年，凌均在诸圣文法学校的表现平平，还是有许多旷课行为。但无论如何，他总算又熬过了一年。到了一九二五年八月份，又届申请续签之时。这时，在澳留学了两年的凌均想回国探亲，然后再返澳继续求学。但这一次，续签申请不灵了。当局评估其过往的表现，认为其并非认真读书之人，在校期间总是以生病为由旷课，帮家人做生意，故驳回申请，予以拒签，并要求他尽快离境。

既然如此，加上本来就计划回国，凌均遂于一九二五年九月五日，乘坐"山亚班士"（St. Albans）号班轮，离开在此留学两年的美利滨，返回中国。这时的凌均，已经是十八岁的大小伙子了。也许他回国之后，继续读书完成学业；也有可能会按照那个时代的乡规乡俗娶妻生子，进入职场，或者开创自己的生意。由于有侨汇等资助，侨乡人家的家底一般也不算薄，他要做上述事情，并非难事。

此后，凌均再未跨入澳大利亚土地一步。

一九二一年九月十六日，凌发向中国驻澳大利亚总领事馆递交的申请表，为儿子凌均申请中国护照和入澳留学签证。

一九二二年五月二十二日，中国驻澳大利亚总领事魏子京为凌均签发的中国学生护照。

档案出处（澳大利亚国家档案馆档案宗卷号）：

Quan, Ling-Student's passport, NAA: A1, 1925/22529

凌广大

新会大范里

与前面几位凌姓留学生一样，凌广大（Ling Kwong Tai）也是新会县大范里村人，生于大清光绪丁未年（一九〇七年）八月十五日。他的父亲凌扶（Ling Foo）早年来到澳大利亚闯荡，在美利滨（Melbourne）立足后，于晓路拂柏（Albert Park）埠布莱德波特街（Bridport Street）八十六号与人合股开设一商号，名为"新盛"（Sun Shing）号。因无法在澳大利亚档案馆找到与凌扶相关的档案，难以确认上述商铺的性质，但参照与该商铺处于同一区域且相距只有几个街区的另一家华人商铺是洗衣房的情况来看，[1] 凌扶所经营的"新盛"号商铺也极有可能是洗衣馆。

到凌广大十四岁那年，也正好是澳大利亚开始打开大门，应允中国学生前来留学之际，于是，凌扶便于一九二一年八月九日填妥申请表格，向中国驻澳大利亚总领事馆申办儿子的来澳留学事宜。他以自己参与经营的"新盛"号商铺作保，承诺每年可以提供膏火七十镑作为儿子在澳留学期间所需花费，希望将其办理来入读位于其店铺附近的晓路拂柏公学（Albert Park School）念书。中国总领事馆接到上述申请后，处理也很快捷，二十天后，

---

[1] CHON Ah: Nationality-Chinese: Date of Birth-12 January 1875: Date of Arrival-1899: Arrived per SS GERALDTON: Date of Application-7 October 1939: Certificate Number-53: Date of Issue-7 October 1939: First registered at Albert Park [Contains 1 black and white photograph], NAA: B6531, LEFT COMMONWEALTH/1945-1947/CHON AH。

便由总领事魏子京给凌广大签发了号码为104/S/21的中国学生护照；又过了两天，也顺利地拿到了内务部发出的入境签证，并于当天就将护照寄往中国。

但不知何故，在新会家乡的凌广大收到护照后，迟迟不能成行。直到一年半之后，他才由家人陪同前往香港，在这里登上由中澳船行经营的"获多利"（Victoria）号轮船，经数周海上航行，于一九二三年一月二十四日抵达美利滨港口入境。此时，他即将年满十六岁。

二月七日，凌广大正式注册入读晓路拂柏公学。他从不识一个英语单词，到入学一个多月后便升读小学二年级课程，也算得上是很刻苦学习的学生了。校长也认为，能如此用功，难能可贵。此后，凌广大继续努力读书，在校举止言行也符合规范，除了其中有几天因病不得不请假之外，从不旷课，总是衣着得体，精神阳光。如是，到一九二四年上半年他已经升读四年级，在下半年升读五年级课程，英语也已经非常流利了。到下一学年开学时，他又顺利地升读六年级课程。

一九二五年六月十八日，他中止了在晓路拂柏公学的即将结束之小学课程，转学至位于邻区的考飞文法学校（Caulfield Grammar School）升读中学。他在这里读了一个学期，成绩依然是优异，亦保持全勤。

在考飞文法学校刚刚念完一个学期，十八岁的凌广大突然于一九二五年九月十八日在美利滨港口登上驶往日本的轮船"三岛丸"（Mishima Maru），经香港返回家乡去了。走之前他既没有知会内务部，也没有告知中国总领事馆，因而无人知道他如此静悄悄地离境是出于什么原因。直到海关在月底提交出境人员报告，内务部方才知道这位中国学生已经离开了澳大利亚，随后也将此信息转告了中国总领事馆备查。

可是在半年后，凌广大便与中国总领事馆联络，表示要重返澳大利亚，继续其此前的学业。为此，中国总领事魏子京于一九二六年三月九日致函内务部秘书，代为申请再入境签证，并转述希望继续回到晓路拂柏公学读书之意。内务部秘书接到上述公函后，立即写信给晓路拂柏公学校长，询问他是否愿意接收这位已经年近十九岁的中国学生重返这间学校念书。晓路拂柏公学校长此前就对凌广大这位中国学生的刻苦学习和进步有很深的印象，一直都很欣赏他的学习态度，很快便给予了肯定的回复。待所有的咨询都获得积极的回应之后，内务部秘书于三月三十日复函魏子京总领事，批复了凌广大的再入境签证。

半年多后，凌广大从香港搭乘"彰德"（Changte）号轮船，于一九二六年十一月七日抵达美利滨，再次顺利入境，赶在父亲凌扶与一九二四年五月来澳大利亚读书的弟弟凌亚兆（Ling Ah Sue）返回中国探亲之前见上了面。由于此时距年底学校放暑假只有一个月左右的时间，他既不重返晓路拂柏公学注册上课，也不重新入读考飞文法学校，而是向中国总领事馆表示等过了新年和暑假，待新学年开学时，再最终决定进入哪一家学校念书。但内务部希望尽早知道哪间学校可以接收其入学，故敦促他尽快选定。十一月二十九日，魏子京总领事致函内务部秘书，通告凌广大已经于本月二十二日正式入读位于圣科达（St. Kilda）区的诸圣文法学校（All Saints' Grammar School）。

在诸圣文法学校读了一年半的书，并且各科学业也都获得好评的情况下，一九二八年五月十七日，凌广大再次从这里退学，于六月五日转学到位于美利滨城东区的圣伯多禄书院（St. Peter's School）就读。在这里，他一直读到年底学期结束。

进入一九二九年，当新学年开学后，二十二岁的凌广大再没有去上学，而是知照各方，包括学校、中国总领事馆和内务部，告知自己准备结束留学生涯，打道回府。三月十四日，他登上从美利滨港口驶往香港的"彰德"号轮船，告别留学六年半的澳大利亚，回国开始了他人生新的一页。

左为一九二一年八月九日凌扶填表向中国驻澳大利亚总领事馆申办儿子凌广大的来澳留学事宜。右为一九二五年，凌广大就读考飞文法学校时的当年第二学期成绩单。

左为一九二一年八月二十九日中国驻澳大利亚总领事魏子京给凌广大签发的中国学生护照。右为一九二六年十一月七日，凌广大再次入境美利滨海关时所摁下的手指印。

档案出处（澳大利亚国家档案馆档案宗卷号）：

Ling Kwong Tai-student passport, NAA: A1, 1928/10148

何　须

新会南合村

　　何须（Ho Sui）是新会县南合村人，生于一九〇七年十二月二十四日。他的父亲是一八七九年出生的何敬（Ho King或者Ho Hing），年方十八岁时（一八九七年）便步其乡人后尘来到澳大利亚发展。几经辗转，他最终落脚在西澳省（Western Australia）的首府普扶（Perth）[①]，并从二十世纪初年起，便在城里喜街（Hay Street）四百八十九号开设了一间由他和兄弟何彩(Ho Toy或写成Ah Toy)合股经营的洗衣店，名为"顺利"（Soon Lee）号[②]。

　　一九二三年，何须已经十七岁，但父亲何敬觉得还是有必要将其办理来澳大利亚留学，提高其英语能力及学习西方知识。于是，他填妥申请表，递交给位于美利滨（Melbourne）的中国驻澳大利亚总领事馆，为儿子赴澳留学申领护照和签证。他以自己经营的"顺利"号洗衣店作保，允诺每年提供足镑膏火作为儿子在澳留学期间所需之一切费用，希望将儿子办来普扶的教会学校——架李市振咘嚤吖学校（Christian Brothers' College）入读。

　　因何敬在填表时只填写了申办年份，未写明具体的月份和日期，因而无法得知该份申请具体是何时递交到中国驻澳大利亚总领事馆，也无法确认中国总领事馆在接收之后花费了多长时间去审理。唯一知道的是，直到

[①]　Ho Hing [Chinese], NAA: K1145, 1902/143。

[②]　据当地华文报纸报道，一九〇五年普扶埠华人响应号召，参与拒约抵制美货活动，捐款名单中就有顺利号。可见，在该年之前，顺利号洗衣店便已运行。见："西省普埠拒约会捐款芳名胪列"，载美利滨《爱国报》(The Chinese Times)，一九〇五年十二月九日，第二版。何彩的档案见：Ah Toy [Chinese], NAA: K1145, 1902/89。

一九二四年二月廿二日，中国总领事魏子京才为何须签发了一份中国学生护照，号码388/S/24；四天之后，澳大利亚政府内务部也在该护照上钤盖了入境签证章。随后，中国总领事馆便按照流程，将护照寄往中国交由持照人接收。

在家乡接到护照后，何须便立即开始了赴澳安排。三个月后，他去到香港搭乘轮船前往新加坡，再由该埠转乘来往澳大利亚西海岸的"蛇发女妖"（Gorgon）号轮船，出马六甲海峡西行印度洋，再顺着澳大利亚绵长的西海岸南下，于当年七月四日抵达西澳洲非库文度（Fremantle）埠港口入境，由父亲将其从海关接出，间道前往普扶埠喜街的"顺利"号洗衣店住下。

七月十四日，何须正式注册入读普扶架李市振咘嚩叮学校。可能在家乡时就接触和学过英语，因此，他很快就适应了这里的学习环境。在学校提交的例行报告中，没有提到他因语言问题而影响学习及课业，总是对其在校表现和各科成绩表示满意，并认为他的学业优异，行为举止端正。从年龄上看，如果已有一定英语能力的话，他应该是进入该校的中学部与当地学生一起念书。此后的六年时间里，他一直在该校潜心读书，留给学校的都是学习勤奋、成绩优异的好印象。

一九三〇年四月十一日，中国驻澳大利亚总领事宋发祥致函内务部秘书，为何须申请再入境签证，理由是其母亲此前身体有恙，思念儿子，连续写信望其回国探望。何须也因出国留学近六年，现由于母亲身体不好，自应尽快回去探望；但他仍想在结束探亲后能返澳完成现有学业，希望内务部能循例核发其入境签证。内务部秘书接到上述申请后，确实予以了认真考虑。但目前面临的最主要问题是，到这一年年底，何须就届满二十三岁；而到明年他返回澳大利亚继续留学的话，哪怕是年初返回，也只有不到一年的时间，就届满二十四岁，达到中国留学生在澳留学的最高年限。经过与内务部几位不同层级官员反复的商讨，内务部秘书最终决定还是核发再入境签证给何须，遂于五月九日正式函复宋总领事，批复了上述申请。但他也在批复函中特别强调，如果何须明年返回澳大利亚，必须入读私立学校，不许私自出外打工。

眼见申请再入境签证如此顺利，何须便立即做好回国探亲准备。待上半年的课程在六月中旬结束后，他便从架李市振咘嚩叮学校退学。六月二十日，他告别父亲，也告别留学几近六年的澳大利亚学校，赶到非度文库埠港口，登上驶往新加坡的"明德鲁"（Minderoo）号轮船，沿印度洋北上，到新加坡后再转搭其他的轮船去往香港，然后回返家乡探望病中的母亲。

然而，到了一九三一年，何须并没有按计划返回澳大利亚。也许他已经意识到，按照《中国留学生章程》中规定的中国学生在澳留学之最高年限，即便他返回澳大利亚继续读书，也只能在年底因届满二十四岁离开澳大利亚回国，不如不去。此外，也许他回国之后，发现其母亲早就为其定了亲，召他回乡的目的，可能就是要让他尽快成亲。无论是什么原因，事实便是他返回中国后，再不作回澳留学之想。

但是在离开澳大利亚九年后，何须的名字又一次出现在了澳大利亚联邦政府内务部与中国总领事馆的往返公牍之中。一九三九年六月二十日，中国驻澳大利亚总领事保君建致函内务部秘书，表示一直在普扶经营着洗衣店的何敬因多年未曾回国探亲，惦念家人，希望回去探望他们，而其洗衣店生意在他离开期间需要人照看，故申请其子何须从中国前来作为替工，代其经营此项生意。之所以选择儿子前来，一是他曾在此间留学近六年，语言不成问题，也熟悉澳大利亚营商环境；二是自家人，值得信赖，可以保持生意之正常运作。

对于上述申请，内务部没有推辞，但按照流程处理。最主要的问题是看何敬的生意规模有多大，方才可以决定是否批复。根据指示，海关查找"顺利"号洗衣店历年的经营情况后发现，何敬的洗衣店生意不大，属于个人经营，每年净收入也就在一百五十镑左右。据此，内务部秘书认为何敬的生意实在无法达到可以申请替工的标准，最终于八月九日否决了上述申请。保总领事接到上述拒签函后，还想再为何敬这位老华侨争取一下，遂于九月十四日再次寄送公函给内务部秘书，希望他能考虑到何敬过去三十年间在普扶诚实经商模范守法的表现，给予这位已经六十二岁的老人一个回国探亲的机会，与家人见面团聚，让他的儿子能在父亲探亲期间前来澳大利亚代其经营这项也许营业额确实不算大的生意。但保总领事的再次努力没有成功。八月二十六日，内务部秘书回复说，实在是因为何敬的小生意乏善可陈，无法批复。对此，保总领事也就无话可说了。

由是，何须刚刚燃起的一线返回澳大利亚的希望，就此破灭。此后在澳大利亚的档案中，再未见到任何与其申请入境有关的信息。

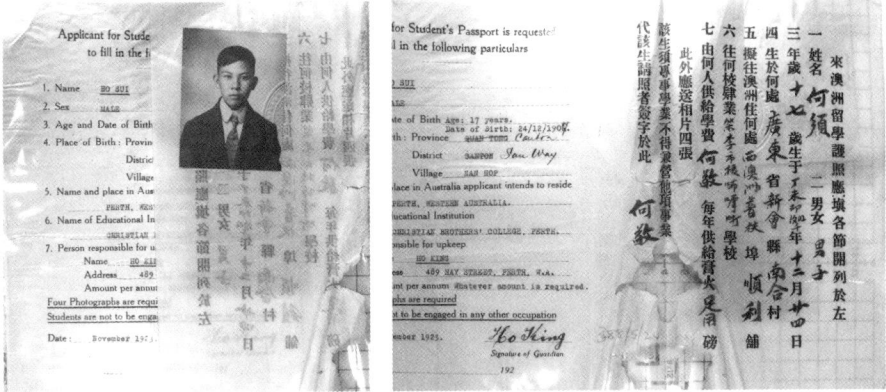

一九二三年，何敬填妥申请表，向中国驻澳大利亚总领事馆申领儿子何须的赴澳留学护照和签证。

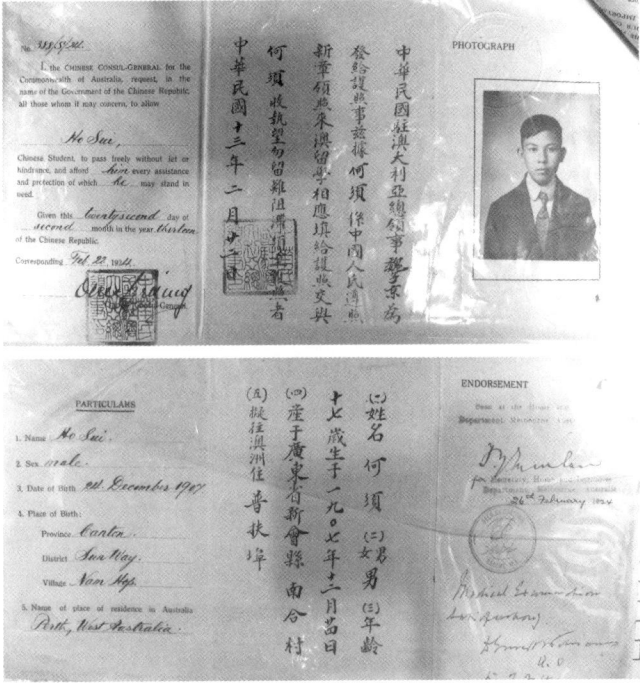

一九二四年二月二十二日，中国总领事魏子京为何须签发的中国学生护照。

档案出处（澳大利亚国家档案馆档案宗卷号）：

Ho Sui-Exemption, NAA: A433, 1939/2/1266

曾北位

新会沙堆安美村

从现存的村名及沙堆镇的地图上，都已经找不到当年新会县沙堆区或沙堆镇下属的安美村，或许在民国时期该村便已与别的村合并。无论如何，曾北位（Tang Pack Wai，或写成Jun Bark Wei，或Jung Buck Wei，或Jang Buk Wei）便是安美村人，出生于大清光绪三十四年（一九〇八年）正月十五日。他的父亲大约在十九世纪末二十世纪初年随大流跟着乡人一同奔赴澳大利亚谋生，后在雪梨（Sydney）立足。因档案中提到他父亲的地方有许多处，但却一直都没有列出其姓名（亦即其中文名字的英文拼法），因而无法在澳大利亚档案馆中找寻其踪迹，也就无法探知其来澳的具体年份及在澳之具体营生。但由此也表明，曾北位是因父亲居澳方才得以赴澳留学。

一九二三年一月十九日，曾北位的父亲为儿子赴澳留学，向位于美利滨（Melbourne）的中国驻澳大利亚总领事馆提出了申请，但他不是以自己的名义去申办，而是委托朋友司徒仟（George Soo Hoo Ten）出面代为办理[1]。司徒仟是英国圣公会下属之英格兰教会（Church of England）在雪梨（Sydney）

---

[1] 司徒仟(亦写成"司徒千")是广东省开平县人，但根据其英文名字，在澳大利亚档案中无法查找到与司徒千相关的档案宗卷，可能是其名字的英文拼写不同所致。据雪梨本地华文传媒报道，他早在一八九六年便在该地教堂担任牧师，且其夫人亦跟随他一起传教。可见，他早在一八九十年代甚或更早些时候便从广东来到澳大利亚，并已或在澳永久居留权。见："新建教堂"，载《广益华报》（The Chinese Australian Herald），一八九六年十月十六日，第五版。亦见：Lock, See Tho Kee - Education exemption certificate, NAA: A1, 1926/18274。

西郊砍舞市（Homebush）的教堂牧师，也有产业，叫"司徒仟屋"，他就以此司徒仟屋作保，充当曾北位来澳留学的监护人和财政担保人，允诺提供足镑膏火给他留学之用，希望将其办来基督会辟市街雪梨学校（Christ Church School, Pitt Street, Sydney）念书。

中国总领事馆接到上述申请后，花费了较长时间审理。其耽搁的原因也许与甄别护照请领者与护照持有人之间的关系有关，因中国总领事馆位于美利滨，与雪梨不是同城，沟通上因距离而比较费时；也许亦由于此时中国总领事馆正花大力气与澳大利亚联邦政府内务部就一九二一年正式实施《中国留学生章程》以来所出现的问题交涉协商修订办法，无法及时处理中国学生护照的审理。直到差不多半年之后，总领事魏子京才于六月五日给曾北位签发了中国学生护照，号码是275/S/23。又过了三天，中国总领事馆也顺利地从内务部拿到了他的入境签证，并在当天就将此护照寄往中国，以便曾北位能尽快启程来澳留学。

而曾北位也并没有耽搁多少时间，接到护照后便由家人安排好船票并送到香港，与另外五位赴澳留学的同乡结伴，由此乘坐"丫拿夫拉"（Arafura）号轮船，于一九二三年十月二十八日抵达雪梨。与递交申请时的做法相同，他的父亲没有来海关接他，而来此接关和替他办理通关手续的是司徒仟和另外一位朋友。

在休整两个星期后，曾北位如期进入父亲通过司徒仟牧师为其预先安排的位于雪梨城里的基督会学校念书。根据学校的报告，他的在校表现尚好，学业也还算得上令人满意。遗憾的是，这所基督会学校到一九二四年四月十七日因种种原因正式关闭，曾北位跟此间学校的其他学生一样，只得转学去其他学校。五月初，十六岁的曾北位得以注册入读临近唐人街西边的库郎街公学（Crowns Street Public School）。但他只在这里念了两个月左右的书，便于七月二十九日退学了。从八月一日开始，他再次转学进入相距不远的华人英文学校（Chinese School of English）读书。

在库郎街公学，因在校时间短，校长报告对他的情况没有多少说明，故难以得知其在校真实表现。但自转入华人英文学校之后，在一个半月的时间里，他就旷课达八天之多。虽然此后中国总领事馆在十一月份为其申请续签得以顺利获批，但内务部已经关注到其旷课的问题，行文要求海关随时核查其在校出勤情况。但在此后到次年开学时的时段里，上述情况似乎并没有改变。华人英文学校校长戴雯丽小姐（Miss Winifred Davies）的报告表明，从一九二四年十月十五日到一九二五年二月十一日的六十个上学日里，除了四天的缺勤是因病有医生证明之外，他还有八天半的时间无故旷课。更严重的是，他无论是在校表现和学业都无法令人满意。具体地说，刚刚入学的那一小段时间看起来似乎是有点儿想念书的样子，但此后则表现得对上学念书毫无任何兴趣。对于戴校长来说，这就是一个问题学生。

内务部接到上述报告后，觉得问题严重，需要调查到底是怎么回事，便下文指示海关核查，希望对此提交一份详细报告。于是，三月三日，海关的登轮检验官韦尔森（P. W. Wilson）完成了此项任务。根据韦尔森到学校里了解到的情况，事情的真相大致如此：去年下半年戴校长对曾北位的表现很不满意，她便通过该校此前的学生钟子源的父亲，要求协助将曾北位转学到其他学校。后者确实按照她的意愿转学到了纽因顿学院（Newington College），但其转校后的表现远好过此前在华人英文学校，并且显示出其学业有相当大的进步。为此，戴校长感到后悔了，希望撤回其报告中有关对曾北位学习不力的说法，并要求其返回她的学校里继续念书，因为她创办的这间学校是依赖于这些学生的学费而得以生存的。但当本年度新学年开学时曾北位遵嘱重返华人英文学校上学之后，情况又回到了从前，他再次表现出无心向学。为此，韦尔森当面对曾北位作了严厉的警告，称如果继续这样下去，当局将会把他直接遣返回中国。内务部认可了韦尔森的报告，表示要密切关注此事的进展。

但到五月十五日，戴校长提供的报告显示，虽然曾北位在韦尔森谈话之后有过几天的好转，但很快又故态复萌，根本听不进老师和校长的劝告，不仅不读书学习，而且还在课堂上睡觉；更严重的是，在过去的两个多月上学时间里，他居然旷课达三分之二的时间。为此，监护人司徒仟也写信给内务部长，表示曾北位的父亲因病要回国休养已在四月十五日离开澳大利亚，曾希望儿子同行，但遭到拒绝。对于这样连父亲的话都不听的孩子，司徒仟深感自己实在无力监管，要求解除其作为监护人的责任。对此，内务部只得同意，并要求海关密切关注事态的发展。

可能是司徒仟解除监护人身份一事让十七岁的曾北位看到了真正的遣返危机，他表现得很收敛，并开始正常回校上课。为此，戴校长于六月十九日特地致函内务部秘书，及时告知这位中国学生的变化，并表示他开始有些上进心，也愿意学习了。七月八日，海关的韦尔森也报告证实了上述变化，同时也为曾北位找到在唐人街的二位同乡长辈〔一位是蔬果店主黄宏（Wong Hum，译音），另一位是洗衣店主宋治国（Soong Jew Kow，译音）〕填表作为其监护人。此后的几个月里，他基本上没有旷课，学习上也认真起来，与其他同学关系也维持得较好，各方面都显得有所改进。看上去，一场危机又得到了化解。到十月底，当中国总领事馆再为曾北位申请续签时，内务部按例予以批复。

就在这个时候，曾北位又成为海关要重点注意的人物。一九二五年十一月底，海关向内务部呈交了三份针对曾北位的投诉信，这些信全部都是手写，由不同的人签名。第一封信是一位名叫陈旺（Chan Wong，译音）的人写于一年前，即一九二四年十一月二十九日，指出曾北位不上学，整天流连于唐人街的鸦片烟馆和赌场，无所事事，自己不学好，还带坏了当地青年，呼吁当局将其遣返回中国。第二封信写于这一年的十月十八日，内容与上同，并进一步指责他不去上学，整天在唐人街的旮旯角落酗酒，影响极坏。十一月二日，他还用酒瓶将一位名叫杨子（Young Doo，译音）的当地青年爆头。为此，写信者（J. A. Hong）强烈呼吁当局将其递解出境，以免这个臭名昭著的小混混继续玷污华人社区的良好声望。另一封信则写于十一月二十日，作者署名L. Jacobs，指责曾北位转学进入库吉（Coogee）区的一间澳人预备学校，因其行为乖张，没有一个学生愿意接近他，而他则不时向这些学生勒索钱财，每天都在打架斗殴，加上酗酒，赌博，坏事做尽。该信同样呼吁当局尽快采取措施，将其遣返回国。

海关接到上述投诉信后，虽然很认真对待，但也保持了审慎的态度，对相关事实给予调查核实。比如说上述杨子事件，在对质曾北位时，后者承认当时是杨子在骚扰他，是杨子动的手，他并没有先动手打前者。而海关再为此事走访当地派出所时，得知杨子是派出所的常客，此前已有多次因滋事寻衅而被诉讼，三年前因盗窃他人财物被判入狱二年。而所谓他与曾北位冲突之事，派出所没有听到任何与此相关的报告。加上此时海关从华人英文学校的报告来看，认为根据戴校长的报告，曾北位在校表现尚可，也开始表现出对读书的兴趣，此时也跟他哥哥（没有提供姓名）住在一起，故认为上面所投诉者似与事实不符，而且上述三封投诉信虽然签名不同，但皆为手写，字体相近，显为同一人所为。最终，决定对此投诉信置之不理。

不过，上述曾北位的令人满意表现在维持半年之后又发生了变化。一九二六年一月七日，他致信内务部秘书，告知因接到家里来信，父亲自上年因病回国治疗休养，但终告不治，因此他希望内务部能够特批他出外兼职打工，赚取一点小钱，以维持其在澳上学之费用。他希望每周能获允两天半时间打工，即星期二和星期四全天加上星期三半天，其余时间他将用来上学。他表示自己可以在城里找到一间店铺打工，希望能获得批准。但内务部对于中国学生在澳打工一向持坚决反对态度，曾北位的理由无法让其改变既有做法，一周之后，内务部就驳回了上述申请。由于曾北位有前科，故内务部随即下文给海关，请其随时注意这位中国学生是否按正常上课时间去学校，一旦发生旷课行为，应立即报告上来。

新学年在一九二六年一月二十七日正式开始，虽然曾北位也注册显示要去上学，但三月底戴校长的报告表明，开学不到两个月的时间里，他就旷课十五天半，全部都是因为他要打工而无法上学。事实上，他直到二月十七日才正式到学校上课。为此，三月三十日内务部向曾北位发出警告信，如果他继续旷课，当局就会立即采取行动，将其遣返回国。同时，内务部也将同样内容的警告信转发给他的两位监护人，让他们监督此事。

但曾北位似乎对此警告视而不见。根据戴校长给内务部秘书的报告，从四月十二日开始，这位中国学生基本上就不去学校了。据知情人透露，他现在白天都在蔬果市场打工。而曾北位也恰好在此之前写信给内务部，希望批准他自五月一日起离校，给他三个月的暂住签证，以便他处理父亲死亡后的财产事宜，完结后他便离开澳大利亚，打道回府。他在信中表示，其父去年四月离澳回国治病，八月病殁。作为直接遗产继承人，他需要时间在澳大利亚处理与其父相关的财产。除了父亲走之前所投资的洗衣馆生意，他还有其他方面的财产，所有这些都需要他本人全力以赴地奔走处理，由是，自然需要从每天的上课时间中腾出身来。但上述说法被戴校长所否认。她在得知上述消息后曾致函内务部秘书告知，据她个人可靠消息透露，曾北位所说的那家洗衣馆并不是曾父所拥有，而是属于其侄儿的生意，只是在后者回国探亲时交由他负责代管而已。事实上她认为，曾父此前在澳根本就没有财产和物业，属于比较贫穷的一类人。而且，当海关人员与曾北位会面谈论其旷课事宜时，这位中国学生态度恶劣，言语嚣张，非常缺乏修养。因此，戴校长极力主张不要给他三个月签证，而是立即将其遣返。同时又有人以匿名的形式向内务部写信控告曾北位是当地华人社区的一颗老鼠屎，根本就不去上学，整天赌博，酗酒，敲诈勒索同胞，希望当局尽快将其遣返。此外，还有一封信也是揭发他于四月十八日在磨市文（Mosman）埠开了一间蔬果店。信中指他白天开蔬果店经营生意，晚上就利用店铺聚赌，搞得四邻不安，希望当局尽快采取措施。上面这两份检举信也都是手写，且没有具体地址人名，与上一年底海关收到的类似信件如出一辙。

海关稽查部门于五月五日提交了一份报告。报告中表明，海关官员经多次到校查访及与曾北位见面交谈，得到的印象是该学生态度确实恶劣，言语粗鲁，在华人英文学校属于臭名昭著之辈。在四月中之前他有时候返校上课，但基本上是趴倒在课桌上呼呼大睡，显然是凌晨起床做工太累，到学校来只是为了补觉而已。经在唐人街询问华人社区侨领，都对这个年轻人没有好印象，咸认为其举止言行不为人接受，而且其在校所作所为也是与一个健全的人相距甚远，希望其能尽早离开。海关人员与曾北位直接交谈后认为，他本人所申请的三个月续签暂住，只是一个借口，因他本人曾当面对海关人员表示，一旦获签，他将一直住到结束其手头工作，处理完其父亲遗留下来的诸般事宜之后方才回国。有鉴于此，综合此前大部分对曾北位不利的报告，内务部长决定不理睬他的申请，并于五月十九日正式签发遣返令，要其尽快离境；与此同时，也通知中国总领事馆，请其配合这项遣返令，安排曾北位回国。

中国总领事馆接到上述公函后，知道事已至此，无法改变，自然配合内务部。魏子京总领事一边通知曾北位的两位监护人，告知此事的结果，另一边也跟曾北位本人沟通联络，督促其预订船票。待上述一切安排妥当，魏子京总领事遂于五月三十一日函告内务部，已经安排曾北位搭乘七月十日驶往香港的"吞打"（Tanda）号轮船。

到了预定登船的那天，十八岁的曾北位准时抵达上船，告别澳大利亚回国。事实上，这个离澳时间点，与其向内务部申请续签暂住三个月的要求，十分契合。也许，他预订船票的离澳日期，就是为了达到他想要的三个月暂住期。而他可能确实是有效地利用了这三个月的时间，把相关要处理的事情都做了妥善的安排，因而痛痛快快地离澳回国，不再回头。

曾北位在澳留学总计两年半时间，但其中有一年左右的时间是旷课做工去了，真正在校读书的时间也就一年出头。

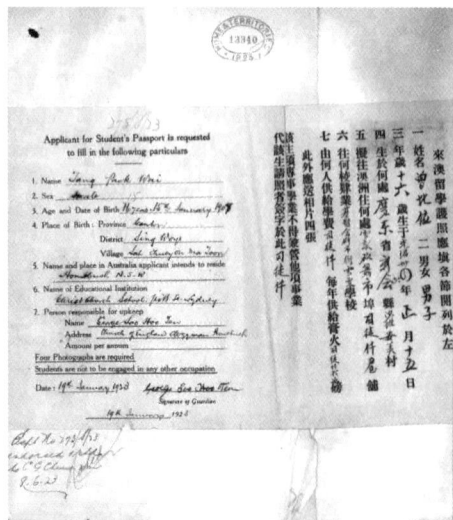

左为一九二三年一月十九日，司徒仟以监护人身份，向中国驻澳大利亚总领事馆申办曾北位的赴澳留学护照和签证。右为一九二三年六月五日中国驻澳大利亚总领事魏子京给曾北位签发的中国学生护照。

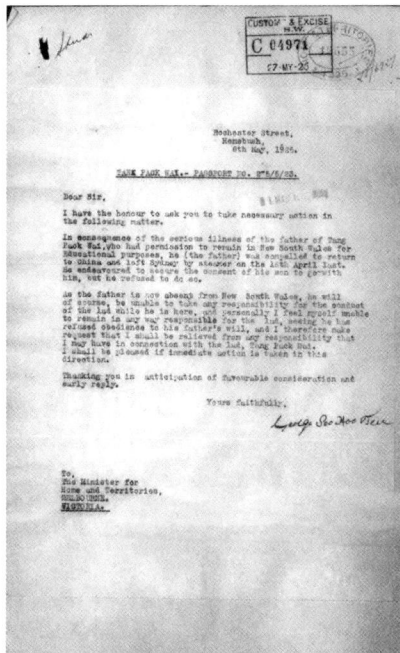

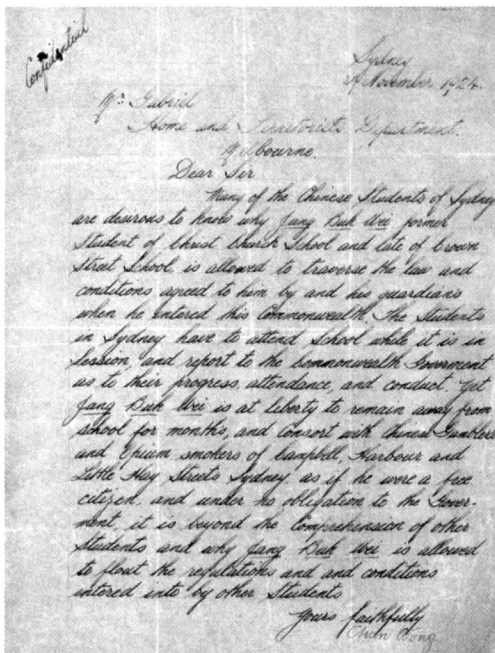

左为一九二五年五月八日，司徒仟致函内务部长，要求解除其曾北位监护人的责任。右为一九二四年十一月二十九日，一名叫陈旺的华人写信给内务部，投诉曾北位吸食鸦片、赌博等恶习，要求将其遣返中国。

档案出处（澳大利亚国家档案馆档案宗卷号）：

Wai, Tang Pack-Chinese student on passport, NAA: A1, 1926/460

卢雪根

新会潮连村

现在的潮连，已经于二〇〇二年并入江门市蓬江区，成为该区下属之潮连镇。可是以前在新会县辖下，潮连村是大乡，也是卢姓的主要聚居地。卢雪根（Lena Loo）便是潮连村人，生于一九〇八年三月十三日。

卢雪根的父亲没有像许多乡人一样前往澳大利亚谋生发展，但具体在家乡从事何种职业则无从得知。尽管如此，在卢雪根及笄之年即年满十五岁之后，远在澳大利亚美利滨（Melbourne）中国城茾步兰小径（Cumberland Place）三十二号居住的邝仕德（Kwong Sue Duk）[1]四夫人邝门黄氏（Wong Kwei Far，黄桂花？）[2]就以其监护人的身份，于一九二三年十二月二十四日填好申请表，准备提交给中国驻澳大利亚总领事馆，为其办理来澳留学事宜。但因填表当天是圣诞节前夕，各机构都已逐渐放假，申请表填好后没有立即递交上去，不知何故就如此一直拖了下去，到了一九二四年四月二十八日，邝夫人才得以将申请表签名提交上去，正式为卢雪根赴澳留学申办护照和签证。在申请表中，邝黄氏没有写明以什么作保，估计邝仕德的资产和名气就是最好的保证吧。在申请表中，她也没有写明会提供多少数额的膏火费

---

[1] 详见：https://en.wikipedia.org/wiki/Kwong_Sue_Duk；及Kwong Sue Duk (1853-1929): His Life and Family in Australia[https://arrow.latrobe.edu.au/store/3/4/5/5/1/public/.../kwong_sue_duk.htm]。邝仕德（一八五三——一九二九），台山人，一八七五年赴澳发展，是十九世纪末二十世纪初在澳大利亚北领地、昆士兰和域多利三地都颇为成功的商人和草医，娶有四位太太，家族庞大。

[2] 黄桂花（一八七八——一九三八）是邝仕德的四夫人，娶于一八九九年。

给卢雪根。按照惯例，没有写明具体金额基本上是被认为可以提供"足镑"膏火，亦即需要多少便提供多少。至于卢雪根来此准备就读的学校，邝黄氏为她选择了司铎茨商学院（Stott's Business College）。

申请递交上去之后，却迟迟未见回音。检索一九二四年中国驻澳大利亚总领事馆审理的赴澳留学申请所签发的护照号码，可以发现其数量与前一二年相比少了许多，而且审理的时间也延长了许多，有的要等几个月，有的甚至要等上近一年的时间。耽搁护照申请审理的最主要原因，在于中国总领事馆花费大量人力物力与澳大利亚联邦政府内务部开展了长达两年左右的洽谈与交涉，双方对自一九二一年正式实施的《中国留学生章程》中有关条款进行修订。在此期间，澳大利亚联邦政府方面意在加紧"白澳政策"的执行，尽可能地为中国人进入澳大利亚设置更高的门槛；而中国总领事馆则希望尽可能多地为中国学生赴澳留学争取一些应有的权益，双方折冲樽俎，你来我往，修订过程旷日持久。由是，直到快一年之后，即一九二五年三月二十七日，中国总领事魏子京才得以签发了一份中国学生护照给卢雪根，号码是421/S/25。也就在当天，中国总领事馆便将护照送往内务部，当即便获得了内务部的入境签证批复。次日，卢雪根的护照就按照邝黄氏提供的地址寄往中国。

早就在国内等候的卢雪根拿到这份护照后，便立即安排船票，赶往香港，由此搭乘"吞打"（Tanda）号轮船，于当年七月七日抵达美利滨，入境澳大利亚。十七岁的卢雪根能在护照签发之后的三个月左右便启程来到澳大利亚，是因为有人一直在等着她，并陪同她一起乘船航行。这个人叫邝光顺（Fong Quong Soon，在澳大利亚的档案中更多的是使用Harry Kwong或Henry Kwong这个英文名字），是邝仕德与四夫人邝黄氏所生［一九〇三年一月十六日出生于昆士兰北部城市坚市（Cairns）］，在邝门黄氏这一支中排行第二。[1] 邝光顺于一九二一年初在美利滨的苏格兰书院（Scott College）中学毕

---

[1] Application for extension of Certificate for Exemption from Dictation Test of Harry Kwong by Mrs M Leong, NAA: B13, 1925/8419。

业后，便按照父亲的安排在当年的四月去了中国，可能是在广州或者香港念大学。[1] 他与卢雪根结伴来澳的时间，恰好是其在外念书四年之后，也刚刚是在六月中旬中国的学校结束课程准备放假之时。

　　但就因为他们同行，在抵达美利滨入境约两个月之后，内务部通知邝光顺偕同卢雪根一起，于九月六日下午三点钟前往该部办公地点接受面谈问话。因当时美利滨仍然是澳大利亚联邦的临时首都，故联邦政府的部门都位于该城，约谈比较方便。约谈的起因是，"吞打"号轮船所在公司于是次航行结束后，按规定将旅客名单送交海关备查。内务部在上述旅客名单中看到，邝光顺和卢雪根二人是以邝先生和邝太太的名义订的舱位。由是，内务部觉得兹事体大，因为按照开放中国学生来澳留学的规定，是不包括已婚者在内的，如果卢雪根已婚，那她以学生身份入境就有欺骗之实，内务部有权即刻取消其入境签证。内务部官员对约谈的结果表示满意，因为邝光顺表示他们两人并没有结婚，在船上也是分住在不同的舱间，之所以被写成邝先生和邝太太，是轮船公司工作人员的失误。而卢雪根入境后虽然与邝光顺住在同一地址，但她是与他的母亲邝黄氏同住。她也向海关承认，他们两人已经订婚，但尚未结婚，在短时期内也不打算成婚，因为她还想在此念书；而邝光顺之所以陪同她一起回来，也是想让她在读书期间住在家里，有一家人的感觉。虽然问话的结果表面上对他们两人没有什么影响，但内务部还是下文给海关稽查部门，叮嘱他们密切关注这一对青年的活动，如有任何结婚的举动，应立即报告，以便采取行动。

　　这一信息足以解释何以邝黄氏要作为卢雪根来澳留学的监护人，并代为办理其护照和签证等一任事宜，显然在当时邝家与卢家便已定亲，邝黄氏事实上是在履行未来婆婆的职责。邝光顺是她的大儿子，她自然而然地

---

① Application for extension of Certificate for Exemption from Dictation Test of Harry Kwong by Mrs M Leong [includes 6 photographs; 20 pages], NAA: B13, 1925/8419。

要在各方面都给儿子创造一个良好的环境，接纳未来的儿媳妇。而从护照上卢雪根的照片来看，显然也是出自一个相当殷实的家庭，她本人看起来也应该是自小就受到良好的教育。由此看来，这应该是一桩门当户对的婚姻。

来自学校的反馈也恰好说明了这一点。卢雪根抵达美利滨后，没有按照原先邝黄氏的安排入读司铎茨商学院，而是另行注册入读位于佛珠来（Fitzroy）区的天主教修会书院（Convent School）。院长提供的例行报告显示，卢雪根各方面表现优秀，她参与所有学校组织的活动，按时完成各科作业，成绩甚佳，与同学关系也很好。据内务部官员九月份约谈时单独问话她后得出的印象，其英语听说能力极强，交谈过程中没有出现任何沟通障碍问题。由此表明，在来澳留学之前，她就受过了良好的英语训练，极有可能是在广州抑或香港由教会所办的中英双语学校里接受的教育。

然而，卢雪根在这间学校未读满一年。一九二六年四月，即在复活节结束之后学校第二学期开学后，十八岁的卢雪根就不再注册上学。她告诉院长说，因接到家里来信，得知父亲病重，正在治疗中，她需要返回家乡探望父亲。六月三十日，卢雪根在美利滨港口再次登上她去年赴澳时搭乘的同一艘船"吞打"号，返回中国。同样地，邝光顺此次依然陪同她一起回国。

卢雪根档案到此中止。她的在澳留学时间，前后计算，相差一个星期才满一年。按照邝光顺表露的愿望，他们应该离澳当年就在广东结婚了。以中国当时的风俗，女子十八岁正是当嫁之龄；且卢父仍在病中，按照传统风俗，此时儿女成婚，亦有冲喜之寓意。邝光顺是在澳出生的华人，其身份是可以申请妻子赴澳团聚的，但此后澳大利亚档案馆中检索不到任何与卢雪根相关的信息，也许，他们婚后留在了中国，或去了香港，也有可能去了其他国家或地区发展。

　　左为一九二三年十二月二十四日，邝门黄氏填好申请表，准备提交给中国驻澳大利亚总领事馆，为卢雪根办理来澳留学事宜，但于一九二四年四月二十八日签名后方最终递交上去。右为一九二五年九月六日内务部约谈邝光顺和卢雪根后的处理意见。

　　一九二五年三月二十七日，中国总领事魏子京签发给卢雪根的中国学生护照。

左为一九二五年七月七日邝光顺入境美利滨重返澳大利亚后获得的三年有效期"免试纸"。右为邝光顺一九二五年七月七日在海关填写的入关卡。

档案出处（澳大利亚国家档案馆档案宗卷号）：

Loo, Lena-Students passport, NAA: A1, 1925/20740

陈华润

新会旺冲村

陈华润（Wah Goon，或写成Chan Wah Goon），出生于一九〇八年四月三日，是新会县旺冲村人。他有个哥哥叫陈华庆（Wah Hing，也写成Charles Wah Hing），比他年长二十四岁，是一八八四年出生的。兄弟俩有这样大的年龄差距，或因华庆是家中长子，华润是家中兄弟姊妹排行中最小的；也有可能华润是其父亲偏房所生，他们同父异母。无论是哪一种原因，在十九世纪末二十世纪初年乡人奔赴澳大利亚谋生的大潮中，陈华庆作为家中长子，也加入其中，在昆士兰省（Queensland）首府庇厘士彬（Brisbane）立下脚跟，于该市南岸区的格雷街（Grey Street）八十四号开设一蔬果店，主要做香蕉生意。①

一九二一年，澳大利亚开放中国学生留学。考虑到自己的小兄弟已届十三岁，正是求学最佳时期，陈华庆便于当年五月二十七日填具申请表，以自己所经营的用自己名字命名的蔬果店"华庆"号商铺作保，提交给中国驻澳大利亚总领事馆，申办陈华润赴澳留学所需的护照和入境签证，承诺每年为他提供的膏火不封顶，即需要多少花费便提供多少，希望将陈华润办来庇厘士彬就读公立学校。申请递交到中国总领事馆后，得到了迅速处理。六月九日，总领事魏子京给陈华润签发了号码为54/S/21的中国学生护照，并于四天后从澳大利亚政府内务部为他拿到了入境签证，当天就将此护照寄往中国

---

① Hing, Wah-Nationality: Chinese [Occupation-Banana Merchant] [Born 16 September 1884]-Alien Registration Certificate No 158 issued 28 October 1916 at South Brisbane, NAA: BP4/3, CHINESE HING WAH。

指定的地址。

陈华润的家人经大半年的准备，联络好从返乡探亲结束准备回澳可以同行照料的乡人后，便购好船票，送陈华润至香港，让他在此搭乘"丫拿夫拉"（Arafura）号轮船，于一九二二年五月三日抵达庇厘士彬，入境澳大利亚，住进了哥哥陈华庆的蔬果店铺里。在休整了两个星期，熟悉了周围环境，也恢复了因数星期的航海旅行所带来的疲劳之后，陈华润开始正式上课。陈华庆原先是计划安排他入读位于城里的师范学校（Normal School），但因要走路过庇厘士彬河（Brisbane River）才能进城，距离还是稍显远了点，便决定让他就近入学，于五月十七日正式注册入读南庇厘士彬公立学校（State School， South Brisbane）。

刚入学时，陈华润一句英语也不会，但经过半年左右的学习，凭借他的勤奋和努力，他已经可以应对学校的各科作业，进步很大，在校表现也很好。一年后，他英语说得已经比较流利，跟同学之间关系也很好。再过一年，其写作能力也有了很大提高，可以赶上当地学生的水平了；尤其是数学课，总是表现优秀，其成绩在班上已经名列前茅。由是，他在这间学校读了五年半的书，完成了所有的小学课程，并总是受到好评。

从一九二八年新学年开始，二十岁的陈华润升读位于庇厘士彬城里的中央工学院（Central Technical College，后来该学院改称中央培训学院，Central Training College），并给自己改了一个英文名字，叫做威廉·润（William Goon）。学院的报告显示，他依然保持勤奋好学的态度，总是认真读书，按时完成作业，各方面表现都很优秀，为此，到第二年时，学院特地给他颁发了一份奖学金。

但是，二十一岁的陈华润并没有接受这笔奖学金。原因是自一九二九年新学年开始，他便没有继续注册入读中央培训学院，而是跟来自开平的另一位留学生周炳珍（Joe Bing Jun）以及去年才来此留学的新会同乡陈子明（Chun Tse Ming）一起，进入位于庇厘士彬城里女王街（Queens Street）上的一间汽车教练学校，学习驾车和修车技术，六月八日结业。当中央培训学院报告说这位学生没有注册入学，内务部再指令海关询查其到底去了什么地方入读什么学校时，已经到了六月份。按照当时的《中国留学生章程》规定，中国学生是不允许入读这类技术性的培训学校和课程的。陈华润可能就打了一个时间差，因为这类课程通常都是以二到三个月为期，时间短，课程密集，技术性也强。因此，待到内务部得知消息时，他已经读完了这间效能汽车技校（Efficiency Motor School Ltd.）的课程。事实上，早在一九二八年下半学期开始，他就已经注册入读这间技校的夜间课程，有了相当的积累，因而就读上述密集课程时就可以应对，按时完成。内务部本来想对其进行严厉的警告，但得知其很快就将离澳回国，也就只得作罢。从陈华润上述做法来看，他可能在年初就产生要回国的念头，只想在回国之前再读一点儿技术性强的课程作为以后务工或经商的资本，也就对相关规定置之不理，我行我素了。

很快，陈华润便通知中国驻澳大利亚总领事馆，他将结束在此间的留学生涯，于一九二九年七月十五日离境回国，请其将自己的行止知会内务部。于是，到了预定回国的那天，已留学七年的陈华润于庇厘士彬港口如期登上路过的"吞打"（Tanda）号轮船，返回中国，开始他人生新的一页。

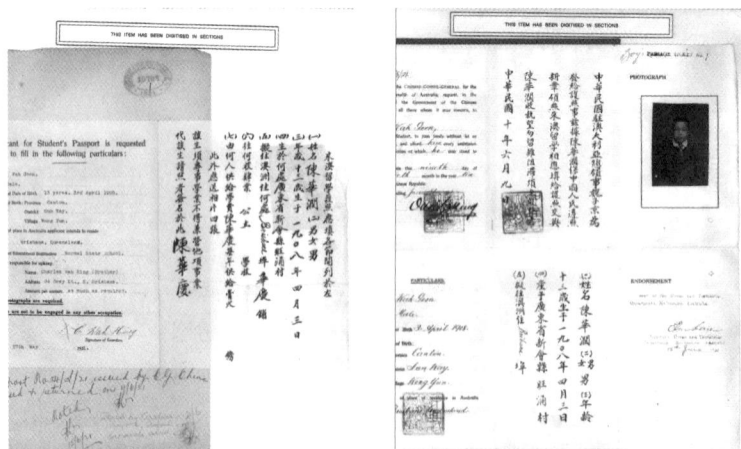

左为一九二一年五月二十七日，陈华庆填表向中国驻澳大利亚总领事馆申办陈华润赴澳留学所需的护照和入境签证。右为中国总领事魏子京于同年六月九日给陈华润签发的中国学生护照。

档案出处（澳大利亚国家档案馆档案宗卷号）：

Wah Goon-student passport, NAA: A1, 1929/4047

林荣河、林华狮兄弟

新会现龙里

林荣河（Lim Wing Hall），生于一九〇八年五月五日；林华狮（Lim Wah See），一九一五年六月十五日出生。二人是兄弟，皆出生于新会县现龙里村。[①] 他们的父亲是林煖（George Lim Nuan）。因澳大利亚国家档案馆里检索不到与林煖相关的档案，无法得知他是何时来到澳大利亚发展的。我们只能根据当时赴澳谋生和发展的广东珠三角和四邑人士大多数皆为未婚青壮年，大体都是在澳经过若干年的奋斗，方才立下脚跟，然后回乡娶妻生子作为参照。由此推算，林煖似应在十九世纪末二十世纪初年左右就来到了澳大利亚，后在南澳（South Australia）的首府克列（Adelaide）埠立足，于城里显利街（Hindley Street）一百九十六至一百九十八号开有一间家具店，即属于前店后厂的那种小型家具店，就以自己的名字作为店铺名，叫做"佐枝林煖木铺"。

一九二二年三月二十七日，林煖填好表格，递交到中国驻澳大利亚总领事馆，同时为两个儿子申办赴澳留学护照和签证。他以自己经营的佐枝林煖木铺作保，应承每年各提供七十五镑膏火，分别给两个儿子作为在澳留学期间的各种费用，要将他们申请来克列埠的巧利街皇家学校（Currie Street Public School）读书。经过两个多月的审核，魏子京总领事于六月六日分别为

---

① 新会县罗坑镇陈冲村下有一现龙村，开平县水口镇下有一现龙里。既然档案中写明林荣河是新会县现龙里村人，则显然陈冲村下的现龙村当为林荣河所属之现龙里。

这兄弟俩签发了中国学生护照，林荣河的护照号码是154/S/22，林华狮的是155/S/22。两个星期后，内务部也批复了他们的入境签证，而中国总领事馆在当天拿到签证后就按照林煖的意思将护照寄往其中国家乡，以便小哥俩尽早成行。

接到上述护照后，林荣河和林华狮兄弟俩的家人就着手安排其赴澳行程。在找到可以同行并同意途中照料他们的返澳乡人之后，便立即订妥船票，将他们送往香港，登上驶往澳大利亚的"获多利"（Victoria）号轮船，于当年十月二十一日抵达雪梨（Sydney）港口入境。林煖提前去到雪梨，等在海关将两个儿子接出来后，再由此搭乘火车，前往南澳克列埠，住进了城里的佐枝林煖木铺。

三个星期后，十四岁的林荣河和七岁的林华狮按照父亲的安排，正式入读巧利街皇家学校。在学校里，林荣河给自己取名为林西尼（Sydney Lim），而林华狮则叫做林亚瑟（Arthur Lim），兄弟俩不仅出勤率高，而且学习也非常优秀，每次校长报告都称赞他们学业进步，一年后他们的英语会话和写作都有很大提高。他们在这间学校一直读到一九二七年。因为前一年他们的父亲林煖回中国探亲去了，将他们托付给同一条街上做生意的杨东（Young Dong，译音），由其代理监护人的职责，并照顾其衣食住行，并为两个儿子留够了生活费和学费。因此，当警察前往他们寄宿的杨东家里查看时，见到他们穿戴整洁，精神面貌也很好。这一年十月份中国总领事馆为他们申请续签时，内务部由于有上述警察报告，故很快就予以批复。

但进入一九二八年新学年刚刚开学不久，兄弟俩就致函内务部，表示因接到父亲在中国生病住院的消息，他们决定近期返回中国，探望病中的父亲，但还想重返澳大利亚继续读书，因此希望申请再入境签证。此时，他们二人都已通过了小学毕业考试，拿到了读中学的资格。内务部觉得可以接受他们的申请，但叮嘱他们必须通过中国总领事馆循正常渠道进行。

然而，二十岁的林荣河和十三岁的林华狮并没有按照指引通过中国总领事馆去申办再入境签证，便于一九二八年三月二十四日，在克列港口登上日本轮船"三岛丸"（Mishima Maru）驶往香港，直接回家乡探亲去了。他们总共在澳留学五年半时间，此后未见有其申办来澳的任何信息。也许他们回到家乡后，因局势变化及家庭原因便就地升学了，或者林荣河因已到就业与自立门户的年龄，就此务工或者经商，都是可能的情况。

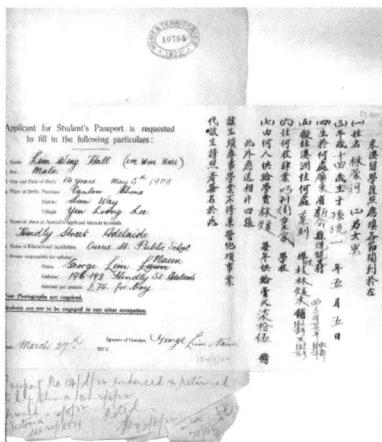

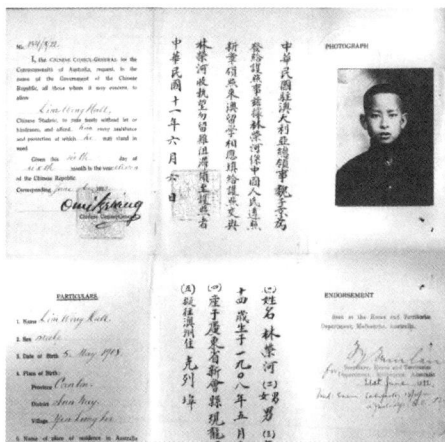

左为一九二二年三月二十七日，林燨填表向中国驻澳大利亚总领事馆申办儿子林荣河赴澳留学护照和签证。右为同年六月六日中国总领事魏子京为林荣河签发的中国学生护照。

左为一九二二年三月二十七日，林燨填表向中国驻澳大利亚总领事馆申办儿子林华狮赴澳留学护照和签证。右为同年六月六日中国总领事魏子京为林华狮签发的中国学生护照。

档案出处（澳大利亚国家档案馆档案宗卷号）：

Lim Wing HALL-Student passport, NAA: A1, 1927/21475

Lim Wah LEE-Student passport, NAA: A1, 1927/21474

陈登、陈润兄弟

新会京梅村

　　陈登（Chin Ting）和陈润（Chin Yuen）兄弟俩，是新会县京梅村人，前者出生于一九〇八年六月十五日，后者是一九一〇年一月十三日出生。他们的父亲陈美和（Chin Mee War），因在澳大利亚档案馆里检索不到相关的档案线索，只是知道在二十世纪二十年代初期，他已经在雪梨（Sydney）城里靠近中央火车站的以利沙伯街（Elizabeth Street）四百五十九号开设有一间商铺，售卖杂货与蔬果，就以自己名字作为商铺名，称"陈美和"号。

　　一九二一年，陈登陈润兄弟一个满十三岁，另一个也已十一岁，都超过了当年开始实施的《中国留学生章程》规定的来澳留学最低年龄十岁的限制，故陈美和便决定将他们二人一起申办来澳留学。七月二十五日，他填具申请表，递交给中国驻澳大利亚总领事馆，同时申请两个儿子的留学护照和入境签证。他以自己经营的"陈美和"号商铺作保，应承提供给两个儿子各足用镑膏火，即供应他们在澳期间的所有费用，要将他们办到其商铺所在地邻区的高浪壬的街学校（Super Public School，Crown Street，Sydney）念书。

　　中国总领事馆收到上述申请后，很快便做了审理。八月九日，总领事魏子京分别给陈登和陈润签发了中国学生护照，哥哥陈登的护照号码是88/S/21，弟弟陈润的则是89/S/21；再过了四天，也为他们从内务部拿到了入境签证，并于当天就根据陈美和提供的地址将两本护照寄往香港宽和祥商行，由其代为转交给陈登和陈润兄弟俩。他们的家人接到护照后，很快便帮他们收拾好行李，订妥船票，然后送他们到香港，搭乘中澳船行经营的"获多利"（Victoria）号轮船，于当年十一月十六日抵达雪梨。正常情况下，自己的孩子从中国远道而来，父亲自然要去海关接他们出关。但陈美和当天却没有这样做，而是请了在唐人街上开铺子的二位朋友，一位姓黄（Wong Sai Chong）的商铺店主和一位姓冯（Charlie Fun）的蔬果商贩，代他去海关接两个儿子。可能他的店铺人手不够，自己需要看店，无法脱身，只能请人代劳。

在父亲的店铺休整了两个星期，消去了航海旅行的疲劳，也熟悉了周围的环境之后，哥俩于十二月一日正式入读高浪壬的街学校。他们每天从住处步行十几分钟，按时到达学校上课，遵守校规，学习也上进，各项作业也都完成得很好，一直都是校长和老师眼中的好学生。他们在这里一直读了三年，到一九二四年底学期结束。

一九二五年初，可能是陈美和将生意搬到了美利滨（Melbourne）去做，这样，两个儿子自然也就要跟着父亲一起移动，为此，他们事先都将自己的去向通告了高浪壬的街学校校长。随后，十五岁的弟弟陈润入读临近美利滨大学的卡顿（Carlton）埠若丝砀街公学（Rathdown Street State School），改名为佐治·美和（George Mee War），其在校表现与学习一如其往；而十七岁的哥哥陈登则注册入读位于城东的苏格兰书院（Scotch College）。刚开始内务部发函给苏格兰书院询问陈登的在校情况时，书院曾回复说没有这个学生；后来内务部再发函，说明陈登此前在雪梨读书时其注册名字也写成了Chan Dang，看是否他在此也同样改成这个名字，苏格兰书院才最终确认陈登是以改过的名字注册入读，其在校表现良好，聪颖上进，学业优异，颇受好评。他在这里读完了这一年的中学课程。

从一九二六年新学年开始，陈登注册入读司铎茨商学院（Stott's Business College）。他在这里的学业同样优秀，院长非常欣赏他的优异表现。到这一年十月七日，当其该年课程大半已经完成的情况下，他给院长写信，希望准允他用二到三个月的时间到美利滨城里的一间商行里实习，将所学的知识应用到实践当中；更重要的是，通过实习，他想实地了解当地商业运行的真谛何在，这也是他来澳留学的主要目的。为此，他表示在实习期间可以不领取薪水，除非根据就业局的要求而不得不接受；但即便如此，他也会将其捐给城里的医院或者是市长基金以为慈善用途。他这样做的目的是想响应学院董事会关注公益事业的号召，同时也是想以这种方式回馈当地人民的厚爱。他在信中表示，他会在实习期间努力工作，以检验和证实自己的能力，同时也希望通过自己的这一行动，扩大学院的影响。由是，他希望院长支持他的这一诉求并跟当局交涉准允他出外实习。事实上，他此时提出这个要求，是不准备再按期申请留学生签证展延（因为到下个月他的学生签证就到期，通常情况下他必须在签证到期前通过中国总领事馆向内务部申请展签），而是申请一份实习工作签证。院长接到信后极为赞赏，当天便致函内务部秘书，极力推荐这位优秀学生，希望当局接受上述请求。

内务部秘书接到上述申请后，作了认真的考虑，也跟司铎茨商学院院长进行了充分的沟通，同时也与中国总领事馆商讨了此事，在确保其实习期结束后会及时返回学校念书之后，才于十月二十七日最终复函，给予陈登三个月实习工作签证，让他进入一间欧洲汽车公司实习，担任簿记等工作。当然，陈登在此期间所获薪水，都按照此前的承诺交由内务部转送给了慈善基金。当这三个月实习结束后，内务部再核发给陈登九个月的留学生签证，有效期从一九二七年新学年开学（二月十七日）后起算。

在念完一九二七年上半年的课程之后，十九岁的陈登从司铎茨商学院退学，并同时知会中国总领事馆，表示要结束在此间五年半的留学生涯。随后，他于七月十四日在美利滨港口登上"彰德"（Changte）号轮船，径直返回中国。[①]

同一时期里，弟弟陈润直到一九二六年上半年，在校表现一直都受到好评。但从下半年开始，他的在校行为却出现了很大问题。原因是此前他生了一场病，在家里休养了四天，之后到学校上课，行为上就有了变化。因其此时念的是七年级，而他年龄已有十六岁，远远大于其他同班同学，可能在

---

① Chin Ting-Departure per "Changte" July 1927, NAA: B13, 1927/4870。

沟通环节上存在问题，故其脾气暴躁，总与人合不来，但因为他的年纪学校又很难实施惩罚，比如罚站或关禁闭。根据学校的观察，导致他脾气如此恶劣的另一个原因可能是他每天都要很早起床，帮助父亲整理果蔬产品以便拿到市场上去摆卖，这样一来，他一到下午就困得不行，常常在课堂上呼呼大睡。因此，当年底中国总领事馆按惯例为其申请展签时，内务部尽管仍然核发签证，但特别叮嘱中国总领事馆转告陈润，必须克服上述不良行为，不然就会按例将其遣送回中国。

进入一九二七年，十七岁的陈润也要升读中学了，便转学进入位于矮山顿（Essendon）区的圣多马文法学校（St. Thomas Grammar School）。还好，他在这间学校表现令人满意，此前的不良行为也没有再出现。读了半年之后，他的哥哥陈登要搭乘"彰德"号轮船离澳回国，他也要跟着一起走，回国探亲。于是，他在此前通知了中国驻澳大利亚总领事馆，并希望结束探亲后能重返澳大利亚念书。魏子京总领事便于七月十二日致函内务部秘书，为他申请再入境签证。内务部很快复函，同意给予他十二个月内入境的有效签证，但条件是，他必须重返圣多马文法学校读书。

但在规定的一年时间里，陈润没有如期返回。一九二八年九月十七日，即在其再入境签证失效两个多月之后，中国总领事馆致函内务部，表示因为陈润身体有恙，医生建议其推迟旅行，因此，希望能批准其入境签证延迟三个月的时间。内务部对此很重视，复函希望说明是什么疾病，这样可以为其延签三个月或者更多的时间提供依据。随后中国总领事馆表示并不是什么大病，而是因为华南天气炎热而导致的身体不适，待天气凉爽之后便可出行。最终，内务部表示，其再入境签证有效期可以延期到本年十二月底。

可是，陈润仍然没有如期在年底前回到澳大利亚。几乎又过了将近一年，到一九二九年八月三十日，新任中国总领事宋发祥致函内务部秘书，谓陈润此前是因为去年秋天后再次罹患重病，实在无法成行，从而错过了入境有效期，现在他的身体基本康复，其父也非常希望他能重返澳大利亚继续接受英语教育；与此同时，陈润的哥哥陈登此时已经快二十二岁了，也希望能重返澳大利亚继续读书，故宋总领事同时为他们二人申请再入境签证。如获批复，哥俩近期内便可成行赴澳。九月十一日，内务部复函，希望把他们兄弟二人将要入读的学校名字报上，以便批复。按照规定，他们必须进入一家私立学校，且由学校出具录取信，内务部方才予以处理。可是直到十二月三日，宋发祥总领事才回复内务部，表示陈美和已经为陈润重新联络了圣多马文法学校，该校校长也致函中国总领事馆表示愿意接收其重返该校复读。但宋总领事的信中并没有再提及陈登将要入读哪间学校，这就意味着陈登本人或者其父亲已经不打算再为他重返澳大利亚读书花费重金和时间去安排，因为按照规定，中国学生在澳留学的最高年限是二十四岁，即便他能重返澳大利亚继续念书，满打满算也就只有不到两年的时间；而与此同时，陈登可能已经在广东或者香港找到了出路，也就没有必要再来念书了。内务部接到宋总领事上述信函之后，觉得安排符合规定，便于十二月九日批复了上述申请，规定陈润必须于次年六月三十日之前抵达澳大利亚。

一九三〇年三月十三日，在中国探亲快三年的陈润终于搭乘"彭德"号轮船返回澳大利亚，抵达美利滨。但是，对于其要入读的学校，陈润却食言了。早在一九二七年七月回国探亲时，他获得的再入境签证条件便是重返圣多马文法学校念书；两年后内务部批复的再入境签证，其条件仍然是重返圣多马文法学校就读，而且这还是他的父亲陈美和亲去学校联络的结果。可是陈润回到美利滨后，并没有进入圣多马文法学校，而是报读了设在城里的依士力国际函授学校（Estley's International Correspondence School），选修通识教育和打字课程。因海关在其入关时根据内务部的指示没有当场将入境签证发给他，而是要在检查确认其入学之后才发放，为此，美利滨海关稽查官葛礼生（J. Gleeson）得知其入读上述函授学校后，便在四月初奉命前往面见陈美和，询问为什么不按照原来的约定让陈润进入圣多马文法学校继续学习而选择现在的这个学校。陈美和表示，他是想让儿子入读圣多马文法学校，但原先陈润读这间学校时，还有好几个中国学生，那时候大家一起去上学，互相有个伴，可是这些学生都已经回国了，如果现在陈润再去这间学校读书，就显得形单影只，再加上年纪也大了，很不合适；同时，从城里去矮山顿区，路途还是遥远了一些。他现在所注册入读的学校，是属于远程教育，即老师每周到他家里两次，进行辅导授课，其余时间他要靠函授自学。

内务部接到上述葛礼生的报告后，认为陈润严重违规，遂于四月二十三日致函中国总领事馆，要求他们立即制止陈润的这一就读函授学校的行为，并注册入读位于矮山顿区的圣多马文法学校，因为这是准允其重返澳大利亚核发其留学生签证的前提条件，何况上述函授学校属于不受内务部承认的野鸡学校，是不允许中国留学生注册入读的。如果陈润不愿意遵守规定，执意要读上述函授学校，内务部将毫不客气地取消其签证，将其遣返中国。

中国总领事馆接到内务部公函后，也觉得事态严重，急忙跟陈润联络，晓以利害。陈润意识到问题的严重性，遂中止了在上述函授学校的学习，但他没有去圣多马文法学校读书，而是选择到设在唐人街上的基督教长老会学校（P. W. M. U School）就近注册，于四月二十八日正式入读。中国总领事宋发祥于五月六日发给内务部报告陈润最终入学结果的信中解释说，陈润这样的选择，事实上并不违反中国学生入读私立学校的规定，希望内务部能够承认这种既成事实。但内务部对于这样的结果大为恼火。他们认为，陈润已经二十一岁了，此前就读的就是中学，而长老会学校基本上只是小学性质，没有什么中学课程，根本就不适合他这样的学生。于是，五月十七日，内务部复函中国总领事馆，强烈反对上述安排，坚持要陈润立即前往圣多马文法学校入读。

也许是陈润将此结果告诉了长老会学校，学校又将此事报告给了长老会澳大利亚总部的外方传教会办公室，该办公室总部就在域多利省（Victoria），设在美利滨唐人街的长老会学校正是由其主管。长老会外传会秘书马秀牧师（Rev. H. C. Matthew）对内务部的做法大为不满，于六月六日致函内务部秘书，表示长老会学校是在省教育厅注册备案的正式的私立学校，完全可以招收中国留学生就读，甚至是那些年满十六岁至二十四岁的中国学生，只要他们需要，该校也一样可以接收其入学就读。他非常不爽的是，内务部认为中国学生不适合就读他所在教会主理的这间学校，是对其教会和学校的歧视与不公。他表示，并不是说长老会学校只招收中国学生，事实上也适合于招收其他族裔的学生；而且这些学生，比如说包括陈润在内，都是自愿前来注册入读，并没有谁去强迫其就读这间学校；何况长老会学校的教学质量并不比其他学校差，许多学生包括中国学生选择该校实际上也是认为该校教学质量有保证。马秀对此还不解气，六月十三日再直接致函内务部长，就此问题宣泄自己的不满。六月十四日，内务部秘书致函马秀牧师，极力澄清并不是对长老会学校有什么看法，而是根据《中国留学生章程》的条例来办事：一方面按规定中国学生在进入澳大利亚学校读满三年后就应该升入中学就读，另一方面陈润的再入境签证条件就是重返圣多马文法学校读书。再过了五天，内务部秘书特别又致函马秀牧师，解释说虽然陈润是自愿注册入读长老会学校，但因其没有遵守签证的前提条件，内务部才坚持要求其重返圣多马文法学校。总之，内务部是千方百计地安抚长老会的情绪，毕竟该教会在美利滨华人中开展工作的力度很大，也让许多华人皈依了基督教，故该教会说话的底气也就比较充足，内务部不得不对其任何意见都十分重视，认真对待。当然，马秀牧师有了上述台阶可下，也就认可了内务部对陈润事情的决定，并表示要知会长老会的所有老师和管理人员，遵守内务部制订的中国学生在澳就读三年小学后应升读中学的有关规定。

虽然平息了长老会的愤怒，但内务部对陈润是否按照指令重返圣多马文法学校读书并没有底，也不知道他现在的情况如何，便于七月二十五日下文海关，指示其派人核查该学生目前的状况。三天后，还是葛礼生报告说，他已经跟陈润的父亲陈美和见了面，得知陈润目前仍在长老会学校上学，并没有去圣多马文法学校注册入读。根据陈美和的解释，再过四到五个星期的时间，他就要将陈润送走离境，故而也就没有必要再让他去圣多马文法学校读书了。但他不是直接返回中国，而是先去新西兰（New Zealand）探亲。为了证实所说的这一切都是真的，陈美和还当场拿出与惠灵顿（Wellington）海关有关陈润入境的来往信件。陈美和有一个儿子目前是在屋仑（Auckland）经商，陈润先去那里探望哥哥。因陈美和在信中无法说清楚陈润将搭乘哪一艘轮船前往，故惠灵顿海关的回信表示，待陈润抵达新西兰的口岸时，再视情给予他一定期限的入境签证。而葛礼生在见过陈美和后，还特意前往长老会学校查看，确认陈润仍在该校上学。内务部接到报告后，对这样的结果感到无可奈何。但考虑到也就剩下几个星期的时间了，便指示海关随时关注陈润的动向，确认他何时离开澳大利亚。而直到此时，原来要给予陈润的一年期学生签证还一直放在海关，没有给他。

终于，陈润于九月底到了雪梨。他向海关表明，将于十月三日由此搭乘"玛纳玛"（Marama）号轮船前往新西兰。雪梨海关跟他重申，如果他还想重返澳大利亚继续读书，必须先通过中国总领事馆申请签证，并预先在一间私立学校注册，抵达后也必须入读该校。待一切手续完毕，陈润如期前往新西兰。

一九三一年五月十四日，中国驻澳大利亚总领事馆致函内务部，谓接到中国驻新西兰总领事馆通知，时年二十一岁的陈润想通过后者询问是否可以继续申请签证重返澳大利亚读书。根据陈润的说法，他认为去年他入境澳大利亚后的签证到现在应该仍然有效，因此，他希望可以回来澳大利亚继续念书。五月二十日，内务部秘书复函表示，鉴于去年陈润一而再、再而三地违反规定，执意进入自己想要就读的学校而不按规定入读经过批准的学校，已经表明他没有意愿再遵守相关规定了，当局将不会再核发学生签证给他。当然，如果中国总领事馆坚持替他申请，而他本人也确实表示要一切按照规矩办，且事先联系好应该入读的学校并确实入读该校，内务部秘书表示也可以将其情况提交给内务部长，但能否获批毫无把握。换言之，陈润重新获得学生签证的可能性不大。

陈润知道事不可为，而且结果也是自己一手造成的，已经无法挽救，遂最终放弃了申请。但他在新西兰探亲也就是一年的时间，期满仍要回国。于是他提出申请过境签证，希望获准进入澳大利亚一个月探望其父亲，然后再转换船只，驶返中国。这一次，澳大利亚海关给予了通融。一九三一年十月二十日，他从新西兰搭乘"范杜拉"（Ventura）号轮船抵达雪梨，入境澳大利亚。他由此乘坐火车前往美利滨，探望父亲。十一月十四日，他再次乘坐火车返回雪梨，由此港口搭乘"南京"（Nankin）号轮船，返回中国。[①]

前后相加，陈润在澳留学总共是六年多一点的时间。

---

① Chin Yuen ex "Victoria"（Sydney）November 1921-Departure for China per "Nankin"（Sydney）November 1931, NAA: B13, 1931/17780。

左为一九二一年七月二十五日，陈美和填表向中国驻澳大利亚总领事馆申办儿子陈登的留学护照和入境签证。右为同年八月九日，中国总领事魏子京为陈登签发的中国学生护照。

左为一九二五年六月九日，苏格兰书院回复内务部该校没有陈登（Chin Ting）这个学生。右为一九二六年十月七日，司铎茨商学院院长致函内务部秘书，支持陈登提出的申请三个月工作实习签证。

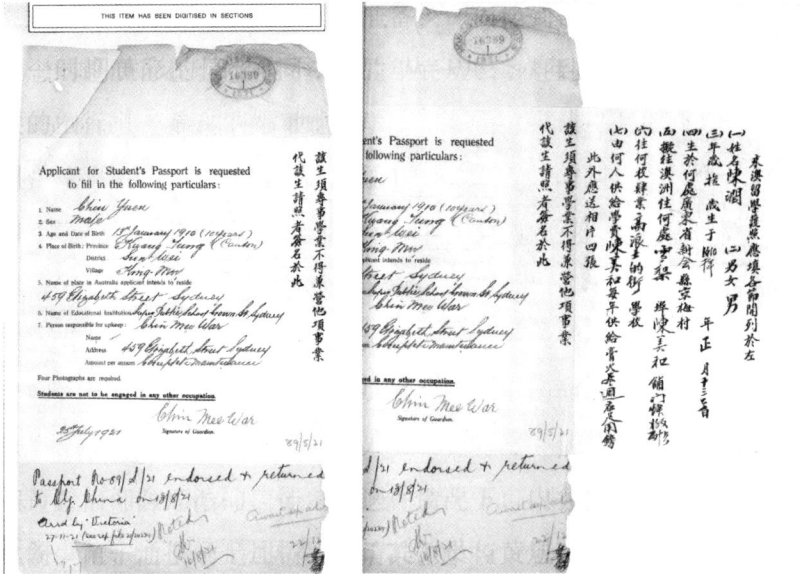

一九二一年七月二十五日，陈美和填表向中国驻澳大利亚总领事馆申办儿子陈润的留学护照和入境签证。

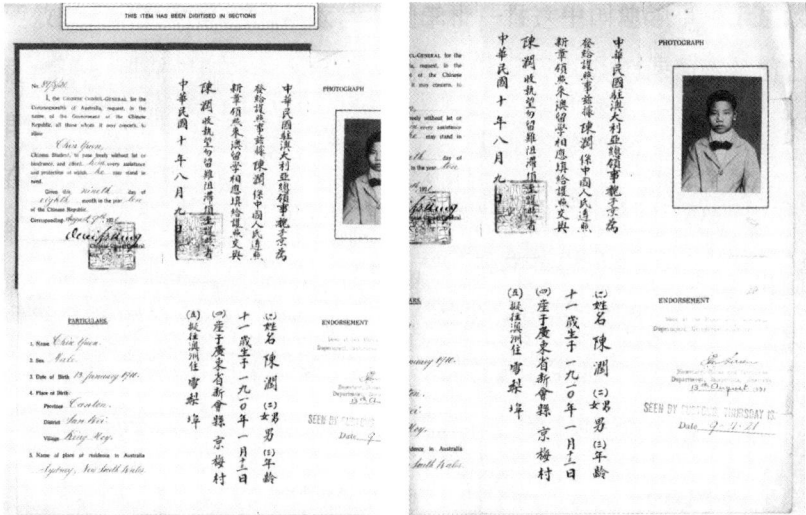

一九二一年八月九日，中国总领事魏子京为陈润签发的中国学生护照。

档案出处（澳大利亚国家档案馆档案宗卷号）：

Chin Ting-student passport, NAA: A1, 1929/8042

Chin Yuen-Students Passport, NAA: A1, 1931/4649

黄华荣

新会京背村

　　黄华荣（Wong Wah Wing）是新会县京背村人，一九○八年十月十日出生。其父黄悦（Wong Yet），一八七八年九月三十日出生于京背村，弱冠之年跟随乡人渡海南下到澳大利亚谋生，定居于美利滨（Melbourne），[①] 在讧市畔（Hawksburn）埠的眉士讬爷路（Malvern Road）三百七十五号开设一洗衣馆，名为"悦利"号。

　　当澳大利亚正式对中国学生开放留学的那一年，黄华荣年届十三岁，正是求学之最佳年龄。于是，黄悦便在一九二一年七月十日填好申请表，递交给位于同城的中国驻澳大利亚总领事馆，为儿子黄华荣赴澳留学申办护照和签证。他以自己经营的"悦利"号作保，承诺每年供应膏火五十二镑，作为儿子来澳留学期间的开销，包括学费、生活费、医疗保险及交通费等，希望儿子能来他的店铺所在地的眉士讬爷初等蒙学校（Malvern Road State School）念书，一方面是就近入读，另一方面也因为这是一间公立学校，可以免交学费。中国总领事馆收到申请后，很快就予以了审理，八天后便由总领事魏子京签发了一份中国学生护照给黄华荣，号码是63/S/21；随后，也在七月二十二日顺利地从澳大利亚政府内务部为他拿到了入境签证。

---

① YET Wong: Nationality-Chinese: Date of Birth-30 September 1878: First registered at Little Bourke Street, NAA: MT269/1, VIC/CHINA/YET WONG/1。

接到护照后，黄华荣的家人一番安排，为其订妥船票，四个多月后，他便从香港乘坐"圣阿炉滨士"（St. Albans）号轮船，于一九二一年十二月十二日抵达美利滨，入境澳大利亚。

但黄华荣来到澳大利亚的时间，正巧赶上当地学校放暑假，因此，直到次年二月一日新学年开学时，他才得以正式注册入读父亲为其安排好的眉士讫爷初等蒙学校。在学校里，他总是衣着整洁，学习勤奋，行为良好，与同学的关系也很好，尤其是英语能力提高很快，次年便升读四年级。他除了一些词语的拼写会出现错误之外，英语能力突飞猛进，其余的课业在班上都是名列前茅。此后，他一直以这样的状态在这间学校读到一九二五年上半学期结束。

根据学校的报告，黄华荣于当年五月二十三日学校放假后便没有再返校读书，也不知道他最终转学去了哪里。内务部直到十月份方才得知这一信息，遂指示海关核查，包括与中国总领事馆联络以询问其踪迹。十二月十六日，中国总领事魏子京给内务部秘书发来一份公函，告知已失去联络半年之久的黄华荣业已转学进入其家庭驻地邻区的考飞文法学校（Caulfield Grammar School），并顺势为他申请下一个年度的展签。但总领事提出上述展签申请时，并没有按照惯例递交学校有关其出勤及在校表现和成绩的例行报告。

就在内务部考虑如何处理上述申请之时，十二月十九日，内务部秘书也接到了海关的报告，告知稽核部门的官员终于找到了十七岁的黄华荣。经过一番艰难的对话，官员们已经确认，自其离开眉士讫爷初等蒙学校后，黄华荣再也没有去任何一间学校上学，而是一直都在其父亲的洗衣馆里帮工。其余的闲暇时间里，他结交了几位臭味相投的本地学生，已经在其身上充分表现出来一种玩世不恭的气味。比如说，当海关官员们找到他时，他就对此显示出一副无所谓的态度。于是，海关官员将其直接带到中国总领事馆里。馆方得知真相之后，便直截了当地对黄华荣说，要他立即回国。海关官员的报告，直接表明此前公函中所说黄华荣入读考飞文法学校一事，纯属子虚乌有。十二月二十三日，内务部秘书复函魏子京总领事，以该生违反《中国留学生章程》相关规定为由，拒绝了展签申请，并希望协助安排黄华荣尽早回国。

一个月后，见中国总领事馆未有任何回音，内务部秘书于一九二六年一月二十九日再次致函询问黄华荣具体何时离境。二月十一日，中国总领事馆终于回复说，黄悦目前正在打算出售其洗衣馆生意，以便能与儿子一道返回中国。只是目前买家难找，如果事情进展不顺利的话，他将安排儿子在四月一日之前离境，已初步预订了届时离港的"吞打"（Tanda）号轮船的船票。可是到三月中旬时，中国总领事馆再次知照内务部，因种种原因，黄华荣将推迟到四月十四日才能离港。对此，内务部秘书非常不高兴，于三月十九日致函中国总领事馆，再次强调这是最终确定的安排了，再也不能变更推迟。

可是，至此之后，中国总领事馆几次跟黄悦联络都不成功，寄去的信也得不到回复，也就是说，上述黄华荣确认的离港日期是否如期进行还是有所变化，他们无法得知。有鉴于此，内务部遂于四月十二日指示海关，直接到"悦利"号洗衣馆找黄悦，以确认上述安排。如果他不配合，就要警告他，当局将采取断然措施，将其子遣返回国。四天后，稽查官葛礼生（J. Gleeson）见到了黄华荣，他表示已经安排好了乘坐四月二十日离港的"太平"（Taiping）号轮船。他也解释说，此前他是准备乘坐"吞打"号回国的，只是当"吞打"号起碇时，他本人不在美利滨，没有赶回来，错过了这个班轮。至于他离开眉士讬爷初等蒙学校后不再上学，是因为去塔斯马尼亚待了三个月，回来后就碰上海关官员调查他，告诉他不能再去上学，只能回去中国，由是，他才一直待在父亲的洗衣馆里帮手做生意。

十八岁的黄华荣再次食言。过了三天，即一九二六年四月二十三日，他才登上另一艘日本轮船"丹后丸"（Tango Maru），离开待了将近四年半的澳大利亚，驶往香港回国。自此之后，他再也没有来过澳大利亚。而他的父亲黄悦是否最终卖掉了洗衣馆生意也回到中国，因没有档案线索，不得而知。

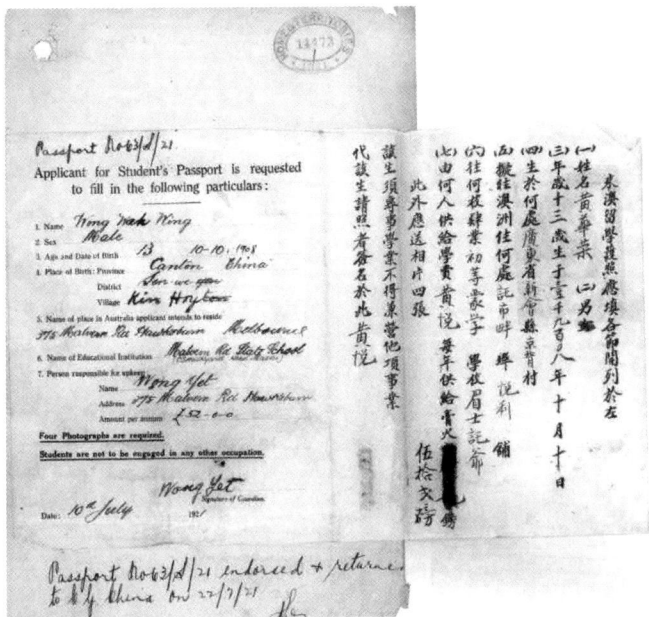

一九二一年七月十日，黄悦填好申请表，递交给中国驻澳大利亚总领事馆，为儿子黄华荣赴澳留学申办护照和签证。

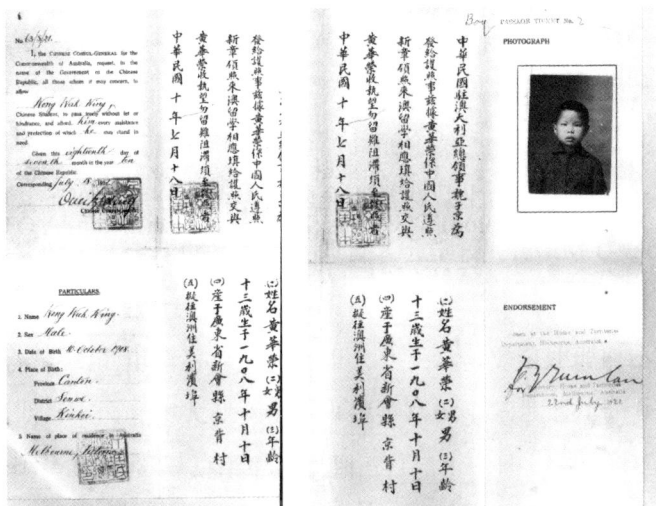

一九二一年七月十八日，中国总领事魏子京给黄华荣签发的中国学生护照。

档案出处（澳大利亚国家档案馆档案宗卷号）：

Wing, Wong Wah-Student on passport, NAA: A1, 1926/3204

黎启胜

新会黎村

　　黎启胜（Lai Kai Sing，或Lai Kai）是新会县黎村人，生于一九〇八年十一月六日。其父黎才（Lai Toy）早年来澳，在离美利滨（Melbourne）主城区东南部约十五公里的莫拉滨（Moorabbin）区开设一草药铺，名"何婶店大埠美市草药铺"。一九二三年十月八日，五十一岁的黎才入纸位于美利滨的中国驻澳大利亚总领事馆，为将届满十五岁的儿子黎启胜申领中国护照及入澳签证，希望总领事馆协助办理其子来澳留学手续。为此，他以自己位于莫拉滨区大南路（South Road）上的草药铺作保，承诺每年供给儿子黎启胜膏火四十镑，以供其在澳期间之开销。与此同时，他给儿子安排来澳留学入读的学校，是位于美利滨中国城里小博街（Little Bourke Street）上之基督教长老会学校（P.W.M.U. School）。

　　中国总领事馆很快便处理了黎才的申请。通过与澳大利亚联邦政府内政部的多次联络沟通，也将黎才的资质等担保材料一并递交并获得确认，当年十二月七日，中国驻澳总领事魏子京遂为黎启胜签发了编号为358/S/23的中国护照。由于事先准备工作做得充足，内务部也于当天便核准了黎启胜的入境签证。当然，总领事馆亦第一时间将此护照和签证寄往中国，待黎启胜接收后，束装来澳。

　　半年之后，黎启胜从香港乘坐"获多利"（Victoria）号班轮，于一九二四年六月二十七日抵达美利滨入境，开始了他的留学生活。

在父亲的店铺中休息了两个多星期后，黎启胜正式开始了他在澳的学习课程。按照父亲的安排，七月十四日，他正式注册入读小博街上的基督教长老会学校。根据学校每年递交四次的例行报告，从进入基督教长老学校开始，黎启胜的学业都颇受好评，也都能遵守学校的校规。就这样，他波澜不惊地在这里读了三年。

在这期间发生的一件事情，可能对黎启胜在澳学习多少有些影响，并最终导致他在留学三年后返回家乡。事情缘于一九二六年初，五十三岁的黎才打算回国探亲，希望在其离开期间，草药铺交由时年即将届满十八岁之儿子黎启胜具体代为负责管理。鉴于黎启胜的留学生身份，他不能打工，但特例情况或许有宽容之余地，故这事儿必须申请获批方可。秉承父亲的旨意，黎启胜遂于一月十五日致函内务部，希望能批准其父黎才的上述安排。这个时候，黎启胜即将届满十八岁了。推测起来，父亲黎才显然很想将此生意传承给他的儿子，但又受制于当时的《中国留学生章程》，即中国留学生只能在澳学习，不能出外打工，读完之后也必须返回中国。因而，黎才安排已经长大成人的儿子留下来帮忙。但澳大利亚当局也许是洞悉了黎才的意图，或许就是固守成规之缘故，并不为所动，很快就复函拒绝了这一请求，并在信中告诫黎启胜，唯有静心读书，方为正道。

既然父亲无法回国，或者说无法通过父亲回国探亲将自己留下来继承其在澳生意，黎启胜显然要为日后的出路做打算了。到了一九二七年八月十一日，在基督教长老会学校读了三年书的黎启胜，搭乘"太平"（Taiping）号轮船离开美利滨回国。当然，他打算先回国探亲休假，然后再返回澳大利亚继续留学。在走之前，他通过中国驻澳总领事魏子京，申请重返澳大利亚的签证以及再次回来后要入读的学校。他当时选择的是自己曾经就读三年之久的基督教长老会学校；而该校校长也致函中国总领事馆，表示知晓此事并愿意再次接收黎启胜入读。但是，澳大利亚当局的意思是，黎启胜已在此基督教长老会学校读了三年，而该校实际上只是一间小学而已，基本上没有多少过得去的中学课程。已经十八岁的黎启胜，以这样的年龄，显然已不适合再在这里读下去。为此，如果返回澳大利亚，他必须选择入读一间私立中学或者技校甚或商学院等。如果照此办理，则内务部是可以继续为他签发入境签证的。

在黎启胜离开澳大利亚之后，为他重返澳大利亚留学而联络学校的事就由其父黎才继续申办。黎才将注意力转向了技校。到这一年的九月底，当时澳大利亚最大的函授技校——司铎茨函授技校（Stott's Technical Correspondent College）校长致函中国总领事馆，表示愿意接收黎启胜返澳后到其学校学习。按照一九二六年实施的《中国留学生章程》新规，中国留学生必须取得拟就读学校的录取信方可。既然校方确认接收，澳大利亚政府内政部于十一月十七日批准了黎启胜重返澳大利亚留学的入境签证要求。[1]

但是，黎启胜档案就此中止，此后再也找不到与他相关的档案资料。就是说，他在此后是否返回澳大利亚继续当留学生，因无资料，我们无法得知。

左为一九二三年十月八日，黎才为儿子黎启胜来澳留学具表向中国驻澳大利亚总领事馆申请护照和签证。右为同年十二月七日，中国驻澳大利亚总领事魏子京给黎启胜签发的中国护照。

---

[1]　Permission for Kai Sing to return to Australia for educational purposes, NAA: B13, 1927/12653。

La Kai Sing

Mr Uuinlan
Dea Sir
                                        South Road
                                        Moorabbin
                                        18/1/26
        I beg to apply for permission for
Mr Li Hi. aged about 19 years at present in the
State on a School exemption Paper to take charge of
His Fathers Mr Li Toy. business whilst the letter Pays
a visit to China Li Toy is 5 E years of age and a
Market Gardiner carrying on Business at South
Road Moorabbin He is an Old Resident of Victoria
and has been to China several times He wishes to
Pay another visit and is very anxious that his son
should be given Permission to take charge of his
business during his absence Li Hi. come out here
June 29. 1924 on the steamer Victoria on her last trip
about 18 months ago If you would kindly Grant
the nessecary Permission Mr Li Toy. would
feel very Grateful   I remain Yours
                            Respectfully
                            Lai Hai

一九二六年一月十五日，黎启胜写给内务部秘书的信，请求在其
父黎才回中国探亲期间，由他来照看和管理其父之草药铺。

档案出处（澳大利亚国家档案馆档案宗卷号）：

Kai SING-Student passport, NAA: A1, 1927/10240

许荣光

新会会城

许荣光（Hui Wing Kwong）之籍贯是新会县会城，出生于光绪三十四年十二月初十日（阳历为一九〇九年一月一日），父母居住于台山县公益埠。虽然家庭状况不详，但其本人显然是自小便接受良好教育，可能就在新会县城或公益埠的教会学校上学，显见其家境不俗。一九二三年夏天，亦即其十四岁时，他便被送往广州，进入当时颇负盛名的广州培正学校（Pui Ching Academy，Canton）念书。

一九二五年二月十六日，许荣光在广州向当时的广州军政府外交部特派广东交涉员公署递交赴澳留学申请，打算前往留学六年，请领护照和签证。担保和资助他前往澳大利亚留学的不是其父亲，而是他的契父岑福元。因不知道其常用英文名字如何拼写，故有关岑福元的资料在澳大利亚国家档案馆里很难寻觅，我们只知道他是台山人士，对故乡也多有贡献。[①] 从岑福元与许荣光的上述关系来看，很显然前者与许父或是世交，或许就是生意伙伴，故而慷慨应允每年供给契儿许荣光学费一千元（银元），希望接他到尾利畔（Melbourne）留学。因当时广州军政府的护照上面没有拟往就读学校一栏，故无法知道岑福元对许荣光来澳就读什么样的学校有何计划和要求。当时广州军政府外交部特派广东交涉员是傅秉常，他接到申请后当天便给许荣光开

---

① 台山侨务办公室编：《台山县华侨志》五、其他，http://wyq.jmlib.com/jmhq/listhq.asp?id=54933（访问日期2017-12-31）。

出一份赴澳学生护照，号码是1191。当时，澳大利亚是大英帝国的自治领，外交事务由英国驻外使领馆负责。因此，傅秉常与位于沙面的英国驻广州总领事馆联络，于二月二十日顺利地拿到了英国总领事给许荣光签发的赴澳入境签证。

许荣光很快便收拾好行装，办妥其他的手续，然后于四月份赶往香港，在此乘坐劫行东方轮船公司（Eastern & Australian steamship Co. Ltd）经营的"丫罅乎罅"（Arafura）号轮船，于一九二五年五月七日抵达尾利畔。出关时，面对海关官员的询问盘查，他用英语对答如流。由此也再次表明，他在进入由两广浸信会主办的广州培正学校之前，显然便已接受过良好的英语教育，而在培正学校不到两年的教育则是进一步提高了其英语水平。

但许荣光并没有在尾利畔停留，而且继续转乘其他交通工具，进入域多利省（Victoria）的内陆城市孖辣（Ballarat），亦即十九世纪中叶广东四邑人蜂拥而来淘金的地方——新金山。根据海关的报告，在孖辣迎接他、充当其监护人并为其提供住处者，是草医兼店主"Goon"。根据台山话的发音，这个Goon还原成汉字，应该是"元"或"源"。由是，这个人显然就是岑福元，正好与前面为其申请赴澳留学护照的担保人相吻合。[①]

从八月十二日开始，许荣光注册入读孖辣学院（Ballarat College）。这是一间中等兼专上学院，许荣光显然是要在此完成其专科课程。由于其本身英语基础好，很快便适应了当地的学习环境，应付课程并不吃力，领悟力又高，加上除了因病不得不请假之外，从不缺勤，故孖辣学院对他的各项在校表现和学业均极表满意。由是，他在这间学院一直读到一九二九年底，基本上完成了相关课程。各科老师对其学业基本上都给予好评，认为他勤奋好学，总是把学习看得很重，也非常优秀。

一九三〇年新学年开学后，许荣光表示基本读完了课程，不想再去上学，对校方表示要到其他地方走走看看，但并没有告知自己的具体去向。当孖辣学院报告给内务部这位中国学生不再于该学院上学而有可能近期回国之

[①] 根据澳大利亚学者的研究，在二十世纪初年，有名叫"Goon F S"的草医在孖辣埠执业，这人极有可能就是岑福元。见：Carol Holsworth，"Chinese Herbalists in Victoria 1850s-1930s"，in https://chineseruralvictoria.wordpress.com/2009/01/05/list-of-chinese-herbalists-in-victoria-1850s-1930s/。

后，内务部还指示海关到周围院校查看他是否转学到了哪一家学校。而就在
海关询查他的下落之际，二十一岁的许荣光便于四月十五日赶到尾利畔，搭乘
"吞打"（Tanda）号轮船，告别留学近五年的澳大利亚，驶往香港回国了。

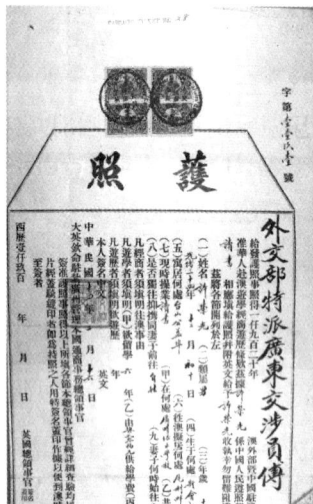

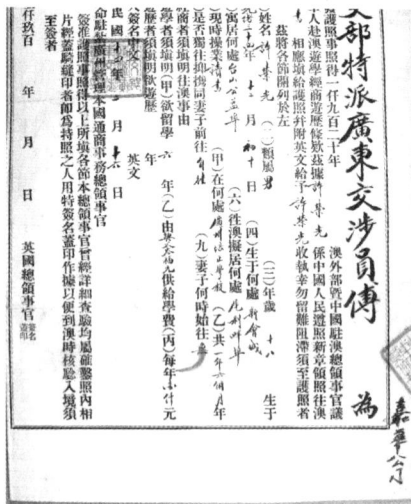

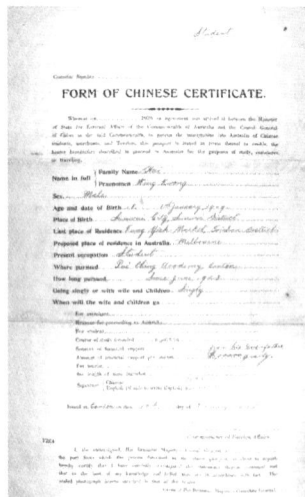

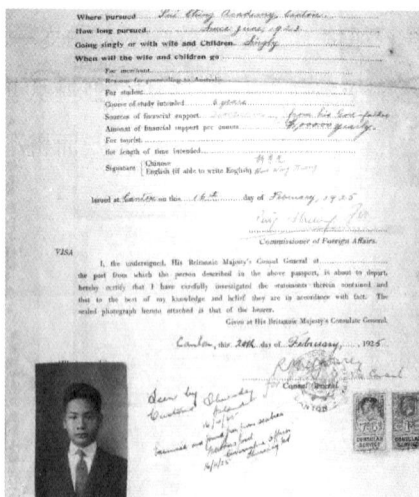

一九二五年二月十六日，广州军政府外交部特派广东交涉员傅秉常为许荣光
签发的赴澳留学护照及四天后英国驻广州总领事为他签发的入境签证。

档案出处（澳大利亚国家档案馆档案宗卷号）：

Hin Wing Kwong Education Exemption Certificate-Canton Passport, NAA:
A1, 1929/4048

黄　添

新会京背村

　　黄添（Tim Wong）是新会县京背村人，生于一九〇九年一月十五日。其父黄能（Wong Nung，或者Ah Nung），在澳也自称威廉·双（William Song），一八七六年七月十三日出生，于弱冠之年浮海南渡，赴澳大利亚谋生，先在昆士兰发展，凭借其在家乡种田和种菜的技能，立足于昆士兰省（Queensland）州中北部的玛塔布拉（Muttaburra）埠，在附近的蓝池博腊河（Landsborough River）边租赁大片土地种植蔬菜。[①]不久，他从昆士兰迁移至鸟修威省（New South Wales），随后在雪梨（Sydney）北部的磨市文（Mosman）埠租地种菜，并在该埠主路上开设一家蔬果店，就以他常用的英文名字威廉·双作为这间果子商铺的店名。不久，他又转到雪梨大学附近小区安南岱（Annandale）的弗力士街（Ferris Street）五十号开了一间蔬果店。

　　一九二一年九月十三日，黄能填好申请表，递交给中国驻澳大利亚总领事馆，要为时年已届十二岁的儿子黄添申办学生护照及入境签证，想将其办理来磨市文公立学校（Mosman Public School）念书。为此，他以自己经营的果子铺作保，承诺每年供给膏火五十镑，作为儿子在澳留学期间的学费和生活费等项开支。

　　但上述申请材料递交到中国总领事馆之后，不知何故，一直拖了一年

[①]　Nung, Wong-Nationality: Chinese-Alien Registration Certificate No 5.16 issued 14 October 1916 at Muttaburra, NAA: BP4/3, CHINESE-NUNG WONG。

半有多的时间才得以处理。一九二三年四月二十六日，中国总领事魏子京为黄添签发了一份中国学生护照，号码是252/S/23，第二天又为他顺利地拿到了内务部核发的入境签证。随后，中国总领事馆按照黄能的指引，将护照寄到香港"裕记昌"号商行，再由其转交给黄添。又过了半年之后，到这一年的年底，即将十五岁的黄添才搭乘澳大利亚劫行东方轮船公司（Eastern & Australian steamship Co. Ltd）经营的从香港起航的"依时顿"（Eastern）号轮船，于十二月三十一日抵达美利滨（Melbourne）港口入境。与他一同乘船而来的，还有黄能及其夫人丽拉（Lila，或者也叫阿甘"Ah Gan"）。①

根据上面这些线索，或许可以找到黄添的护照申请在中国总领事馆耽搁如此之久的一个原因，即在递交儿子的申请之后不久，黄能便返回中国探亲，他或许是想在结束探亲时将儿子一并带来澳大利亚念书，这样便省却了要在家乡找人陪同未成年孩子前来的诸多不便。因为当时的惯例是，这些来自中国珠三角的赴澳小留学生，要乘坐海轮长途旅行，皆须寻找那些回乡探亲结束后再返回澳大利亚的乡人帮同携带，以便路途中有所照顾，充当临时监护人。此外，上面所说的黄能夫人丽拉，是一位在澳出生的华裔女子（有可能是华洋混血），但档案中没有说明她是否即黄添的亲生母亲。既然没有特意说明，而只是载明她是黄能的夫人，黄添有很大的可能非她所生。如果他们不是亲生的母子关系，则可以这样推测：黄能在澳大利亚站稳脚跟后，于二十世纪初回国探亲时按照乡俗，在京背村娶妻生子，黄添便是这次婚嫁的结果；而他在返回澳大利亚后，又因种种原因，迎娶了丽拉。这种在广东家乡有原配而在居住地亦有婚姻的现象，在当时的在澳华人中，并非孤例。无论如何，此次黄能夫妇与儿子黄添同行赴澳，显然是黄能事先特意安排的结果。只是原本黄能安排儿子留学的地点是雪梨，但他们入境的口岸却是美利滨，极有可能是黄能要将生意开展到那里，因而在订购船票时绕过了雪梨，而直奔这个域多利省（Victoria）的大埠。

---

① Wong Nung (or William Song)-Issue of Certificate for Exemption from Dictation Test-Landed Melbourne S.S. "Eastern" 31.12.1923, NAA: B13, 1924/807；Mrs Wong Nung nee Lila Ah Gan, Australian born Chinese-Arrived S.S."Eastern 31.12.1923, NAA: B13, 1924/808。

一九二四年新学年开学后，黄能便立即安排儿子的入学事宜。经一番寻找和比较，最终选择了西美利滨公学（West Melbourne State School）。二月十九日，十五岁的黄添正式注册入学。他以求知若渴的态度刻苦学习，读完了上半学期，到六月三十日学期结束便离开了该校。

也许是流年不利，黄能在美利滨折腾了半年，无法打开局面，只得返回雪梨老巢。黄添自然也不能一个人待在这里，遂跟父亲同进退，转学前往父亲早在三年前便已为其安排好的磨市文公学念书。但是，他于七月三十日正式注册入读这间学校，念了不到两个月，虽然学业表现仍然良好，却于九月二十六日退学了。可能是父亲黄能将重心放在了安南岱的店铺，黄添便也搬去弗力士街五十号上的"威廉双"号店铺居住，并于十月七日就近在安南岱公学（Annandale Public School）注册入学。他在这里读了大约一年，刚刚进入这间学校时，他给老师的印象很好，学习认真，算术学得很好，英语从刚来时一句不懂，到现在英语阅读已经有很大进步，但仍然不能造句。到第二年，他的英语已有长足进步，可以上四年级了。他给人的印象是聪颖上进。

从一九二五年十月七日开始，他转学进入位于雪梨机场附近的好市围公学（Hurstville Public School）读书。他在此仍然保持了之前的良好学习态度，各项学业同样深受好评，被学校认为是该校最佳的学生之一，唯有英语阅读方面尚有待于进一步提高。到一九二六年底，黄添就读完了小学六年级的课程，下一学年便可以升读七年级，亦即中学课程了。

黄能是菜农出身，此时他已在距雪梨西北一百五十公里处的矿区礼士沟（Lithgow）镇租赁到大片土地，用于种植。由是，一九二七年七月十一日，黄添也随之转学入读该镇的公立学校礼士沟中学（Lighgow High School）。他在这里一直读到年底，各科学业成绩令人满意，仍然备受好评。

进入一九二八年，黄添也十九岁了，他不想再念中学，而是想学门技术，以作安身立命之本。于是，他把自己的打算告诉了中国总领事馆，想转学进入位于雪梨城中的效能汽车技校（Efficiency Motor School Ltd.），不仅仅是想学开车，更主要是想学习与汽车相关的所有修理技术。于是，二月二十三日，中国总领事魏子京致函内务部秘书，为黄添申请转学。虽然通常情况下内务部是不允许中国学生就读这种培训性质的学校，但仍然对此申请给予了认真考虑，要求中国总领事馆澄清黄添希望在该校就读多长时间的课程，何时可以完成此项学习。了解到以前曾经有过被特批的例子，并多次与黄添本人以及学校等方面沟通后，中国总领事于四月十二日正式答复说，黄添要读的这个课程需时六个月，读完之后，他便准备返回中国，或者再次入读由内务部批准备案的私立中学或专科学校。五月七日，内务部长特批了这项申请，允许黄添就读上述课程。

由是，黄添离开了礼士沟，回到雪梨，住进台山籍华商雷鹏和黄来旺开在唐人街的鹏旺公司客房里，于一九二八年六月六日正式修读上述汽车驾驶和修理课程。这项半年的课程费用不菲，他需要支付二十个几尼作为学费，为此，他学习还是相当努力的。到了年底，半年期到了，中国总领事馆继续为他申请一年的展签。内务部经与海关及效能汽车技校联络，得知黄添目前尚须时间准备参加最后的考试，才能获得此项半年课程的结业证书，学完全部课程则需要更多的时间，为此，内务部同意再给他展签三个月，有效期到次年三月三十一日止。可是，期满后黄添仍然还在继续学习，故中国总领事馆于一九二九年四月十六日再为他申请一年的展签。但内务部进一步调查发现，在过去近一年时间里，实际上他有三分之一的时间是去到礼士沟乡下看望父母，导致很多课程没有完成，尤其是最终也没有参加结业考试。学校将此归咎于他的英语写作不过关，导致他放弃了上次考试。鉴于这种情况，内务部秘书于四月三十日回复中国总领事馆，表示最多只能再给六个月展签，在此期间黄添必须出满全勤，并通过上述考试。

在这段展签有效期里，黄添基本上算是遵守校规，最终也顺利地拿到了结业证书，只是到最后要结束课程时又放松了自己，有一段时间未再去上课。因为签证有效期是到九月底截止，黄添已经不打算继续读下去，准备返回中国。但他还想去周围地区看望一下朋友，遂于九月二十五日要求中国总领事馆代为向内务部申请两个月的延签，他便可以充分利用这段时间与亲友们告别，顺便也去几个未曾到访过的城市走走看看。尽管内务部对他最后六个月的表现并不是很满意，但鉴于他已经拿到了结业证书，也表示要尽快离开澳大利亚，就睁一只眼闭一只眼，于十月四日批复了上述申请。

一九二九年十二月十四日，二十一岁的黄添在雪梨港口登上驶往香港的"利罗"（Nellore）号轮船，告别了留学六年的澳大利亚，返回中国。

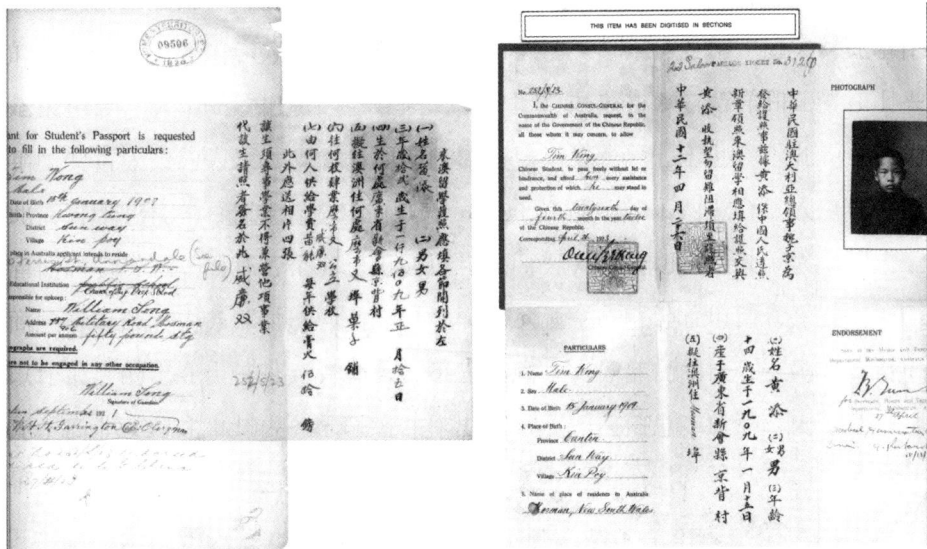

左为一九二一年九月十三日，黄能填表向中国驻澳大利亚总领事馆申办黄添赴澳留学的学生护照及入境签证。右为一九二三年四月二十六日，中国驻澳大利亚总领事魏子京为黄添签发的中国学生护照。

档案出处（澳大利亚国家档案馆档案宗卷号）：

Tim Wong-student passport, NAA: A1, 1929/3656

汤侃、汤良兄弟

新会中心里

　　汤侃（Hong Foong）和汤良（Hong Liong）是堂兄弟，两人都是新会县中心里村（现会城镇东甲村西下的中心里）人，前者生于一九〇九年正月二十四日，后者生于一九一一年二月十四日。汤杰（Hong Ah Get）是汤侃的父亲，也是汤良的伯父。他早年到澳大利亚发展，其踪迹与京背村的黄能相似，即先到昆士兰省（Queensland）落脚[1]，再逐渐南移，最终到达娓喇畔（Melbourne），在位于卡顿（Carlton）区的蕴近街（Lygon Street）一百三十二号开设一家商铺（估计是一间洗衣馆），名为"卡顿"，与该区的名字一样，生活安定。

　　一九二三年，汤侃已满十四岁，汤良也满了十二岁。此时，距一九二一年澳大利亚开放中国学生留学已经过了两年，已有三百中国学生拿到护照和签证，陆续进入澳大利亚读书，汤杰便也动了让儿子和侄儿来澳留学的念头。四月十一日，他填好申请表格，以自己经营的"卡顿"号商铺作保，承诺每年各提供四十镑膏火费给儿子和侄儿作为在澳留学期间开销，向中国驻澳大利亚总领事馆申领汤侃和汤良的学生护照和签证，要将他们办来本地唐人街上的礼拜堂学校（P.W.M.U. School，亦即"长老会学校"）念书。

　　中国总领事馆接到申请后，耽搁了约半年时间，才将其审理完毕。十月

---

[1]　GET Hong Ah: Nationality-Chinese: Arrived per SS TANGO MARU: First registered at Brisbane, NAA: MT269/1, VIC/CHINA/GET HONG。

三十日，中国总领事魏子京终于为汤侃签发了号码为345/S/23的中国学生护照，汤良的护照号码则是346/S/23；再过了六天，也为他们拿到了内务部核发的入境签证。在中国的汤侃、汤良兄弟接到寄来的护照之后，经家人半年左右的安排，终于从香港搭乘"获多利"（Victoria）号轮船，于一九二四年四月二十日抵达雪梨（Sydney）港口，入境澳大利亚。随后，他们再由该地转乘其他交通工具，前往娓喇畔。

从一九二四年五月八日开始，十五岁的汤侃和十三岁的汤良一起顺利地注册入读礼拜堂学校。入学后学校对他们兄弟俩的评语是，求学若渴，遵守校规，举止得体，令人满意。但是几个月之后，汤侃和汤良的身体健康状况出现问题，主要是坐骨神经痛，导致哥俩休病假长达近两个月时间，这就让他们在学习上处于很不利的地步，尽管哥俩仍然学习努力，可总是比其他学生落后一大截。直到一年后，他们才慢慢地追赶上来，表现出较好的学习状态。但哥哥汤侃仍然身体不好，还时不时得请病假。尽管如此，他还是在这种情况下，坚持读到一九二五年底学期结束。

一九二六年初，汤侃觉得不能以这种病怏怏的身体继续在此读下去，他便跟中国总领事馆打招呼，希望尽快回国探亲养病，待病好后再重返该地继续学业。于是，二月三日，中国总领事魏子京致函内务部秘书，告知这位中国学生的打算，并为其申请再入境签证。鉴于这种申请属于正常情况，符合相关规定，故内务部秘书很快便于十二日复函批复，签证条件是，自汤侃离境之日起算，他在十二个月内回返澳大利亚，可于任何口岸入境。

待一切安排妥当，十七岁的汤侃便于二月十九日从娓喇畔港口搭乘日本轮船"安艺丸"（Aki Maru），驶往香港回国。汤侃的档案到此中止。虽然他已经获得了再入境签证，但此时的广东正好处于大革命的高潮时期，也许他甫回国，就身不由己地卷入其间；也许他的身体一直没有复原，无法赴澳继续学业，重返澳大利亚读书之事只能搁置。总之，此后澳大利亚的档案记录中再也检索不到他的任何信息。

与哥哥汤侃不同的是，弟弟汤良的身体逐渐康复后，坐骨神经痛再没有复发，而且学习成绩不断提高，在学校里得到的都是好评。当汤侃回国时，汤良没有步其后尘，而是继续坚守在学校里念书。然后，中国总领事馆每年按照规定，都会在四月之前为其学生签证申请展期，每次也都很快获得内务部批复。但到一九二八年四月过后，内务部没有像往常那样接到展签申请，觉得奇怪，料定有什么事情发生，遂于六月八日行文海关，要求派人去查看。六月二十日，海关递上报告，说明汤良仍在礼拜堂学校正常上学，且各项学业成绩优异。之所以没有按规定通过中国总领事馆申请展签，是因为他的监护人亦即伯父汤杰此前患病，并于五月中旬左右病故。因汤杰此前来不及通知中国总领事馆，后者由于不知道汤良是否继续念书，故没有及时为他申请展签。随后，礼拜堂学校将有关汤良的例行报告提交给内务部，中国总领事馆也按照程序为他申请展签，一切又都回到了正轨。而汤良则仍然居住在伯父所开的"卡顿"号商铺里，只是按照内务部的要求，由他的另一位亲戚汤安（Hong On，译音）担任其留学监护人。[①]

到一九二八年底学期快要结束前，汤良因接到国内家里来信，得知母亲病重，需要他尽快回去探望。于是，中国总领事馆在接到汤良的请求之后，便于十一月十五日致函内务部，告知汤良回国探亲的原因，并希望结束探亲后继续返回澳大利亚念书。此前他已经取得了礼拜堂学校的同意，该校校长还特地致函中国总领事馆，表示愿意接收这位本校的优秀学生重返学校念书。为此，中国总领事馆在函中也附上这份录取信，为其申请再入境签证。鉴于汤良一直都深受学校好评，在校表现良好，而且礼拜堂学校本身也是私立学校，一切都符合规定，故内务部很快便审理完毕，于十一月二十七日函告中国总领事馆批复了申请，条件与此前核发给汤侃的再入境签证一样。待诸事安排妥当，十七岁的汤良便于十二月八日登上驶往香港的"太平"（Taiping）号轮船，赶回家乡探母。

一年之后，汤良如期返回，于一九二九年十二月三十日搭乘"吞打"（Tanda）号轮船抵达娓唎畔。次年新学年开学后，他仍然返回礼拜堂学校念书，一直在此待了八个月的时间。一九三〇年八月二十日，他离开已经

---

① 汤安，生于一八六八年，于一八九五年来到娓唎畔发展，在城里的域多利街市（Victoria Market）中摆摊售卖蔬果。详见：HONG On-Nationality Chinese-Arrived Melbourne 1895, NAA, B78, Hong/O。

就读达五年多的礼拜堂学校，次日正式转学进入位于娓唎畔城东部东山区（Eastern Hill）的圣伯多禄书院（St. Peter's School）。转学的主要原因在于，当时的礼拜堂学校基本上就是一间小学性质的私立学校，虽然也有些中学预备课程，但很不完善，已无法满足聪颖上进的汤良修读澳大利亚课程的要求；而圣伯多禄书院是英国国教会在十九世纪中叶所创办的私校，久负盛名，设有小学和中学课程，适合求知欲旺盛的汤良，还可以让他在此结交更高层次的同学朋友，开阔眼界。当然，对于他的转学，内务部显然乐观其成。尽管他在此学习成绩良好，但不知何故，他不得不在十一月中旬结束在这间名校的学习，重返礼拜堂学校念书。此后，他再也没有转学，一直以刻苦学习和成绩优秀的良好表现，在这间学校读到一九三四年底学期结束。而在此期间，每次中国总领事馆为其申请展签时，都跟他上次回国探亲前一样，顺顺当当。

可是在一九三五年初中国驻澳大利亚总领事陈维屏按例向内务部申请汤良的展签时，就吃了闭门羹。一月二十一日，内务部以下个月汤良便年满二十四周岁为由，拒绝再核发学生签证给他，并责成中国总领事馆尽快协助安排其离开澳大利亚，返回中国。虽然陈总领事也明白二十四岁是中国学生在澳留学的最高年限，但还是在三天后再次致函内务部，表示鉴于汤良去年已完成了中学课程，目前刚刚注册入读设在娓唎畔城里的布雷潇与艾维德商学院（The Bradshaw & Everett Business College），希望考虑到其实情，能特别允许他再多读一年。为了加强申请的力度，以争取内务部长对汤良现状的同情，二月十一日，布雷潇与艾维德商学院院长也致函内务部秘书，表示只要一年时间，就可以让这位中国学生获得一张商学院结业文凭，这样他回到中国后，无论是经商或入仕，皆有较大的优势，希望将此作为特例，再给予他一年的学生签证。但四天后，内务部秘书便复函上述两方，拒绝了此项申请。中国总领事馆接到上述拒签决定后，除了通知汤良本人之外，对此问题不再言语。

但汤良仍想尽力一搏。他一边继续在已注册就读的布雷潇与艾维德商学院上课，一边寻找其他的途径以设法解决展签问题。最终，他搬出了澳大利亚长老会外方传教会总部（位于娓唎畔）秘书马秀牧师（Rev. H. C. Matthew）为他说情。由于设在唐人街的礼拜堂学校是由长老会外方传教会所办，设在唐人街也意味着当地华人是其主要传教对象，因此，为自己下属学校里的学生代言，也应该是其职责所在。三月十四日，马秀牧师致函内务部秘书，基于与布雷潇与艾维德商学院同样的理由，希望内务部再慎重考虑，特颁一年签证给汤良，以期让他的在澳留学有个好结果。但四月二日内务部秘书复函中的决绝态度，让马秀牧师的上述说情以失败而告终。

一计不成，再施一计。这一次，汤良采取了"拖"字诀。在海关根据内务部的指示不断催促他尽快离境的情况下，汤良于四月十日致函海关部门，表示已经知会中国总领事馆，正在通过正式途径为他再次申请展签。因此，他目前需要做的是，等待中国总领事馆的消息，然后他再告知海关部门自己下一步的行动。但是，内务部秘书于五月二日行文海关，一方面知照上述申请不会获批，另一方面则要求海关配合，准备对汤良采取措施，即强制遣返。于是，在海关的监督下，汤良预订了六月一日的船票，预备搭乘"利罗"（Nellore）号轮船离境。

就在这个关键时刻，布雷潇与艾维德商学院院长再次挺身而出，为自己的学生说话。五月二十七日，该院长直接致函澳大利亚联邦政府总理办公厅秘书施正翰（John Henry Starling），向其介绍了汤良的情况，并表明在此之前有同样性质的中国学生毛周胜（Joe Sing Mou）也是在超龄的情况下，获准继续在澳读书，完成了学业，刚刚回国。[①]鉴于汤良自入学以来学习成绩优异，也十分聪颖，故让其在今年年底完成学业拿到文凭后再回国，对其本人当然有好处，即便是对澳大利亚的声誉，也是十分有利。院长希望施正翰能介入此事，让汤良能合法留下来，完成课程学习。施正翰第二天便将此信转交给内务部秘书，请其转告内务部长再次考虑此案。次日，内务部长在获得下属几位主管官员的正面建议之后，决定特别给予汤良展签到明年一月底，以便他能顺利完成学业，然后还有时间收拾行装回国。由是，在原计划登船离开澳洲的前一天，汤良退掉了船票，得以继续修读其在商学院

---

① 详见：Joe SING - [Aka JOE SING MOW] Chinese Student, NAA: A1, 1935/486。

的课程。

也许是见到峰回路转，中国总领事陈维屏于六月七日致函内务部秘书，告知已跟布雷潇与艾维德商学院院长就汤良的学业问题进行过探讨，校方认为其到年底尚无法完成一个学位的全部课程。既然内务部长允许汤良完成一个文凭课程，能否让他继续再多读一年，完成学位课程呢？内务部秘书接到信后很不以为然，认为这是得寸进尺，遂于六月十一日复函，断然拒绝了上述要求。第二天，布雷潇与艾维德商学院院长也致信内务部秘书，再次提出同样的要求，但也同样被搁置起来。事实上，对于汤良来说，能够获准额外再多读一年，拿到一个大专文凭，已经是最好的结果了。由是，他便利用展签的这段时间，在学校里认认真真地修读所选课程，表现优秀。

一九三六年二月一日，二十五岁的汤良于完成了学业拿到文凭之后，在娓喇畔港口顺利地登上"南京"（Nankin）号轮船，驶往香港，返回家乡。与他相关的档案，也就到此中止。总计汤良在澳留学长达近十二年；如果将其回国探亲的一年扣除的话，他跟堂哥汤侃相比，在澳大利亚多待了九年。

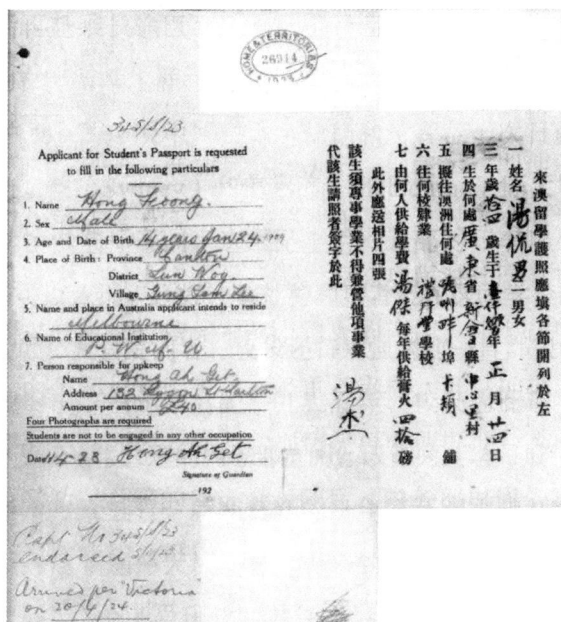

一九二三年四月十一日，汤杰填表向中国驻澳大利亚总领事馆申领儿子汤侃的学生护照和签证。

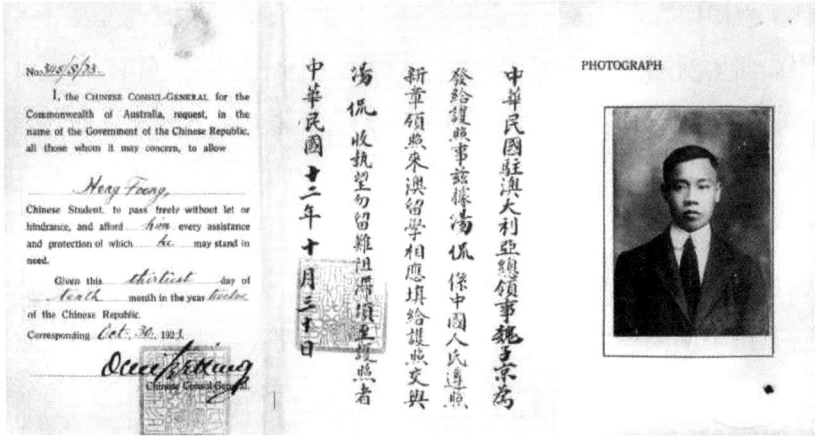

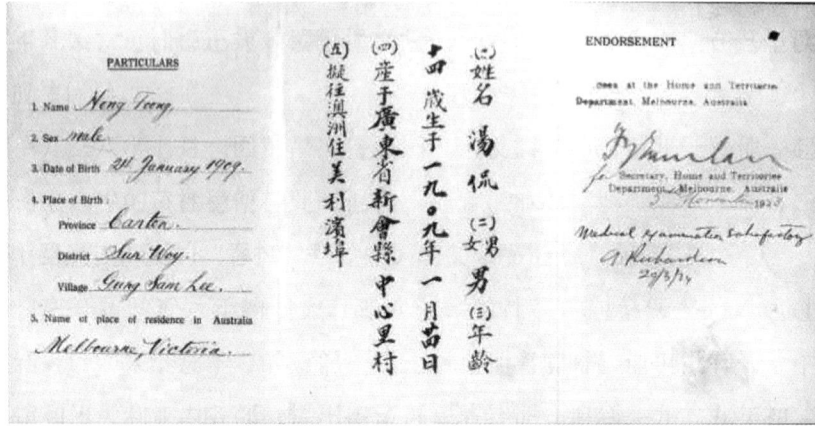

一九二三年十月三十日，中国驻澳大利亚总领事魏子京为汤侃签发的中国学生护照。

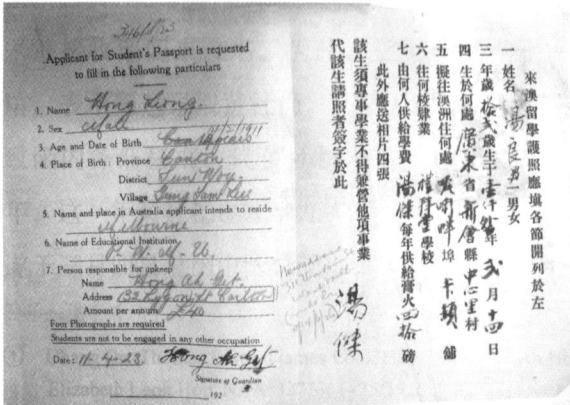

左为一九二三年四月十一日，汤杰填表向中国驻澳大利亚总领事馆申领侄儿汤良的学生护照和签证。右为一九二九年十二月三十日汤良结束探亲返回澳大利亚过海关时提交的个人照片。

128

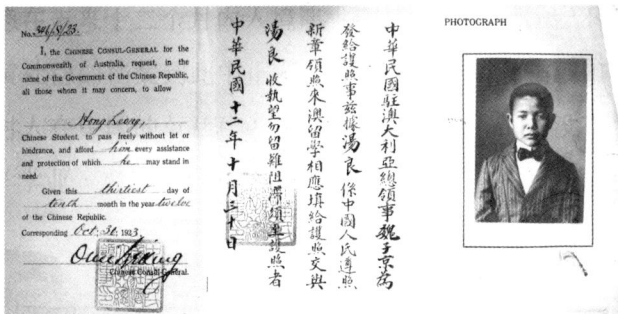

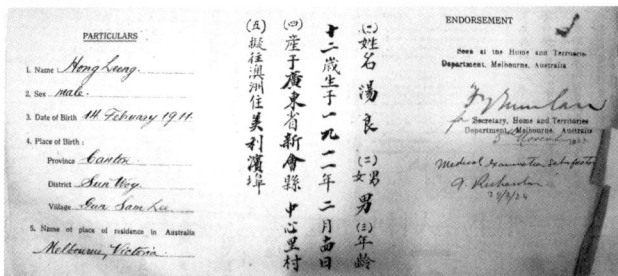

一九二三年十月三十日，中国驻澳大利亚总领事魏子京为汤良签发的中国学生护照。

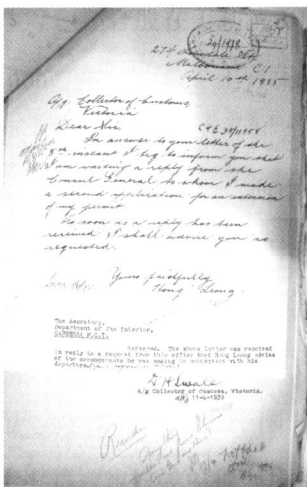

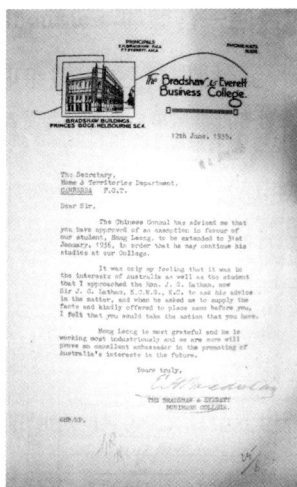

左为一九三五年四月十日汤良为申请展签致域多利海关的信。右为一九三五年六月十二日布雷潇与艾维德商学院院长为申请汤良更长时间的展签给内务部秘书的信。

档案出处（澳大利亚国家档案馆档案宗卷号）：

Foong, Hong-Student passport, NAA: A1, 1926/2527

Hong Leong-Student's Passport, NAA: A1, 1936/24

凌阿保

新会大兴村

　　凌阿保（Ling Ah Bow），一九〇九年一月二十八日出生于新会县大兴村。[①] 其父名凌阿李（Ling Ah Lee），具体何时出生以及何时赴澳发展，无从查阅。但已知有同姓的凌先宏，是一八九三年前往域多利（Victoria），并且也是在美利滨（Melbourne）立足，[②] 而彼时同村同宗兄弟同往海外一个地方谋生，是珠江三角洲地区人士出外闯荡的一种主要模式，想来凌阿李亦不例外。另外在一份域多利殖民地时代的档案记载中，有名为"阿李"(Ah Lee)的中国人于一八八五年在美利滨入籍。[③] 虽然这个"阿李"与上述凌阿李的名字相同，但未具姓氏，还不能确定这个"阿李"与凌阿李就是同一个人，不过大体上可以说明凌阿李来到澳大利亚闯荡谋生的年代，当在十九世纪八十年代到九十年代，与上述凌先宏来澳年代相差不远。有可能是凌阿李较早来到

---

① 在新会县下面检索不到大兴村这个村名。鉴于凌姓在新会各村姓氏来源记载中也付诸阙如，显然这个凌姓在新会属于小众姓氏，或者说，这一族人移入新会的历史并不久远。按照当时聚族而居的情况来看（本书中所涉及的所有其他凌姓留学生，除了本文中的凌阿保之外，全部皆来自同一条村——大范里或者大范村），显然凌阿李也应该是大范里出来的；即便本文中所记载的是出自大兴村，也很有可能是他这一家或者这一房因种种原因从大范里迁出所致。

② FANG Sing: Nationality-Chinese: Date of Birth-1871: Date of Arrival-1893: First Registered at Little Bourke Street Melbourne, NAA: MT269/1, VIC/CHINA/FANG SING。

③ Ah Tew; Ah Yen; Kwong Yow; Ah Goon; Ah Ling; Ah Tip; Ah Ying; Ah Lain; Ah Lee; Ling Fooke; Ah Tack; Ah You; Tep Wing; Ah Hee; Ah Won; Ah Tack; Ah Hoo; Ah Loy; Ah Shaw; Lin Tin; Ah Chee; Ah Hing; Ah Toy; Ah On; Neng Chang; Kee Tie; Rolleri, Guiseppe; Yew Hin; Ah Chip; Ah Mon; Ah Keng; Ah Yeng; Ah Qun; Ah Hoon; Gim Sen; Ah Foo; Sim Lin; Ah Pool; Ah Sam; Louie Pack; Wee Why; Ah You- naturalisation, NAA: A712, 1885/D7448。

澳大利亚发展，带动了大兴村（或大范里）同宗兄弟陆续前来此地谋生。无论是哪种情况，因相关的档案检索不到，我们无法确认，但可以肯定的是，到二十世纪二十年代初，凌阿李在美利滨城区靠近美利滨大学的北部小区克利夫屯山（Clifton Hill）开设了一间洗衣馆，具体商号名称未知。

大约是在一九二二年上半年的某个日期，凌阿李委托在一八九四年就来到美利滨并在其隔邻区那体屈（Northcote）同样是开设洗衣馆生意的大范村同宗兄弟凌亚振（Len Ah John）①代为填具申请表格，向中国驻澳大利亚总领事馆申办儿子凌阿保来美利滨留学。他希望将儿子办来克利夫屯山公学（Clifton Hill State School）上学，并承诺每年将提供足镑膏火给儿子，即留学的学费和生活费等开销需要多少，他便提供等额资金，全力以赴支持儿子在澳读书。因递交申请的日期不详，难以获知中国总领事馆在接到上述申请资料后审理所花费的时间长短，我们只能确认，直到一九二二年六月二十九日，中国总领事魏子京才给凌阿保签发了中国学生护照，号码是162/S/22；两天之后，内务部也核发给他入境签证。随后护照被寄往香港宽和祥商行，由其负责转交给人在家乡的凌阿保。而新会凌家也没有耽搁，很快便为凌阿保赴澳落实了行程，凌阿保搭乘由香港起航的"圣柯炉滨"（St. Albans）号轮船，于当年十一月二十九日抵达美利滨，入境澳大利亚。当天，父亲凌阿李将其从海关接出来，开始了其为时数年的在澳留学生涯。

凌阿保是到一九二三年新学年开学后，才正式注册入读父亲为他安排好的克利夫屯山公学。可是他仅仅在此读了八天书，因父亲在隔邻小区克堡（Coburg）盘下一间洗衣店，父子一起搬到那里居住，便也同时转学，进入该区的克堡公学（Coburg State School）读书。在学校里，他是一位好学生，认真勤奋，努力完成老师交代的所有作业，英语进步迅速。到十二月初学期快要结束时，他又转学到北考飞（North Caulfield）区的中央公学（Central

---

① JOHN Len Ah: Nationality-Chinese: Date of Birth-7 December 1873: Date of Arrival-1894: First Registered at Port Melbourne, NAA: MT269/1, VIC/CHINA/JOHN LEN。

State School）念书。在这里，他同样是备受好评，老师甚至说，有这样的好学生真是幸运。到一九二四年底，凌阿保就已经说得一口流利的英语了。而在下一个新学年开学时，他再次转学，进入位于美利滨城里唐人街上的基督堂学校（P.W.M.U. School）念书。

一九二五年六月十日，亦即上半学年课程刚刚结束时，中国总领事魏子京致函内务部秘书，告知十六岁的凌阿保因要回国探亲，计划在九天后便搭乘日本轮船"真岛丸"（Mishima Maru）离境；但他仍然希望结束探亲后能返回美利滨继续学业，故希望内务部按例发给再入境签证。鉴于凌阿保是在规定的范围内提出申请，一切都按照程序进行，且他过去两年半的学习也一直都是好评连连，内务部遂于五天后批复，签证条件是，在其离境之后的十二个月内返回有效。

但凌阿保并没有按照原定计划如期成行，而是等到七月九日，才乘坐"吞打"（Tanda）号轮船回国。他也还算守时，一年后的七月十九日，他便搭乘日本轮船"丹后丸"（Tango Maru）回到了美利滨，比签证的有效期晚了十天。这种状况在当时属于比较正常，因为轮船的航期有时会因洋流与天气的变化而导致延误，故凌阿保在入境时并没有遇到任何障碍，顺利入关。

重返美利滨一周之后，凌阿保继续回到基督堂学校念书。在这里，他又读了三年，期间各项表现皆令人满意，但校长在例行报告中并没有像以前那样给予他特别的评语，只能说，三年中，学业顺利，波澜不惊。

一九二九年七月三十一日，二十岁的凌阿保结束了在基督堂学校的学习。八月十三日，他在美利滨港口登上"太平"(Taiping)号轮船，告别留学五年半的澳大利亚，返回家乡。走之前，他没有告诉中国总领事馆，也没有知会内务部，更没有申请再入境签证，说明他此去不再复返。此后，澳大利亚的档案中也再没有任何与他相关的信息。

左为一九二二年，凌阿李委托同宗兄弟凌亚振为其子凌阿保来澳留学向中国驻澳大利亚总领事馆申办护照和签证。右为一九二二年六月二十九日，中国总领事魏子京给凌阿保签发的中国学生护照。

档案出处（澳大利亚国家档案馆档案宗卷号）：

Ling Ah Bow-Student Passport, NAA: A1, 1929/4899

黄瑶、黄彩兄妹

新会京背村

　　黄瑶（Wong Yew），生于一九〇九年五月二十日；黄彩（Wong Toy）是他的妹妹，生于一九一二年七月十二日。他们都是新会县京背村人，父亲是黄恩（Wong Yen，或者写成Andrew Wong Yen）。因澳大利亚国家档案馆的宗卷里叫做黄恩（Wong Yen）的人有不少，难以确定是哪一位，这些人大体上都是十九世纪八十到九十年代来到澳大利亚发展。我们可以确定的是，二十世纪一二十年代前，黄恩便在尾利伴（Melbourne）靠近内城区北边的加顿（Carlton）区蕴近街（Lygon Street）上的一百零八号开设有一个果子铺。他至少于二十世纪初年便已回国成了亲，至少有三个子女；而在二十世纪一十年代后期的某个时间，有新会陈姓同乡在澳大利亚出生的女儿Mary（中文名Kum Sou，琴秀），头婚生下一个儿子后守寡，时值黄恩在中国的太太也因病去世，便续娶Mary，一家人住在一起，Mary又为黄恩生了五个孩子（二男三女）[①]。

　　大约在一九二三年初，考虑到儿子黄瑶十四岁、女儿黄彩也已十一岁，黄恩觉得是将他们办理来澳大利亚留学的时候了，遂填好申请表格，准备好申请材料，递交给中国驻澳大利亚总领事馆，请求办理他们的留学护照和入

[①] Kum Sow（Mrs Wong Yen）Victorian born Chinese（1888）-Returned to Melbourne per "Taiyuan" August 1918-Departure for China with family per "Tanda" April 1929-Further visit to China per "Tanda" July 1935-Return per "Nellore" May 1939（See also files 1935/14637, 14638 & 14639），NAA: B13, 1935/15192。

境签证。他以自己经营的果子铺作保，承诺每年会提供足用镑膏火给儿子和女儿，作为他们的学费和生活费，要将他们安置在位于唐人街的尾植学校（P.W.M.U. School）念书。

中国总领事馆很快便审理完上述申请，于三月十二日由总领事魏子京给黄家兄妹签发了学生护照，黄瑶的护照号码是238/S/23，黄彩的则是239/S/23。但中国总领事馆将上述护照送到内务部之后，足足等了十天，才为他们拿到了入境签证。随后，中国总领事馆按照黄恩的指引，将护照寄往香港宝恒昌商行，由后者将其转交给黄氏兄妹的家人并负责为其安排赴澳行程。经家人的一番安排，半年后，兄妹俩从香港搭乘"获多利"（Victoria）号轮船，于九月二十二日驶抵尾利伴港口入境，跟父亲、继母及其他同父异母的兄弟姊妹们住在一起。

按照父亲黄恩的安排，黄瑶于十月一日在尾植学校正式注册，但过了十二天才开始入校读书。而黄彩则不愿意跟哥哥一起进入唐人街的尾植学校念书，希望进入一间更为理想的学校。黄恩遂就近联络加顿区的末士准士学校（Rathdown Street State School），到十月三十日黄彩正式注册入校。她在这里给自己取名为玛丽（Marie），全名则写成Marie Wong Yen。

黄瑶在学校里的表现一般，给老师的印象是比较调皮，有时候淘气，但如果真要认真学习起来，也颇具潜力，属于聪颖好动的一类学生。就这样，他在这里一直读到一九二四年底学期结束。在同一个时期里，黄彩在末士准士学校的表现也是平平，每次的例行报告，校长对她的评语只有两个字：尚可。

进入一九二五年，事情发生了变化。在新学年开学后，十六岁的黄瑶不再去学校上学，而是径自去到雪梨（Sydney），于二月十三日登上"乌里马洛"（Ulimaroa）号轮船，驶往纽西兰（New Zealand）的最大城市屋仑（Auckland）。他的哥哥此时在那里经商，还有一些家族中的亲友居住在那里，黄瑶打算去那里探望哥哥和亲友，同时也在那里读书。他原打算此后就居住在纽西兰、不回澳大利亚了，但是他走了五天之后，父亲黄恩致函内务部秘书，告知了其子的打算，为了给儿子留一条退路，特意在信中表明其子还是要返回澳大利亚来继续念书的，希望核发给他再入境签证。

而与此同时，黄彩则继续留在末士准士学校念书。进入一九二五年，她开始显示出学业上的进步。但下半年时，除了间或因病请假不能上课之外，其视力也出现了问题，校长特别在例行报告中将此事列出，表明其学习受此影响甚巨。为此，内务部特别指示要带她去看眼科医生，为其治疗或配眼镜。

一九二六年三月十二日，黄瑶搭乘"蒙哥雷"（Maungunui）号轮船从屋仑回到了尾利伴[①]。此次黄瑶回来，是想在城里选读一间商学院。为此，中国总领事魏子京便根据其父亲黄恩的要求，于三月十六日致函内务部秘书，希望他能批准这一要求并继续核发学生签证，或者对此提出一个切实可行的方案。经内务部和海关商量，也与中国总领事馆多次沟通，最后内务部于四月十七日批复了他的学生签证，允许他先返回原先就读过的尾植学校上学，再择机入读理想的商学院。看起来，问题解决了，黄瑶应该可以按照自己的意愿选择合适的商学院念书。

但是，到六月份尾植学校提供的报告显示，黄瑶在过去的近三个月里，事实上只到校点卯不到两天时间，其余时间他去了塔斯马尼亚（Tasmania）探望朋友，显示出他根本就对上学抱着一种无所谓的态度。因其自注册入学起只到校一天多的时间，校长在街上见到黄瑶闲逛时，甚至都没有意识到他名义上还是本校的学生。也许是经这次报告引起内务部的注意，加上学校、中国总领事馆及海关部门的介入，晓以利害，从六月底新学期开学后，十七岁的黄瑶终于返校念书，基本上属于规规矩矩，学业虽无甚进展，但相比过去，还是有了一些进步。就这样，他在学校里读了四个月的书，但并没有再进商学院的任何打算，便于十一月十一日登上"彰德"（Changte）号轮船，驶往香港回国去了[②]。走之前，他没有申请再入境签证，很显然，他并不打算

---

① Wong Yew [also known as Wing You] [arrived ex MAUNGANUI, 9 March 1926] [includes left and right thumb prints] [box 189], NAA: SP42/1, C1926/6858。

② Wong Yew （Chinese student） ex "Victoria"（Sydney） 22.9.1923-Left Commonwealth per "Changte" 29.11.1926-Re Application to return to Australia, NAA: B13, 1926/8917。

重返澳大利亚留学。

同一时期黄彩的情况也不乐观。从一九二六年上半年末士准士学校学校提供的例行报告看，虽然对她的学业进步表示了认可，但自年初开始，黄彩就因受流感影响，身体越来越差，有三分之二的时间须请病假。因此，学校向内务部强烈建议，应该督促这位中国女学生去看医生。内务部通过海关了解到，事实上自其登陆以始，黄彩就可能得了病，只是从一九二五年底开始加重，故也希望由医生对其进行全面检查。可是当海关人员到黄恩住处跟他们夫妇商量如何将黄彩送到医生那里检查时，却遭到了拒绝，因为他们不相信医生，只相信信誉医疗。海关人员调查得知，他们夫妇都受洗入教，属于五旬节教信仰医疗派的信徒。在这种情况下，内务部秘书于七月六日致函中国总领事馆，通报了上述情况，请其派员与黄恩沟通，让其安排女儿去看医生，以防不测；并特别强调说，如果黄恩拒绝这样做的话，黄彩将无法上学，内务部唯有取消黄彩的签证，将其遣返中国。也许是中国总领事馆的过问有了效果，最终黄彩得到治疗。七月二十一日，中国总领事魏子京致函内务部秘书，特别说明现在黄彩已经治愈，得以回校正常上课。八月份，学校提交的报告也表明，黄彩的身体状况正在康复，且学业上也有了很大的进步。在这一年的年底哥哥黄瑶离开澳大利亚之后，她仍然留在学校里，在接下来的一年学习中也保持了良好的记录。

可是到一九二八年上半年，十七岁的黄彩在末士准士学校的出勤率又急剧下降，居然有三分之一的时间没有去上学，有时候是她想待在家里自学及帮忙家务，有时候也确实是因病无法上学。到六月二十日，即上半学期结束时，她便从学校退学了，并告诉校长，她准备在八月份返回中国。随后，校长将此信息通报给内务部。此时，她已经读到六年级，而且看起来学得很轻松。

然而，整个八月份，黄彩都没有走成。直到九月五日，中国总领事馆致信内务部，为她申请下一年的学生签证展签。信中提到，黄彩的父亲几个星期前去世，其母（此处应该是指其后妈）因处于极度悲痛之中，难以料理家事，故所申请的一年展签里，请给予她三个月的在家休假，以陪伴母亲，照顾弟妹并操持家务；过了这三个月之后，黄彩将会重返学校继续学业。中国总领事馆希望内务部考虑到黄彩家里的变故与实情，批复上述申请。内务部接到上述申请后，觉得需要核对，便指示海关核查，尤其是对黄恩何时去世、其家庭结构到底如何作一个了解，以便内务部最终对此申请做出裁决。海关稽查官葛礼生（J. Gleeson）受命后，于九月十八日提交了报告。调查结果显示，黄恩因卧病多时，八月二十日去世，身后除了前述的黄瑶、黄彩及至纽西兰的长子之外，还留下三男三女，年龄分别是十六岁、九岁、六岁、五岁、四岁及一岁半。最年长的孩子是其夫人与前夫在中国所生，其余五人为与Mary婚后所生。这表明他们两人结婚当在二十世纪一十年代后半期。由于黄恩突然去世，其夫人Mary顿失家庭支柱，还要抚养六个未成年孩子，如果没有其娘家的三个兄弟［在唐人街上开设一间名为"永享"（Wing Young & Co.）号的蔬果批发商铺］的支持与帮助[1]，她几乎无法支撑整个生活，为此，她非常渴望内务部能允许黄彩待在家里三个月的时间，协助她照顾整个家庭。到明年三月份，其经营上述商行的一个兄弟因商务关系要返回中国公干，届时便将黄彩一并带回去。综合上述情况，内务部长也觉得黄家境遇值得同情，经再三权衡考虑，最后于十月三日决定给予黄彩三个月的展签，有效期至十二月三十一日止。这样，黄彩便留在了家里，尽量协助后妈操持家庭。

也就在这个时候，或许是在家乡接到了父亲的死讯，二十岁的黄瑶又动起了重返澳大利亚读书的念头。当然，按照当时在澳华人的通常做法，他们在澳大利亚所创下的产业，如果经营得法，是可以通过相关途径将子女从中国申请过来帮忙管理的，最终让其接手并留在澳大利亚。或许，黄瑶也是看到了这一点，准备以留学的名义重返澳大利亚，再申请协助经营其父留下来

---

[1]　关于这间一九二十年代初才在尾利伴唐人街开设的蔬果批发及杂货商行详情，见：[Wing Young and Company-Fruit and banana merchant-Release of V156917 Private FM Kearns], NAA: MP508/1, 323/735/2836。黄恩最初也是该商行的股东，不久后退出，用这笔股金另行开设自己的果子铺。见："永享公司广告"，载尾利伴《民报》（The Chinese Times），一九二二年三月二十五日，第二版。

的果子铺。因此，他直接跟原先就读过的尾植学校联络，表示愿意重返该校念书。该校校长接到他的申请后，于十二月十七日致函中国驻澳大利亚总领事馆，表示愿意接收其返回该校读书。随后，黄瑶便与中国总领事馆联络，表达了自己的上述愿望。鉴于此时黄瑶距中国学生来澳留学的最高年限尚有四年有余，中国总领事馆觉得可以为其申请再入境签证，遂于一九二九年一月三日向内务部发出申请签证公函，特别说明这位学生返回中国后的几年时间里是在一间颇具声望的书院读书，并完成了中文的学习，但其此前来澳的英语学习尚未完成，现在利用这个机会来完成其学业，将会成为中英双语的人才，日后对两国的关系及其个人的发展皆极为有利，希望内务部批准其前来继续留学。

对于上述申请，内务部还是比较重视的。从过往的档案看，黄瑶的在校表现基本上还算可以，没有大的过失，但考虑到其年龄以及此前在澳只有两年左右的英语学习，一些官员觉得他无法胜任所请，建议直接拒绝申请。内务部秘书在征询了海关和学校的意见后，觉得还是可以给他一个机会，于是，他于一月三十一日函复中国总领事馆，建议其与黄瑶商量选择一家程度高于尾植学校者，比如某间私立中学或商学院，并取得其录取通知，在这种情况下，内务部就可以为其核发再入境签证。可是，中国总领事馆接到上述复函后，对此再无进一步的回音。可能是黄瑶觉得这样难度太大，就放弃了申请。

在协助家人将父亲留下的果子铺卖掉之后，一九二九年四月四日，十七岁的黄彩跟着经营上述"永享"号商铺的舅舅，连同后妈及五个弟妹[①]，一起登上"吞打"（Tanda）号轮船，离开已经留学五年半的澳大利亚，返回中国[②]，此后，她再也没有返回澳大利亚。而她的后妈及弟妹此次同行，则是回

---

① Ida Ruth Wong Yen, daughter of Andrew Wong Yen & Mary Wong Yen-Departure for China per "Tanda" April 1929, NAA: B13, 1929/6122; James Wong Yen, son of Andrew Wong Yen & Mary Wong Yen-Departure for China per "Tanda" April 1929, NAA: B13, 1929/6123。

② Wong Toy （Chinese student（female）） ex "Victoria"（Sydney） September 1923-Departure per "Tanda（Thursday Island） April 1929, NAA: B13, 1929/6830。

中国家乡探亲，几年后他们一起又重返澳大利亚生活①。

待到妹妹黄彩与后妈及其他弟妹一起回到中国探亲，黄瑶没有了在澳监护人，也就再也不提前来留学之事。他和妹妹黄彩的档案到此中止。

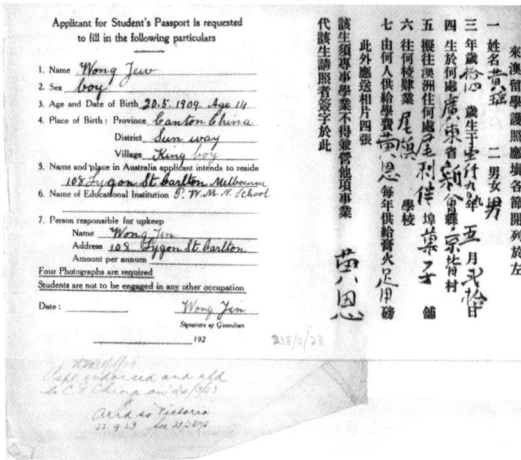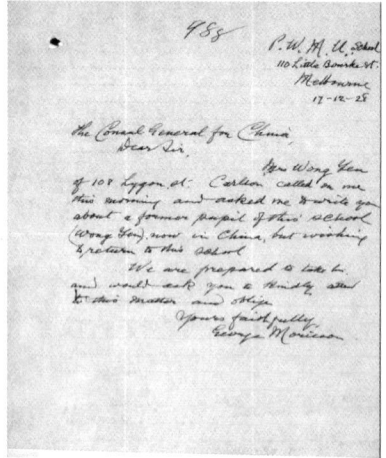

左为一九二三年，黄恩填表向中国驻澳大利亚总领事馆申办儿子黄瑶来澳留学的护照。右为尾植学校校长接到黄瑶申请后，于一九二八年十二月十七日致函中国驻澳大利亚总领事馆，表示愿意接收其从中国返回澳大利亚后进入该校读书。

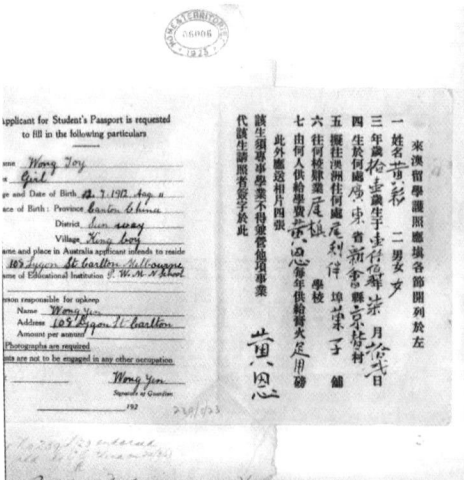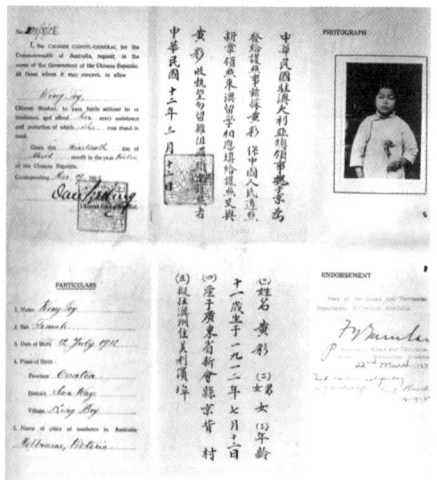

左为一九二三年，黄恩填表向中国驻澳大利亚总领事馆申办女儿黄彩来澳留学的护照。右为一九二三年三月十二日中国驻澳大利亚总领事魏子京给黄彩签发的学生护照。

---

① Chinese passengers ex "Changte" March 1932-WONG YEN Ester Thyra, David, James, Vera Grace and Kum Sow（Mrs Wong Yen），NAA: B13, 1932/4538。

左为一九二五年至一九二六年内务部对安排黄彩做视力检查配置眼镜之事的草批意见。右为一九二八年十月三日澳大利亚内务部长决定给予黄彩三个月展签致中国总领事馆的函件。

档案出处（澳大利亚国家档案馆档案宗卷号）：

Wong TOY-Student passport, NAA: A1, 1927/16694

Wong Yew-student passport, NAA: A1, 1929/117

凌亚琼、凌亚江兄弟

新会大范村

凌亚琼（Len Ah Ken），生于一九〇九年八月十一日，是新会县大范村人。凌亚江（Len Ah Kong）是他的堂弟，只比他小一个月左右，一九〇九年九月十四日生。凌亚振（Len Ah John）是凌亚琼的父亲，凌亚江的伯父，生于一八七三年十二月七日，一八九四年便来到澳大利亚，一直在美利滨（Melbourne）埠发展，[①] 于城南的那体屈（Northcote）区係街（High Street）二百三十八号开设一间洗衣馆，名为"联记"（Charlie Ling）号。

一九二一年七月二十七日，凌亚振为儿子和侄儿填好申请表格，递交给中国驻澳大利亚总领事馆，要为他们申办来澳留学护照和签证。他以自己经营的"联记"号洗衣馆作保，允诺每年分别提供膏火五十二镑，作为他们来澳留学期间的学费和生活费等项开支，并为他们预先在那体屈公立学校（Northcote State School）注册，希望他们进入该校念书。中国总领事馆接到申请后，审理得比较快捷。待全部审核完毕之后，总领事魏子京便在八月二十二日给这哥俩分别签发了一份中国学生护照，凌亚琼的护照号码是100/S/21，凌亚江的则是101/S/21；四天之后，内务部也在上述护照上钤盖了签证印章。当天，中国总领事馆便将护照寄往香港指定的金山庄，由其转交到凌氏兄弟的手中并负责为他们安排赴澳行程。

---

① JOHN Len Ah: Nationality-Chinese: Date of Birth-7 December 1873: Date of Arrival-1894: First Registered at Port Melbourne, NAA: MT269/1, VIC/CHINA/JOHN LEN。

按说亚琼、亚江两兄弟年龄相若，当时都是十二岁，在家乡接到护照后，正好结伴同行，一起赴澳，当时珠江三角洲的许多留学生也是这样去澳大利亚的。可是不知道什么缘故，凌亚江在接到护照后退缩了，并不打算立即成行；而凌亚琼则跃跃欲试，很快便收拾好行装，并由金山庄安排好船票，然后赶往香港，在那里搭乘由中澳船行经营的"获多利"（Victoria）号轮船，于当年十一月十七日抵达美利滨，入境澳大利亚。

因凌亚琼抵澳时，距离圣诞节就只有个把月时间，当地学校也快到放暑假的时候了，因此，父亲凌亚振便不急着让他注册入学，而是利用这个时间在家延请家教，给他恶补英语。到一九二二年一月三十一日新学年开学时，凌亚琼才正式入读父亲早已为他选好的那体屈公立学校。他在学校里表现出强烈的求知欲，且十分好学，仅仅半年过后，到九月份时，他便从刚入学时的一年级跳升到三年级读书，英语能力大为提高，他也给自己取了一个英文名字，叫鲍勃·琼（Bob Ken），以便更好地与当地同学沟通交往。他在这里读了几乎整整两年，一直学习优秀，校长认为他的英语程度可以升读更高的课程了。

一九二三年十一月十三日，十四岁的凌亚琼直接写信给内务部，表示要在近期内返回中国探亲，希望申请再入境签证，因为他还想返回那体屈公立学校继续念书。一个星期后，内务部回信给他，让他通过中国总领事馆循正规的程序提出申请，内务部方才受理。也许他没有想好立即就走，便没有继续按照程序走下去，而中国总领事馆也只是按照惯例，在十二月份为他申请展签，也顺利获批。

而凌亚琼在写信给内务部的第二天，就离开了那体屈公立学校，于十一月二十一日正式转学到隔邻区的北考飞公立学校（Caulfield North State School）上课。在这里的头半年时间里，学校认为他学业进步不大，因为该校更强调英语阅读速度，由是，他比其他学生表现要差一截；但到下半年时，他的进步就变得很明显，不仅算术好，英语操说也已经很流利。在这里读了一年之后，凌亚琼在一九二五年新学年开学后又转学到了圣科达（St. Kilda）区的布莱顿路公立学校（Brighton Road State School）。可仅仅过了两个月，他又离开了该校，还是回到那体屈公立学校上学。但该校无论是校长还是老师，皆认为他应该去程度更高的学校才合适。

这一年，凌亚琼十六岁了。也许在那体屈公立学校的学习很轻松，也可能是年纪大了之后，也已经体验到了父亲经营生意的艰辛，因此，从下半年开始，他请假和迟到的频率就多了起来，学校的报告将其归为协助父亲在洗衣馆帮忙干活所致。内务部接到报告后，指派海关去调查核实。十一月十九日，海关稽查官葛礼生（J. Gleeson）向内务部提交了调查报告。他直接去到凌亚振开设在係街的洗衣馆里，刚开始凌亚振还否认儿子协助他经营生意，但后来葛礼生找到迷上了板球的凌亚琼，后者承认星期六会给父亲做帮手，平时如果需要的话也帮一下手。葛礼生认为，"联记"号洗衣馆的业务繁忙，又是凌亚振一人经营，在其忙不过来的时候，让儿子帮手是必然之事。但按照《中国留学生章程》规定，中国学生来澳留学期间，不能从事打工等事项，违者将会被遣送回国。为此，葛礼生当场对凌氏父子予以了警告，其后内务部也通过中国总领事馆对此提出警告，此后凌亚琼为协助父亲生意而请假之现象也就减少，此事由此告一段落。

早在一九二三年底凌亚琼就曾想回国探亲，但因故没有申请再入境签证，便又继续在学校里读了两年书。到一九二六年新学年开学后，他便不再返回学校念书，而是准备行装，要回国探亲去。他订妥了二月十八日离港的"太平"（Taiping）号轮船船票后，就于二月五日通过中国总领事馆向内务部申请再入境签证，表示探亲结束回澳后将会进入北考飞公立学校继续念书。内务部接到申请后，再参考此前那体屈公立学校报告中多次提到的凌亚琼应该进入程度更高的学校读书，认为北考飞公立学校与那体屈公立学校相若，已经不适合年龄已届十七岁的凌亚琼就读，遂于二月十七日复函中国总领事馆，请其与该申请者的监护人商量，将其安排到其他学校，比如商学院之类的学校。经一番书信往来反复沟通，最终凌亚振为儿子选择了位于圣科达区的莱特利书院（Netley College）。随后，中国总领事馆于三月一日将此结果告知内务部，后者于九日正式批复了凌亚琼的再入境签证。而凌亚琼在此之前没有按计划登上"太平"号轮船，而是改为次日登上日本轮船"安艺丸"（Aki Maru）离港。至于内务部批复的再入境签证，则由其父亲写信告知已经回到家乡度假的凌亚琼本人。

凌亚琼回国探亲只待了不到十个月的时间。一九二六年十一月十六日，他又搭乘"安艺丸"回到了美利滨。与他一同前来的，还有五年前拿到签证却不肯与他一同赴澳的堂弟凌亚江。

跟五年前入境后一样，凌亚琼鉴于学校即将进入暑假，便没有立即注册入学，而是等到第二年新学年开学后，才于二月一日正式进入莱特利书院读书。学校的例行报告显示，他的在校表现良好，属于那种潜心向学的好学生。

凌亚江此前是由伯父代为联络好了要去那体届公立学校上学，可是五年过去了，他已经是十七岁的大小伙子了，根本不能再去小学念书；另一方面，按照《中国留学生章程》新规，此时中国学生来澳留学，只能进入私立学校读书，不能再去公立学校上学，而且十七岁之后，只能进入中学或其他类型的学校，比如商学院之类。由是，凌亚江就选择跟堂兄凌亚琼一样，也进入莱特利书院读书，但他可能因联络和注册手续等方面的耽搁，是在一九二七年二月二十一日才正式注册入读。在学校的眼里，他也与其堂兄一样，是一个遵守校规、努力学习、认真完成各项作业的好学生。

可是，凌亚琼的良好记录保持了不到一年。到一九二八年初，中国总领事馆为他申请展签时，告知凌亚琼此前已经转学到位于同区的女王书院（Queen's College）读书，可是内务部从来也没有收到过这间学校的例行报告，因此，在批复之前，内务部指令海关核查一下。美利滨海关稽查官葛礼生因对凌亚琼相对熟悉，再次奉命执行此项任务。他先到莱特利书院询查，发现该书院总是将凌亚琼和凌亚江两人混淆，到最后才搞清楚目前只剩下凌亚江仍然在校上学，但具体到凌亚琼是何时离开该书院的，因此前的混乱，具体日期也无从得知。葛礼生按照中国总领事馆的说法前往女王书院查询，也不得要领，因为那里根本就没有凌亚琼的任何记录。随后，葛礼生找到已从伯父家里搬出来另住的凌亚江，方才得知其堂兄是去了位于美利滨城东的圣匹书馆（St. Peter's School）。当葛礼生去到圣匹书馆查询时得知，凌亚琼确实是在此注册，但用的是鲍勃·凌（Bob Ling）这个名字，而且只是在二月六日学校开学的那天在校，第二天便请假离开，说是从中国来了一个亲戚，他要陪同一起度假，需要五周时间。据学校判断，他应该是去了雪梨（Sydney）。为此，葛礼生拜访了位于同城的中国驻澳大利亚总领事馆，几经反复，也没有得到什么结果。虽然这些中国外交官们是希望为此做点儿什么事，但多方努力后，也并没有什么线索。在葛礼生看来，最主要的问题是像凌亚琼这样第二次返回澳大利亚读书的年轻人，对当地已经很了解，年龄又偏大，很多人便采取我行我素的做法，对中国总领事馆的态度也与过去有极大的不同，亦即能躲就躲，导致中国外交官员们经常会失去与他们的联络。到三月七日，葛礼生终于在圣匹书馆见到了凌亚琼，他只是解释说自己陪着亲戚去了域多利省（Victoria）的芝郎（Geelong）埠，在那里住了两个多星期就回来了，但对其在开学后为什么要离校度假，他无法解释，也不愿意解释。对此，葛礼生认为是因为他们这个年纪的学生处于反叛期、太过于躁动之故。

在接到上述葛礼生的报告之后，内务部官员几经讨论，达成共识，决定再给予凌亚琼一次机会。于是，四月十一日，内务部秘书致函中国总领事馆，表示可以批复凌亚琼展签一年，但必须警告其本人及监护人，他不能再像这样违反规定，不然的话，当局将采取强硬措施，将其遣返回国。此后的学校报告表明，凌亚琼按期回校上课，虽然学习上比较懒散，有时候也请假不到校，但总体上还算令人满意。因此，当年底中国总领事馆再为他申请展签时，内务部仍然让其顺利通过。

可是，到一九二九年新学年开学后，凌亚琼没有再去圣匹书馆上学，也没有告诉任何人他去了哪里。当内务部按例致函圣匹书馆查询他的在校表现时，才得知他不见了踪影，遂于四月四日指示海关尽快找到他的踪迹。还是稽查官葛礼生厉害，他于四月二十二日报告说，从二月十二日开始，凌亚琼以鲍勃·凌的名字在圣科达男校（St. Kilda Boys College）注册入读，学费是每学期四镑五先令六便士。据学校表示，他按照要求正常去学校上课，举止言行亦显得循规蹈矩。如此一来，内务部松了一口气，以为这位学生从此会用心学习，完成学业。

可是自四月份葛礼生见到他之后，情况又起了大的变化。学校在八月一日报告说，在近四个月的时间里，他就请假和旷课达一百天之久。其原因一是他进城去做生意，二是他父亲病重住院，他要去医院照顾和看护。内务部接到报告后，赶紧下文去美利滨海关，要他们去核实情况。就在双方公牍往返的时候，海关报告说，二十岁的凌亚琼已在八月十三日搭乘"太平"号轮船驶离美利滨回国了。

在离开澳大利亚之前，凌亚琼没告诉任何人，也没有申请再入境签证，这意味着他此去便不再回头。过了两个月后，圣科达男校的校长还在找内务部投诉，说是这位学生还欠着学校一笔学费未交，内务部只得将凌亚振的名字和地址告之，由他们直接交涉解决这个问题。

而在凌亚琼反复折腾的这段时间里，凌亚江却沉住气，继续留在莱特利书院读书。在一九二八年上半年因他的名字和凌亚琼的名字被混淆搞得内务部不知道他们俩到底谁是谁时，内务部甚至也指令海关对此事予以核查。直到凌亚琼转学之事确定，凌亚江在莱特利书院的地位才算稳定下来。此后的学校报告表明，他一直学习刻苦，表现优秀，在这里一直读到一九二九年上半学期结束。从一九二九年七月二日开始，凌亚江也转学进入美利滨城东的圣匹书馆读书。在余下的半年时间里，他在这间学校里的表现尚属令人满意。

到一九三〇年新学年开学时，凌亚江没有重返圣匹书馆上课，但校长得到的信息是，他过两个星期后会返校念书。可是，到了二月下旬，他仍然没有现身，校长沉不住气了，遂于二月二十三日将此事报告给内务部。照例，内务部请海关赶紧调查凌亚江的去向。

还是那位葛礼生先生奉命前往调查，并于三月十八日提交了报告。根据调查，葛礼生得知凌亚江原计划是在三月十七日乘坐"彰德"（Changte）号轮船离境回国的，但就在此之前，他为中国驻美利滨的一位副领事所阻止，不让他如期登船，因有一项诉讼与其有关而需要他作为证人留下来出庭。这项讼案由著名的华人大律师麦锡祥（Ah Ket）主持代理，涉及大量银钱。据中国副领事通报，此前凌亚江的父亲在圣科达区有一间洗衣馆，但他死于两年前，随后该生意由凌亚江继承下来，雇佣一个工人日常工作，然后他本人则利用所有的放学时间帮忙打理生意。但不知是凌亚江的父亲还是他本人，向美利滨唐人街上的商号借贷了三百至四百镑之巨的钱财，其中欠富源（Foo Goon）号一百六十镑，欠宽记（Foon Kee）号一百四十二镑。为还清欠款，最近凌亚江将洗衣馆顶给了富源号，折价一百四十五镑，说明由后者将这笔财产按照欠款比例与另一个债主宽记号均分。但问题在于富源号拿到洗衣馆之后，拒不履约，连一分钱也不愿意分给宽记号。在这种情况下，宽记号遂咨询麦锡祥大律师讨主意，由此就有了上述提到的这场讼案。

凌亚江于是只得住在唐人街上宽记号的铺子里，等待法院的判决，显得百无聊赖。他希望事情能尽快地解决，这样便可以在下个月搭乘"吞打"（Tanda）号轮船离境回国。葛礼生认为，由于凌亚江的父亲死亡，加上生意也已不属于他，假如没有这次讼案，凌亚江会毫不犹豫地按计划搭乘"彰德"号轮船回国。

一九三〇年四月十四日，二十一岁的凌亚江终于登上"太平"号轮船，驶离美利滨，告别留学三年半的澳大利亚，返回中国。上述讼案的结果如何，因相关的档案宗卷就此中止，不得而知。

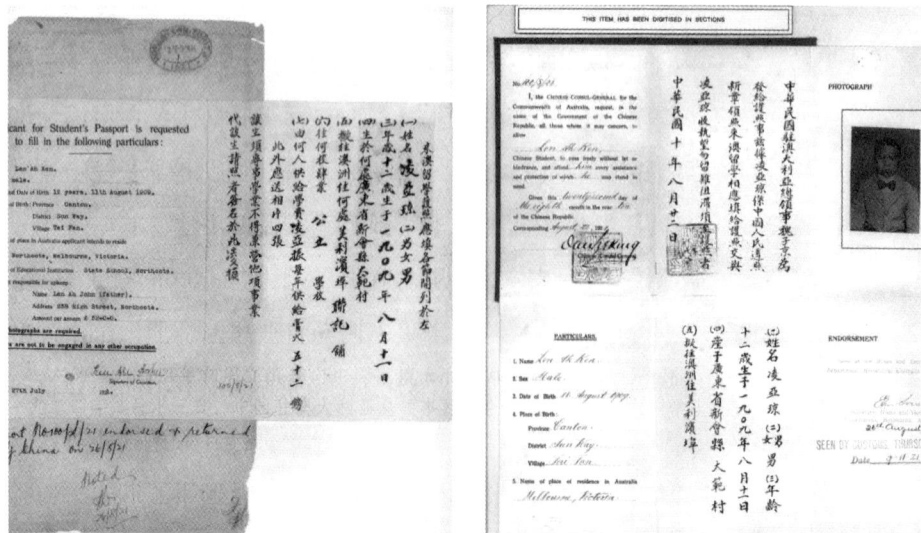

左为一九二一年七月二十七日，凌亚振填表向中国驻澳大利亚总领事馆申办儿子凌亚琼来澳留学护照和签证。右为八月二十二日中国驻澳大利亚总领事魏子京给凌亚琼签发的学生护照。

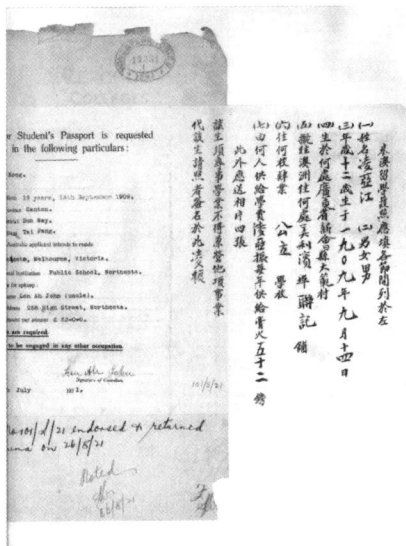

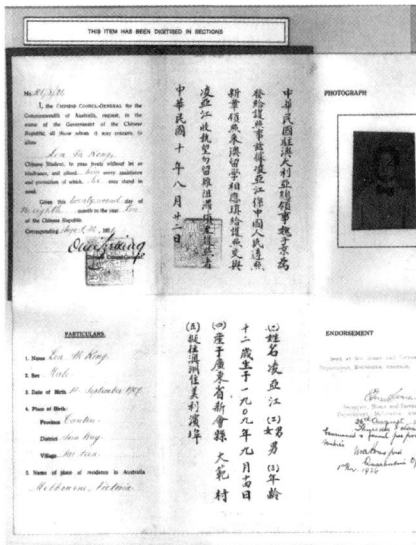

左为一九二一年七月二十七日，凌亚振填表向中国驻澳大利亚总领事馆申办侄儿凌亚江来澳留学护照和签证。右为八月二十二日中国驻澳大利亚总领事魏子京给凌亚江签发的学生护照。

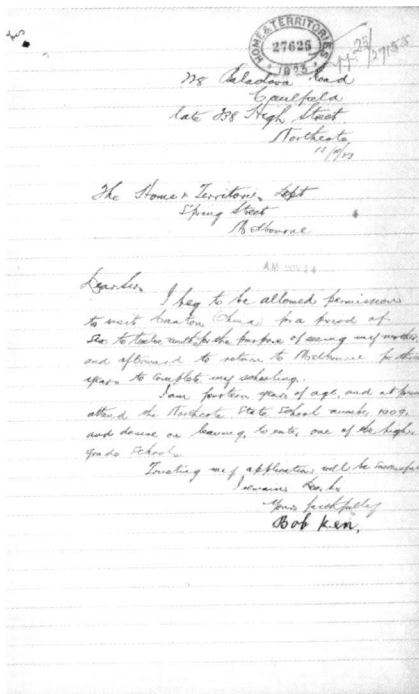

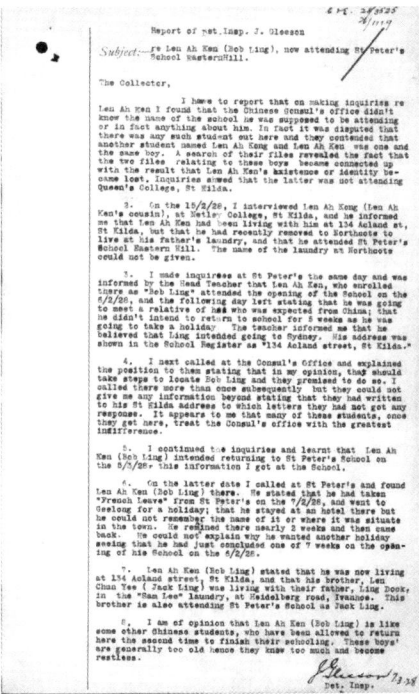

左为一九二三年十一月十三日，凌亚琼直接写信给内务部申请再入境签证。右为一九二九年三月七日，海关稽查官葛礼生有关凌亚琼情况的报告。

左为一九二八年二月七日莱特利书院校长致信海关请其协助凌亚江的展签申请。右为一九三○年三月十八日海关稽查官葛礼生有关凌亚江离境及涉及讼案的报告。

档案出处（澳大利亚国家档案馆档案宗卷号）：

Len Ah Ken-student passport, NAA: A1, 1930/620

Len Ah Kong-student passport, NAA: A1, 1930/1167

许其欢

新会银塘村

　　许其欢（Kee Faun）是新会县银塘村人，一九〇九年九月十日生。他的父亲许锦洪（Hoey Kim Hoong）出生于一八八一年四月十三日，于十九世纪末年抵澳闯荡，最终在域多利省（Victoria）品地高（Bendigo）亦即大金山地区之的洛（Eaglehawk）埠立足，[①] 职业菜农，有一块果菜园，称为"百步园"（Market Garden at Kyer's Flat）。

　　到许其欢十四岁时，父亲许锦洪希望他来澳大利亚留学，了解西方文化，学习英语，遂于一九二三年十一月一日填好申请表格，以自己经营的百步园作保，向中国驻澳大利亚总领事馆申办儿子的赴澳留学护照和签证，要将许其欢安排进他所在地的加利福尼亚冲公立学校（State School, California Gully）念书。中国总领事馆在接到上述申请材料后，花了四个多月的时间审理，直到一九二四年三月十一日，中国总领事魏子京才签发了一份学生护照给许其欢，号码是390/S/24。过了三天，内务部在收到中国总领事馆递交上来的护照后，很爽快地在上面钤盖了入境签证章。中国总领事馆当天拿回护照后便按照许锦洪提供的地址，将其寄往香港广安泰商行，由后者负责转交给许其欢并为其安排赴澳行程。

　　在家乡念书的许其欢接到通知后，很快便收拾好行装，待这一年上半学

---

① HOONG Kim: Nationality-Chinese: Date of Birth-13 April 1881: First registered at Echuca, NAA: MT269/1, VIC/CHINA/HOONG KIM。

期的课程一结束，便赶赴香港。他在这里拿到护照并登上已经预订好舱位的"获多利"（Victoria）号轮船，直驶澳大利亚，于当年八月二十五日抵达美利滨（Melbourne）港口入境。父亲许锦洪早早便从品地高埠赶来迎接，随后父子俩换乘长途巴士回到的洛埠的住处。

在熟悉了父亲驻地周围的环境之后，一九二四年九月三十日，十五岁的许其欢正式注册入读加利福尼亚冲公立学校。事实上，在的洛埠，除了这间学校，也没有其他教育机构可以选择。从学校提供的报告来看，他一直都是令人满意的好学生，除了品行端正、遵规守矩，也学习刻苦，用心去学好每一门功课；而且他总是保持全勤，除非因恶劣天气影响不能到校上课。半年后，他的英语水平有了很大提高，进入五年级班学习。到第二年六月，他便顺利升入六年级，英语操说已经很流利，阅读有了长足的进步，而算术则是其强项。他就这样在这里读到一九二七年底学期结束，并于在校期间给自己改名为Pacy Kim。

到一九二八年新学年开学后，一贯学习认真的许其欢没有再去学校报到上学，而学校直到三月底才将此信息告知内务部。刚开始时，内务部只是指示海关去查询其近况，后来根据海关的意见，才与的洛埠警察派出所联络，并于五月下旬收到了当地警察的报告。警察是在许锦洪的百步园里找到的许其欢，但他对警察找到自己并不感到意外，只是表示愿意尽快地返回中国。他解释说之所以到现在仍然没走的原因，是他的父亲想将其百步园生意卖掉，然后父子俩一起回国。不过，警察倒是怀疑他之所以没有走，是想在父亲的百步园里做工，毕竟他父亲许锦洪是一个人经营，多个帮手的话，何乐而不为呢？内务部接到报告后，觉得他这样做已经违反了中国学生在澳留学的规矩，便要求他尽快离开澳大利亚。

在内务部、中国总领事馆、当地海关部门以及派出所的不断催促下，十九岁的许其欢终于订妥了离境的船票，赶赴美利滨，于八月十一日登上"太平"（Taiping）号轮船，告别了留学四年的澳大利亚，驶返中国。他的档案到此为止，没有资料说明他的父亲是否卖掉了生意，与他一同登船回国。而在澳留学期间，他真正在校上学只有不到三年半的时间，其余大半年都是用来帮助父亲经营其百步园的生意。

一九二三年十一月一日，许锦洪填好申请表格，向中国驻澳大利亚总领事馆申办儿子许其欢的赴澳留学护照和签证。

一九二四年三月十一日，中国驻澳大利亚总领事魏子京签发给许其欢的中国学生护照。

档案出处（澳大利亚国家档案馆档案宗卷号）：

Kee FAUN-Student passport, NAA: A1, 1927/14820

钟龙占

新会大泽村

钟龙占（Lum Jim），一九〇九年十月二十一日出生于新会县大泽村。其父钟琅（Ah Long），一八六七年九月二十八日生，大约在十九世纪末来到澳大利亚谋生，最终定居于美利滨（Melbourne），[①] 在那体届（Northcote）区的係街（High Street）一百一十号开设了一间店铺，店铺的名字及经营的性质没有记载，但从该处几位华人开设的都是洗衣馆这一情况来看，他的这个店铺也可能是一家洗衣馆。

一九二二年三月二十七日，钟琅填表向中国驻澳大利亚总领事馆提出申请，要将年届十三岁的儿子钟龙占办来留学。为了就近入学，他为儿子选择了隔邻区加顿山（Carlton Hill）的金街公立学校（State School，Gold Street，Carlton Hill）。为此，他以自己的生意作保，承诺每年提供给儿子膏火费完全担任镑，即需要多少金额便提供多少。很显然，他就是希望给儿子提供最好的教育。中国总领事馆在接到上述申请后，耽搁了半年之久未予审理，主要原因是集中精力与澳大利亚内务部商讨有关《中国留学生章程》的修订事宜，导致了审理工作的停顿。直到十月三日，中国总领事魏子京才给钟龙占签发了一份中国学生护照，号码是191/S/22，并在此日也顺利地从内务部为其拿到了入境签证。当天，中国总领事馆便将此护照寄往香港的合和栈，由后者负责转交给护照持有人并负责其行程安排。

---

① ONG Ah: Nationality-Chinese: Date of Birth-28 September 1867: First registered at Russell Street, NAA: MT269/1, VIC/CHINA/LONG AH/3。

通常情况下，中国学生在获得入澳签证后，大多会在一年内启程来澳，少数也有拖上两年才姗姗来迟的。但钟龙占一拖就是四年，可能是要在这段时间里先完成其在中国的初中教育。直到一九二六年九月二十六日，他才乘坐从香港起航的"吞打"（Tanda）号轮船，抵达美利滨口岸。虽然他持有内务部核发的签证，但早已过期失效。因《中国留学生章程》新规是这一年六月底实施，海关考虑到应该有个过渡期，便仍然给予钟龙占入境的便利，并最终为内务部追认结果，即准允其入境，重新核发一年有效的学生签证。

可是，按照新规，原先预定的免费公立学校是不能再去读了，钟龙占应该去念缴费的私立学校。同时，此时他已经十七岁了，也已经不能再去念小学，而应该去读中学。于是，从十月十八日起，他注册入读设在唐人街的长老会学校（P.W.M.U. School）。他在这里一直读到一九二八年底学期结束，学校的报告一直认为他在校表现和学业都算满意，唯独每个学期都会有几天请病假，显示出其身体健康状况不佳。

一九二九年新学年开学后，钟龙占虽然仍然去上学，但旷课的日子就比较多了。此后他表示是因为接到母亲从国内来信，要其返回中国，故准备在八月份乘船离开。可是他直到十一月也没有走成，中国总领事馆还按照惯例，在九月底为他提出展签申请。在这种情况下，内务部觉得有必要先通过海关了解钟龙占的真实情况，再做定夺。美利滨海关稽查官葛礼生（J. Gleeson）十一月二十一日了解到的情况是，三天前，钟龙占已经正式从学校退学，准备下个月返回中国。尽管警察曾要求钟龙占在回国之前应继续坚持去学校上学，但其父钟瑯表示，在儿子离校后，要给他点时间去域多利省（Victoria）内的芝郎（Geelong）埠和品地高（Bendigo）等地走走看看，探望在那里的亲戚，然后返回中国。葛礼生认为，此时再让钟龙占回校上课已经是不可能了，因为离他登船回国也没有多少天的时间，建议就让他自由活动，直到他下个月乘船离境。内务部采纳了葛礼生的意见，不再催促这位中国学生。

终于，二十岁的钟龙占于一九二九年十二月四日在美利滨港口登上"利罗"（Nellore）号轮船，离开澳大利亚，经香港回国。他在澳留学整整四年，整个在校表现尚属令人满意，应该是在长老会学校完成了其中学课程。

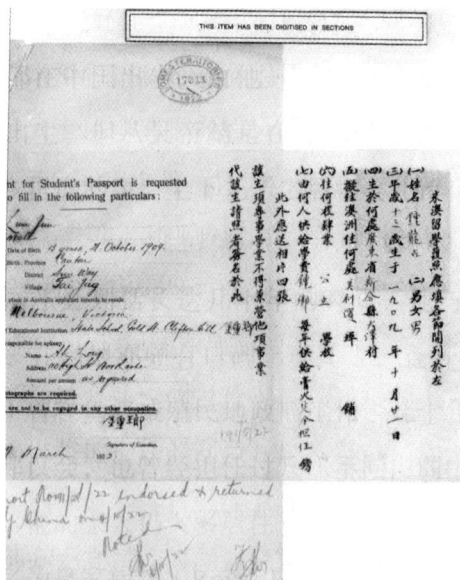

一九二二年三月二十七日，钟瑯填表向中国驻
澳大利亚总领事馆申办儿子钟龙占来澳留学。

一九二二年十月三日，中国驻澳大利亚总领事
魏子京给钟龙占签发的中国学生护照。

档案出处（澳大利亚国家档案馆档案宗卷号）：

Lum Jim-student passport, NAA: A1, 1928/10150

黄社稳、黄者莅

新会大朗坡村

黄社稳（Share One Wong）和黄者莅（Jerry Wong）都是新会县古井镇大朗坡村人。二人的出生年份记载都比较混乱，只能取护照上的记载为准。前者黄社稳在护照申请表的中文栏中写着是民国元年（一九一二年）四月初十日出生，但在英文部分及护照上则都写的是出生于一九一〇年四月十日。后者黄者莅的出生日期亦有同样问题。虽然其申请表中之中文栏里说明其出生于民国二年（一九一三年）四月三日，但从其护照和申请表中的英文记载来看，其出生年份皆记录为一九一一年而非一九一三年。由此看来，其民国元年及二年出生的写法，很有可能是申请表中文部分填写者的笔误，而经中国总领事馆登录人员多方对证后更正于护照之上。

在澳大利亚国家档案馆的众多与华人移民相关的卷宗里，很难找到黄社稳和黄者莅父亲的确切资料。我们所知道的其父之点滴线索，也基本上来源于黄社稳和黄者莅的留学档案。黄社稳的父亲名叫黄昌（Wong Chong），大约出生于一八六九年，在十九世纪九十年代左右来到澳大利亚，落脚于昆士兰省（Queensland）。[1] 而黄者莅的父亲名叫黄培盛（Poy Shing），出生年

---

[1] Certificate Exempting from Dictation Test (CEDT)-Name: Wong Chong-Nationality: Chinese-Birthplace: Canton-departed for China per CHANGTE 26 November 1926 returned Townsville per ST ALBANS 18 April 1928, NAA: J2483, 415/59。

份大约是在一八七一年，[1]与黄昌同一时期来到澳大利亚昆士兰谋生。按照中国宗族聚村而居的特点，他们两人同村，又为同姓，当为同宗，但是否亲兄弟不得而知。十九世纪末二十世纪初，珠江三角洲的民众结伴到国外讨生活，通常都是兄弟合伙、同宗结伴、同村共行。由此推测，他们二人即便不是亲兄弟，亦为堂兄弟或同宗兄弟。当时他们居住在昆士兰省北部滨海地区一个名叫吓李唏（Halifax，此处应该用广府话发音）的小镇，位于该地区大埠塘虱围（Townsville）之北面约一百公里处。昆士兰北部是在十九世纪七十年代发现金矿后，才有大批来自广东的华人涌入该地，但该地淘金潮所持续的时间并不长。到十九世纪末，这些来自广东珠三角和四邑的华人遂大批回国或转战东南亚地区，部分则南下迁往鸟修威省（New South Wales）和域多利省（Victoria），剩下的华人为生存计，主要分居于昆士兰北部和中部地区有人烟的矿场与大小镇子，经营乡村店铺、种植业和相关的运输业为生。吓李唏就是在十九世纪八十年代才开发出来的一个只有几百人的小镇，以大面积种植甘蔗而著称。黄昌和黄培盛落脚于该地，于此间合伙开设一家杂货蔬果铺，称为"广昌隆"（Guong Chon Loong），是专做街坊生意的小店主。从这个小镇的发展史推测，也从一个侧面表明他们应该是十九世纪末前后来到澳大利亚打拼，并定居在澳北地区，专做与当地人生活相关的杂货蔬果生意。因为没有前期的打拼，等到该镇形成并稳定下来后，外人再想挤进来做生意，难度要大得多。

当黄社稳十一岁而黄者苣十岁那年，正好也是澳大利亚开放中国学生来澳留学的大门、正式实施《中国留学生章程》之时，由中国驻澳大利亚总领事馆负责代为办理相关手续。为此，两人远在澳大利亚的父亲就开始筹划为其办理来澳留学之事。一九二一年三月十日，黄昌和黄培盛就填表向中国总领事馆申办他们各自儿子的护照和签证，以位于吓李唏埠的"广昌隆"杂货铺作保，承诺每年各自负担其子足镑的膏火（即所需的全部学费及生活

---

[1] Certificate Exempting from Dictation Test (CEDT)-Name: Poy Shing-Nationality: Chinese-Birthplace: Canton-departed for China per EMPIRE on 11 July 1910, returned to Townsville per EMPIRE on 12 June 1913, NAA: J2483, 42/84。

费）。在申请表中，二位父亲也表明，二子来澳后，将入读吓李唏公立学校
（Halifax State School）。

但上述申请并没有得到中国驻澳大利亚总领事馆的及时处理。也许是
因为此时黄社稳和黄者莅年纪都还小，黄昌和黄培盛也不着急让他们即刻前
来读书，因而也可能没有向中国驻澳大利亚总领事馆催办其护照和签证之结
果；也许是其他无法得知的原因，使中国驻澳大利亚总领事馆耽搁了其申请
的处理。总之，一直到了次年即一九二二年六月二十九日，他们的申请才得
以审理完毕，中国驻澳大利亚总领事魏子京为黄社稳签出了学生护照，号码
为160/S/22，黄者莅的护照号码则为161/S/22。两天之后，即七月一日，他们
也获得了内务部核发的签证。又过了两天，到七月三日，中国总领事馆始将
黄社稳和黄者莅的护照寄往他们在中国的家乡，供其来澳入境时使用。

黄社稳和黄者莅的家人早就为他们赴澳留学做好了准备。拿到护照后，便
立即安排船票，随后将两个孩子送往香港，从这里乘坐"获多利"（Victoria）
号班轮，于一九二二年十月二十二日抵达昆士兰北部港口塘虱围。黄昌和黄
培盛专程从吓李唏一起前来该埠迎接儿子们，代为办理相关通关手续，入境
澳大利亚，然后再赶乘长途巴士回到他们经商的吓李唏埠。由此，两个孩子
便开始了他们的在澳留学生涯。

如同申请护照时的声明中所说，黄社稳和黄者莅于次日就注册入读吓李
唏公立学校。与雪梨（Sydney）和美利滨（Melbourne）等大城市可以有众多
的公立和私立学校供选择不同，这个昆士兰省北部的吓李唏小埠，人口少，
只有这一间学校可以入读。还好，黄社稳和黄者莅在这间学校的学习和表现均
受校长和老师认可，尤其是前者，校长还特别强调他一直都很注重仪表，在体
育上也总是表现突出。三年之后的一九二五年，校长为此还特地将两人的作
业呈交负责外侨及留学生管理的内务部览阅，以作为其学习成绩良好之佐证。

一九二六年十月十五日，就在其新的一年签证刚刚顺利续签下来之后，
十五岁的黄者莅突然于这一天从吓李唏埠来到塘虱围港口，登上路经并停靠
该埠的"吞打"（Tanda）号班轮，驶往香港，直接打道回府，返回中国。
对于他的突然离澳回国，档案资料中没有给予任何说明，事先也没有给内务

部或者中国总领事馆打招呼，也没有任何一份文件表明他有回国之预兆。为此，澳大利亚内政部遂取消了他的签证。[1]这意味着黄者莅此次回国，是不打算再返回澳大利亚继续求学了。至于其回国后之去向，因无资料，无从知晓。

而黄社稳则一直坚守在吓李咈公立学校念书。一九二六年底，他完成了在该学校的小学六年级课程，虽然在次年上半年没有通过小学毕业考试，但在年底小学毕业考上还是顺利过关，被位于塘虱围南部的小镇车打士滔（Charters Tower）的中学——桑堡书院（Thornburg College）录取。该书院由澳大利亚基督教循道会创办于一九一九年，是一间寄宿学校。一九二八年新学年开始，黄社稳正式入读桑堡书院，并寄宿在学校里。他在这里读了半年，成绩优异。

一九二八年七月，因黄昌准备回国公干及探亲，希望儿子跟他一起走。由是，十八岁的黄社稳便在此时退学。随后，他赶往塘虱围，于七月二十四日搭上路经该港口的"吞打"号轮船，与父亲一道回返国内[2]。

在离开留学近六年的澳大利亚之前，黄社稳曾向桑堡书院表达过希望探亲结束后回来继续学习的意愿，只是一直到离境时，他也没有知会中国总领事馆和澳大利亚内务部，提出申请再入境签证。但到一九二九年初，即新学年开学之际，他与桑堡书院院长联络，再次表达了上述回校继续读书的愿望。因黄社稳此前在书院里读书，学习成绩良好，很受老师欢迎，自然也很乐意接收他回来念书。为此，该书院院长于一月二十四日致函中国总领事馆，表示愿意录取黄社稳。中国总领事馆接到这份录取函后，于二月十六日致函内务部秘书，代黄社稳申请再入境签证。鉴于此时距其离境刚过了半年，这一年黄社稳也才十九岁，符合中国学生来澳念中学的相关规定，内务部遂于三月四日复函中国总领事馆，批准了上述申请，签证有效期为十二个月，

---

[1] Chang On, Thomas Edward james Look Hop, Tom Kim, Ah Hoy, Jimmie Sue, Jerry Wong, Lau Yam Un, Elizabeth Look Hop, NAA: J2773, 1425/1926。

[2] Certificate for exemption from dictation test list-Leong Kwong, Man Hun, Ah Lin, Wen Kin Dow, Get Chong, Fong Sing, Foong Hoy, Hop Lee, Ah Sing [Joe Yet], See Quin, Share One Wong, Lee Yuin, NAA: J2773, 541/1928。

即只要黄社稳在未来十二个月内入境澳大利亚任何口岸，皆不会受到阻拦。

可是，黄社稳的档案到此中止。我们相信，中国总领事馆将上述签证批复转给了此时人在中国的黄社稳，但他因各种原因，最终没有继续返回澳大利亚完成中学学业。

左为一九二一年三月十日黄昌为其子黄社稳来澳留学，填表向中国总领事馆提出申请护照和签证。右为一九二二年六月二十九日，中国驻澳大利亚总领事魏子京给黄社稳签发的中国学生护照。

左为一九二五年，黄社稳的地理课作业。右为一九二五年，黄社稳的算术课作业。

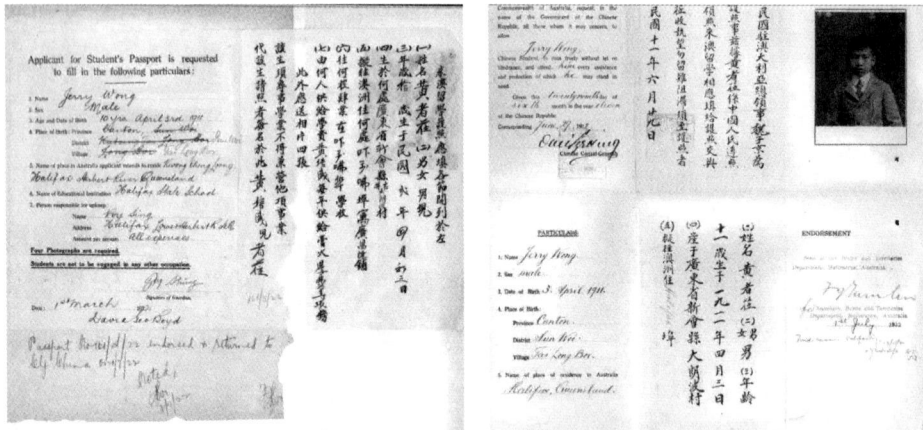

左为一九二一年三月十日，黄培盛为其子黄者莅来澳留学填表向中国总领事馆提出申请护照和签证。右为一九二二年六月二十九日，中国驻澳大利亚总领事魏子京签发给黄者莅的中国学生护照。

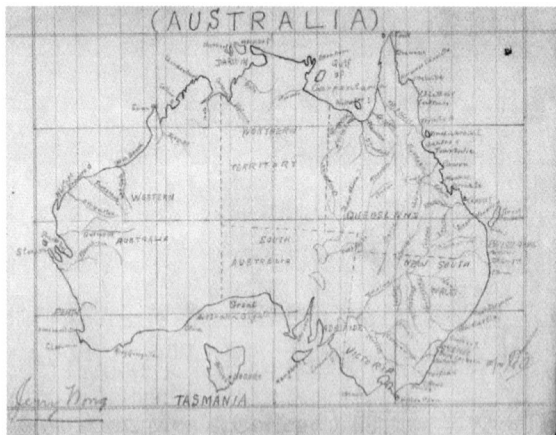

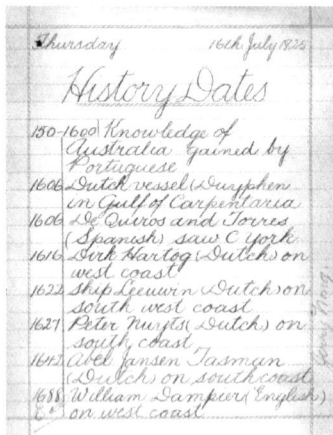

左为一九二五年，黄者莅的地理课画图作业（澳大利亚全图）。右为一九二五年，黄者莅的历史课作业。

档案出处（澳大利亚国家档案馆档案宗卷号）：

Share One Wong-student passport, NAA: A1, 1929/1745

Wong, Jerry-Student's passport, NAA: A1, 1925/23290

陈南昌

新会会城

陈南昌（Chin Nam Chong）是新会县会城人，庚戌年（一九一〇）五月五日出生。他前往澳大利亚留学时最初的监护人是陈宛（Chin Won），但陈宛与陈南昌之间是否父子关系还是其他关系，档案中没有提及；而他何时从家乡来到澳大利亚发展也不得而知，因在澳大利亚无法找到与这个名字相关的档案宗卷。可以确定的是，至少在二十世纪二十年代初，陈宛与人一起合伙在美利滨（Melbourne）埠中国城即小博街（Little Bourke Street）二百四十四号开设一家杂货商铺，名为"新华隆"（Sun Wah Loong）号。[1]

一九二二年六月二十七日，陈宛委托同是新华隆商号股东的乡人陈振林（Chan Chun Lim）代为填表并充当护照代领人[2]，向中国驻澳大利亚总领事馆提出护照申请，办理十二岁的陈南昌来澳留学事宜。在申请表上，特别注明陈宛作为监护人，允诺每年提供足镑膏火给其子陈南昌作为缴纳学费和生活费等方面的开支，要将其办理来美利滨埠的皇家学校（亦即公立学校）念书。具体地说，陈宛为陈南昌选择的学校，是位于加顿（Carlton）区的末士

---

[1] 陈华（Chin Wah或Chen Wah Lee）是"新华隆"的主要股东。有关陈华的档案，见：LEE Chin Wah: Nationality-Chinese: Date of Birth-19 September 1869: First registered at Little Bourke Street, NAA: MT269/1, VIC/CHINA/LEE CHIN。而据美利滨当地华文报纸报导，新华隆号商行大约是在十九世纪九十年代前后便已开设。一九〇七年，陈华与其他股东(可能陈宛便是其中之一)在这一年合股将此商号承顶下来；之后，其他股东陆续退出，陈华成为唯一股东。见："声明告白"，载《警东新报》（The Chinese Times），一九〇七年八月二十四日，第八版。

[2] 在澳大利亚国家档案馆里，也检索不到与该英文名字相关的宗卷。

准士学校（Rathdown Street State School）。

中国总领事馆接到上述申请后，处理得还算及时。八月八日，总领事魏子京便给陈南昌签发了中国学生护照，号码是172/S/22。三天之后，内务部也非常顺利地给这位中国学生核发了入境签证。在接到上述签证的当天，中国总领事馆便按照陈宛的要求，将护照寄往香港万发源商行，由其代为转交给陈南昌并为其安排赴澳行程。随后，陈南昌家人和上述商行便紧锣密鼓地替他联络近期结束探亲准备返回澳大利亚的乡亲，在其返航时作为监护人携带陈南昌一同赴澳。待这一切都办妥之后，便安排船票，将陈南昌送往香港，搭船前往澳大利亚。

一九二三年一月十九日，陈南昌搭乘由香港起航的"获多利"（Victoria）号轮船抵达雪梨（Sydney）口岸，入境澳大利亚。前来接他出关的，是在靠近雪梨唐人街的中央火车站旁边依利市弼街（Elizabeth Street）四百三十三号开设"美和"（Mee War）[①]号蔬果杂货商铺的股东陈安（Chan On）和同一地址上开设洗衣房"三和"（Sam War）号的陈典濯（Chun Tin Jock）[②]。档案没有说明上述二人与陈南昌的关系，但从姓氏相同来看，显然他们是后者的同宗长辈，甚至关系更为密切。他们将陈南昌接出关之后，就将其安置在上述"美和"号商铺里居住。

半年前，当陈宛为陈南昌申办来澳留学事宜时，表明是让他前往美利滨埠念书的，可是，此时陈南昌抵达入境的口岸不是美利滨，而是雪梨。如果因某种原因，比如说携带他一同赴澳的乡亲就是要在雪梨下船，在这种情况下，他也一起登陆入境，然后再转乘火车和长途巴士前往美利滨，也不失为一种选择。事实上，这一时期来澳留学的中国学生如此安排者，并不乏其

---

① 　"美和"号即由陈美和（Chin Mee War）所开办之"陈美和"号。陈美和是新会县京梅村人，此时已经办理儿子陈登（Chin Ting）和陈润（Chin Yuen）兄弟俩来到雪梨留学读书。详见：Chin Ting-student passport, NAA: A1, 1929/8042，及Chin Yuen-Students Passport, NAA: A1, 1931/4649。

② 　陈典濯是新会县旺冲村人，一八九五年来到澳大利亚发展。因于二十世纪初年便在雪梨开设名为"三和"号（Sam War）的洗衣店，也以店名作为人名而行于世。见：Sam War, NAA: SP42/1, C1910/5099。据鸟修威省档案馆（NSW State Archives & Records）保存的工商局二十世纪初该省工商企业注册记录，表明三和号正式注册日期为一九一二年十一月十二日，注册股东有三人。详见：https://search.records.nsw.gov.au/permalink/f/1ebnd1l/INDEX1822424。

人。但从接下来的行程及安排来看，陈南昌来澳的目的地就是雪梨。在他抵达该埠后不久，正好赶上了当地学校新学年开学，他遂于二月一日注册入读距离其住处不远的库郎街公学（Crown Street Public School）。虽然他是一名此前未曾学过英语的初学者，但表现出非常愿意学习的态度，是在认认真真地念书，仅仅在入学后两个月的时间里，他就因学习优秀及在校表现令人满意而备受校长好评。

四月十八日，库郎街公学校长致函内务部长，说明该校学生陈南昌拟转学前往西澳（Western Australia）的非库文度（Fremantle）埠念书，希望能批准其前往。内务部长接到信后，便将其转给雪梨海关，请其提供一份报告，核查一下是什么原因使陈南昌要大老远地从雪梨转学到西澳。五月二十二日，雪梨海关向内务部提交了报告，说明最主要的原因是陈安去了非库文度埠，住在亚历山打路（Alexander Road）六号，陈南昌是他儿子，当然需要到那里跟他住在一起。而陈南昌之所以在库郎街公学念书，只是临时性的安排。因为当时陈安尚未启程前往西澳，便先安排其子跟陈典濯的两个儿子一起去他们所在的学校读书。由此，陈安与陈南昌的父子关系才得以确认。但澳大利亚档案中也找不到陈安的记载，无法得知他是何时来到澳大利亚，是如何在雪梨开设蔬果杂货商铺的；也不清楚他何以通过美利滨埠的陈宛要先为儿子申请前往那里留学。但根据上述线索，我们也许可以推测，陈安无论是跟美利滨的陈宛和陈振林，还是跟雪梨的陈典濯，都应该是同宗兄弟关系。鉴于此时中国驻澳大利亚总领事馆是位于美利滨，而陈安早就有计划转移到西澳发展，但具体时间尚未定下来，因而请在美利滨埠的同宗兄弟代为申请儿子来澳留学，也许比较方便一些。一旦他本人转赴西澳的事情定下来之后，无论其子来澳留学是先到美利滨还是雪梨，最终也都会转过去跟他在一起。海关的报告也确认，在四月下旬时，陈南昌便跟随父亲，乘船离开了雪梨，前往西澳的非库文度埠。

内务部通过库郎街公学了解到在此之前陈南昌的在校表现非常令人满意，也认为这样的转学完全符合规定，遂于六月十一日发文到西澳非库文度埠海关，请其提供这位中国学生到那里之后注册入读的是什么学校。六月二十日，海关报告说，陈南昌是在五月十六日乘坐"町布拉"（Dimboola）号轮船抵达西澳，两个星期后正式注册入读非库文度埠的政府公立幼儿学校（Infant State Government School）。就过去的这几周时间来看，他每天都正常去上课，表现亦中规中矩。到年底，学校报告说，尽管他的英语表达能力尚欠火候，但已经可以明白让他做什么，显示出其英语理解力有了很大提高。

自一九二四年新学年开始，陈南昌便不再去政府公立幼儿学校上学，在二月二日正式转学进入非库文度埠基督兄弟会书院（Christian Brothers' College）读书。他在这里也一样学习用功，出满全勤，各科成绩优秀，与同学关系也很好，被校长称为该校最优秀的学生。由是，他在此读了两年半的书。

从一九二六年下半学期开始，陈南昌离开了非库文度埠基督兄弟会书院，转到西澳首府普扶（Perth），进入该埠效能汽车技校（Efficiency Motor School Ltd.）当学徒工，参加一项为期十周的汽车驾驶和修理密集培训课程。九月二十二日，中国总领事魏子京致函内务部秘书，通报了陈南昌的这次转学，希望得到内务部的批准。为了解陈南昌在这项培训课程中是否参与维修汽车并收取报酬以及课程的学费是多少，内务部此后花了两个月的时间与西澳海关公牍往返多个来回，最后澄清他虽然参与维修业务，但只当是实习不收报酬，而他缴纳给此项密集培训课程的学费则为五镑五先令，价格不菲。此外他们也了解到，陈南昌表示学完这项课程后，还想上技校。而此时也到了陈南昌这项课程结束的时候了，内务部遂默认了这次转学。

到一九二七年初，中国总领事馆致函内务部，为陈南昌申请展签。因内务部并不清楚新的一年里陈南昌将要上什么学校，便要求海关予以核查澄清，以便决定是否核发展签。为此，海关直接找到陈南昌本人，得知他正在联络注册入读普扶埠的司铎茨商学院（Stott's Business College），并准备在二月初开学后主修簿记、商科和打字课程。内务部得到确认的消息后，便于一月二十六日批复了他的展签申请。

但是，最终陈南昌也没有注册入学，而是在入学之前打了退堂鼓，准备于一九二七年二月中旬在非库文度埠搭乘"明德鲁"（Minderoo）号轮船驶往新加坡转道回国。可是临走之前他又改了主意，于二月十八日在非库文度埠转乘与他来时的同一艘轮船"町布拉"号，前往雪梨。三月十二日，十七岁的陈南昌在那里登上驶往香港的"丫拿夫拉"（Arafura）号轮船，离开留学达四年之久的澳大利亚，返回中国。他的档案到此中止，此后澳大利亚档案中也再未能见到与他相关的信息。

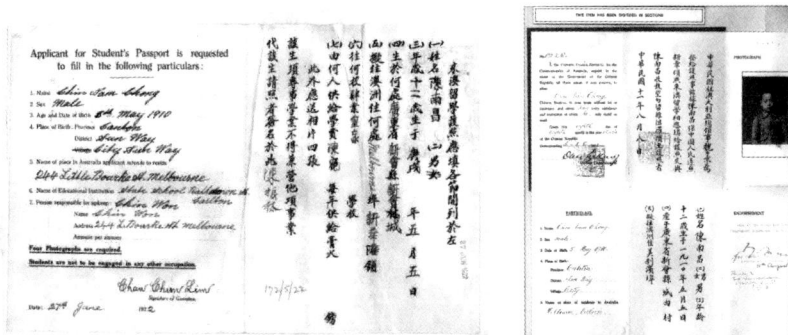

左为一九二二年六月二十七日，陈宛委托陈振林代为填表并充当护照代领人，向中国驻澳大利亚总领事馆提出护照申请，办理陈南昌来澳留学事宜。右为一九二二年八月八日，中国驻澳大利亚总领事魏子京给陈南昌签发的中国学生护照。

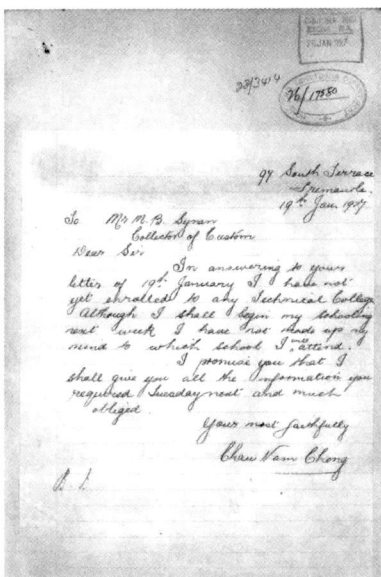

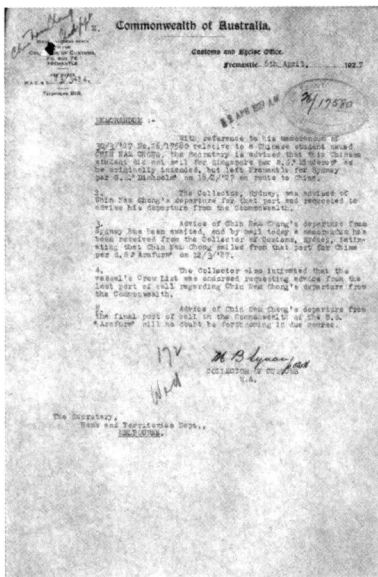

左为一九二七年一月二十五日陈南昌给西澳海关总税务官的信，说明自己已经联络注册好准备入读司铎茨商学院。右为一九二七年四月六日西澳海关给内务部秘书的信，告知陈南昌已经离境回国的具体信息。

档案出处（澳大利亚国家档案馆档案宗卷号）：

Chong, Chin Nam-Chinese student, NAA: A1, 1926/17580

周　念

新会田金里

周念（Joe Name）生于清宣统庚戌年（一九一〇年）四月五日，是新会县田金里村（现在的大泽镇田金村）人。他的父亲周高正（Joe Goo Jing）何时来到澳大利亚发展不得而知，因澳大利亚国家档案馆里无法查询到他的相关宗卷。只是他的同乡亦即同族（隔壁桥亭村）的周有（Joe You）于十九世纪九十年代中期来到澳大利亚谋生[1]，在美利滨（Melbourne）埠唐人街上开设"合和兴"（Hop Wo Hing & Co.）号商行，周高正也参股其间。由此看来，他亦很有可能是在周有抵澳前后那段日子里、甚至是与周有一同来到美利滨发展的。

一九二二年的某个时候（未具日期），周高正为了将儿子办理来澳大利亚留学，填具表格，向中国驻澳大利亚总领事馆申请周念的中国学生护照。他以上述"合和兴"号商行作保，承诺每年提供足镑膏火供其子在澳留学开销，并为他提前在加顿埠末士准士学校（Rathdown Street State School, Carlton）申请预留了学位。中国总领事馆于十月初审理完毕上述申请，十月三日由总领事魏子京签发了一份学生护照给周念，号码是192/S/22，次日也顺利地为他拿到了内务部核发的入境签证。

---

[1]　根据档案，周有于一八九六年来到澳大利亚发展。见：YOU Joe: Nationality-Chinese: Date of Birth-November 1872: First registered at Little Bourke Street, NAA: MT269/1, VIC/CHINA/YOU JOE。

在中国的周念家人早就做好了准备，一俟接到寄来的上述护照，便立即安排周念的赴澳行程。他在同一年的年底从家乡赶到香港，由此搭乘"获多利"（Victoria）号轮船直航澳大利亚，于一九二三年一月二十四日抵达美利滨。但在这个口岸，他一时间还不能出关，原因是他在进入澳大利亚水域第一站珍珠埠（Thursday Island）接受卫生检疫时便被查出罹患疥癣。为此，从珍珠埠沿东海岸南下的航行期间，船上的随船医生便将其隔离开来，在甲板上另辟地方让其治疗，以缓解病情。船抵美利滨后，经海关检疫部门复查，虽然允许其次日登陆入境，但必须先入美利滨医院治疗，待康复后方才可以去上学。

经过近三个月的治疗，十三岁的周念终于可以在四月初出院。可是，周高正此前为儿子注册的是加顿埠末士准士学校，从唐人街走路去上学的话还有一段距离，遂决定就近在设于唐人街的长老会学校（Presbyterian Mission School）注册上学，这样的话，从合和兴号商行去学校念书，抬脚便到，十分方便。四月八日，周念正式入读这间学校。在这里，他除了用上述名字，有时候也按照粤人惯例，让人叫他"阿念"（Ah Name）。由于此前已经在医院里耗去了三个月的时间，故周念在学校里表现得十分好学，颇有争回时间的劲头。

可是，他只是在长老会学校读了四个月的书，就于八月十三日又被送进了美利滨儿童医院住院治疗，原因是他的脚严重感染，无法行走。到十月二日，因在医院治疗毫无起色，无法重返学校上课，他又转而找到唐人街上的一位姓陈（Chin）的草医，用土法治疗。这样一拖，就到了一九二四年初。

一九二四年一月底新学年开学后，尽管周念脚病并未痊愈，他还是挣扎着去上学了，由此也可以看出他内心里是非常渴望读书的。可是，他的脚病太严重，也受到了感染，上课时其感染部分发出的恶臭味影响到周围的学生，招致向校方投诉。为此，长老会学校决定将此报告给内务部，并请其安排医生为其脚病做一个全面的检查。很快，卫生部的专家帕克医生（Dr. Park）便奉命对周念做了检查。他认为是因天花导致这位中国学生的脚病恶化，但使用抗天花血清等治疗亦无法见效。为此，帕克医生于二月二十六日建议尽快将周念遣返回中国，让他在国内慢慢治疗。于是，内务部便在三天后致函中国总领事馆，通报此事之进展，取消了此前已经核发给周念的展签，并要求其配合行动，尽快安排这位中国学生返回中国。

中国总领事馆对此不敢怠慢，也紧急行动起来，很快便通知内务部可以安排周念搭乘他前来澳大利亚时坐的同一条船"获多利"号回港，预计在四月初起碇。而在这段时间里，周念的情况进一步恶化，内务部组织医生对他再做仔细检查，结果是怀疑他染上了麻风病。为此，海关检疫部门遂于三月三日决定，将其隔离到美利滨港口的库德岛（Coode Island）上，一边控制治疗，一边等待船期。自该月十日上岛，周念就被隔离起来。

此时的内务部也没有闲着。因为周念属于传染病人，通常情况下那些定期班轮是不愿意运载这类客人的。为此，内务部与中国总领事馆商定，必须"吃"定"获多利"号轮船，因为是该船将周念带来澳大利亚的，它有义务再将其载走。为此，内务部长于三月十日特别下达了遣返令。此外，内务部也在寻找法律依据，以便必要时（亦即船公司拒载时）可以据理力争。更重要的是，内务部要会同海关检疫部门与船家协商，鉴于周念所患疾病之传染性质，要在船上设置一隔离间，使这位病人在航行期间只能由医护人员接触，而不能与其他旅客接触。此外，内务部和海关商量的结果，此次安排的船票及船上医疗服务，所需费用应由中国总领事馆或周念的监护人支付。

由于周念的病情进一步恶化，膝盖骨头都已外露，他只能依赖两条拐杖行路。三月中旬，内务部再次组织安排医生对他脚上的病毒进行检查，几乎所有的医生都认为是由麻风病菌引起的感染，必须尽快将其遣返回国。五月二日，十四岁的周念最终被海关检疫人员从库德岛上转移到船上的医务室，随着"获多利"号的起航离开澳大利亚，返回中国。回到中国后的周念是否康复，不得而知，因为其档案到此为止，再也没有与他相关的任何线索。

而在澳大利亚与遣送其回国一事相关者还有后续。如前所述，周念的船票已经由其父亲或者中国总领事馆解决，无须内务部操心，但其被隔离在库德岛上近两个月（五十三天）时间里，医疗及其他方面的人力物力也是一笔不小的费用。六月五日，海关海事卫生处将所花费的全部费用汇总，报告给内务部，共计十八镑十八先令七便士，询问该笔费用应由谁来支付。两周之后，内务部致函中国总领事馆，希望转告周高正，因其是涉及此事之中国学生的监护人，他有义务付清上述费用。虽然中国总领事馆应承会代为转达上述要求，但此事自此便没有了下文。

两年之后，当年参与检查周念脚病的帕克医生对内务部表示，卫生部虽然也将费用列出，想将账冲掉，但在现实情况下，从未期望这笔账会有人支付。为此，他建议此事到此为止，他们将不再提，就此作罢。到年底，海关报告说，周高正在两年前便已返回中国，当时是否与其子一起离开则无法确定，但可以肯定的是，他离开时并没有申请"回头纸"，这就意味着他此去也是一去不返。由是，内务部的意见是，此事暂时搁置，如果哪天周高正申请重返澳大利亚，再将此账交他支付。至于此后该账是否由周高正付清，不得而知，因该档案到此中止。

一九二二年，周高正填表向中国驻澳大利亚总领事馆申请周念赴澳留学所需的中国学生护照。

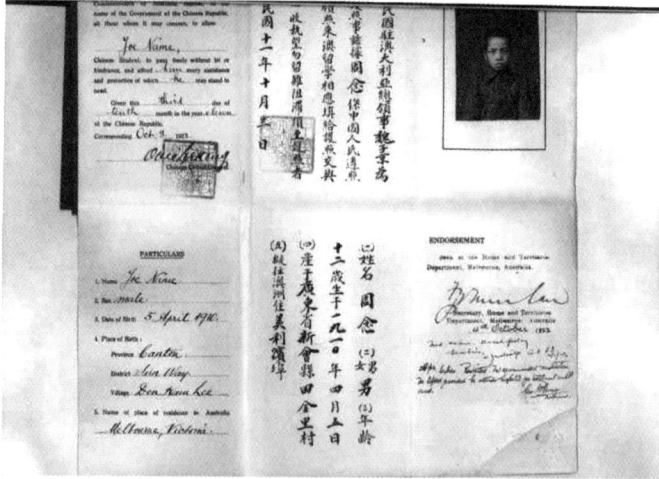

一九二二年十月三日，中国总领事魏子京给周念签发的中国学生护照。

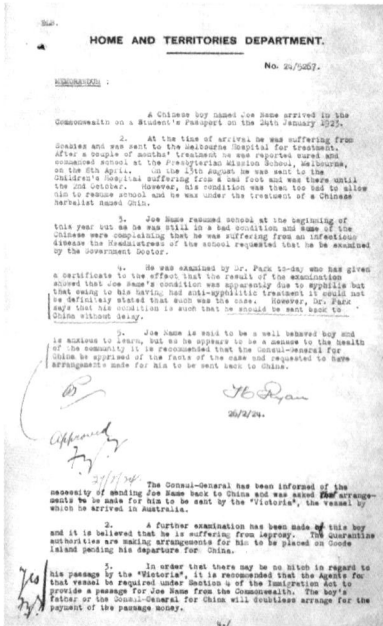

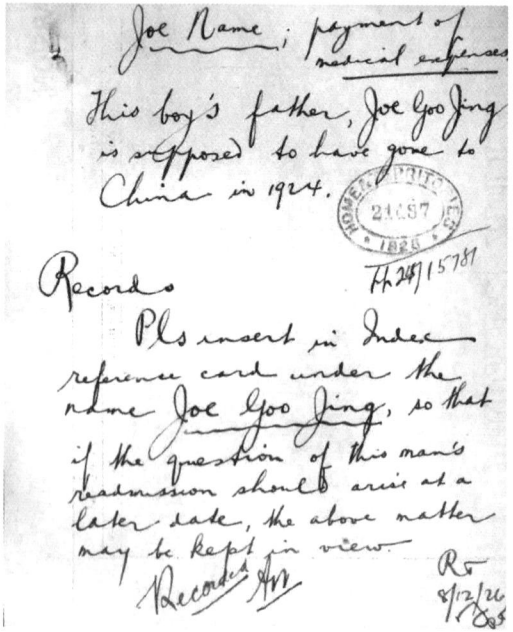

左为一九二四年三月，澳大利亚内务部对周念病情的处置意见。右为一九二六年内务部对遣返周念前之隔离治疗费用的处理意见。

档案出处（澳大利亚国家档案馆档案宗卷号）：

Name, Joe-Chinese students passport, NAA: A1, 1926/21487

周阿胜

新会东安村

　　周阿胜（Joe Ah Sing），一九一〇年七月十四日生，新会县东安村（现
沙堆镇所属东安村）人。他的父亲周耀（Joe You），生于一八七二年，于
十九世纪末与乡人一道走出新会，赴澳闯荡[1]，最终在美利滨（Melbourne）
立足，与人合股在中国城小博街（Little Bourke Street）一百一十九号开设一
间名为"广益"（Kwong Yick）号的商铺。[2]

　　一九二三年三月七日，鉴于儿子周阿胜已满十二岁，即将十三岁，周耀
决定将其办来留学，遂具表向中国驻澳大利亚总领事馆申请其子来澳之护照
及签证。他以其参与经营的"广益号"商铺作保，允诺每年提供八十澳镑膏
火费，负担其子周阿胜在澳留学期间全部学费及生活费用。鉴于在小博街上
就有一间基督教长老会开设的学校，即长老会学校（P.W.M.U. School），周
耀便就近为儿子报名，希望他在此上学念书。

　　接到周耀提交的申请后，中国驻澳大利亚总领事馆处理得还算快。仅仅
过了两个星期，中国驻澳大利亚总领事魏子京就于三月十九日为周阿胜签发
了护照，号码是240/S/23。过了三天，到三月二十二日，澳大利亚联邦政府内
务部也为周阿胜发放了入境签证。待所有这些手续完成，中国驻澳大利亚总

---

[1] 美利滨华文报纸《爱国报》（The Chinese Times）创刊于一九〇二年，当年的消息中就有"广益
号"，由此可见，该商行在这一年便已运行多时，甚至应该是十九世纪末就已开设，这与周耀来
到这里的时间是契合的。见：《爱国报》，一九〇二年五月二十一日，第五版。

[2] YOU Joe: Nationality-Chinese: Date of Birth-November 1872: First registered at Little Bourke Street,
NAA: MT269/1, VIC/CHINA/YOU JOE。

领事馆就按照流程，于三月二十四日将此护照和签证寄往中国交由周阿胜的家人接收。

在收到中国护照和签证之后，周阿胜的家人就紧锣密鼓地为其做出发赴澳的准备。三个月后，周阿胜便在家人陪同下从新会赶赴香港，在此乘坐"获多利"（Victoria）号班轮，于一九二三年七月三十日抵达美利滨，入境澳大利亚。但因他在航行途中全身上下生满了疥疮，进入澳大利亚水域后，墨尔本海关已接获船上电报，待其抵埠便特派检疫官员监督其用硫黄水等沐浴处理并隔离治疗，待痊愈之后方才放其入关。

周耀在为周阿胜申请护照时，也许是想让儿子就近入学，便于照顾，故为儿子选择的学校是位于唐人街上的长老会学校。但后来周耀改变了主意，可能是想让儿子有更好的学习环境，另外为儿子选择了公立温莎学校（Windsor State School），并且在周阿胜从中国动身赶赴澳大利亚之前，就已于六月二十日正式为其在该校注册。因此，周阿胜在澳大利亚的留学记录，早于他的入境日期，提前了一个多月。由是，周阿胜甫一抵埠入境，出关后便立即进入该校读书。

周耀的选择是对的，其子周阿胜是个好学生。此后的两年时间里，公立温莎学校的校长报告都对其在校表现和成绩给予了很好的评价，故而，每年申请延期签证，都顺利通过。直到一九二五年八月，他已经来澳留学两年了，英语的听、说、读、写能力都已有很大进步。这时，周耀想带儿子一起回国探亲，便通过中国驻澳大利亚总领事馆向联邦政府内务部为周阿胜提出回头签证的申请，即是想让周阿胜结束探亲之后，还能回来继续上学。鉴于周阿胜过去两年里学习勤奋，成绩显著，没有什么违规行为，内务部很痛快地批准了这一申请。签证规定，如果周阿胜在十二个月内回来继续上学，该签证在澳大利亚任何口岸入境都有效。

一九二五年九月十八日，周耀带着已满十五岁的儿子周阿胜，在美利滨港口登上日轮"真岛丸"（Mashima Maru），起航返回中国探亲。因档案资料到此为止，没有下文，故周阿胜何时再返回澳大利亚继续学业，不得而知。正常情况下，他还是会返回澳大利亚读书的，毕竟其父亲在澳的产业最终需要他回来继承。也许，他的父亲此后将生意转移到香港，到那里发展也

是有可能的，这是当年许多在澳华人的选择。只是周阿胜的档案到此中止，
其最终去向何在，便不得而知了。

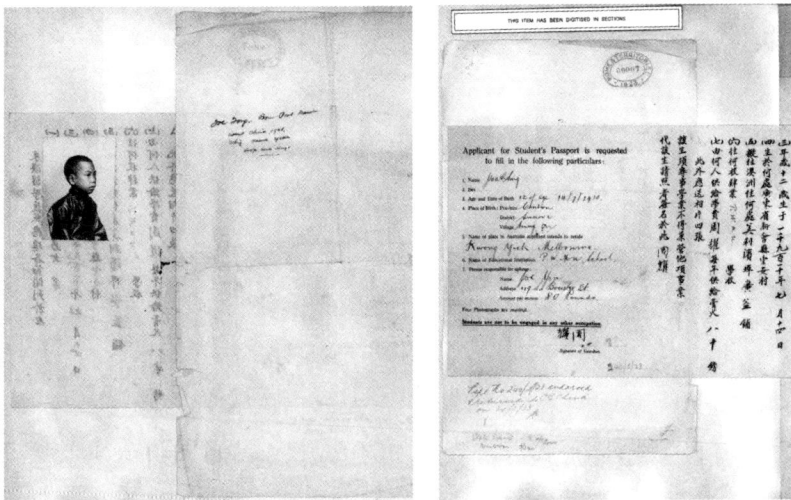

周耀一九二三年三月七日具表向中国驻澳大利亚总领事馆申请其子周阿胜来澳之护照及签证。

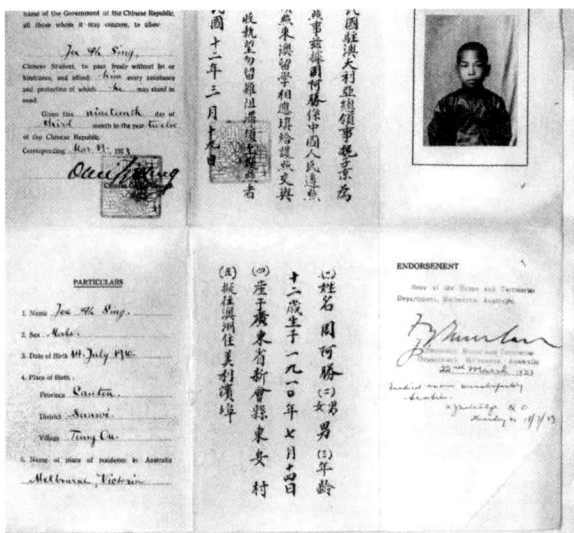

中国驻澳大利亚总领事魏子京于一九二三年三月十九日为周阿胜签发的中国学生护照。

档案出处（澳大利亚国家档案馆档案宗卷号）：

Sing, Joe Ah-Student's passport, NAA: A1, 1925/22326

周 安

新会桥亭村

　　新会县桥亭村就在田金村隔壁，生于一九一〇年八月四日的周安（Joe On）即为桥亭村人。他的父亲周立（Joe Lip）也跟前面的周高正一样，在澳大利亚国家档案馆里找不到其记录，但他也是美利滨（Melbourne）埠"合和兴"（Hop Wo Hing & Co.）号商行的一个股东，显然也是跟周高正一样，大致是在相同的年代来到澳大利亚发展的；而"合和兴"号的股东看起来都是姓周的，基本上都是当年同宗兄弟一起合伙开办。

　　也许是在一九二三年看到周高正很顺利地把儿子周念申办到澳大利亚留学，周立便在一九二四年初填表，由同样是在"合和兴"号商行工作的周高佐（Joe Go Jor）①代为申请，也向中国驻澳大利亚总领事馆申办已届十四岁的儿子周安前来美利滨唐人街上的长老会学校（P.W.M.U. School）留学，并同样是以"合和兴"号商行作保，应允每年提供膏火六十镑给儿子作为留学期间的各项开支。二月十三日，中国总领事馆在审理完上述申请后，便由魏子京总领事给周安签发了号码为383/S/24的中国学生护照，又在次日从澳大利亚政府内务部为他拿到了入境签证。

---

①　这个名字与前述之周高正只相差一个字。鉴于从澳大利亚国家档案馆中也同样查找不到他的信息，只能猜测他与周高正有可能是亲兄弟，或者是堂兄弟，因为他们所在的"合和兴"号商行股东都是周姓。

在家乡接到澳大利亚寄来的护照之后，周安的动作也很迅速。两个多月后，他便从家乡到香港搭乘"亚拿夫拉"（Arafura）号轮船，于一九二四年五月一日抵达美利滨，入境澳大利亚。以当时从香港到美利滨的班轮航行需要三个星期左右的时间来看，周安家人在确认其可以赴澳之后，仅仅用一个月左右的时间就联络好其同行之监护人及办妥船票等事宜，算是非常的迅捷。

然而，周安并没有按照父亲原来的安排进入长老会学校就读。直到内务部七月初发函到该校，才发现这里根本没有名叫周安的学生，于是，海关便按照指示在周围查询，看他到底是去了哪间学校。两个星期后，海关人员在美利滨港诺特街公立学校（Nott Street State School，Port Melbourne）找到于六月六日注册入读的周安，他在这里注册用的名字也叫"亚安"（Ah On），并且也另取了一个英文名，叫做若瑟·安（Joseph On）。根据该校的报告，他在这里表现良好，总是衣着整洁，遵守校规，聪颖向上，进步很快。可是在这里读了两个多月后，他就于八月二十九日被汽车撞伤，住进了医院，一直到过完了年，方才康复出院，从一九二五年新学年开始，才又返回学校继续念书。随后，他在这里继续读了半年，各项学习成绩都令人满意，到六月十九日学校放假时离开。

从七月一日开始，他转学进入同样是位于美利滨港区的圣若瑟书院（St. Joseph's School）。他在这里的表现一如之前，到年底学期结束时，老师对他赞誉有加。可是到一九二六年上半年，虽然他的在校表现仍然令人满意，但因请病假缺勤达四十天之久。对此，内务部觉得其中有问题，遂派人调查，发现他实际上是常常与一名叫周荣（Joe Wing）的学生逃课出外游玩。[①]显然，这种逃学旷课的行为严重违反了《中国留学生章程》中的相关规定。此时正好是中国总领事馆为周安例行申请展签之时，经双方几个来回的沟通，内务部遂于七月二十日正式函复，拒绝了其下一年度的展签申请，并

---

① 周荣也是新会县人，与周安年龄相当，但较后者早两个月来到美利滨读书。详见：WING Joe born 1 November 1910, NAA: A446, 1959/8097。

且敦促中国总领事馆安排船期，将这名他们认为不适合于继续在澳留学的学生遣返回中国。

在还没有收到内务部的正式拒绝函之前，因意识到问题的严重性，中国总领事馆对此进行了积极的干预和危机公关。当时中国总领事馆和联邦政府各部门都设在美利滨，这样就便于它们之间的沟通联络。魏子京总领事派员与内务部主管官员切取联系，希望给予这位中国学生一个改正的机会。于是，这些官员将周安叫到内务部办公室，并且也把设在唐人街上的长老会学校现任校长谢爱琳（Ellen Sears）女士请了过来，周安当场认错，表示愿意遵守校规，不再逃课，而谢校长也表示愿意接收这样的学生到她的学校念书。这样，周安便于七月十一日转学进入长老会学校。在经过两个月的观察，确信周安正常到校上课，一切都循规蹈矩之后，内务部才改变了原来的遣返决定，于九月十七日正式批复给他展签一年。

也就在这个时候，在长老会学校读了不到两个月书的周安，于九月四日转学去了位于圣科达（St. Kilda）区的诸圣文法学校（All Saints' Grammar School）。他在这里一直读到次年五月十二日，无论是各科成绩还是在校的各种行为及表现都算得中规中矩，再没有缺勤旷课的情况出现。

一九二七年五月底，周安再次转学，进入美利滨城里的泽口商学院（Zercho's Business College）。可是，仅仅在这里读了三个多月的书后，他的父亲周立接到家乡来信，表示家中有急事，需要已满十七岁的儿子代他回去处理，于是，九月十三日，他请中国总领事馆代向内务部申请周安的再入境签证，希望在其结束探亲之后重返美利滨继续学业。为加强效果，他于九月二十六日也央请泽口商学院出具证明，表示愿意接收周安再回到该商学院念书。十月十一日，在还没有得到内务部批复的情况下，因预订的船期时间已到，周安便登上"太平"（Taiping）号轮船，直驶香港回国。而内务部在一一核实了情况、也了解到周安此前在泽口商学院的出勤情况以及学业都令人满意之后，方才于十一月二十三日正式批复周安的签证申请，要求其在离境之后的一年之内返回澳大利亚继续学业。

次年，周安乘坐从香港启程的"彰德"（Changte）号轮船，于一九二八年十一月八日抵达美利滨口岸。虽然比规定的入境有效期晚了四个星期，但这个时间仍然是在可控的日期之内，毕竟航船因天气和其他不可预测的事件而有所延误，在当时的情况下是经常发生的。故海关对周安的抵境并未留难，让他顺利入了关。

按照《中国留学生章程》规定，中国学生抵达澳大利亚后，应尽快注册入学，虽然此时距学期末尚有一个多月的时间，但周安以长时间航海乘船导致身体不适、需要调节为由，通过中国总领事馆向内务部申请稍作休整，待次年新学期开学后再注册入学，届时还是回到泽口商学院读书。因公牍往返需时，待内务部十一月底处理此事时，距离学期结束、学校进入暑假也就只有三个星期的时间了，遂于十一月二十八日函复同意，但特别强调届时周安必须入读泽口商学院为要。周安见达到目的，自然乐于遵从。一九二九年一月二十一日，周安重返泽口商学院，继续其未完成的课程。在这一年里，他的表现可圈可点，学院也觉得他学习努力，是个潜心向学的好青年。

然而，在一九三〇年新学年开始后，周安却再次转学，进入艾温侯文法学校（Ivanhoe Grammar School）念书。虽然他各方面表现都还可以，但只在这里读到五月十六日学期结束就离开了。六月十日，他写信给海关办公室，解释其离开该校的最主要原因是因为所学的科目太多，他认为对于自己这样的外国留学生来说，主要的目的是学好英语，然后再学些经世致用的课程便足矣。为此，他已经重返泽口商学院继续上课，选修自己喜欢的课程，目前各方面感觉都比在艾温侯文法学校要好得多。他在这里完成了下半年的学习，直到十二月八日学期结束，就从学校退学了。

一九三一年一月十九日，二十一岁的周安在美利滨港口登上"彰德"号轮船，告别留学五年半的澳大利亚，驶向香港，返回家乡。事实上，他并没有完成在商学院的专科课程。也许，他回到中国，还有可能继续求学，完成大专教育；或者，就由此走向职场，开始人生新的一页。而他的档案到此中止，此后未再有他进入澳大利亚的记载。

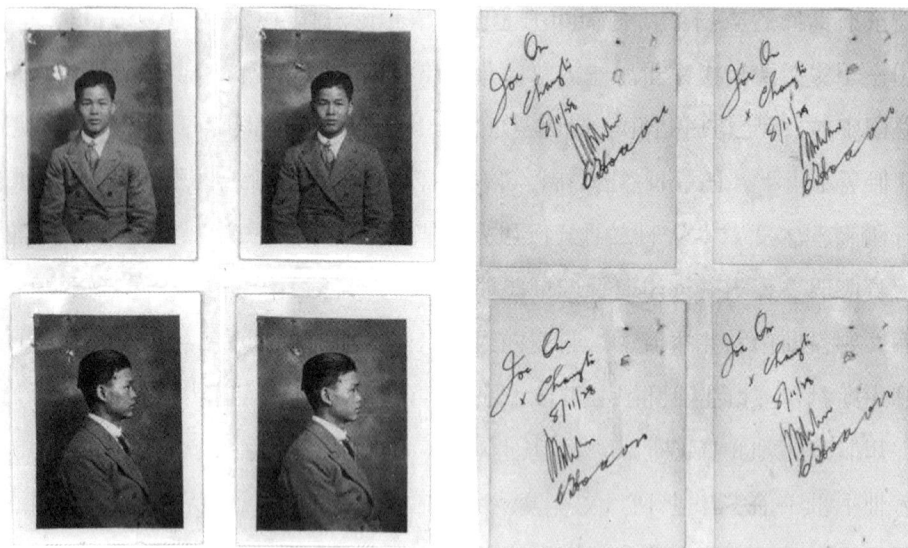

一九二八年十一月八日，周安重返澳大利亚入境美利滨口岸时提交的照片及背面签名。

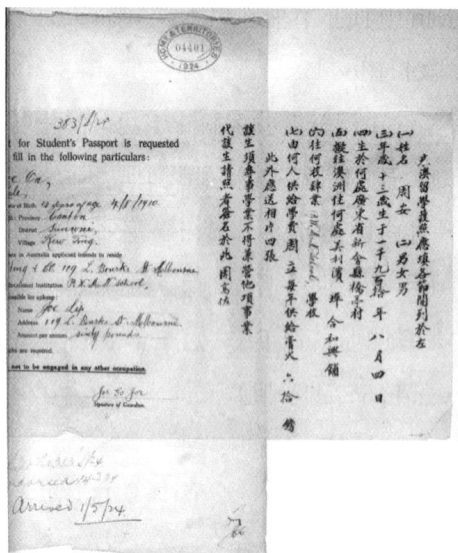

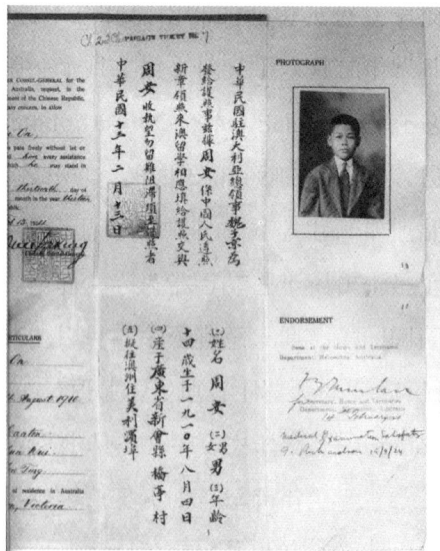

　　左为一九二四年初周立填表向中国驻澳大利亚总领事馆申办儿子周安前来美利滨留学。右为
一九二四年二月十三日，中国驻澳大利亚总领事魏子京给周安签发的中国学生护照。

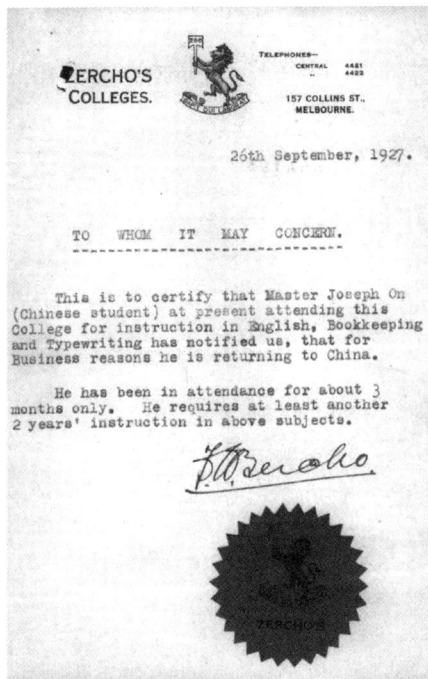

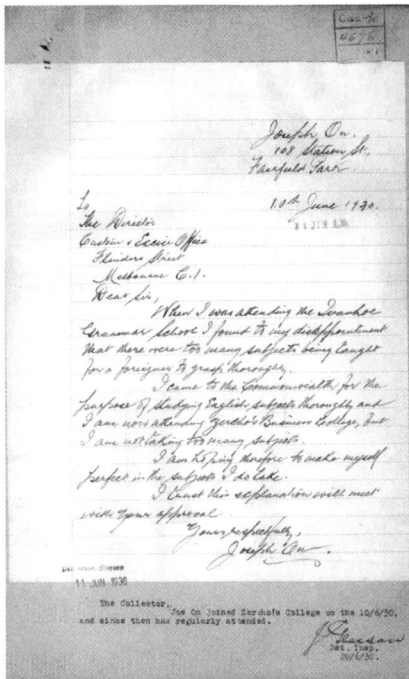

左为一九二七年九月二十六日，泽口商学院院长表示接收周安于结束回国探亲后重返澳大利亚入读该学院的录取函。右为一九三〇年六月十日，周安手书给海关办公室的信，解释其离开艾温侯文法学校及重返泽口商学院的主要原因。其英文书法流畅，显见其深厚的书写功力。

档案出处（澳大利亚国家档案馆档案宗卷号）：

Joe On-student passport, NAA: A1, 1930/1971

陈子明

新会西宁村

陈子明（Chun Tse Ming），新会县西宁村人，出生于一九一〇年九月十三日。其父陈芳裕（F. Y. Chun），亦叫陈玛余，生于一八八一年十二月十日，早在澳大利亚联邦成立之前一年即一九〇〇年便渡海南下，从家乡来到昆士兰省（Queensland）发展，一九〇八年获得永久居留权，先定居于该省北部重镇汤士威炉（Townsville），后至首府庇厘士彬（Brisbane）。[①]他以草医行世，在庇厘士彬威克姆街（Wickham Street）二百六十一号（位于唐人街）开设有一以其名字命名的医药馆及杂货商铺即"陈芳裕"医药馆，在汤士威炉亦有分号，在庇厘士彬和汤士威炉两埠皆颇具名声。

一九二六年九月二十八日，陈芳裕填好申请表格，自己也出具监护人声明，向中国驻澳大利亚总领事馆提出申请，办理儿子陈子明来庇厘士彬的圣约翰学校（St. John's Cathedral Day School）读书。他以自己的草医馆"陈芳裕"号作保，承诺每年供给儿子足用镑膏火，以满足其在澳留学期间所有的学杂费、生活费、医疗保险费和往返船资等费用。

中国总领事馆接到上述申请材料后，发现在此之前的九月二十四日，陈芳裕虽然已经从圣约翰学校拿到了录取通知，但材料仍然不齐，主要在于陈子明此时已满十六岁，早就已经过了不需要提供英文学识能力证明的年龄

---

① Yee, Chun Fong-Nationality: Chinese-Alien Registration Certificate No 10 issued 17 October 1916 at Townsville, NAA: BP4/3, CHINESE YEE C F。

（十四岁以下），遂通知他补充这些材料。于是，十一月十三日，他从香港吉甫英文书塾（Hong Kong Kat Fo English School）校长那里拿到了一份证明信，信中说明陈子明在香港其他英文学校读了半年英语之后，九个月前进入该校继续念英文，英语说、读、写皆已具相当程度，非常流利。与此同时，也让陈子明提供了一份他手抄的英语课文，以示其英语的熟练程度。在拿到所有上述材料之后，已经进入一九二七年了。由是，一月六日，总领事魏子京便给陈子明签发了中国学生护照，号码是447/S/27。在护照的中文部分，其签发的日期写成是中华民国十七年，显然是笔误；而其英文部分的日期则是正确的，写成是一九二七年，与两周后澳大利亚内务部在护照上钤盖的入境签证印章所显示的年份和日期相对应。

在香港念书的陈子明接到中国驻澳大利亚总领事馆寄来的护照和签证后，立即做好了准备，一俟吉甫英文书塾上半年的课程结束，便启程赴澳，搭乘"太平"（Taiping）号轮船，于一九二七年七月三十一日抵达庇厘士彬港口入境。他过关时很顺利，海关人员在考察其英语时发现，他的英语操说能力很强，显示出其所受的英语教育很扎实。陈芳裕在接关时则表示，鉴于儿子的年纪以及此时的英语水平，显然无法再去圣约翰学校跟一群年龄比他小得多的学生一起读书，为此，他已经去信中国总领事馆，申请将儿子转学进入庇厘士彬公立新师范学校（New Normal State School at Brisbane）读书，希望能获得内务部的批复。但八月十日内务部就回复说，按照去年中刚刚实施的《中国留学生章程》新规，所有中国学生来澳留学，必须上私校或工、商学院，不得入读公立学校。

如此一来，陈芳裕便只得为儿子另外物色一间合适的学校。最终，他选择了位于城里的中央培训学院（Central Training College），并于八月二十二日让陈子明正式注册入读。老师对他的评价很高：求知欲望，聪颖尚学，自律性好，总是做到最好。他就以这样的学习态度在这里一直读了一年半，直到一九二八年底学期结束。在学校里，为了进一步拉近与当地同学的关系，他也给自己取了一个英文名，叫托马斯·陈（Thomas Chun）。

进入一九二九年，陈子明也将届满十九岁，为此，他希望学些经世致用的技术，以为其日后进入社会和职场创造有利条件。当新学年开学后，他没有再继续在中央培训学院读书，而是跟父亲商量后，再与中国驻澳大利亚总领事馆洽商，由后者于三月五日致函内务部，请求内务部批准他两个月的时间，让他进入庇厘士彬城里的效能汽车技校（Efficiency Motor School Ltd.）选修一个密集培训课程，白天上课，以便掌握驾驶和修理汽车的技能。事实上，此前他已经选修了该学校的夜间课程，并且已经上了两个月的时间了，而与他一起就读上述课程的，还有同样是来自新会的陈华润（Chan Wah Goon）以及来自开平的周炳珍（Joe Bing Jun），二人都比他早几年来此留学。陈芳裕表示，一俟修完上述课程，其子将会回到私校继续其学业。三月十六日，内务部秘书回复说，内务部长已经批准上述申请，但必须在课程结束后返回私校继续原有的学习。于是，从四月八日开始，陈子明便参加了上述密集课程，驾驶课学费是三镑三先令，修车课学费相同。到五月底，两个月的期限即将到期，新任中国驻澳大利亚总领事宋发祥致函内务部秘书，提前为陈子明申请自八月一日开始的签证展签；同时，他也特别强调，因效能汽车学校校长表示，要学完所有的修车课程尚须四个月的时间，故特别申请让陈子明继续完成这项课程，全部完成之后再让他返回学校念书。很幸运的是，内务部批准了上述申请。于是，六月十三日开始，陈子明继续进入效能汽车学校的第二期课程学习。而上述陈华润和周炳珍则在读完第一期课程后便结束学业，很快便一前一后地返回了中国。

在九月底完成了所有的汽车驾驶和修理课程之后，陈子明于十月一日再次重返中央培训学院继续以前的学业。他在这里的学费，每季度是二镑十先令；在此后的一年时间里，他仍然秉持之前的学习态度，所选修的科目成绩也非常令人满意。

一九三〇年十月二十三日，中国总领事宋发祥代陈子明向内务部提出申请，暂停其在学校的课程，给他六个月的时间去商业机构实习，了解在澳经商的技巧及相关应对之道，并由此获得历练和积累经验。五天后，内务部秘书回复宋总领事，告诉他此项申请批准的可能性极大，但必须由陈芳裕对其子实习的商行或机构作一翔实的安排，内务部方可作进一步的处理。随后，陈芳裕的律师在十二月初写信告诉内务部，告知选定汤士威炉的主要华商"Sang Chong Wah & Co."（"新祥和"号商行）作为陈子明的实习场所。对此，内务部实际上也是给予了认真的考虑。在该年年底时，内务部一方面要求海关对上述商行的规模和经营情况提供一个报告，另一方面也致函陈芳裕的律师，一再要求陈芳裕本人出面来给儿子的实习做一安排。海关对此事倒是很积极，次年一月初便把报告提交上来。根据报告，"新祥和"号在上一年度的营业额约为一万四千镑，进口货品总额为一百七十七镑十九先令，为此支付印花税一百三十二镑十九先令三便士。商行除了两位合伙人之外，尚雇佣两名员工。而陈芳裕在汤士威炉与该商行关系密切，且其个人在当地经商颇有口碑。内务部对这样的商行规模表示满意，就等着申请者采取措施，以作最后的定夺。惟直到一九三一年三月底，内务部仍然没有收到陈芳裕就儿子商业实习之事与内务部联络并作出安排的任何信息。此后，内务部催问了几次但不得要领，这事儿也就不了了之，没有了下文。

在上述申请办理过程中，内务部要求陈子明在事情尚未定下来的情况下，必须在学校继续上课学习。而陈子明也确实循规蹈矩，一直待在上述学校里正常上课，认真读书，一直到一九三一年学年结束。

一九三二年新学年开学后不久，新任中国驻澳大利亚总领事陈维屏于三月二日致函内务部秘书，告知陈子明虽然刚开学时曾经注册入学，但很快便退学，因其近期就要回国探亲，由于尚未完成所有课程，仍然想探亲后重返澳大利亚继续完成学业，希望内务部能核发给他再入境签证。五天后，内务部秘书便复函批复，给予其十二个月内重返澳大利亚留学的签证，但条件是他必须重返中央培训学院上课。

在确认获得再入境签证可以重返澳大利亚念书之后，陈子明遂于三月十五日在庇厘士彬港口搭上前往香港的"利罗"（Nellore）号轮船，返回中国。他的档案也到此中止，此后再未能查找到他入境澳大利亚的记录。也许回到中国后，形势发生了很大的变化，而他当年就已届二十二岁，距离中国学生在澳留学最高年龄二十四岁的限制已经没有多少日子，这或许也是导致其最终没有回澳的一个重要因素。

　　一九二六年九月二十八日，陈芳裕填好申请表格，向中国驻澳大利亚总领事申办儿子陈子明来庇厘士彬读书的留学手续。

　　一九二六年九月二十四日，圣约翰学校出具的对陈子明的录取信。

　　一九二七年一月六日，中国总领事魏子京给陈子明签发的中国学生护照和签证印章。

档案出处（澳大利亚国家档案馆档案宗卷号）：

Chun Otse Ming（Thomas Chun）Students passports, A1, 1931/582

吴帝结

新会文楼村

　　吴帝结（Thomas Nomchong）是新会县古井文楼村人，生于庚戌年（一九一〇年）十月十二日。他的父亲名叫George Nomchong（吴佐治，译音），是否出生于家乡不得而知，但年少时就由其父吴迟德（南昌）带去了澳大利亚[①]。吴迟德的英文名字是Chee Dock Nomchong，或者写成C. D. Nomchong，早在一八七八年之前便从家乡来到澳大利亚发展。他从雪梨（Sydney）登陆入境后，就进入到当时属于鸟修威省（New South Wales）淘金场所的必列括（Braidwood）小镇寻找机会。该镇位于鸟修威的东南部内陆地区，地处现在的澳大利亚首都堪培拉（Canberra）与贝特曼斯湾（Batemans Bay）的中间。淘金热退后，该镇就成为一个农牧区，人口不多，但吴迟德已经成功地在此定居下来，并加入了澳籍，[②]在此间开设一间商行，名为"南昌"（Chedock Nomchong）号，主要销售桉树油、农业工具与机械，也兼售家具及杂货用品。[③]根据吴迟德自己的说法，他在澳大利亚有一个大家

[①] George Nomchong [Chinese-arrived Sydney per EMPIRE, March 1914. Box 36], NAA: SP11/2, CHINESE/NOMCHONG G。

[②] Chee Dock Nomchong [application by Chee Dock Nomchong, for admission of his grandson Thomas Nomchong [also known as Nom Chong], into the Commonwealth] [includes 6 photographs showing front and side views; Certificates of Exemption and left and right thumb prints of Thomas Nomchong] [box 267], NAA: SP42/1, C1931/5596。

[③] A Nomchong and Co. Pty. Ltd. Wallace Street, Braidwood [0.5cm; box 623], NAA: SP1122/1, 54/24/5489。

庭，妻子亦相随于此，有好几个儿女，分住于不同的地方。只是不知道他的这些子女是全部都在中国出生，由他一一从家乡带来澳大利亚，还是部分在澳大利亚本地出生。但从吴帝结是在新会家乡出生的情况看，他的父亲吴佐治应该是在乡里成的亲，生下儿子之后将妻儿留在原籍，自己再又重返澳大利亚谋生养家。

由于吴迟德定居于必列括长达几十年的时间，他与当地的政商要人也建立了良好的关系，在当地亦颇有口碑。奥斯丁·查普曼爵士（Sir Austin Champman KCMG）曾在鸟修威殖民地政府工作了几十年，并在澳大利亚联邦成立后便进入联邦议会，也曾经担任过几届不同内阁中的部长。作为从必列括走出来的政客，他的家人仍大多居住于该镇。查普曼从政前原在必列括经商，是当地一间名为皇家旅馆（Royal Hotel）的经营者，也开设了一间物业拍卖行，充当拍卖师；在进入联邦政坛之后，比列括就是其选区。因同在一地，查普曼早年经商时便与吴迟德相熟。

当一九二一年澳大利亚正式开启了中国学生赴澳留学的大门后，吴迟德便想将在新会家乡的孙子吴帝结给办来留学，到现居的有上千人口的必列括镇读书。但不知是不了解当时的留学申请程序抑或是出于别的考虑，吴迟德不是向中国驻澳大利亚总领事馆提出申请，而是于当年三月底向查普曼议员求助，希望后者协助将其孙儿申请来澳大利亚留学。接到求助信后，查普曼于四月一日致函澳大利亚联邦政府内务部长，说明吴迟德是必列括镇的守法公民和著名商人，敦促其协助办理上述事务。内务部长五天后复函，嘱其转告吴迟德，此事须通过中国总领事馆循正常渠道提交申请，内务部定当批复签证。在回函中，内务部长也详细列明申请所需材料。这一方面是想显示出其协助办理此事的耐心，另一方面也是借此回复查普曼，以表明内务部对于此事的重视，只是限于流程之需要，必须得这样做才符合规范。

折腾了一圈，没有达到目的，最终还是回到原点。于是，吴迟德只好遵照内务部的指引，于五月三十一日填表向中国驻澳大利亚总领事馆提出申请，要求办理孙子吴帝结赴澳留学护照和入境签证。吴迟德以自己经营的

"南昌"号商行作保,允诺每年提供膏火五十镑给孙子,要将他办来由天主教会在必列括镇所设立的罗马校堂学校(St. Bede's School)就读。

中国总领事馆接到上述申请后便立即着手处理,因为吴迟德递交申请材料时缺了孙子的照片,且手头也没有,最终导致吴帝结的学生护照无法签发。而此时正在中国探亲的吴佐治就要返澳,将携儿子吴帝结乘船回来。经与吴迟德商量之后,六月二十三日中国总领事魏子京致函内务部秘书,通告了上述申请者来澳留学的审理情况以及吴帝结的近况,请求内务部知会海关,待不久后吴帝结抵达海关时,先准其临时入境,等中国总领事馆拿到其照片,发出护照,再由内务部在上面钤盖入境签证印章。内务部觉得事已至此,应该予以通融,遂于四天后复函同意,并将此事知会了雪梨海关。

九月二十日,吴帝结在父亲的陪同下,搭乘从香港起航的"获多利"(Vitoria)号轮船抵达雪梨港。海关按照内务部指示为其过关开放绿灯,给予其入境一个月的临时签证。中国总领事馆遂利用这个时间,待拿到了吴帝结的照片后,于十月二十五日由总领事魏子京为他签发了一份中国学生护照,号码112/S/21。等到中国总领事馆将此护照送交内务部后,后者也于十月二十八日在护照上钤盖了入境签证章。这就意味着正式地给予这位即将届满十一岁的中国小留学生一年期的学生签证,有效期自其入境之日算起。

从雪梨入境后,吴帝结便跟着父亲,来到了祖父所在的必列括镇,于十月一日正式注册入读罗马校堂学校。从学校提供的例行报告看,除了在读书期间有时候身体状况不是很好、时不时因病无法上学之外,他在这里学习还算认真,在校表现良好,虽然进步比较缓慢,但还是在三年后得以升读六年级,并以此状态一直读到一九二六年底学期结束。

在这一年的学期即将结束前,中国总领事魏子京于十二月六日致函内务部秘书,告知已满十六岁的吴帝结准备回中国探亲,并计划结束探亲后再回澳继续念书,为此,特代其申请再入境签证。因上述手续正常,各方面都符合规定,三天后内务部秘书便批复,准其十二个月内返回澳大利亚继续留学。在获得上述保证后,吴帝结便从必列括镇赶到雪梨,于这一年的最后一天搭上驶往香港的日本轮船"三岛丸"（Mishima Maru），返回家乡探亲去了。

一年过去了，吴帝结没有出现在澳大利亚各海关入境名单里；又一年过去了，他还是没有返回澳大利亚。直到两年后，吴迟德在一九二九年一月二十四日给接替查普曼席位担任其联邦选区议员的柏敬思（John Arthur Perkins）写信，告知孙子吴帝结因在再入境签证临到期时身体有恙，生病不能远行而无法赴澳，而此后又由于身体康复较慢，无法确定何时能赴澳，故一直也没有申请入境展签。现在，吴佐治已去堪培拉与雪梨两地中间的高宝（Goulburn）镇开店，迫切希望他的这位已经年满十八岁业已康复的儿子前来澳大利亚，故恳请柏敬思议员能协助其获得签证入境，以便安排吴帝结的在澳商业培训。作为已经入籍的守法公民，他希望议员可以通过必列括镇的其他有声望的商家，查证其个人操守以及商业信誉，从而达成其上述愿望。事实上，对于这位自己选区里颇具名望及身家颇巨的选民，柏敬思议员还是比较熟悉和了解的，故在接到请求后，立即就于一月二十七日给内务部长写信打招呼，希望其能考虑到吴迟德在澳几十年的贡献，玉成此事。

内务部长接到柏敬思的信后，反应也很积极，四天后就给予了回复。鉴于此前吴帝结是以留学生身份来澳留学，所持的是学生签证，因此，内务部长遂想当然地将此次请求看成了重新核发留学入境签证。他对柏敬思表示，吴迟德提出的申请中没有说明吴帝结入境后所要进入的是哪间私立学校，请代为转告其提供具体学校的名称，内务部将循例为其核发入境签证。因为此时实施的《中国留学生章程》新规列明，中国学生年满十七岁之后须入读私立中学或商学院等院校并取得录取信，凭此当局方可核发签证。柏敬思议员当天便将此回复转交给了吴迟德，希望他能满足上述要求，达成目标。吴迟德看后明白是内务部长误会了，便在二月六日致函柏敬思议员，明确表达是申请孙子来其"南昌"号商行学习经商技巧，所要求的是商务签证。

至此，内务部长方才搞清楚了吴迟德的要求。于是，他指示海关核查"南昌"号商行的商业规模和其岁入金额，同时搞清楚到底吴迟德的哪一个儿子是吴帝结的父亲，以及其在这孩子出生前后出入海关的记录。三月六日，必列括镇派出所根据指示提供了此事的调查报告："南昌"号商行以经营制作和出口桉树油为主，年营业额为二万五千镑；吴佐治是吴帝结的父亲，现已迁往高宝镇中国菜园居住，换言之，他已参与在当地种植和销售蔬果的生意。根据规定，上述商行有如此可观的经营规模和收入，吴迟德是可以申请孙子来作为帮工参与经营工作的。为此，内务部长于三月二十二日致函柏敬思议员，希望他征询吴迟德的意见，即期望为其孙子入境申请多长时间的签证。四月八日，吴迟德回复，希望能核发给其孙子六年签证。但就在这个时候，海关查出来了在吴帝结出生的那一年，吴佐治是在七月份才出关回国的，而前者是十月份就出生了，二人之间的血缘关系显然对不上。不过，早在一九〇八年九月，吴佐治就去了斐济，到一九一〇年二月方才回到澳大利亚。那么，在此期间他是否曾从斐济直接回中国探亲或者将怀孕妻子送回中国，就无从探究了。更严重的是，在几年前，吴佐治的中国菜园因雇佣非法中国移民，并且其本人也抗拒内务部抓捕这些移民，已经上了内务部的"黑名单"。内务部长原本是倾向于给吴帝结核发入境签证，但上述信息所带来的负面影响巨大，他便以吴佐治有可能不是吴帝结之父亲为由，于五月九日否决了吴帝结的入境签证申请。

接到上述内务部拒签的信函之后，柏敬思议员于次日再致函内务部长，敦促他重新审核此项申请，推翻其既有决定。他表示，即使不能给予吴帝结六年签证，也应该酌情给予适当年限之签证，让其入境来澳加入其祖父的商行工作中。议员认为，对于守法公民及经商成功而对社区有贡献者，是不应该无视其正当请求的。这封信无疑起了很大的作用，使上述申请峰回路转。五月二十八日，内务部长复函表示，经重新审核，可以推翻前议，先核发给吴帝结一年的商务签证入境，到期后视情况再申请报批。为此，在吴帝结入境时，须向海关缴纳一百镑的保证金。随后，内务部也通告悉尼海关备案。

从上面的公私文牍往返可以看出，吴帝结已经获得了再入境澳大利亚的商务签证。但他的档案到此中止，澳大利亚档案馆里此后便再也找不到与他相关的信息。他最终是否进入了澳大利亚，尚有待档案文件的进一步披露。

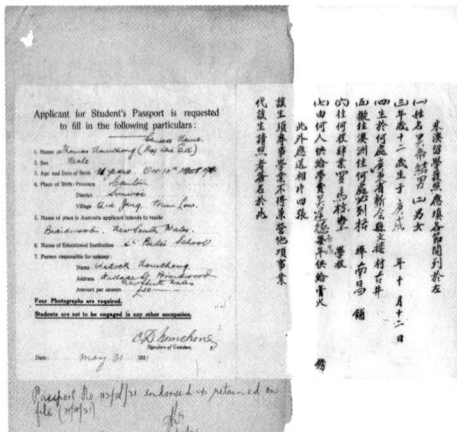

左为一九二一年五月三十一日，吴迟德填表向中国驻澳大利亚总领事馆申办孙子吴帝结赴澳留学手续。右为同年十月二十五日，中国驻澳大利亚总领事魏京给吴帝结签发的学生护照。

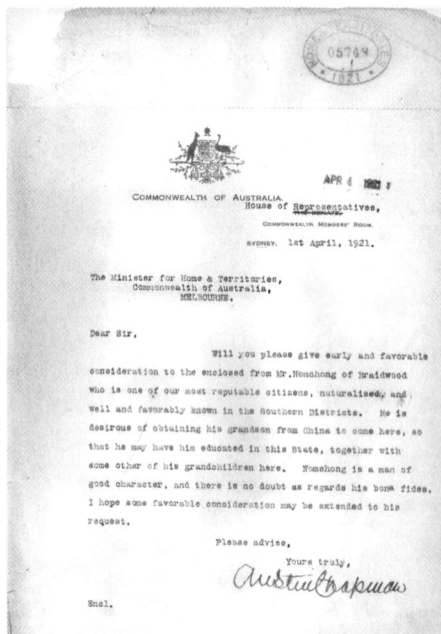

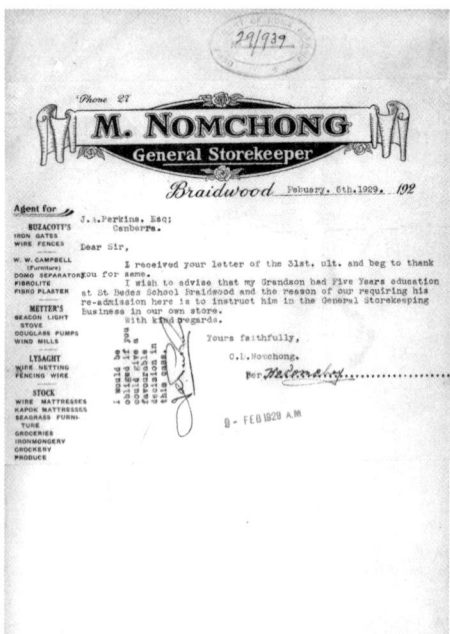

左为一九二一年四月一日，澳大利亚联邦议员查普曼致函内务部长，转达吴迟德要求申请孙子吴帝结来澳留学的签证。右为一九二九年二月六日，吴迟德致函接替查普曼席位的联邦议员柏敬思，为孙子入境申请六年商务签证。

档案出处（澳大利亚国家档案馆档案宗卷号）：

Thomas Nomechong-Student's Pass Port, NAA: A1, 1929/939

陈华进

新会旺冲村

　　陈华进（Chin Wah Dan）是新会县旺冲村人，生于一九一〇年十月十五日。其父名为陈祁森（Chin Ging Sham），具体于何时来到澳大利亚发展不得而知，因档案馆无法查找到与其上述英文名字相关的记录，唯知道他此时与其兄弟陈祁休等一起合股在美利滨（Melbourne）埠经营一间名为"新华隆"（Sun Wah Loong）的商铺[①]，主营蔬果和杂货，经济状况稳定。

　　到陈华进十二岁时，父亲陈祁森认为是将他办理来澳留学的时候了，遂于一九二二年十月十六日填表，向中国驻澳大利亚总领事馆申办其护照和签证。他以参与经营的新华隆号商铺作保，保证每年给予足镑膏火，要将儿子办来开设在美利滨唐人街上的长老会学校（P. W. M. U. School）念书。中国总领事馆经过三个月的审理后，由总领事魏子京于一九二三年一月十五日给陈华进签发了号码为211/S/23的中国学生护照。内务部的批复也很迅捷，两天后，即一月十七日，也核发给他入境签证。

　　在中国的陈华进接到中国总领事馆寄来的护照和签证，他的家人便开始

[①]　新华隆号商行大约是在十九世纪九十年代前后便已开设。据美利滨当地华文报纸报导，一九〇七年，陈华（Chin Wah或 Chen Wah Lee）与其他股东合股将此商号承顶下来，他也是新华隆号的主要股东。见："声明告白"，载《警东新报》（The Chinese Times），一九〇七年八月二十四日，第八版。而在此之后，其他股东陆续退出，到一九二十年代末，陈华遂成为新华隆号唯一股东。有关陈华的档案，见：LEE Chin Wah: Nationality-Chinese: Date of Birth-19 September 1869: First registered at Little Bourke Street, NAA: MT269/1, VIC/CHINA/LEE CHIN。

为其赴澳行程紧锣密鼓地忙活起来。经过大半年时间的寻找和沟通，找到了结束回国探亲再返澳的乡人应允携带并在航行中充当监护人之后，家人便订好船票，将其送往香港，搭乘"岭南"（Lingnan）号轮船赴澳，于当年十月十四日抵达雪梨（Sydney）港口，入境澳大利亚。他的目的地应该是美利滨，而在雪梨下船登陆，极有可能便是从家乡陪同其赴澳之乡亲目的地便是雪梨，故陈华进只得跟他一起下船。他父亲在雪梨的朋友便接手协助他，安排他在此乘坐火车前往美利滨，到那里跟父亲住在一起。

一九二三年十月二十二日，陈华进就按照父亲早前的安排，正式进入长老会学校上学。他在这里读了半年左右的书，循规蹈矩，按时上课，举止有据，各项表现令人满意。到一九二四年三月，他转学进入临近美利滨大学的加顿埠末士准士学校（Rathdown Street State School，Carlton）读书。在这里，他的表现一如之前在长老会学校。两年后，学校对他学习的评价是：学习尽心尽力，算术和图画尚好，但英语语法、诗歌以及词语的拼写等方面则较为吃力。他一直在这间学校读了三年半，到一九二七年五月初结业。总体而言，大部分科目的学校尚算合格，但英语始终是弱项，尤其是语言的组织写作及拼写方面，还有很大的差距。校长认为，与同时期在校的其他中国学生相比，他算是其中资质最低的一位，学习成绩远远比不上他们。

在结束了末士准士学校的课程后，陈华进获准注册入读工人学院（Working Men's College）的预科学校（The Preparation School），并拿到了录取信。随即他决定先回中国探亲，并于五月十二日搭乘"彰德"（Changte）号轮船离开美利滨回国。走之前，他委托中国总领事馆代其申请再入境签证。四月二十九日，中国总领事魏子京致函内务部秘书，为他提出申请。因其手续齐备，内务部并没有留难，于五月十八日函复魏子京总领事，批复了上述申请，准予陈华进十二个月内入境有效。

事实上，陈华进在中国的探亲超过了一年。直到一九二八年六月十一日，他乘坐从香港启程的"太平"（Taiping）号轮船抵达美利滨。虽然签证已过了有效期，但海关因其仍然处于合理的时间范围内，即有效期失效未超过一个月，仍然放行，让其顺利入关。

但陈华进却未能顺利入读工人学院的预科学校，原因是其考试成绩未能达到入学要求。学校希望他在余下的半年时间里，再努力学习，争取考过，到明年再来入学。于是，他无计可施，遂重返末士准士学校复读。可是内务部于十月份得知他重返末士准士学校后，认为这是违规行为，因为自一九二六年中开始，重新实施修订的《中国留学生章程》规定中国学生不能再进入公立学校读书，而末士准士学校正是一间公立学校。十月十八日，内务部秘书致函中国总领事馆，要求通知陈华进，必须立即从末士准士学校退学，注册入读一间政府认可的私立学校方为正道，不然，当局唯有对其采取遣返措施。对此，陈华进只得退出公立学校，于十一月一日入读以前读过的长老会学校，希望在这里度过两个月，便进入工人学院读书。

通过海关的调查，内务部了解到长老会学校接收陈华进入学时，没有收取学费，即让他免费就读这个学年余下的几个星期。按照设计，中国学生入读私立学校都是要交费的，而长老会学校的做法显然违反常规。于是，内务部致函学校询问。校长回复说，因为只剩下几个星期学校就放暑假，故不收取其学费。从明年开学后，他再注册入学时，学校将收取其学费，全年学费是八个几尼。两者之间的公牍往返延续了一个多月，内务部见事已至此，也就不再询问，此事便不了了之。

可是到一九二九年新学年开学后，陈华进没有到长老会学校继续上学，但也没有如期进入工人学院就读，因为其考试成绩仍然未能达到其入学要求，他只得注册入读司铎茨商学院（Stott's Business College）。他在这里读了一年，直到十二月十二日学年结束。学校报告表明，他的在校各项表现尚好。

到了一九三〇年新学年开学后，陈华进没有到校上学。内务部是直到四月中旬才得到司铎茨商学院的报告，获知陈华进没有继续在该学院上课，遂指示美利滨海关协助核查他到底是在哪里。也就在这个时候，新任中国驻澳大利亚总领事宋发祥于四月三十日致函内务部秘书，鉴于陈华进签证到六月十一日到期，希望能准许他留至六月三十日再离境回国。因他自年初以来便不再去上课，也通知了中国驻美利滨领事，但该领事与中国总领事馆之间的联络沟通出了点问题，致使中国总领事馆未能及时通告内务部。但内务部已经收到海关的报告，得知陈华进自去年底学期结束后便住在父亲的农场里（此时陈祁森已经从新华隆号退股，转而经营菜园），显然是在协助其父亲工作。因此，内务部秘书于五月二十一日复函时，对陈华进这种五个月不上学而协助父亲工作的违规行为提出批评。按照内务部的看法，无论是什么理由，都不能解释这五个月的违规行为。由是，内务部否决了宋总领事的上述申请，而且还要求他协助当局，安排陈华进在签证到期即六月十一日前搭船离境。对此，宋总领事知道已经事不可为，遂不再争辩，由内务部主导陈华进的离境。根据海关的报告，六月十二日有"太平"号轮船离境，故他们安排陈华进在这一天登船。可是到了那一天，陈华进并没有如期登船，海关赶紧前往了解，得知陈华进已经改了船期，要在七月九日搭乘"天叮"（Tanda）号轮船回国，因为届时他父亲陈祁森也将和他一起走，回国探亲。内务部得知这个变化，也没有催逼，只希望他按照该日期尽快离境。

最终，陈华进并没有登上"天叮"号轮船离开澳大利亚，而是又多等了八天的时间，才于一九三〇年七月十七日搭乘"彰德"号轮船，驶往香港，转回家乡。至于其父亲是否与他同行，档案中没有提及，而且他的档案也到此中止。

一九二二年十月十六日，陈祁森填表向中国驻澳大利亚总领事馆申办儿子陈华进的留学护照。

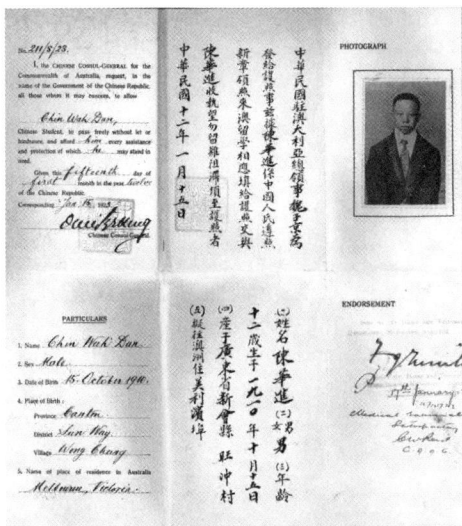

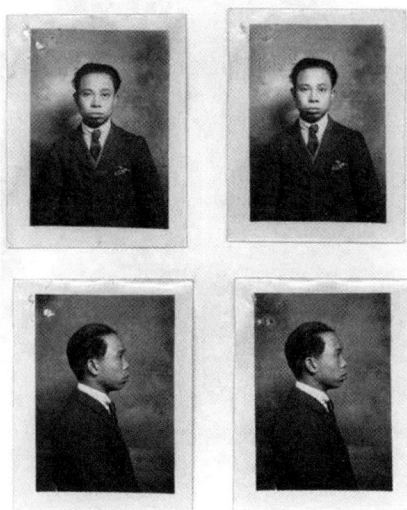

左为中国驻澳大利亚总领事魏子京于一九二三年一月十五日给陈华进签发的中国学生护照。右为一九二八年六月十一日陈华进结束探亲重返澳大利亚，在美利滨入关时提交的照片。

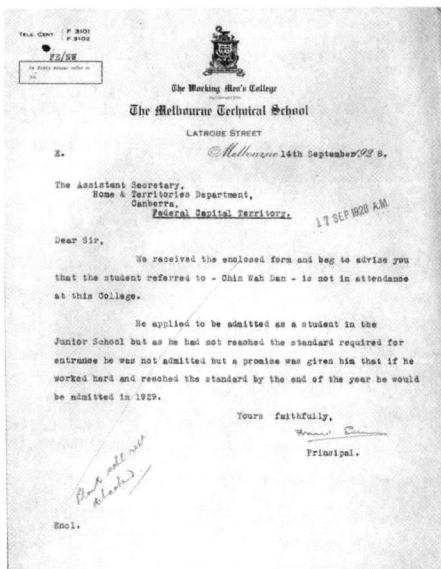

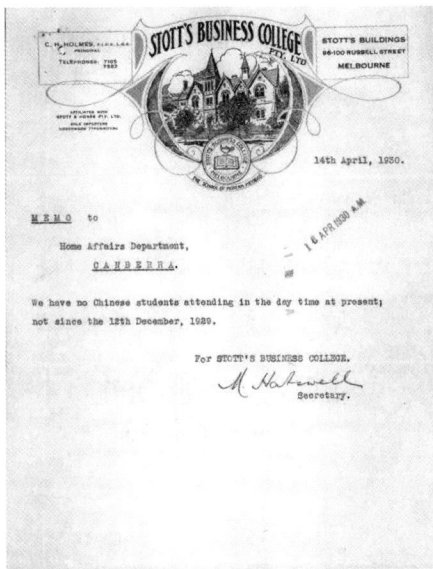

左为一九二七年工人学院的预科学校决定准予回中国探亲的陈华进重返美利滨后入读该学校的录取信。右为一九三〇年四月十四日司铎茨商学院报告陈华进在这一学年并未注册入读该学院。

档案出处（澳大利亚国家档案馆档案宗卷号）：

Chin Wah Dan-student passport, NAA: A1, 1929/4861

周 荣

新会东安村

周荣（Joe Wing）出生于一九一○年十一月一日，新会县东安村人。其父周暖（Joe Noon）于十九世纪末来到澳大利亚发展，定居于美利滨，从事洗衣业，在唐人街亦即著名的小博街（Little Burke Street）一百一十七号租房开设了一间名为"义合"号的洗衣店，生活相对稳定。

一九二三年，考虑到儿子即将十三岁，周暖便通过同宗兄弟周高梧（Joe Go Fo）作为申照请领人，填表向中国驻澳大利亚总领事馆提出申请，办理其子周荣前来留学，准备让他入读位于美利滨唐人街上的长老会学校（P.W.M.U. School）。周暖以自己经营的"义合"号洗衣店作保，允诺每年供给膏火六十镑，作为儿子来澳留学期间所需的各项费用与开支。因其申请表上未具填表日期，故无法得知该申请何时递交，而在接到上述申请后，中国驻澳大利亚总领事馆又需要多长时间方得以审理。从同一年里许多同类申请大都耽搁数月的情况看，恐怕这份申请也会在中国总领事馆有几个月的排队时间。到十月份，中国总领事魏子京终于给周荣签发了一份中国学生护照，号码为342/S/23，十月三十日也为他拿到了澳大利亚政府内务部核发的入境签证。

在中国的周荣接到寄来的护照和签证后，家人便多方联络，用了几个月的时间为他联络同伴，安排赴澳行程并订妥船票。待诸事办妥，一九二四年三月初将其送往香港，搭乘"衣时顿"（Eastern）号轮船，于三月二十八日抵达美利滨口岸，入境澳大利亚。

原本周暖是想让儿子在美利滨入读位于唐人街上的长老会学校，但周荣抵埠后，很快就被送到东距美利滨大约二百二十公里左右、位于域多利省（Victoria）东部近海的塞尔（Sale）埠，于四月七日在塞尔公立学校（Sale State School）注册读书。是什么原因让周暖将儿子送到这个地方念书呢？因档案中对此没有任何交代，也查不到任何线索，无法得知。推测起来，最大的可能性是，此前周暖或者是将在唐人街的洗衣店卖掉或者是租给他人代为管理经营，自己再来到赛尔埠开店，寻求发展机会。因此，当儿子周荣抵埠时，他去到海关将其接出来，然后就直接去到赛尔埠。待安顿好之后，他选择了该埠的公立学校，将儿子送进去读书。因周荣抵澳之时完全不懂英语，与人沟通很困难，因此上课时就对其学业显得力不从心。好在他遵守校规，与同学也逐渐相熟，同学们也很热心地帮助他，在这样的友好学习氛围里，他便极其努力去学习新语言，进步很快。

可是，周荣只在这里读到年底。待学校放假后，便去到美利滨。原因也许跟父亲有关，即周暖在塞尔埠的生意并不如意，只能重返美利滨，为此周荣自然与父亲共进退。自一九二五年新学年开始，周荣注册入读位于美利滨南部的诸圣文法学校（All Saints' Grammar School）。根据学校的报告，他的在校表现跟之前在塞尔埠相差不多，但他在此读了不到四个月，就于五月份退学离开。当内务部按例于七月份向该校查询其表现时，方才得知他早已不在这间学校，而且离校时没有告知具体去向。于是，内务部责成美利滨海关协助查询周荣的去向。

实际上，周荣离开诸圣文法学校后，并没有走得多远，而是在六月二日就近入读另一间私立学校——考飞文法学校（Caulfield Grammar School）。该校也跟诸圣文法学校一样，是美利滨颇有声望的学校。刚开始时，他的在校表现还差强人意；但不久之后，他就开始出现旷课行为，到当年八月底，仅仅三个月的时间里，累计旷课达三十二天，学习成绩急剧下降。可能是感觉到无法交代旷课原因，周荣便在九月一日从该校退学，转学进入位于美利滨港区的圣若瑟书院（St. Joseph's School）就读。

在圣若瑟书院，虽然周荣在校的表现较之于前一间学校要好很多，也得到了像最初在塞尔公立学校时的积极评价，但还是常常旷课，到年底时累计旷课十四天。在一九二六年的第一个学期，更连续旷课达四十四天之久；到上半年结束时，竟然有七十八天的时间连他的影子也见不到。对此，学校坚信时年十六岁的这位中国学生是在逃学，因为此前他曾经向学校谎称是要回中国探亲而暂时离校。对于有学生处在这种情况下，学校自然无法容忍，遂于七月中向内务部报告此事。海关稽查人员根据指示，在其父亲的洗衣店里找到了周荣。可是他却当着父亲的面，告诉海关人员，他的年纪已经太大无法去学校上学，只想着尽快回国，表现出明显的厌学情绪。内务部秘书接到报告后，深感这位中国学生的逃学行为已经严重违反了留学章程，加上其制造各种借口为其逃学辩护的表现，于是立即决定将其遣返出境。为此，他于七月二十日致函中国总领事魏子京，告知此决定，并请其配合协助办理这位中国留学生的出境事宜。

魏子京总领事接到上述公函后，也深感兹事体大，但还是觉得应该先了解一下具体情况，再行打算。经一番调查后，他获知从三月到五月期间，也就是所谓周荣旷课最严重的那段时间，他实际上是回到了诸圣文法学校。因此前他在这间学校的表现尚可圈可点，当他回到学校要求重新入读时，校长也就同意了。在这间学校的这段时间里，他虽然也有十几天的旷课，但总体而言，表现还是令人满意。由是，魏总领事在拿到了该校长对周荣入学及表现的确认信后，于八月二十日致函内务部秘书，表示将周荣遣返之事尚可商量。他认为，即便是重返诸圣文法学校之后，这位中国学生确实也还有旷课的行为，但事态还没有那么严重，事实上他也去学校上学。本着爱护该生的愿望，他请求内务部重新考虑遣返决定，再给他一个机会，以观后效；而中国总领事馆也会在此后的这段时间，密切关注其表现。内务部秘书接到上述吁请，也通过海关进行了一番调查，确认周荣目前仍然在诸圣文法学校上学，表现已经基本正常，才于十月十六日函复魏子京总领事，接受其吁请，撤销遣返决定，允许周荣继续留在澳大利亚就学，但条件是，一旦他再出现旷课逃学之事，那内务部将对其采取严厉措施，后果自负。

由是，周荣就在该校留下来继续读书。此后直到年底，他的表现都算令人满意。期间仅有的七天缺勤，是因为他的伯父病亡要操办丧事，他为此已向学校请假，因此，内务部认为这属于正常情况。此后，他在这间学校继续读到一九二七年六月，其在校表现也令人满意，一改过去两年里出现的那种厌学和逃学现象。或许他过去两年的种种行为跟青少年时期特有的逆反心理有关，而内务部的遣返决定是使其认识到自己的错误而有所改变的转折点。

一九二七年六月三日，周荣从诸圣文法学校退学，原因是父亲周暖要去到品地高（Bendigo）发展，他自然也要跟着一起前往。六月十四日，他注册入读品地高商学院（Bendigo Business College），并在此给自己取了一个英文名，叫做Joseph Wing（约瑟夫·荣）。在这里，他给老师的印象是学习如饥似渴，行为端正，这样的状态一直保持了两年，与其青春逆反期的表现判若两人。

但从一九二八年下半年起，每个学期周荣总会有一到两个星期的时间不是缺勤就是请假往美利滨跑，原因在于此时攻读商务课程的他，遇上了总部设在美利滨的中国洋行（China Indent Co. Ltd）。从其公司介绍得知，该洋行专事经营与中国贸易，负责推销产品去到中国并从那里购买所需原材料等等，声称在上海和广州设有办事处。中国洋行的总经理名叫白若德（James Perrott），他对美国在这个世纪初决定退返庚子赔款用于中国的教育，派遣中国学生赴美留学，在中国的年轻一代菁英中推广美国文化的做法推崇备至，表示澳大利亚也应该效仿之。一九二九年六月二十五日，他致函内务部秘书，向其阐述上述观点，其最后的要点是：请内务部同意其洋行雇佣十九岁的周荣，亦即准允他转变身份，核发新的商务签证。原来，自去年以来，周荣缺勤而频繁前往美利滨的主要原因便是与中国洋行有了联络，然后被其雇佣。白若德实际上是希望澳大利亚政府更多地利用在澳留学之中国学生，使之能留在当地与中国贸易往来及文化交流等机构里，先行培训熟悉澳大利亚的各项商务与文化操作规范，令他们回国后成为澳大利亚经贸文化的代表。

因此，他计划让周荣在其公司总部先待上一二年，最终将其派回中国，以充实该洋行广州办事处的人力，拓展该洋行在中国的经济业务。为此目的，一九二九年三月底，周荣就离开品地高商学院，来到美利滨，进入中国洋行工作。为了使周荣能在接受培训的同时也能继续其学业，最终完成其商学院文凭，白若德还向内务部表示，从九月份起，将为周荣在美利滨城里的工人学院（Working Men's College）注册，让他白天上班，晚上修读课程。目标是待其培训结束，也同时可以获得商学院文凭，然后派往中国工作。

但内务部经多方调查后得知，上述中国洋行实际规模并不大，注册资金才一千镑，成立时间也不到一年，所谓在中国设有办事处只是其规划而已。于是，八月十日，内务部秘书函复白若德，否决了他的申请，要求他立即督促周荣重返品地高商学院开始上课；同时，他也将此决定通告了中国驻澳大利亚总领事馆，请其协助此事。而周暖早在一年多之前就已从品地高返回美利滨，重新开设一间洗衣店，名为"新荣"（Sun Wing）号。此时他决定儿子无须重返品地高商学院念书，而是就近进入位于城里的中央商学院（Central Business College）就读。由是，周荣于八月十六日结束了在中国洋行的工作，六天后便进入中央商学院继续学业。他在这里读了一年，各方面表现都令人满意，完成了学业。

一九三〇年十月二十四日，中国驻澳大利亚总领事宋发祥致函内务部秘书，谓二十岁的周荣即将完成学业，不日就要返回中国，鉴于他的签证到明年四月份才到期，故向内务部申请给他两个月的假期，使其能周游澳大利亚各主要城市，考察商业布局等，然后再返回学校完成仅余的一点课程。按照周荣的设想，他计划周游澳大利亚及完成学业，总共需时三个月左右，届时就直接购票乘船回国。内务部秘书接函后，认为其规划合理，十月二十九日便批复了上述两个月的假期，有效期至十二月三十一日。

周荣的档案到此中止。此后，他是按照原先的设想，在一九三一年其学生签证到期前便返回中国，还是因为其他的原因，而使计划有所改变，因无法找到与此相关的档案文件，不得而知。

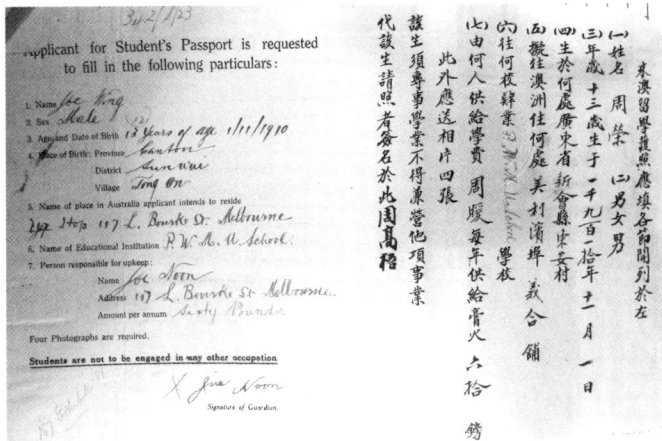

一九二三年，周暖通过同宗兄弟周高梧作为申照请领人，填表向中国驻澳大利亚总领事馆申请护照和签证，办理儿子周荣前来留学。

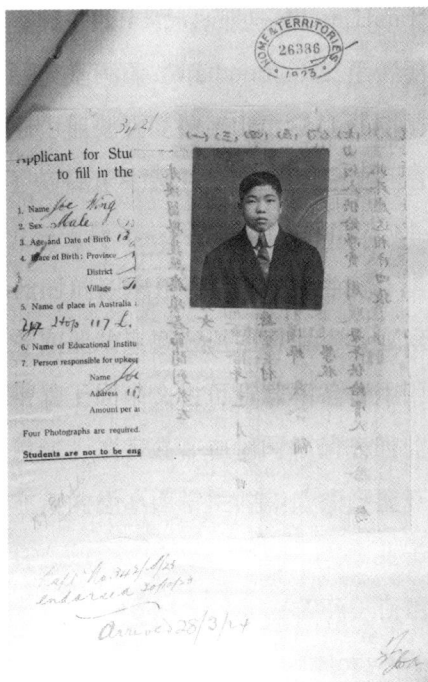

上述申请表的背面所贴之周荣照片。

档案出处（澳大利亚国家档案馆档案宗卷号）：

WING Joe born 1 November 1910, NAA: A446, 1959/8097

陈荣桂

新会京梅村

　　新会县京梅村的另一位赴澳留学生是陈荣桂（Chin Wing Quay），一九一〇年十一月十二日生。他的父亲是Chin Keu（陈桥，译音）。因在澳大利亚国家档案馆里无法查询到他的档案资料，故无法知道他是何时去到澳大利亚发展的，只是知道在二十世纪二十年代初，他已定居于美利滨（Melbourne），或者是开设在唐人街上的大型商铺"宽记"（Goon Kee）杂货铺的股东之一，或者就是在该商铺打工[①]。

　　一九二三年的某个时候（因档案文件未具日期），陈桥向中国驻澳大利亚总领事馆递交了申请材料，办理十三岁的儿子陈荣桂赴澳留学事宜。他用"宽记"杂货铺作保，允诺每年供给足镑膏火，作为儿子在澳留学期间的各项费用的开支，希望将儿子办到位于矮山顿（Essendon）区的第四百八十三号公立学校读书。中国总领事馆收到申请后，直到这一年的年底才完成了相关的审理。十二月十日，总领事魏子京为陈荣桂签发了中国学生护照，号码是360/S/23。第二天，中国总领事馆也顺利地从内务部为陈荣桂拿到了入境签证。

　　在中国家乡的陈荣桂收到中国驻澳大利亚总领事馆寄来的护照和签证后，其家人便立即着手替他安排赴澳行程。一九二四年清明后，家人将他送

---

① 宽记是美利滨唐人街上的老字号商铺，早在十九世纪末便已开设，并热心公益，捐款赈灾。见："捐款汇登"，载雪梨《东华报》（Tung Wah News），一八九九年八月十二日，第三版。

到香港，在此搭乘"丫拿夫拉"（Arafura）号轮船直航澳大利亚，于五月一日抵达美利滨港口。陈桥将儿子从海关接出，住进唐人街中的"宽记"杂货铺里。

陈荣桂休整了一个月的时间，也熟悉了周围环境之后，便按照父亲原来的安排，正式入读位于矮山顿区的第四百八十三号公立学校。然而，他只在这间学校读了一个月左右，便于七月七日转学，进入加顿埠末士准士学校（Rathdown Street State School，Carlton）读书。可能是从唐人街出发，去前者读书路程远了些，而去后者上学的话，相对而言会近很多，也节省很多时间。此后，他在这间学校读了两年半的书，到一九二六年已经读到六年级，进步很大。学校的报告显示，他是一个勤学上进的好学生，为人诚实，非常聪颖，领悟力也强，是学校的最佳学生之一。

一九二七年新学年开始后，陈荣桂转学进入圣多马文法学校（St. Thomas Grammar School）念中学。在此后的两年时间里，他在学习上一如既往，仍然是备受好评。也是在这间学校，他为自己取了一个英文名，叫做爱德华（Edward），这样便于与当地同学打成一片，更好地融入当地学生群体中。

一九二九年初，在澳留学近六年的陈荣桂计划回中国探亲，但仍然想回来继续完成余下的中学课程。于是，他在上一年学期结束时便将此打算告诉了圣多马文法学校校长，后者非常支持他回校继续念书，便于一九二八年十二月十三日致函中国总领事馆，表达了接受这位中国学生探亲结束后重返该校读书的意愿。过了年之后，陈荣桂也向中国总领事馆谈了自己的打算，请其代为申请再入境签证。据此，中国总领事馆为此事于一月三日致函内务部秘书。因陈荣桂过去六年一直在校表现优异，回来读书也符合条件，便于一月十六日批复申请，签证有效期是十二个月。

也就在中国总领事馆为其申请再入境签证的当天，即一九二九年一月三日，十八岁的陈荣桂在美利滨港口登上"天吰"（Tanda）号轮船，回国探亲去了，他的档案也到此中止。尽管他知道自己可以重返澳大利亚继续念书，但回国之后可能碰到种种困难，使他难以动身赴澳，此后澳大利亚的档案中也再未能找到他的信息。

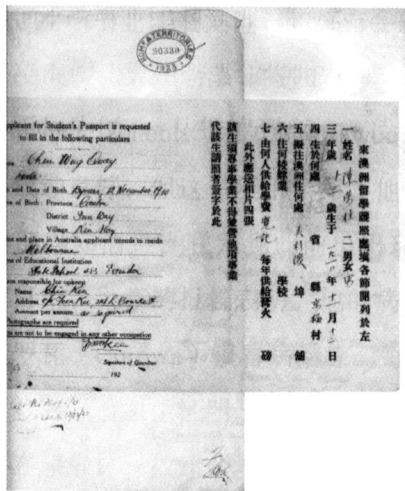

　　左为一九二三年陈桥向中国驻澳大利亚总领事馆递交的申请表，办理儿子陈荣桂赴澳留学事宜。右为一九二三年十二月十日，中国总领事魏子京为陈荣桂签发的中国学生护照。

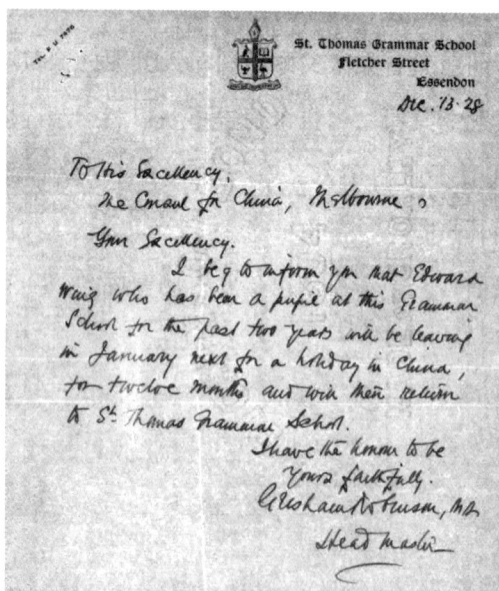

　　一九二八年十二月十三日，圣多马文法学校校长致函中国总领事馆，表达接受陈荣桂回国探亲结束后重返该校读书的意愿。

档案出处（澳大利亚国家档案馆档案宗卷号）：

Quay, Chin Wing-Student's passport, NAA: A1, 1928/4060

钟鞋路

新会南合村

钟鞋路，也叫钟鞋路三利（Harold Sam Lee），是新会县南合村人，生于一九一〇年十一月二十一日。他的父亲钟三利（Sam Lee），在澳大利亚国家档案馆里查询不到其档案宗卷，故无法知道是何时到澳大利亚发展的[①]。从钟鞋路档案中显示出他是在域多利省（Victoria）东北部的汪架据打（Wangaratta）埠定居的情况来看，查询当地档案可以发现该埠早期的华人不少，姓钟（Chong）的也有好几位，都是在十九世纪九十年代前后便已在此定居，且基本上都是菜农。由此可以推测，钟三利抵澳的年份应与其同宗相近。总之，他在这个农业重镇有一商号，就以其英文名命名，叫做"钟三利"（Sam Lee）号，不仅有农场菜地种植蔬果，而且在镇子上还有一间售卖自己产品的商铺。可见，他在此所从事的职业也基本上与其同宗并无二致。

一九二二年九月三十日，钟三利以自己经营的商铺作保，向中国驻澳大利亚总领事馆递交申请材料，申办儿子钟鞋路来澳留学的相关手续。他在每年提供多少膏火给儿子作为留学之用的栏目上留白，但明确表示要将其办到汪架据打皇家学校（Wangaratta State School）念书。财政担保对于中国留学生赴澳留学关系重大，故中国总领事馆在接到上述申请后审理的时间较长，

[①] 在澳大利亚国家档案馆中，找到一份以中文"三利"签名的宗卷，显示三利至少在一八九十年代便已经进入美利滨，在澳大利亚联邦成立之前就已申请长期居留权。也许，这位档案宗卷中的三利便是本文所涉之钟三利。见：Sam Lee-Application for Exemption certificate under the Victorian Government Chinese Act 1890, NAA: A712, 1900/M12936。

应跟其与钟三利反复沟通以确认其担保金额有关。到一九二三年五月十五日，中国总领事馆的审理方才完毕，总领事魏子京给钟鞋路签发了中国学生护照，号码是259/S/23。第二天，澳大利亚政府内务部也顺当地给他核发了入境签证。随后，这份护照就按照钟三利的要求寄往其子在中国的地址。

半年之后，经过家人的一番安排，十三岁的钟鞋路被送到香港，搭乘由中澳轮船公司经营的"获多利"（Victoria）号轮船，于当年十二月十七日抵达美利滨（Melbourne）港口，入境澳大利亚。父亲钟三利从二百五十公里以外的汪架据打埠赶来，将其接出关后，再乘车返回其居住的那个农业重镇。

钟鞋路抵达澳大利亚的日子，正好是当地学校放暑假之时。等到一九二四年新学年开始，他才于一月二十九日正式注册入读汪架据打皇家学校。虽然他上学还算守规矩，衣着也整洁，出勤率也保持得很好，但等他读了半年之后，该校校长大为不满，认为他入学前连一个英文也不懂，半年后也没有多大进步；每到上学日，学校还得雇佣在当地开草医馆的Ming Wong（黄明，译音）的太太去当翻译。校长认为，像这样一个英文字也不识的学生根本就不能将其放入澳大利亚，更不能让他们进入公立学校。他表示，如果政府真允许他们来澳读书，也应该在美利滨这样的地方办一个补习班，或者直接由中国人自己办一个补习班，至少读上半年，让他们对英语有了一定的基础并能达到初步沟通的程度之后，才能允许其入读公立学校或其他类型的学校。事实上，汪架据打皇家学校校长对此类事情的抱怨并不仅仅限于钟鞋路，比他稍晚四个月从台山县前来该埠留学的雷镰（Louey Lim）和雷梅（Louey Moy）兄弟，[①]同样就读于这间学校，校长对这雷家兄弟的看法也与其对钟鞋路的上述看法毫无二致。

自一九二一年实施《中国留学生章程》开放中国青少年儿童来澳留学之后，短短一二年间，二百多名来自广东省珠江三角洲和四邑的留学生涌入澳大利亚，许多人此前未曾学过英语，进入政府所办的公立学校读书，也招致了当地社会的批评，认为这些中国学生耗费了当地太多的教育资源，也拖慢

---

① 雷镰和雷梅兄弟的留学档案，见：Louey Lim-students passport, NAA: A1, 1932/1085和Louey MOY-Students passport, NAA: A1, 1927/8135。

了所涉学校的教学进度。因此，在该章程实施后的第二年开始，内务部便就修订章程中的相关条例与中国驻澳大利亚总领事馆展开了长达数年的磋商。故当接到汪架据打皇家学校校长的抱怨信之后，内务部长便于一九二四年七月二十五日指示其秘书复函，坦承其所反映的是事实，表示此后来澳留学的中国学生在获得签证前，须提供证据以显示其已具备初步的英语学识能力。内务部长的上述意见，最终体现在一九二六年年中开始实施的《中国留学生章程》新规中。惟经中国总领事馆的力争，这一具备初步英语学识能力的要求，只适用于那些年满十三岁（后再调整为十四岁）以上的中国留学生；而对那些在此年龄之下的中国留学生，则不要求其符合上述条件，因在此年龄下，学习及掌握一门外语要相对容易得多。

到一九二五年底，钟鞋路在汪架据打皇家学校读了两年有余，但英语进步非常缓慢。此时，他已经十五周岁，个子也长得已经很高大了，可是这间学校只是小学性质，六年级是最高的年级，当地学生到达这个年级时的平均年龄是十二岁。换言之，即便把钟鞋路放置到六年级上课，他也比这些当地学生大好几岁。为此，校长觉得以他这样的年纪已经不适合与这些小学生一起上课；如果他继续留在这里上课的话，会对他自己也会对当地学生产生不利的影响。因此，校长于十一月十二日向内务部报告，希望将钟鞋路转到中学去念书。内务部接到报告后，于十一月二十四日将其转发给中国驻澳大利亚总领事馆，请其考虑这个问题。中国总领事馆为此事纠结了两个月左右的时间，因为在接到内务部的信函之后不久就遇上了学校放暑假，在此期间，无法与相关学校联络沟通。到一九二六年二月三日，中国总领事才致函内务部秘书，谓经与汪架据打皇家学校校长联络，后者与钟鞋路的班主任及前任校长谈过之后，得知这位中国学生的程度尚无法去上中学，还需要在小学里继续学习才能符合条件。为此，他们决定将其放在学校的六年级里，以便其能提高英语能力。随后，内务部与汪架据打皇家学校多次沟通，确认此事可行后，也就认可了该校的安排。

此后，钟鞋路在汪架据打皇家学校又继续念了两年的书。总体而言，他学习还算用功，英语能力也在慢慢提高，尽管这个过程比较缓慢，也由此导致他不得不在六年级里复读了一年，但重要的是，他在这两年里显示出在绘画和工艺设计方面有出色的才能。在一九二六年九月汪架据打埠的农展节上，他的一项设计和一幅绘画作品分别获得了一等奖，从而为他这个大个子高龄小学生争回了一点儿面子。到一九二七年底，校长认为他各项学业令人满意，可以毕业了，将其推荐给汪架据打皇家技校（Wangaratta Technical School），并且也获得了后者的录取。看来，一切都在向好的方向发展。

到了这一步，钟三利算是松了一口气，毕竟儿子的英文学习有了一个阶段性的成果。于是，他在学校放暑假后，想让儿子回国探亲放松一下，即利用这个假期，回去一个月左右的时间，再赶回来继续读中学。他将此事跟汪架据打皇家学校校长说了，校长便于十二月二十四日致函内务部秘书，询问此事将如何处理。可是，内务部对此没有及时回复，直到一九二八年二月一日才复函说，无论何种情况，钟三利均应通过中国总领事馆提出申请，方为正道。随后的一段时间里，钟氏父子便去了美利滨，并到了中国总领事馆就有关事项作了一番咨询。三月二十七日，中国总领事魏子京致函内务部，告知钟鞋路因获知母亲病重，希望回国探亲，已经订妥四月四日离港的"吞打"（Tanda）号班轮船票，他将在结束探亲后返回，进入汪架据打皇家技校继续读书，为此，特向内务部申请再入境签证。但就在此申请递交上去之后没几天，钟三利可能改变了让儿子回澳后重返汪加据打埠念书的主意。他让儿子退掉了汪架据打皇家技校的录取，转而申请位于美利滨唐人街上的长老会学校（P.W.M.U. School），并于三月三十日获得该校录取。

四月四日，就在钟鞋路预计登船的那天（因故拖延，该船次日才起航），魏子京总领事再次致函内务部秘书，申请是否可以准允这位中国学生于前往香港的航海途中，在路经澳大利亚东海岸各港口于轮船停靠期间上岸，俾其可以观光这些地方，并顺带探访在当地的乡亲和朋友。总领事希望在申请再入境签证时加入上述条件，并表示这位中国留学生还是准备回来美利滨进入长老会学校继续念书。因该附加申请来得很突然，内务部在经过一番内部讨论后，以事起仓促、没有先例、也不符合规矩为由，于四月十七复函拒绝了上述申请。

　　而内务部没有向中国总领事馆明说的拒绝上述请求的另一个理由，是在此前不久收到了一封针对钟鞋路的实名举报信。三月十八日，在美利滨的一位名叫Wong Joe（周旺，译音）的人，写信给内务部，针对这一时期正在美利滨与中国总领事馆商谈回国探亲而申请再入境签证之事的钟鞋路，向内务部举报说，他只是为了回来澳大利亚打工。更重要的是，告密者在举报信中告诉内务部，据他与钟鞋路交谈的结果，得知后者为了进入澳大利亚，最开始的时候就少报了岁数，至少是少报了五岁的年龄，即他目前实际上已经二十四岁，并且早在中国就已结婚。内务部当时所防范并阻止入澳的中国学生，一是已婚者，二是年龄超过二十四岁者，因后者已超过中国学生在澳留学的年龄上限。于是，内务部一边回函中国总领事馆以应付其代钟鞋路申请沿途观光事，另一方面则急电沿途各港口海关，嘱其在"吞打"号停靠时，务必找到船上的旅客钟鞋路，以当场核对其真实年龄。四月二十日，昆士兰省（Queensland）的汤士威（Townsville）海关致电内务部，谓在船上见到了这位中国学生，他坚称自己十七周岁，而海关人员也仅根据目测，便认为从其相貌上判断，最多也就不超过十八岁。而钟三利因要跟儿子结伴一起回国探亲，也同在船上，便也被海关人员分开来询问，但所得到的回答跟其儿子所说毫无二致。由是，上述周旺对钟鞋路年龄的指控便不成立，内务部确信这很显然属于恶意诬告。至于为何周旺要如此诬告钟鞋路，因没有更多的材料说明原因，这也成了一个谜。或许周旺到达澳大利亚发展的年份较之钟三利要早上几年，[①] 或许他们之前曾有过一些生意上的合作或者来往，由此而在他们之间产生了一些过节也有可能，从而导致后者伺机报复。无论如何，内务部接到上述汤士威海关的报告之后，知道所谓钟鞋路隐瞒年龄一事子虚乌有，对此也就不再说什么，此事便不了了之。

　　但对于钟鞋路再入境签证的申请事宜，内务部直到六月二日才作出答复。在这封回函中，内务部只是强调，待钟鞋路返回时，不允许进入汪架据打皇家技校继续念书，因为这是一间公立学校。根据《中国留学生章程》新

---

① 　JOE Wong: Nationality-Chinese: Date of Birth-1865: Date of Arrival-1890: First Registered at Russell Street Melbourne, NAA: MT269/1, VIC/CHINA/JOE WONG。

规，此时中国学生已经不允许进入公立学校读书，只能去私校，尽管在此之前一个月，该校还致函内务部表示愿意等待钟同学返回时到该校入学。吊诡的是，内务部的回函完全忽略了此前中国总领事魏子京提出的申请已经强调钟鞋路回来时入读的学校是长老会学校，而这间学校就是一间私校。内务部的信还表示，只有在钟鞋路找到一间私校并获得其录取信之后，当局才会考虑核发签证。此信发出后，中国总领事馆未有给予进一步的回应。究其原因，一方面钟鞋路未有再催办此事，另一方面是此时中国形势发生了巨大变化，即国民政府取得了全国的统一。魏子京已担任中国驻澳大利亚总领事之职十余年，但此前他是由北洋政府任命的，此时在新政府要调整所有驻外大使及总领事的情况下，只能卸任回国述职，等待新任总领事前来视事。极有可能是受此影响，钟鞋路的入境签证申请一事也就被搁置起来。

半年多之后，代理中国驻澳大利亚总领事吴勤训才将钟鞋路申请再入境签证一事提上议事日程。一九二九年二月十六日，他致函内务部秘书，回应其去年六月二日的信函，表示此前钟三利已经为其子转学到私校性质的长老会学校，完全符合相关的规定，因而请内务部尽快核发签证。内务部接信后遂指示美利滨海关就长老会学校的教学质量是否达到公立学校的水平以及该校的授课资质等情况做个调查，提出一份报告。也就在这个时候，人在中国的钟鞋路想要回来美利滨读书了，他分别跟长老会学校和中国总领事馆联络。长老会学校于四月四日致函中国总领事馆，再次出具录取函，表示愿意接受这位中国学生前来就读。于是，中国总领事馆也于四月十六日致函内务部催问审核结果。三天后，内务部复函表示，长老会尽管也是私校，但其教学程度不高，而此时钟鞋路已近十九岁，按理应该进入更高层次的学校比如高中或商学院之类，方才符合规定。既然如此，中国总领事馆代理总领事吴勤训即时找到美利滨的圣伯多禄书院（St. Peter's School）院长，于四月二十四日出具了接受钟鞋路入学的录取函。

既然所有都符合规定，内务部再也没有理由阻拦。一九二九年五月七日，内务部秘书致函中国总领事馆，知会上述申请已获批复，限钟鞋路在十二个月内入境，抵达后必须入读圣伯多禄书院。

历经波折，终于有了好的结果。可是，钟鞋路的档案到此中止。此后，他是否再次来澳留学，因无法查到与此有关的信息，不得而知。最大的可能是，他此后留在了国内，要么继续升学，要么成家立业，经商或入仕；也有可能是步其乡人后尘，此后去了香港发展。

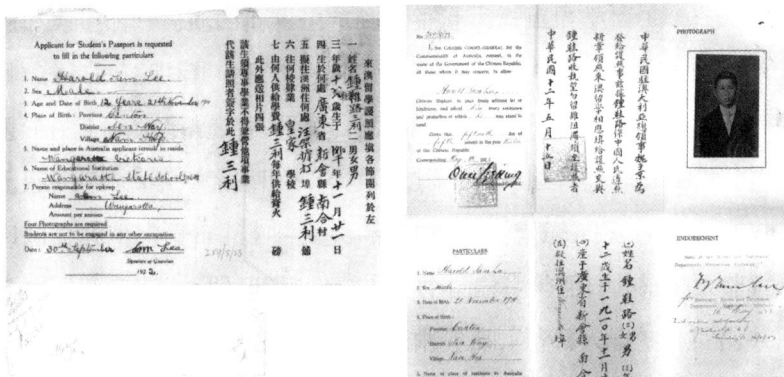

左为一九二二年九月三十日，钟三利向中国驻澳大利亚总领事馆递交申请材料，申办儿子钟鞋路来澳留学。右为一九二三年五月十五日，中国总领事魏子京给钟鞋路签发的中国学生护照。

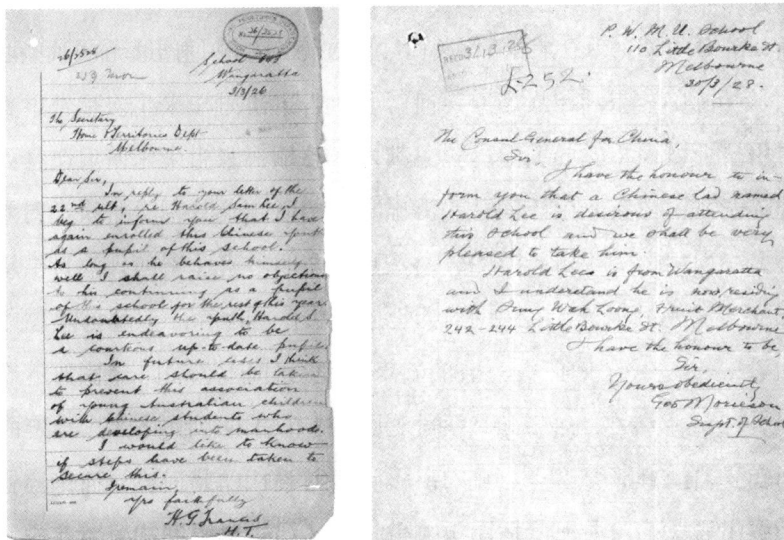

左为一九二六年三月三日，汪架据打皇家学校校长向联邦政府内务部证实已将钟鞋路安排就读该校六年级的信件。右为一九二九年四月四日，长老会学校致函中国总领事馆，确认接受钟鞋路入读该校的录取信。

档案出处（澳大利亚国家档案馆档案宗卷号）：

Lee, H Sam-students passport, NAA: A1, 1928/3492

陈 恩

新会坑头村福隆里

　　陈恩（Chen Yen）生于一九一一年四月十五日，新会县坑头村福隆里人。他的父亲陈亚约（Ah York），何时赴澳大利亚发展不得而知，惟可以肯定的是，在二十世纪二十年代初，他就已定居于域多利省（Victoria），主要职业是菜农；[1]也可能在开设于尾利伴（Melbourne）唐人街上的"新华隆"（Sun Wah Loong）号商铺中拥有股份或与其中的股东有亲戚关系，因该商行的主要股东便是陈氏宗族人士。[2]

　　一九二三年十二月，陈亚约填表向中国驻澳大利亚总领事馆申领儿子陈恩的中国学生护照和入境签证。他以上述"新华隆"号商铺作保，准备将陈恩办来尾利伴的加顿埠末士准士学校（Rathdown Street State School, Carlton）留学读书。中国总领事馆接受其申请后，可能因核对其财政担保资格及金额，即每年可以供给陈恩的膏火是多少，往返沟通多次，用了约四个

---

[1]　在澳大利亚国家档案馆中，有一份名为Ah York（亚约）的宗卷显示，他是一八八九年来到澳大利亚发展，在鸟修威省（New South Wlaes）充任菜农，一九〇三年获准成为永久居民。此时已经从该省乡间移居到雪梨（Sydney）。如果这个亚约与本文的亚约是同一个人的话，他有可能在此之后移居域多利省，继续干老本行。见：Ah York Application for domicile certificate, NAA: A1, 1903/6139。

[2]　据资料显示，新华隆号商行大约是在十九世纪九十年代前后便已开设。一九〇七年，陈华（Chin Wah或 Chen Wah Lee）与其他股东(主要是陈氏宗亲)合股将此商号承顶下来（见："声明告白"，载尾利伴《警东新报》（The Chinese Times），一九〇七年八月二十四日，第八版）。而自一九二十年代初之后，其他股东陆续退出，到一九二十年代末，陈华遂成为新华隆号唯一股东。有关陈华的档案，见：LEE Chin Wah: Nationality-Chinese: Date of Birth-19 September 1869: First registered at Little Bourke Street, NAA: MT269/1, VIC/CHINA/LEE CHIN。

月左右的时间才审理完毕。一九二四年四月十八日，中国总领事魏子京给陈恩签发了号码为401/S/24的中国学生护照。随后，这份护照被送去澳大利亚政府内务部，经两个星期的排队等候，于五月二日获发入境签证。

一年之后，已经十四岁的陈恩搭乘从香港启程的"山亚班士"（St. Albans）号轮船于一九二五年五月二十五日抵达尾利伴。可是，他没有入读父亲陈亚约此前就已经为其联络好了的末士准士学校，而是从七月一日开始，进入位于唐人街上的基督堂学校（P. W. M. U. School）读书，直到这一年的年底。在校期间，他没有缺勤过一天，对所有的作业都给予认真对待，老师对其印象极佳。

自一九二五年底学校放暑假以及圣诞节后，陈恩便离开尾利伴，进入域多利省的北部内陆农业重镇夏柏屯（Shepparton），因为他父亲在这里当菜农，租种有一片农场。从一九二六年三月八日开始，他获准进入夏柏屯公立学校（Shepparton State School）念书。因其学习用功，学校将其放置在三年级班上学习，到年底，老师给予他极高评价，认为他保持全勤，遵守校规，各科成绩都很令人满意。

从一九二七年开始，陈恩又搬回到尾利伴，进入圣多马文法学校（St. Thomas Grammar School）读书。可是这间教会学校毕竟是名校，要求较严，作业也较多，陈恩的英语程度远远达不到应付这些课程的要求。一个月时间不到，他就不得不退出该校，再于二月二十四日转学回到他此前最早就读的基督堂学校上学。在这里，他受到了教过他的老师热烈欢迎，各项成绩也都很好。

就在这一年的七月六日，留学两年已经年满十六岁的陈恩却在尾利伴港口突然登上驶往香港的"天哣"（Tanda）号轮船，从香港转道回国探亲去了。临走之前，他将行程告诉了中国总领事馆，并且希望在一年的探亲结束后重返该地，继续回到基督堂学校完成学业，恳请中国外交机构帮其申请再入境签证。

为此，就在他离境的当天，中国总领事魏子京致函内务部秘书，提出了上述申请。八月二日，内务部秘书致函魏子京总领事，表示到明年陈恩回来时，其年纪已经不适合念小学，应该找到一间提供中学课程的私立学校就读，才符合规定。为此，建议他先寻找这样的学校，并拿到该校的录取信，内务部方才核发给他再入境签证。

陈恩的档案到此中止。在澳大利亚的档案馆里，找不到此后中国总领事馆以及陈亚约如何回应内务部要求的信函，也没有找到陈恩再次进入这个国家的任何信息；而他回到中国的情况如何，也找不到任何线索。

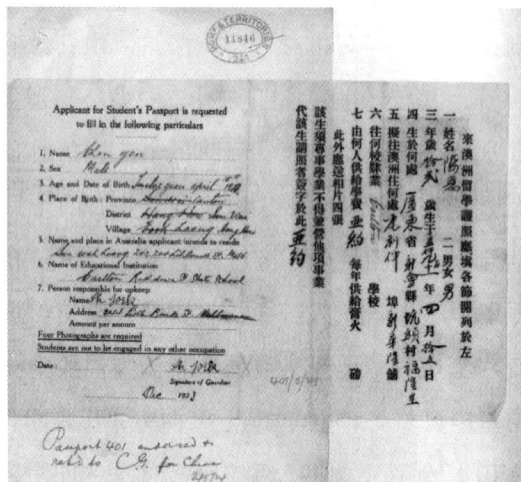

一九二三年十二月，陈亚约填表向中国驻澳大利亚总领事馆申领儿子陈恩的留学护照和签证。

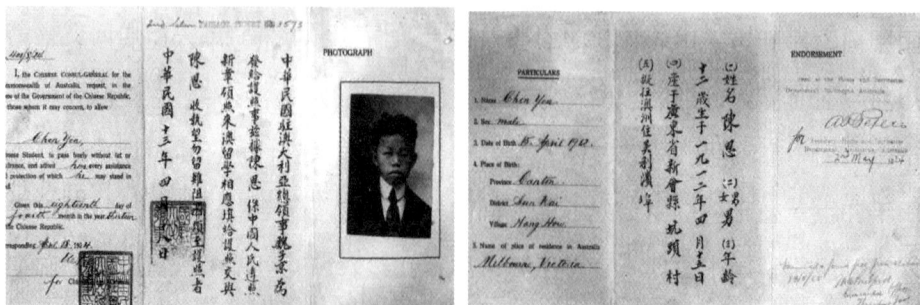

一九二四年四月十八日，中国驻澳大利亚总领事魏子京给陈恩签发的中国学生护照。

档案出处（澳大利亚国家档案馆档案宗卷号）：

Chen YEN-Student passport, NAA: A1, 1927/2930

宋松柏

新会沙堆村

宋松柏（Shong Tong Park）是新会县沙堆村人，出生于一九一一年六月二十日。他的父亲是一八八〇年十一月十五日出生的宋昭明（Shong Chew Ming或George Chew Ming），于一九〇四年一月跟随乡人的步伐，于雪梨（Sydney）登岸，进入鸟修威（New South Wales）省的内陆，停留于距雪梨以西约二百公里之农业重镇把打池（Bathurst）埠，凭其在家乡时便得心应手的种植手艺，在该地租田种植蔬果，成为菜农。[①] 他也跟当时的许多乡人一样，既有一片农场，种植四时蔬果，也在把打池镇子上开设一蔬果栏，以自己名字命名，叫做"昭明"号果子铺。虽然宋昭明来到澳大利亚发展的时间较晚，但因在把打池镇上很快立足，不几年便有了积蓄，在一九一一年前后得以返回中国探亲结婚，繁衍后代，开枝散叶。

一九二三年三月二十二日，宋昭明觉得是将十二岁的儿子宋松柏办理来澳读书的时候了，遂填好申请表格，为儿子向中国驻澳大利亚总领事馆申领护照和入境签证。他以自己经营的"昭明"号商铺作保，允诺每年提供膏火六十镑作为儿子在澳留学期间的各项开销，要将其办来他所在镇子的把打池国家公立学校（Public School of Bathurst）念书。中国总领事馆接获上述申请后，隔了三个月，于六月二十二日由总领事魏子京签发了一份学生护照给宋

---

① George Chew Ming [Chinese-arrived Sydney, 1904. Box 35], NAA: SP11/2, CHINESE/MING GEORGE CHEW。

松柏，号码是295/S/23。四天之后，内务部也通过了签证审理，在递交上来的宋松柏护照上钤盖了签证章。

已经做好赴澳准备的宋松柏，接到由中国驻澳大利亚总领事馆寄来的护照签证之后，便由家人联络新会县和开平县当时获得赴澳留学护照和签证的其他五位青少年，安排行程。三个月后，他们一起结伴而行，从香港搭乘"丫拿夫拉"（Arafura）号轮船赴澳留学，于当年十月二十八日抵达雪梨港口入境。宋昭明提前从把打池来到雪梨，从海关接出儿子宋松柏，然后一起乘车返回他所居住的那个农业重镇。

按照父亲的安排，宋松柏于十一月十五日注册入读把打池国家公立学校。在此之前，他从未学过英语，因此，在新的语言环境里，对他来说一切都是陌生的，什么都要从头学起。从入学到一九二四年底，他的英语学习进步较慢，在读和写方面始终还存在着问题。只是从一九二五年起学校将他提升到高年级班，使之跟年龄与他较为相近的学生在一起后，其英语能力才有了起色。到一九二六年底，其英语的听说读写便有了长足的进步，可以比较自如地完成各科作业了。

也许是操说英语比较自如了的缘故，一九二七年初，他不辞而别，再没有回到把打池国家公立学校上学，而是去到西距把打池埠约一百公里之遥的考拉（Cowra）镇，进入该镇的考拉公立学校（Cowra Public School）读书，并且把名字改成维利·昭明（Willie Chew Ming）。在这里，他读了一年，总体而言，成绩还算令人满意。

一九二八年初，他故伎重施。只是刚开始时考拉公立学校以为他是去了把打池公立中学（Bathurst High School），但当内务部想要学校报告其在校表现时，才发现他根本就不在这间学校。随后，通过当地警察局，内务部才了解到他在年初时便回到了把打池，但入读的是把打池地区农校（Bathurst District Rural School）。他在这里读了两年，学校对他都有很好的评价，尤其是他也跟其他学生一起参加体育活动，参与跟别的学校比赛，表现甚佳。

也就在一九二九年下半年的某个时候，宋昭明与当时的国会议员祁复礼（J. B. Chifley）相识，就想通过他给儿子办理成为当地永久居民。祁复礼出生在把打池，属于澳大利亚工党，是当地有名的政客，在一九二八年新当选国会议员，把打池也就是其选区；此后，他在政坛一路上升，于第二次世界大战之后成为澳大利亚总理。自抵澳后便立足于把打池发展的宋昭明，虽然尚未入籍，但已是永久居民，自然也就有机会与自己所在选区国会议员相识。在与宋昭明沟通之后，祁复礼便于一九二九年八月二十四日写信给内务部秘书，看是否通过什么途径，比如给予其永久居留权，将宋松柏这样年轻有为的小伙子留在澳大利亚，让其为澳大利亚服务。如果可行，他本人可以作为赞护人，以支持宋松柏的申请。九月四日，内务部秘书以目前澳大利亚正在严格限制华人申请永居及加入澳籍为由，表示上述请求与此政策有冲突，断不可行。宋松柏想改变命运的这次尝试失败了，他只好另辟蹊径再试。

在祁复礼将上述结果转告宋氏父子不久，宋松柏经与父亲商量，决定要先学点技术，就算日后不能留在澳大利亚发展，归国创业也就有所凭借。由是，他于十月中旬致函内务部秘书，表示作为家中唯一的孩子，希望能由当局获准其就读当地的汽车驾驶和维修课程，以便归国服务。同样，宋昭明在跟祁复礼沟通之后，后者再次于十月十五日致函内务部秘书，表示对宋松柏申请的支持，希望他能批准此项申请。在信中，他并再次希望内务部能重新考虑此前拒绝给予宋松柏永居的决定。可是十一月五日内务部秘书的回函，再一次拒绝了宋松柏的上述申请，对于祁复礼的请求也予以驳回。

上述两次失败对宋松柏打击较大。到一九三〇年上半年时，虽然他仍然在把打池地区农校注册入读，但旷课天数增加，达二十天之久。此前他的缺勤主要是因病在家休养以及因天气恶劣，比如大风大雨所阻而无法上学；可是现在他的缺勤，主要就是待在家里或者是到雪梨去办自己的事，甚至纯粹就是去玩。内务部接到学校报告后，于五月三十日致函中国总领事馆，警告如果宋松柏不立即返回学校正常上学，那么当局也有应对之策，即立即启动遣返程序，将其送返中国。也许是内务部的警告信起了作用，此后宋松柏便规规矩矩地回学校上课，一直坚持到第二年的年底。

当时的学生签证是一次只签一年，要每年申请续签，即通常是在其入境之日的前一个月或之前，由中国总领事馆代为申请。宋松柏是十月底入境的，他的续签通常应该在十月之前提出。可是到一九三一年十二月了，宋松柏的签证已经过期两个月，内务部也没有收到其续签申请，遂致函中国总领事馆询问，但没有得到回复；那么，宋松柏是转学到别处了呢，还是准备回国？对此，内务部也发函给海关，请求协查其去向。可是，无论是海关还是中国总领事馆方面，对此都没有任何回应。到第二年的一月十二日，内务部秘书再次致函中国总领事馆询问此事。两天后，中国总领事陈维屏终于复函说，他与宋昭明联络上了，正在催促其提交申请，以便中国总领事馆采取后续行动，循正常途径为其子申请续签。为此，他请求给他几天时间来完成此项手续。一月二十八日，陈总领事函告内务部秘书，解释此前宋松柏没有提出申请续签的原因是其身体不适，一直没有康复，故无法确定是继续上学还是回国。现在他希望能给他六个月的续签，俾其利用这段时间康复，之后他就可以回国。

内务部秘书可能是见惯了中国留学生在续签申请中的各种各样的理由与借口，因而对中国总领事的说辞并不相信，便指示警察局核查此事。二月十五日，警察局报告说，他们找到了宋松柏本人，他看起来身体并无大碍，表示要在三个月内离境回国，并已经为此做好了安排。内务部得知真情，深感受到了欺骗，于二月二十六日致函中国总领事陈维屏，表示只能给续签到三月三十一日，宋松柏必须在此日期前离开。

可是到三月底时，宋松柏并没有走。四月二十一日，内务部秘书致函中国总领事陈维屏，请他务必协助当局尽快催促宋松柏离境。最后，宋松柏预订好了五月十四日的"南京"（Nankin）号船票，陈总领事赶紧将此事知照内务部秘书。二十一岁的宋松柏也知道，在各方的催促和压力下，他已经无法再推迟其回国的行程，遂于"南京"号起航那天登船，告别在此留学和生活了八年半有余的澳大利亚，返回中国。

宋松柏的档案到此中止。档案中没有提及宋昭明是否与儿子一同回国探亲，但此后的材料表明他自儿子回国后仍然待在澳大利亚，继续在乡镇当菜农，并于二十世纪六十年代最终加入了澳籍。①

---

① Chew Ming, George [Chinese-arrived Sydney in 1904. With photograph][Box 42], NAA: SP1732/5, 3035。

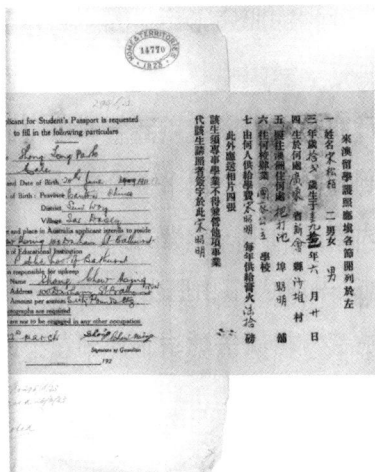

左为一九二三年三月二十二日，宋昭明为儿子宋松柏来澳留学向中国驻澳大利亚总领事馆申领其护照和入境签证。右为一九二三年六月二十二日，中国总领事魏子京给宋松柏签发的护照。

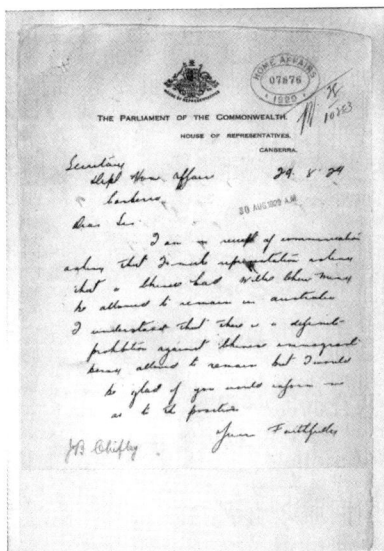

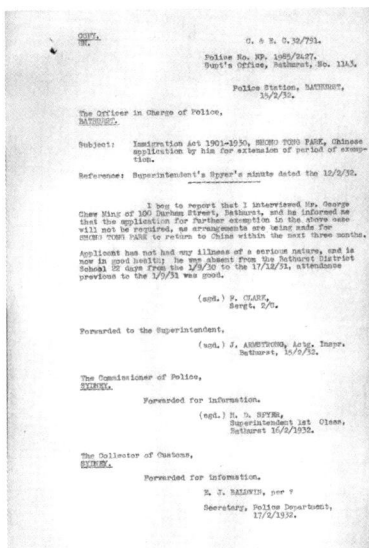

左为一九二九年八月二十四日，祁复礼写信给内务部秘书，希望给予宋松柏在澳永久居留权。右为一九三二年二月十五日把打池埠警察局报告宋松柏身体无大碍，准备三个月内回国。

档案出处（澳大利亚国家档案馆档案宗卷号）：

Shong Tong Park-Students Passport, NAA: A1, 1931/7419

叶乐与陈作、陈积兄弟

新会天湖村

根据新会县各村建立的历史，天湖村是明洪武年间陈姓由棠下石头来立村。由是，陈姓为该村的大姓。该村历经明清二朝几百年的发展，陆续也有其他姓氏家族迁入，比如叶姓。因此，叶乐（Yip Lock，Yip Hing Lock，按其发音，相对的名字应该是"叶庆乐"，生于一九一一年八月二日）、陈作（Chun Chock，生于一九一二年十一月五日）和陈积（Chen Yack，又作Chun Jack，生于一九一三年二月九日）皆为天湖村人，其中陈作和陈积是堂兄弟，而叶乐则是他们的表哥。

陈旺（Chun Wong，或写作Ah Wong）是陈作的父亲，陈积的伯父，也是叶乐的舅舅。陈旺大约在一八六四年出生，但有关他何时来到澳大利亚发展的确切档案目前尚未能找到，基本上可以确定的是，他大约是在十九世纪八十年代下半期从家乡来的澳大利亚，[①]主要是在域多省（Victoria）的首府美利滨（Melbourne）立足发展，至少是在二十世纪一十年代初期便已在美利滨城里与唐人街平行的兰市地街（Lonsdale Street）七十二号上，与其兄弟以及其他宗亲和乡人一起合股开设了一间家具店兼商铺，名为"元亨利"号（Goon Hing Lee & Co. Ltd.），除了制作家具出售，商铺也经营杂货，包括

---

① WONG Ah: Nationality-Chinese: Date of Birth-25 May 1864: Date of Arrival-1887: First Registered at Russell Street Melbourne, NAA: MT269/1, VIC/CHINA/WONG AH/8。

日常果蔬等当地产品。① 能将家具店和商铺开在城里，显然也是需要一定资金的，可以想见他当时经济条件应该算是不错。

当小侄儿陈积届满十岁时，陈旺决定将他及儿子陈作申请赴澳留学。外甥叶乐只比两个表弟大一两岁，且平时都玩耍在一起，陈旺也决定将他一并申请来澳读书。一九二三年六月三十日，陈旺分别为儿子、侄儿和外甥填好申请表，一起将其交到位于同城的中国驻澳大利亚总领事馆，为他们申领护照和签证。他以自己参与经营的"元亨利"号商铺作保，并以监护人的身份承诺每年分别提供膏火各五十镑给三个孩子，要将他们一起办来进入位于唐人街上的长老会学校（P.W.M.U. School）念书。

中国总领事馆接到申请后，花费了大约三个半月的时间以核对申请者与监护人的关系。待一切都确认无疑之后，中国总领事魏子京就于十月十八日给叶乐和陈作、陈积三个孩子各签发了一份中国学生护照，号码分别是338/S/23、339/S/23、340/S/23。由于准备工作充足，材料翔实，当第二天中国总领事馆将上述三份护照递交到澳大利亚联邦政府内务部申请签证时，当场就获得了批复，内务部在每份护照上钤盖了签证章。随后，按照陈旺的指引，护照就寄给了他在中国的家人。

三个孩子的家人遂紧锣密鼓地为他们准备行装，安排船期，以便在次年开学之前赶到澳大利亚。待一切安排妥当，他们被从新会送到香港，搭乘由中澳船行经营的"获多利"（Victoria）号轮船，于一九二四年二月八日抵达美利滨港口，入境澳大利亚。当天，陈旺早早就去到海关，将三个孩子接出来，回到兰市地街的店铺中住下。

虽然抵达美利滨的日期比当年新学年开学晚了一个星期，但他们还是对在新的文化和语言环境里读书非常期待，跃跃欲试。过了两天，即到二月十一日星期一那天，陈旺便领着叶乐、陈作、陈积一起去长老会学校注册，正式入读该学校。此前他们都没有学过英语，进入长老会学校后，开始面对新的环境和学习时，叶乐显得有些不知所措，但很快便调整过来，到年底时

---

① Goon Hing Lee E/C for Assistant, NAA: A1, 1928/9329。

开始适应了学校的学习节奏；陈作则被评价为聪颖好学，也很快适应了当地的学习；陈积因年纪小，语言适应能力更强，又十分好学，上手更快。

一九二五年新学年开学后，叶乐和陈作继续在长老会学校上学，陈积则转学进入卡顿（Carlton）区若丝砀街公学（Rathdown Street State School, Carlton）读书。他在这里继续保持令人满意的学习成绩，到年底时，学校的评价是：各方面的成绩都非常好，只是英语阅读和写作上还稍显不足。一九二六年，他升读六年级，算术是其强项，阅读也已经有了长足的进步，只剩下写作仍有待提高。到一九二七年七月，他各科考试合格，便从该校的小学毕业，随后进入泽口商学院（Zercho's Business College）读书。

在上述时间段里，陈作一直都待在长老会学校念书，也一直保持良好的学习态度和成绩，于一九二七年九月完成了在该校的学习，十月十三日入读泽口商学院，跟堂弟在一起念书。兄弟俩在随后的一年时间里，学习成绩都令人满意。

而留在长老会学校的叶乐虽然也努力，但相对来说进步慢一点，而且在一九二六年得了疟疾，为此住院治疗和在家休养了好几天，拉下了一些课程进度，这样就滞后了他的学习与进步。也可能由此学习成绩开始下降，拉开了与同学间的距离，于是他便破罐子破摔，一九二七年上半年旷课长达约两个月。如此一来，他在长老会学校是混不下去了，不得已，便在这一年七月退学，于七月十四日转学进入圣匹书馆（St. Peter's School）念书。可是，此前旷课如此之久，总得有个说法，才能糊弄过关。为此，叶乐想到了一招。一九二七年七月二十五日，中国总领事魏子京在叶乐的要求下，致函内务部秘书，解释其旷课的原因。魏总领事在信中表示，上半学期的时候，叶乐因接到母亲从国内来信，要求他赶回去处理相关事务，他为此就停学了一段时间，准备购买船票回国；可是当他正准备启程时，又接到母亲来信，谓事情已经处理完毕，他无须中断学业返国。在这种情况下，叶乐便转学到了圣匹书馆。内务部对此信没有回复，表面上似乎是默认了上述解释，但实际上也对这些中国留学生解释旷课和逃学的招数了如指掌，一般情况下不予说破而已，只有到了关键时刻，官方才会以此来说事。

然而，叶乐在圣匹书馆也没有上几天课。尽管在刚刚入学的头一个月左右的时间里，还算是全勤，在校表现亦算中规中矩，但到八月十五日之后，这一切便戛然而止，他再也没有在书馆出现过。直到九月四日那一天，他才回去书馆告诉老师说，自己已经转学，以叶维廉（William Yip）的名义进入泽口商学院念书。由是，在这里他再次跟两个表弟会合了。

进入泽口商学院念书的叶乐，刚开始时也算是很守规矩，即便是在次年初中国总领事馆为其申请展签时，内务部去到泽口商学院调查其学业和在校表现，得到的是比较积极的回复，即便期间有七天的旷课，事后经解释是因病住院，也算是说得过去，因此，展签的批复虽然是在一九二八年三月底才下达，但毕竟还是顺利通过。但就在收到展签批复之后没有多久，叶乐便于四月中旬离开了泽口商学院，借口还是因为生病。五月二十二日，他在位于城里的另一家私校——布雷潇商学院（Bradshaw's Business College）注册入学，但直到八月初才去这间商学院上课。其间，他在旷课五十多天之后，又去到雪梨（Sydney）玩了几天。中国总领事魏子京还想为他的旷课行为掩盖，曾于七月二十七日致函内务部秘书，谓其刻下因生病正在康复之中，将会很快重返学校上学。可是就在刚刚重返学校读书没有几天，叶乐便向学校表示，准备在八月中旬搭乘"太平"（Taiping）号轮船回国探亲；但不久后，又说改为九月中搭乘"彰德"（Changte）号轮船离境。为此，中国总领事魏子京于八月七日致函内务部秘书，为其申请再入境签证，以便他结束探亲之后重返澳大利亚继续完成其学业。

然而，内务部并不容易被糊弄。事实上，叶乐的表现一直都在内务部的掌控之中。早在他上泽口商学院时，因学院提交的报告表明他的课程只是安排在晚上进行，就已经开始引起了内务部的注意，故这次申请再入境签证时，内务部遂责成美利滨海关对此予以详查。海关稽查官葛礼生（J. Gleeson）奉命之后，将其之前的旷课记录也一并翻了出来，赫然发现叶乐此前的旷课大多与其借口的患病无关，而是频繁出入唐人街的赌房之故。而最近一段时间的旷课，最主要的原因是他跟一帮逃学的华裔学生混在了一起，根本就无心向学。为此，葛礼生个人的意见是，十七岁的叶乐已经长大，业已不适合于上学，换言之，其真正的兴趣已经不在读书。根据上述报告，尽管布雷潇商学院也写信证明愿意接收叶乐返回澳大利亚后继续回到那里上学，内务部最终还是决定拒绝上述再入境签证申请，于十二月五日正式将此决定通告中国总领事馆。此时，中国总领事魏子京已经离任回国，新任总领事宋发祥尚未到任履职，代理总领事吴勤训觉得兹事体大，还是应该再为其争取一下，便于十二月十九日致函内务部秘书，请其再给予叶乐一个机会，届时中国总领事馆定当督促他遵守校规，用功学习。内务部于次年一月十五日回函，将过去四年半时间里叶乐总共旷课达二百零一天的事实摆了出来，在在表明他长期以来都无心向学，故内务部尽管对此申请予以了充分考虑，但本着替他负责的态度，无法批复其重返澳大利亚留学的申请。吴勤训代理总领事早前就处理过叶乐的展签事务，本来就知道他早已是稀泥糊不上墙，之所以再与内务部秘书联络争取展签，原本也只是为了尽点儿人事而已，现在见事已到此，已经无论如何都无法挽回了，也就只得放弃进一步的申诉。

在上述再入境签证申请的过程中，叶乐按照自己预先的安排，于一九二八年九月十三日在美利滨港口如期登上"彰德"号轮船，返回中国。原本他还指望着中国总领事馆为他申请拿到再入境的签证，但未想到他此前的种种违规行为被内务部翻出来后成为了拒绝他再入境的证据，他也就再也没有机会返回澳大利亚念书了。叶乐回国之后，表弟陈作也步其后尘，回国探亲，只留下小表弟陈积继续在澳求学。

陈作是在表哥提出申请再入境签证后不久，也想回国探亲，便于一九二八年八月十六日，同样是通过中国总领事魏子京，向内务部提出申请再入境签证。因其一贯学习用功，在校表现良好，加上泽口商学院也出具证明表示愿意接收他探亲结束返澳后重返该校读书，因而很快便批复，并于八月二十七日函告中国总领事馆，准其十二个月有效的再入境签证。奇怪的是，他没有在九月份跟表哥叶乐结伴而行，一同搭乘"彰德"号轮船离境，而是等到十月份，乘坐六日离港的"天哊"（Tanda）号轮船回国。何以由其父亲陈旺一同申请来澳留学并且也是同行来澳的表兄弟俩，选择回国探亲的日子接近，但又不一起同行呢？个中原因，不得而知。或许，过去四年半在美利滨留学期间各自对学习的态度以及在校表现，已经表明他们在人生成长过程中的分野。换言之，各自的兴趣和爱好已经使他们难以走到一起了。

留下来继续学习的陈积在泽口商学院虽然各方面表现优异，被认为是最用功的学生之一，但他也只是在此读了一年。到一九二八年八月二十日，他再次转学，进入圣博德书院（St. Patrick's College）读书，学习成绩依旧，同样深受好评。不过，他在这间学校读了半年后，事情起了变化。

一九二九年二月十九日，即在这一年新学期开学后不久，代理总领事吴勤训致函内务部秘书，为陈积申请转换工作签证。吴代总领事在函中说，"元亨利"号的另一位股东陈刚（Chun Gung，译音）是陈积的伯伯，他最近因久病在身，希望近日成行，回去中国家乡休养，以便康复，并同时在那里处理一些与自身相关的事务。尽管此行回去预计也就是几个月时间，但他在本地商号中的利益也需要有人代为照料方才放心。而他十六岁的侄儿陈积已在此留学达六年之久，又读的是商学院，既懂商业知识，英语也好，加上本身中文也不错，是代其管理其利益的最佳人选。为此，他希望能给予陈积六个月的商务签证，作为替工，代他管理属于他的那份业务。至于其在学校的课程，他仍然可以利用夜间上课以完成应学科目。吴代总领事指出，"元亨利"号经营进出口业务，每年从中国进口商品价值达八百镑之多，其业务确实需要有人照看，请内务部批准是项申请。尽管这封申请信陈词恳切，但内务部以陈积来澳之目的是读书为由，断然否决，并于三月六日正式函告中国总领事馆。三月十四日，吴代总领事复函请其再考虑是项决定，但内务部秘书于三月二十七日回函，重申了上述决定。吴代总领事见无计可施，此事遂作罢。

由于上述申请的耽搁，本来在二月初之前就应该递交的陈积学生签证展签申请就没有及时送到内务部，直到陈刚的替工申请被否决之后，内务部还是没有收到上述申请，遂通过海关请其催促陈积的监护人赶紧通过中国总领事馆的渠道补办此事。四月十六日，吴勤训代总领事才递上来是项申请。但内务部了解到，这一年年初，陈积便没有继续返回圣博德书院上学，后来他还告诉书院说他可能近期要回国。而吴代总领事的申请中则说明他先是去了若丝砀街公学，然后又返回了泽口商学院读书，内务部怀疑他因年初其伯伯想要他替工，虽然未获准，但极有可能此时他就在店里帮忙做工。按照《中国留学生章程》条例规定，这是不允许的事情，故内务部在回应上述申请之前，指示海关先详查此事。但海关报上来的结果是，陈积于四月八日重新回到泽口商学院念书，但此前他在做什么则无法说明。既然没有内务部最不愿意看到的中国学生在学期间打工的事实，再加上此前因申请替工签证确实耽搁到三月底，故陈积在四月上旬注册入学与中国学生所要遵守的条例相符，理论上也说得过去，由是，内务部对此没有留难，于五月十一日批复了展签申请。

半年之后，即同一年的九月十九日，新任中国驻澳大利亚总领事宋发祥致函内务部秘书，告知陈积想回国探亲，特为其申请再入境签证。既然此前陈积的记录无论是在公立学校还是私校，一直表现都很好，学业也令人满意，泽口商学院还特别致函中国总领馆，表示欢迎陈积重返该学院继续读书，因此，内务部很快就批复上述申请，于九月二十九日将上述决定正式函告宋总领事。

待上述手续都办妥后，年近十七岁的陈积便按照预先订好的船票，于十月二日赶上从美利滨港口驶往香港的"天咏"号轮船，告别留学近六年的澳大利亚，返回中国探亲度假。尽管他已经获得了再入境签证，可是其留学档案到此中止，此后也再未见到他重返澳大利亚的信息。也许，他回国之后，以其年龄和中英文能力的优势，进入了广州的大专院校继续念书。

在陈积离境前的半个月，他的堂哥陈作搭乘从香港前来的"彰德"号轮船，于一九二九年九月十三日抵达美利滨，再次入境，自然也与即将回国的堂弟见上了面。可是重入澳大利亚的陈作并没有及时注册入学，直到次年一月下旬学校的新学年开始，十八岁的陈作才重返泽口商学院念书。那么，从入境那天到次年一月下旬，期间有四个月的时间，他在做什么呢？幸好，内务部并没有就此提出询查，他也就平安无事。考虑到他的伯伯陈刚年初就表示要回中国，商铺里需要帮手，也许这四个月正好可以补缺。

回到泽口商学院，老师对陈作的评价与之前相比并无不同，他仍然是一位学业优秀的青年，主动性也很强。到这一年九月份时，递交给内务部的学校报告仍然是对他的好评，只是表明自六月份以来的六十多天上课日里，陈作因病请假十六天。内务部觉得这有点儿超出常规，遂指示海关核查一下，看到底是什么原因导致其缺勤。十月三日，海关稽查官葛礼生递交了调查结果。葛礼生通过泽口商学院办公室了解到，陈作确实是因病去了圣文森特医院（St. Vincent's Hospital）看病，布什大夫（Dr. Bush）作为他的主治医师，给他看了三次病，他也去医院拿药，总共有四次之多。此外，他还去了城里的卡伦街（Collins Street）牙科门诊，去看他那颗坏掉的牙。由是，葛礼生认为，事出有因，陈作的缺勤是在情理之中。而且，学校上下对他评价都不错，认为他守规矩，形象阳光，衣着整洁，待人接物有礼得体，学习成绩也不错。据此报告，内务部也就释怀，十月中旬接到中国总领事宋发祥发函为他申请展签时，便毫无阻碍地予以通过。此后，陈作在泽口商学院一读就是三年半的时间，老师对他的评价年年也都是很正面。

一九三三年五月十一日，陈作在泽口商学院考完试，结束了这个学期的科目之后就毕业离开。六月二十六日，他正式在工人学院（Working Men's College，后来改名为美利滨工学院Melbourne Technical College）注册读大学，主修汽车机械专业。当然，读大学课程，学费就比中学贵很多，每年是二十一镑，当时是实行一学年三学期制，故一学期的学费是七镑。

进入大学的第二年，陈作从一九三四年五月开始，又有一个月的时间不能到校上课。虽然学校已经具文说明他是因实验时被溶液腐蚀受伤，但内务部还是像以前那样，需要弄个明白到底是怎么回事，实际上还是生怕中国学生出外打工。为此，中国总领事陈维屏于八月二十二日不得不写信给内务部秘书，详细说明陈作的手腕因受感染红肿不消，无法动弹，自然无法上学写作业。他去医院治疗过，最终是找唐人街上的草医敷药消肿，就目前情况看，可能还需要两周左右的时间，才能重返学校上课。为此，他也希望内务部按例将下一年的学生签证展签核发给陈作，中国总领事馆也会督促这位中国学生一旦康复后即复学。了解到实情之后，内务部放下心来，很爽快地批复了展签。由是，陈作康复后，回到学校上学，直到一九三六年下半年。

一九三六年八月十一日，中国总领事陈维屏按照惯例，早早地就备函，向内务部申请陈作的下一年学生签证展签。与之前几次都很顺畅地获得批复不同，这一次，内务部于八月二十六日复函拒绝了展签申请，理由是陈作已经年过二十四周岁，超过了中国学生在澳留学最高年龄的限制。但内务部长也还算有人情味，考虑到这一学年还有最后一个学期才结束，还是破例特批将其学生签证展签到这一年的年底，俾其能完成这一学年的选修科目。

在这个关键时刻，美利滨工学院院长艾甫仁（Frank Ellies）及时出手相助。他于十一月十八日致函内务部秘书，告知陈作目前所修读课程为自动化与航空工程专业，需要延长学期才能毕业，时间约为六个月，以他已有的勤奋及已日益提高的英语精读能力，是可以完成预定课程的。因此，希望内务部考虑到他目前所面临的实际情况，额外破例再给予半年的展签。为此，陈维屏总领事在获得上述艾甫仁院长给内务部秘书信函的副本之后，也于十一月二十日再次致函内务部秘书，为陈作申请半年展签陈情。既然如此，内务部长考虑到现在陈作也就是刚刚年满二十四岁，半年时间还是可以有回旋余地的，便认可了上述陈情，于十二月十六日正式通知中国总领事陈维屏和艾甫仁院长，但特别说明这次批复只是一个特例，让陈作可以在这个时间里完成学业。当然，在余下的半年时间里，陈作也不孚众望，各项科目成绩都是优秀，备受好评。

转眼之间，陈作的签证又快要到期了。一九三七年六月八日，新任总领事保君建致函内务部秘书，再一次为陈作申请六个月的展签，并附上艾甫仁院长的支持函。保总领事在函中强调，因为此前陈作选修的专业是汽车机械加上现在的自动化和航空工程，课程都比较密集，许多科目他还来不及参加考试，因此，再给予他半年时间，可以让他完成所有这些科目，获得其所学专业的文凭，对其日后回国工作将具有极大的优势。而根据他此前在工学院的优异表现，相信他能抓住机会，顺利达成目标，故希望内务部长对此再次破例特批，以助其成功。六月二十九日，内务部秘书复函，对上述申请予以批复，其签证有效期可延长至本年的最后一天。当然，陈作充分利用了这个内务部长给予的额外时间，到十月份时，顺利地完成了所有的学业。为此，艾甫仁院长特别为他出具一封用词恳切的推荐介绍信，希望他可以在汽车机械及自动化工程方面找到一份好的工作。

也就在这个时候，陈作遇到了想出面帮助他留在澳大利亚的人，这个人就是澳大利亚长老会美利滨教会牧师法夸尔·齐索姆（Rev. Farquhar Chisholm）。这位牧师于一九三七年十月十一日写信给内务部长，希望他能特批陈作留在域多利省发展。牧师在信中特别强调说，陈作之父陈旺现在已经六十三岁了，非常希望儿子陈作能有机会留下来助他一臂之力，尤其是帮他管理开设在佛珠来（Fitzroy）区布朗斯维克街（Brunswick Street）一百八十五号的一间茶餐厅，而他本人则要全力以赴地照看在兰市地街上的商铺，这间商铺已经开设了二十多年，有许多老客户，须倾全力经营。牧师本人表示，自陈作进入澳大利亚就读长老会学校开始就认识他，至今已经十几年了，不仅知道他历经泽口商学院到美利滨工学院，皆品学兼优，而且从平时的接触中也感受得到他是属于那种诚实可靠、勤奋好学、热心助人、能力超强的青年。如果能让其留下来，他不仅可以成为一位好市民，也会给其日落西山的父亲一个安慰及助力。

接到上述牧师的信函之后，内务部长交给秘书转发海关处理。内务部想知道的是，陈旺目前所经营的两份生意其商业价值多少，年营业额幅度有多大，其店铺的雇员有几人等等，这样内务部才能对其去留作出决断。对此，海关的动作很快。十一月十九日，他们将调查的报告递交给内务部。根据报告得知，"元亨利"已开设超过三十年，目前陈旺是其唯一股东，已管理该商铺达二十八年之久。由此可见，此前他的兄弟陈刚的股份可能因其病休回乡而最终撤走，其他股东也早已陆续退出，这在当时的华人社会中是常见的事情。截至本年度六月三十日止的财政年度里，"元亨利"的年营业额是九百三十六镑，其海外贸易的价值是三百零七镑；该商铺由陈旺一人管理，未雇请任何人。而开设在佛珠来区的茶餐厅名叫万坊餐厅（Man Fong Café），是陈旺与现年六十岁的阿惠Ah Hooey（阿惠，译音）在四年前合开，后者因脚变形残废不良于行，很难全力经营餐厅。在同样的财政年度里，该餐厅的年营业额为一千一百七十六镑。该餐厅雇佣有两个员工，都是华人。上述商铺和餐厅，账本皆是中英文记账。海关也了解到，对于上述两间商铺和餐厅，如果儿子可以留下来的话，目前陈旺尚未决定让陈作去管理哪一间。当然，海关的报告在最后也顺带将陈作过去几年的良好表现及优异学业大为称赞一番，认为他是一位优秀的青年，虽然没有对牧师的请求提出任何建议，但用意明显。至于陈作本人，海关官员在与其交谈时了解到，他对于留在这里协助父亲经商并不是非常热心。内务部接到上述报告后，确实给予了认真的考虑，也在内部进行了讨论，但因陈旺上述两间商铺和餐厅的年营业额加起来也未能达到二千五百镑以上，属于规模太小的商业生意，即便陈作属于非常优秀的青年，也无法破例让他留下来，哪怕是以商务签证的形式留下来。最终，内务部长于十二月二日拒绝了上述申请。

原本法夸尔·齐索姆牧师是想借助自己的崇高宗教地位帮助陈旺父子，但其上一年度营业额所显示出来的商业实力无法达致目标，与其之前对陈旺实力的印象相距较大，这是他无可奈何之处，毕竟税务报表最能说明一切。当然，他心里也明白，经过二十世纪二十年代末三十年代初的"大萧条"，许多商行实力受到极大打击，陈旺的商行只不过是这种经济衰退影响的一个缩影而已。为此，他在接到内务部秘书的回复一周之后，于十二月九日复函道，鉴于此时中国正因日本侵略，战火已经在华北、华东等地蔓延，局势极为动荡，希望内务部批准陈作在澳多留上一个月的时间，使之可以跟父亲过上一个中国农历新年之后再行返回中国。对于上述要求，内务部秘书觉得并不过分，明年的农历新年是一月三十一日，政府自然可以成人之美。于是，十二月十七日，内务部秘书复函，同意再将陈作的签证展延至一九三八年一月三十一日，并将此决定也通知了中国总领事馆。

看来一切安排都很妥当，也算得上是内务部体现了对陈旺父子照顾的人性化关怀。但到一九三八年二月十八日，中国驻澳大利亚总领事保君建致函内务部秘书，告知陈作尚未成行，希望在新的学年里，再给其在澳停留三个月的时间。保总领事提出上述请求的最主要理由，是陈旺已经六十多岁，年老体衰，一旦目前在身边的儿子陈作离开，他已无力再行管理其在澳商务。为此，他打算将其"元亨利"号商铺的业务清理卖掉，然后回国。至于餐厅业务，他就直接将其股份转让给另一位股东即可。他希望这段时间陈作留下来助他清理售卖"元亨利"号商铺，然后再陪他一起回国。事实上，陈旺的这种做法在当时的华人社会中很普遍。因为当地严格实施"白澳政策"，许多获得了澳籍或永久居留权并在此做小生意的华人，最后都因无法申请到其在华子女前来接手其开创的生意或产业，故到年老时大多是卖掉这些生意，拿着一笔钱回国或者去到香港养老。原先陈旺欲通过宗教界领袖的关系让儿子陈作留下来继承其生意未果，现在的决定也是其深思熟虑的结果。而澳大利亚政府长期以来实施"白澳政策"，其目的也就是不让在澳华人繁衍生长，反以种种限制使其人口逐渐凋零。自一九〇一年澳大利亚联邦建立到第二次世界大战前，就是因为"白澳政策"的严格实施，在澳之华人急剧下降。比如，一九〇一年统计的在澳华人为三万二千三百多人，一九二一年时已降至二万零八百人，到一九三三年，只剩下一万四千三百多人了。[①] 因此，上述保总领事的请求，正中澳大利亚当局下怀。内务部秘书很快便于二月二十四日回复，准其所请。

可是，要用三个月的时间来处理商务，事实上很难达成目标。按照新的展签，其有效期是到四月三十日，但此后并未见陈旺父子有任何启程的动静，故内务部于五月底致函海关，请其核查他们父子到底什么时候离开澳大利亚。海关人员于六月初直接找到了陈作，得知他此前曾经通过当地一位熟悉情况的名叫威廉达（William Tack）的华人向内务部申请再展签，但当局至今未曾收到任何与他有关的申请，为此，他表示将通过中国总领事馆提出申请。陈作表示，到现在为止，他都一直帮助父亲一边做生意，一边处理售卖事宜。但要协助父亲将其生意清盘卖出，三个月的时间显然不够，事实上还需要更多的时间，因为这涉及收账、还清借贷、清理存货并尽快卖出等一系列的事情，可能还需要一两个月的时间才能办到。从他个人角度来说，他是非常希望尽快处理完这些事情，然后陪同父亲一起回国。

内务部接获海关报告后，尚未收到中国总领事馆的申请，便又接获税务部门报告，谓陈旺因与鸟修威省（New South Wales）德尼利昆埠（Deniliquin）的一位名叫Ah Shue（阿水，译音）的同乡有债务纠纷，涉及金额达一千四百零二镑，数目不菲。这样一来，要解决这个财务上的纠纷，确实需要时日。

---

① Population of Chinese in Australia, NAA: A433, 1949-2-8505。

由是，内务部只得考虑放宽陈作离境日期的限制，同时指示海关尽可能为陈旺寻找律师，以便尽快解决此事。几天后，海关为陈旺找到金士铎（Stuart King）律师来代理他处理上述纠纷。根据金律师对整个事件的了解，事情虽然复杂，但并不严重。事情起因还得回到一九二一年，当时阿水也是"元亨利"号的股东之一。陈旺与其他五位股东当年曾指控阿水盗用商行的三百七十五镑，但因阿水时在美利滨并无其他产业，无法填补这一亏空，他们也就自认倒霉，将这一亏损保留在案。但为了反击，后来阿水反而指控陈旺贪污商行一千四百零二镑。这就是此纠纷的来源。但该商行原先的其他股东并不认可阿水的指控，认为是无中生有。就陈旺本人来说，自然是希望在其离开澳大利亚之前尽快将此事了结，因恐其回国后对方会动用乡间封建势力对其家庭造成威胁。惟根据目前的情势，阿水的指控尚无法构成要向对方发出诽谤令状的程度，故律师虽表示陈旺不必为此担忧，可也表明无法在短时期内将此事了结。而陈作与此事无关，也无须卷入此事。由是，律师根据陈旺父子的情况，建议他们还是按照目前生意清盘的进展，在未来的一两个月时间里安排离境回国。而与此同时，律师则安排相关的拍卖行，定下日子，将"元亨利"商铺现场拍卖。为此，内务部根据律师的建议，将陈作的签证再次展延至六月三十日。随后，当律师告知事情会在未来一个月左右的时间解决，内务部也随之再将陈作的签证展延至七月底。

最终，一九三八年八月十三日，在澳留学十三年的陈作陪侍已经卖掉生意准备退休回乡的父亲陈旺在雪梨登上"南京"（Nankin）号轮船，驶往香港，转道返回家乡。

事实上，陈旺临行前，只是处理完"元亨利"号商铺的清盘，尚余下万坊餐厅的股份转让等事宜未及完成。到一九四〇年时，代理陈旺商务清盘的金士铎律师曾发函内务部，想申请陈作从中国来澳，最终解决陈旺的生意问题。但结果是内务部没有批准金律师的申请，陈作便再也没有回过澳大利亚。[①]而陈作的档案也到此中止。

---

① Chan Chock [correspondence concerning application by Stuart King for Man Fong Café for admission of Chan Chock, into the Commonwealth] [box 427], NAA: SP42/1, C1940/3402。

作为中国赴澳留学生，陈作是于第二次世界大战爆发前最终在澳大利亚完成了大学课程的不多的人士之一，而且其所学专业又是当时中国急需的与国防有关的高科技专业。其回国的时机，正是中国抗日战争进入相持阶段之时，换言之，是处于当时中国急需人才之际。在这种情况下，他回国后是否能为国所用，因找不到与此相关的任何材料，不得而知。

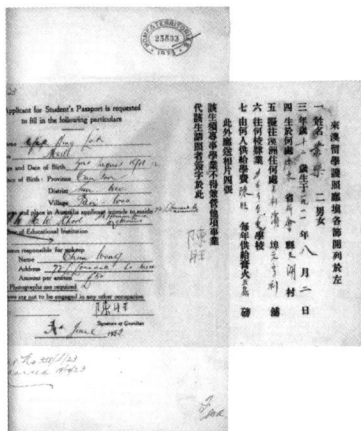

左为一九二三年六月三十日，陈旺填表，向中国驻澳大利亚总领事馆申领外甥叶乐来澳留学的学生护照和入境签证。右为同年十月十八日，中国驻澳大利亚总领事魏子京给叶乐签发的中国学生护照。

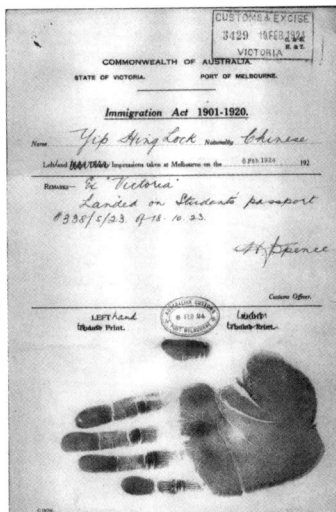

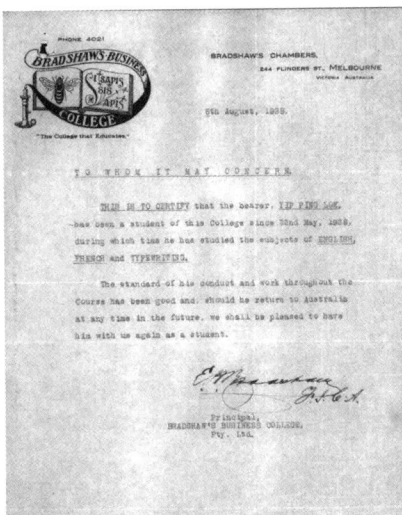

左为一九二四年二月八日，叶乐抵达美利滨港口，入境海关时留下的手印。右为一九二八年八月八日布雷潇商学院院长愿意接收叶乐回该学院上学的证明信。

一九二三年六月三十日，陈旺填表向中国驻澳大利亚总领事馆申领儿子陈作来澳留学护照。

一九二三年十月十八日，中国驻澳大利亚总领事魏子京给陈作签发的学生护照。

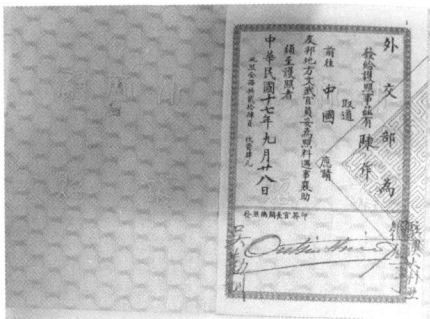

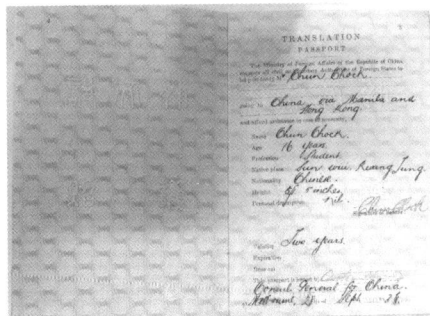

一九二八年九月二十八日，中国驻澳大利亚代理总领事吴勤训给回国探亲的陈作签发的中国学生护照。

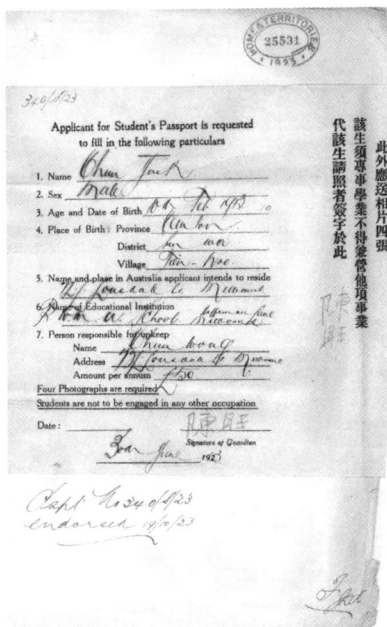

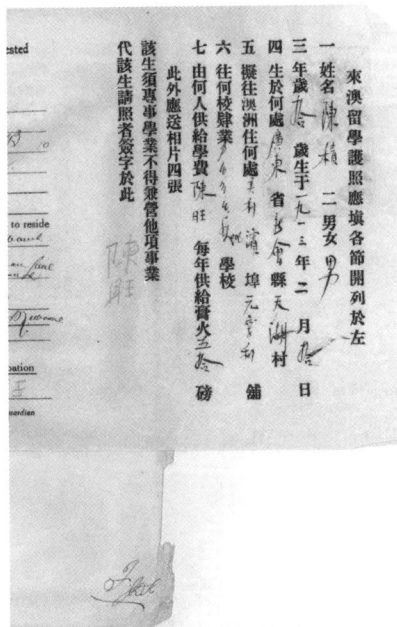

一九二三年六月三十日，陈旺填表向中国驻澳大利亚总领事馆申领侄儿陈积来澳留学护照。

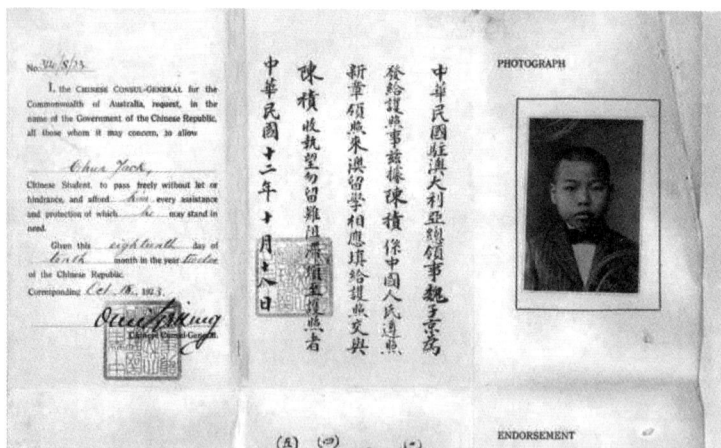

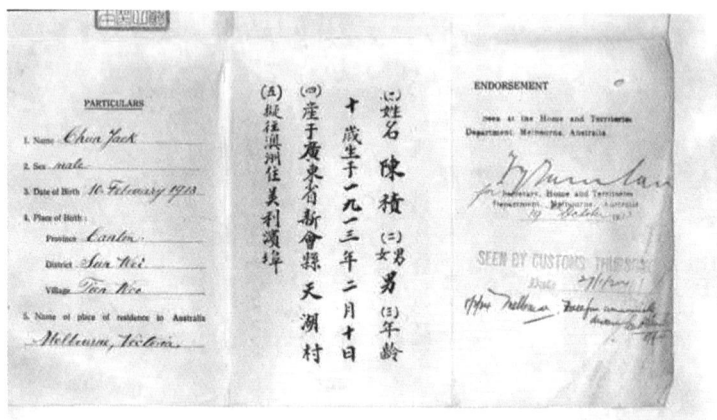

一九二三年十月十八日，中国驻澳大利亚总领事魏子京给陈积签发的学生护照。

档案出处（澳大利亚国家档案馆档案宗卷号）：

Yip Hing Lock-student passport, NAA: A1, 1928/8186

Chun Chock-Students Passports, NAA: A1, 1938/536

Chun Yack-student passport, NAA: A1, 1929/3728

许昌（哥壑·许昌）

新会永安村

　　新会县永安村的许昌（Hoey Chong），生于一八七八年九月二十四日。一八八七年，当他年方九岁时，就被家中大人带到澳大利亚，在域多利（Victoria）的美利滨（Melbourne）登陆上岸，随后跟随大人进入内陆农业区，在汪架据打（Wangaratta）埠一带成长，步其乡人后尘，充当菜农，并在该埠的墨菲街（Murphy Street）六号经营一间果子铺。因是在澳大利亚的环境中长大，他便有了一个英文名字，叫做Thomas（托马斯），全名便成为Thomas Hoey Chong（托马斯·许昌），即把自己的全名当成了姓（后来，澳人在写其名字时，将许字拼音简写成一个大写字母H，最后昌字之英文拼音便变成了姓）。一九〇一年澳大利亚联邦成立后，二十多岁的许昌便在距汪架据打不太远的小镇贝拉纳（Benalla）与一欧裔女子结婚，一九〇五年生下儿子，取名威廉·许昌（William Hoey Chong），他后来长大后，也在父亲所在街道开设一"广东餐厅"（Canton Café），除了提供餐饮，还售卖水果制品及糕点。① 此后，许昌又回到家乡，按照乡俗娶了一个媳妇，于一九一一年八月十一日在家乡生下一个儿子，取名哥壑·许昌（Gordon Hoey Chong），就是本文的传主。

---

① CHONG Thomas Hoey-Nationality: Chinese-Arrived Melbourne 1887, NAA: B78, CHONG/T。

一九二二年八月十二日，也就是哥垫·许昌年满十一周岁的次日，许昌以其子威廉·许昌的名义，填表向中国驻澳大利亚总领事馆申办哥垫来澳留学的手续，为其请领护照和签证。他以自己在汪架据打埠开设的以自己名字命名的"许昌"（Thomas H Chong）号果子铺作保，承诺每年提供足镑膏火供儿子哥垫在澳留学之学费及生活费等项开支，要将他办到汪架据打皇家学校（Wangaratta District State School）念书。中国总领事馆接到申请后，处理得比较迅捷，不到三个星期就审理完毕。八月三十一日，总领事魏子京给哥垫·许昌签发了号码为179/S/22的中国学生护照，第二天即九月一日也从澳大利亚政府内务部为他拿到了入境签证。紧接着，这份护照便被寄往中国哥垫的家乡，以便他能及时前来留学。

哥垫在中国的家人收到上述护照后，马上便为其安排好了赴澳行程。三个月后，即在当年十二月二十日，哥垫乘坐从香港驶出的"衣时顿"（Eastern）号轮船，抵达雪梨（Sydney）港口，入境澳大利亚。许昌自己因在汪架据打不能前来，便委托美利滨唐人街的两位朋友专程赶到雪梨，从海关将哥垫接出来，然后他们再乘坐雪梨到美利滨的火车，中途在汪架据打埠下车，将其交给许昌之后再回到美利滨。因此时已是圣诞前夕，哥垫放下行李后，便在澳大利亚与父亲许昌及哥哥威廉度过了第一个圣诞节。

一九二三年一月三十日，汪架据打皇家学校新学年正式开学，哥垫也就在当天正式入学读书。在入学时，他一句英语也不会说，四个月之后，他已经开始可以阅读了；到年底，他已经通过三年级考试。入学一年半之后，他的英语听、说、读、写都已经非常流利，老师震惊于他的神速进步，认为他是极为聪颖之学生；此外，他也出满全勤，操行良好，一九二四年已经升读到五年级。进入一九二五年新的学年之后，在上半年的时间里，哥垫继续着其一贯的勤奋及优异成绩，仍然备受好评。

然而，所有这一切到一九二五年八月二十五日戛然而止。当天，他因手臂出现麻痹而被送往美利滨医治。内务部是在十月份时得到汪架据打皇家学校的报告，才得知这一消息，但具体医治情况如何，学校也不得而知。当内务部询问哥塈是否仍然回校上课时，汪架据打皇家学校校长弗朗西斯（H.G. Francis）遂于十一月上旬致函许昌，希望得到一个确切的答复。哥塈的哥哥威廉代父亲回答了校长的询问。他在十一月十日复函表示，哥塈的病情比较严重，现在仍然住院治疗，何时康复不得而知。如果能在近期康复的话，将会让他重返学校念书；但如果病情不见好转，则准备在其稳定之后，将其送回中国。如果是后面这样一种情况的话，他届时会陪同哥塈先行返回汪架据打皇家学校，向校长和老师道别。

弗朗西斯校长将此信息转告内务部之后，内务部当即便与域多利省卫生厅联络，由此获知哥塈进一步的详情。他在美利滨经专科医生柯雷威利大夫（Dr. Crivelli）几个月的治疗，病情未见好转，后再进入阿尔弗雷德医院（Alfred Hospital）经寸嘉医生（Dr. Trinca）的切片检查，最终确定他得的病是脊髓脑膜炎。寸嘉医生表示，脊髓脑膜炎的病菌是在哥塈来到美利滨治疗之后，于九月底才得以确定。到一九二六年二月中旬时，其病情曾有康复的迹象，但因由此而感染到其咽部和右手臂，情况非常不稳定。为此，距离出院重返学校还为时尚远。

由于上述原因，中国总领事馆此时希望内务部核发给哥塈下一年度的展签，以便其有充足的时间可以康复。对此，内务部给予了认真的考虑，但表示要视其康复状态，再来决定给予多长时间的展签。就在双方就此问题往来商洽之际，一九二六年四月二十三日，已经在医院治疗了半年的哥塈因呼吸衰竭，撒手人寰。

从入境到去世，哥塈总共在澳的留学时间还不到三年半。而在此期间，他有大半年的时间是在医院里度过。

左为一九二二年八月十二日，许昌向中国驻澳大利亚总领事馆申领儿子哥整的赴澳留学护照。右为同年八月三十一日，中国驻澳大利亚总领事魏子京给哥整·许昌签发的中国学生护照。

左为一九二五年十一月十日，威廉·许昌复函汪架据打皇家学校弗朗西斯校长有关弟弟哥整的病情。右为一九二六年四月二十三日，柯雷威利大夫记录哥整呼吸衰竭死亡的手迹。

档案出处（澳大利亚国家档案馆档案宗卷号）：

Chong, G Hoey-Chinese student on passport, NAA: A1, 1926/3438

华　尧

新会旺冲村

　　新会县旺冲村是陈姓族人主要聚居地村庄，生于一九一一年八月十五日的华尧（Wah New）就是该村人士。显然，华尧也应该姓陈，因为在此后的一份官方认定其身份的往来公函中，提到他曾用名为Chin New（陈尧），只是在正式文件中，他始终都是用华尧这个名字。他的父亲名叫亚犁（Ah Lyi），也是没有使用姓氏。因在澳大利亚档案中无法查阅到与其名字相关的记录，故无法知道他是何时赴澳发展的。但可以肯定的则是，亚犁（或者是陈亚犁）至少在二十世纪二十年代初期时就已经立足并活跃于尾利伴（Melbourne），并且与设在唐人街（亦即小博街，Little Bourke Street）上的永享公司（Wing Young & Co.）有很大关联。永享公司（位于小博街一百四十五号）是经营水果蔬菜及中国土特产杂货的商行①，两个主要股东陈荣进和陈立贺都是新会人，也许，亚犁与他们就有宗亲关系，因为他依赖于永享公司作为自己的担保人。而他本人就住在距此不远的小博街一百一十一号的家具店里，专做为家具抛光的工作。

　　一九二四年初（未具日期），亚犁备好申请材料，向中国驻澳大利亚总领事馆申办儿子华尧来澳留学手续，为其请领护照和签证。他以上述永享公司作保，要把儿子送入卡顿（Carlton）区的法拉第街公立学校（Faraday Street

---

① 在尾利伴，永享公司最早于华文报纸上打广告是一九二二年。当时的主要股东除了陈氏兄弟俩，还有黄恩。见：《民报》（The Chinese Times），一九二二年三月四日，第二版。

State School）念书。中国总领事馆接到上述申请后，经核查咨询及补充资料，于四月中旬完成了审理。四月十八日，总领事魏子京为华尧签发了一份中国学生护照，号码是402/S/24。因该年的复活节正好是在此之后，故中国总领事馆将此护照送交到澳大利亚政府内务部等待钤盖签证章时，不得不等到工作人员度假回来工作之后才予以处理，故迟到五月二日方才核发入境签证。

可是，在中国接到从澳大利亚寄来的护照之后，华尧并没有立即动身，而是等了有一年多的时间，他才经过家人的安排，去到香港，由此搭乘"吞打"（Tanda）号轮船，于一九二五年七月七日抵达尾利伴港口，入境澳大利亚。亚犁从海关将其接出来，就直接住进了上述他位于小博街上的家具店铺里。

原本亚犁给儿子安排的是法拉第街公立学校，但他并没有在此注册入读。直到九月初内务部想知道这位新到的中国留学生在校表现如何而发函到该校时，才得知他根本就不在这里念书。后经内务部通过海关去到周围几间学校查询，方才知道他在七月中旬先是去了尾利伴南部的北考飞公立学校（Caulfield North State School）上学，但一个月之后，他又于八月二十八日转学进入位于卡顿区的若丝砀街公学（Rathdown Street State School）。在这里，他注册时用的名字就是陈尧（Chin New）。根据学校反映，他刚入校时，因不懂英语，什么都不明白，好在学校里有中国来的留学生，帮他翻译，带着他熟悉环境，一两个月后他便慢慢静下心来学习，进步很快，是个非常聪颖的学生。一年后，他的算术等其他科目都令人满意，但英语的阅读和写作仍然很弱。直到一九二六年底，他的英语才慢慢地有了较大进步。

从一九二七年初新学年开始，华尧转学进入矮山顿文法学校（Essendon Grammar School）。但他只是在那里念了半年，又转回若丝砀街公学继续上学。由是，他在这里一直读到次年年底学期结束，读完了这里的小学课程，各科成绩都还算令人满意，在学校里也都循规蹈矩，除了有两天因病请假之外，基本上保持了全勤。

一九二九年起，他注册入读司铎茨商学院（Stott's Business College）。在这里，他改名为托马斯·陈（Thomas Chinn）。在这一年里，他的学习比较稳定，波澜不惊地读完了所选修的课程。

到这一年十一月下旬时，鉴于其本年度学习成绩都符合要求，商学院院长推荐华尧明年就读会计课程。学院对就读此项会计课程的要求是，理论与实践并行。具体地说，所有课程皆在晚上授课，白天则需要学生进入商行或公司实习。这样一来，华尧就想在白天的时间里，到某公司或商行做记账工作，以便晚上就读相关的会计课程。为此，他将此事与中国驻澳大利亚总领事馆沟通，并告诉总领事宋发祥，已征得永享公司的同意，白天去该商行充任记账工作。为此，宋总领事遂于十一月二十三日致函内务部秘书，请其同意上述安排。对此，内务部决定先委托海关去做个了解，再作决定。海关稽查官葛礼生（J. Gleeson）于十二月九日报告，会计课程确实是在晚上授课，但华尧实习的事儿就有点儿不靠谱。当葛礼生去到永享公司见到陈荣进时，他根本就不知道华尧要到其商行担任记账一事，因为华尧事先根本就没有咨询过他，也没有征求过他的同意。不过，他们还算是很仗义，表示先让他们对此事作一个了解，再给予最后回答。他们跟华尧见面后得知，后者只是把自己的想法提出来，以征询总领事馆的意见，并希望得到永享公司的同意。最终，陈荣进虽然表示了对上述课程需要实习的理解，也认可华尧对此事的解释，但无法提供上述职位给他。葛礼生获知上述结果后去到商学院，了解到华尧确实是一位勤奋好学的学生，英语表达能力好，记账清楚，尤其是打字速度快，每分钟可打九十个字母。商学院认为，这样的能力是非常适合学习会计课程也能学好的。尽管葛礼生的报告对华尧是有利的，但内务部秘书还是以他白天没有课程可上而否决了上述申请，因为按照《中国留学生章程》，中国学生在澳留学期间要在正常的上课时间里就学，亦即白天上课。十二月二十日，他将此决定通知了宋发祥总领事。

曾经信心满满地准备在唐人街大展身手并接受会计课程的华尧，得知上述内务部的决定后，很是沮丧。当一九三〇年新学年开学后，他便不再去上学，并在一月二十三日致函内务部秘书，表示近期要返回中国。他表示，希望在走之前，到各地走走看看，拜访一下老朋友，故希望内务部准其三个月的假，以完成此心愿。内务部接到上述信函，没有加以理睬，还于三月份继续去函司铎茨商学院以询问华尧的在校表现。待商学院报告华尧今年根本就没有来校上学之后，内务部意识到了华尧的问题，急忙指示海关询查他现在到底去了什么地方，是否已经离境回国。

还是葛礼生找到了华尧。据华尧告知葛礼生，他从一月十五日去司铎茨商学院读了十天的日班课程之后，就退了出来，然后转为读夜班课程，一周上两个晚上的课。这样，他白天就去新华隆（Sun Wah Loong）号商铺上班，协助管理这家商店。葛礼生表示，尽管华尧很聪明，举止行为也都很得体，但上述做法实际上是政府应该予以惩戒、也是不允许做的。此外，据他所知，新华隆号的生意量不大，只有东主在此进进出出。只是去年底华尧的读会计课程一事被否决之后，他表示已经跟中国驻尾利伴领事谈了继续为他申请六个月展签的事，对方应承会替他争取。但葛礼生对此有不同看法。他在四月三十日提交的报告中，认为是中国领事在与这些中国学生做交易，会助长许多不正之风。内务部接到上述报告后，认为此前就已经否决了华尧上夜班课程的要求，但他仍然在今年坚持这样做，这样就已经严重违反了规定。现在当局对此的态度是，华尧应该停学，立即回国。也就是说，要将其遣返。五月十九日，内务部秘书正式通告宋发祥总领事上述决定。

四天后，葛礼生也奉命将此决定直接面告华尧。虽然华尧此前也曾打算尽快回国，但此时他却跟葛礼生说，需要再等十个星期的时间才能走，原因是他已经约好了人届时一起回国。当葛礼生告知内务部的决定是他必须立即离境时，他还在强调至少需要八个星期才能离境。为此，华尧又去到中国驻尾利伴副领事那里，要求为他向内务部争取上述至少八周的展延时间。葛礼生已经意识到，此前华尧的签证有效期是到七月七日，即使现在内务部命令他立即离境，他也不会执行，而是会通过中国总领事馆为其争取上述时间。他个人对此问题的看法是，华尧一定会等到那个时间之后才会安排离境事宜。换言之，他建议内务部在那之后采取行动，将会更为有效。尽管如此，内务部还是在六月四日再次致函中国总领事馆，要求他们协助催促华尧尽快离境。

在各方的压力下，华尧无计可施，中国副领事也放弃了此前对他承诺的协助申请展期之事，他不得不着手安排船期，只身回国。一九三〇年七月十七日，十九岁的华尧登上了驶往香港的"彰德"（Changte）号轮船，告别父亲和留学五年的尾利伴，返回中国。

一九二四年初，亚犁向中国驻澳大利亚总领事馆申办儿子华尧来澳留学手续所填之申请表。

一九二四年四月十八日，中国驻澳大利亚总领事魏子京为华尧签发的中国学生护照。

档案出处（澳大利亚国家档案馆档案宗卷号）：

Wah New-student passport, NAA: A1, 1929/5749

钟洪劻

新会南合村

钟洪劻（Joan Hoon Kwong，或者写成Yoan Hoon Kwong），新会县南合村人。从档案文件上看，他有两个出生日期：在申请表的中文栏里，他的出生日期写的是一九一〇年十月十日，但在申请表上的英文部分则写明是一九一一年十月十日，其护照上也与此相同，故本文中对其出生年月日，取后一种说法。在同一份文件中之所以出现这种出生年月不同的问题，除了领照者在填表时的粗心或者以中国纪年转换成公元纪年中出现差错之外，与家长有意自行更改年龄以规避《中国留学生章程》中有关中国学生年龄限制，也有很大关系。这样做的目的，或者可以使中国学生得以在澳大利亚多待上一至两年，此外也可以避免需要提供证据，以满足对超过一定年龄线后之英语学识能力的要求。比如从一九二六年中起，赴澳留学生年过十四岁者须提供具备基础英语学识能力证明，但在此年龄之下者则无须证明这种能力。由此可见，一岁之差，来澳留学难易程度不同，结果也会大有不同。

钟彬是钟洪劻的父亲。因档案材料中没有钟彬的英文名字，无法在澳大利亚档案馆进行查阅。也许钟彬本人并未来到澳大利亚，而是另有亲属在澳而已。他是在钟洪劻年满十二岁之后，于一九二三年十二月二十六日填好申请表，向中国驻澳大利亚总领事馆申办儿子的赴澳留学手续，请领其护照和签证。从申请表来看，他是通过在西澳洲夫李文自（Fremantle）埠开设"陈安"（Chan On）号商铺的陈安代为申请并作为其子赴澳留学护照的申领人。

十九世纪末二十世纪初年陈安便已在西澳立足，在西澳州首府普扶（Perth）南部的港口大埠夫李文自开设的商铺较有规模，①而委托陈安帮忙申领钟洪勋的护照，说明钟彬与他关系匪浅，首先他们应该是新会同乡，也可能具有亲戚关系。陈安虽然帮助申请，但并不担任他的监护人，后者则由住在夫李文自埠雷大街（Wray Avenue）六号的亚文（Ah Wen）充当，因为钟洪勋来此留学时，会住在这里。当然，亚文与钟彬的关系亦不清楚，因无法在澳大利亚档案中找到其相应的档案资料，也无法知道他何时来到澳大利亚发展。但无论如何，陈安以其自己的店铺为钟洪勋作保，应承每年提供一百镑膏火费给钟洪勋作为留学期间的花销，要将其申办到夫李文自皇家小童学校（Fremantle Infants School）念书。

也许是上述申领护照者和监护人以及财政担保者之间错综复杂的关系，加上西澳距离中国驻澳大利亚总领事馆之驻扎地美利滨（Melbourne）也比较远，沟通比较费时，故中国总领事馆接到上述申请后，花了四个月的时间才审理完毕。一九二四年四月七日，中国总领事魏子京终于给钟洪勋签发了中国学生护照，号码是397/S/24。二天之后，内务部也将入境签证章钤盖在上述护照上，当天便交由中国总领事馆将其寄往香港的钟耀记商行转交给钟洪勋接收。

但钟洪勋并没有即刻动身赴澳，而是在家乡又等了近两年的时间，于一九二六年春节过后才被家人送到香港，在那里乘坐"吞打"（Tanda）号轮船，于四月四日抵达美利滨港口，入境澳大利亚。钟彬委托一位住在卡顿（Carlton）区姓雷的朋友去海关将钟洪勋接出来，并在他家住了一晚，次日便转乘其他交通工具让他前往西澳的夫李文自埠。

两年前钟洪勋十二岁，故陈安帮他联系安排入读的学校是皇家小童学校，可是现在他都快十五岁了，自然不能再进入小学与一帮年纪比自己小很多的孩童一起读书；何况自拿到护照之后的这两年里，钟洪勋在家乡也一定是已经读完了小学，然后再来澳大利亚继续上学。为此，自抵达夫李文自埠之后，他重新选择学校，从五月一日开始，入读夫李文自埠基督兄弟会书院

①　关于陈安，可参见其子陈南昌（Chin Nam Chong）的留学档案：Chong, Chin Nam-Chinese student, NAA: A1, 1926/17580。

（Christian Brothers' College）。由是，他在这间教会学校读了两年，无论是在校表现还是各科学业均令人满意。[1]

到一九二八年三月，按例这时节中国驻澳大利亚总领事馆就开始着手为他申请下一年度的学生签证展延。但在处理此申请之前，夫李文自海关人员去询问钟洪勖意向时，得知他读完这个学期后就打算回国，并无意在澳继续求学，故向内务部建议等过一两个星期，看其后续行动再做定夺。果然，一九二八年三月十六日，十七岁的钟洪勖在夫李文自埠港口登上"明德鲁"（Minderoo）号轮船，沿着澳大利亚西海岸，北上驶往新加坡，再从那里转道返回中国。

从入境澳大利亚到回国，钟洪勖在澳留学时间未及两年。从他当时的情况来看，在不到十七岁的年纪回国，有了相当的英语能力，再在家乡、广州或者香港入读一间颇具声望的私校或者教会学校，都应该是不错的选择。

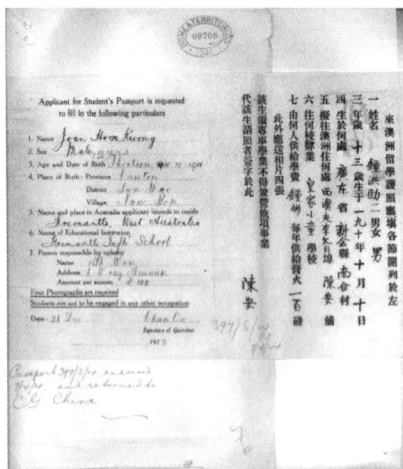

一九二三年十二月二十六日，钟彬委托陈安填表向中国驻澳大利亚总领事馆申办儿子钟洪勖的赴澳留学手续。

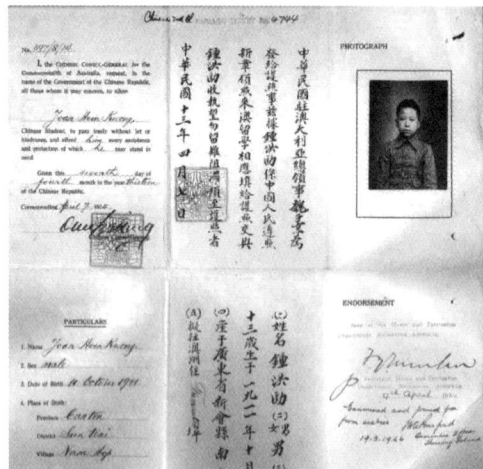

一九二四年四月七日，中国驻澳大利亚总领事魏子京给钟洪勖签发的中国学生护照。

档案出处（澳大利亚国家档案馆档案宗卷号）：

Joan Hoon Kwong-students passport, NAA: A1, 1927/8130

---

[1] Joan Hoon KWONG [Chinese] [Application for certificate of exemption from dictation test], NAA: PP4/2, 1926/53。

汤亚悦

新会永坚村

生于一九一二年三月十五日的汤亚悦（Hong Ah Yet），新会县永坚村人。他的外祖父林立（Lum Lipp），虽然在澳大利亚档案馆中有些与其相关的档案宗卷，但未明确记载其从中国抵达这里发展的年份。[①]大体上，他应该是在十九世纪末的最后二十年的时期进入澳大利亚，到二十世纪二十年代初之前便已定居于尾利伴（Melbourne）埠，在城区的益市比臣街（Exhibition Street）一百八十号上开设餐馆，叫做"文华餐厅"（Men War Café）。

汤亚悦长到十岁后，外祖父林立发现，自一九二一年开始实施《中国留学生章程》以来，已经有一百多名来自珠江三角洲的广东留学生拿到了签证，他们中大部分都已抵澳留学，雪梨（Sydney）和尾利伴是他们最重要的留学目的地。鉴于留学澳大利亚，学好英语及西方知识，对于这些孩子日后的发展会产生很大影响，林立便决定将这个外孙办来澳大利亚留学。一九二二年八月四日，他将材料准备好，填妥申请表格，递交给中国驻澳大利亚总领事馆，请领汤亚悦的护照和签证。他作为这名留学生的监护人和财政担保人，以其自营的文华餐厅作保，承诺每年提供足镑膏火给外孙汤亚悦支付各种学费和生活费以及医疗保险等开销，要将其办来尾利伴的皇家学校

[①] 目前可以查阅到的四份与林立相关的宗卷，年份跨越从一九一八年到一九四一年，皆为其经雪梨（Sydney）搭船回国的记录。如：Lum Lipp [departed ex TAIPING from Sydney on 30 July 1941] [issue of CEDT in favour of subject] [box 449], NAA: SP42/1, C1941/4784。

念书。具体地说，他当时为汤亚悦选择的学校是位于卡顿（Carlton）区的若丝砀街公学（Rathdown Street State School）。

中国总领事馆接到上述申请材料后，按部就班地审理。两个月后，审理结束，中国总领事魏子京即于十月三日为汤亚悦签发了号码为193/S/22的中国学生护照，并在第二天就获澳大利亚政府内务部在此护照上钤盖了入境签证章，随后便将护照寄往香港的"宽和祥"号洋行，由其转交给在新会家乡的汤亚悦。

接到护照的汤亚悦并没有立即成行。可能是此时汤亚悦毕竟还小，要远离故土，需要有一个转变适应的过程；此外，他的家人还要为他的赴澳行程寻找旅行中可以提供监护责任的同乡，即那些从澳大利亚回乡探亲结束后准备返澳之人士，他们可以在漫长的航海中照顾这些初出远门求学的少年儿童。待所有这一切都办妥之后，时间已经过去一年。于是，家人为其订妥船票，并将其送往香港，搭乘"丫罅乎罅"（Arafura）号轮船，于一九二三年十一月四日抵达尾利伴港口入境。林立将外孙从海关接出来，住进了他的餐馆。

在外祖父家里休息了一个多星期并且熟悉了周围环境之后，汤亚悦于十一月十五日正式注册入读若丝砀街公学。他在这里读了两年，老师对其在校表现和学业的评论很简练，即"令人满意"。换言之，他在这间学校的表现是遵守校规，循序渐进。如此，他波澜不惊地读到一九二五年底学期结束。

一九二六年新学年开始，他转学到位于唐人街的长老会学校（P. W. M. U. School）上学。在这间学校的一年时间里，老师对他的评价比较具体一些，认为他是一位聪慧好学的少年，学习进步很大。但从一九二七年开始，他搬到矮山顿（Essendon）区住，因为其外祖父林立此时不想再住在餐馆，就带着外孙搬到这里跟一位开洗衣馆（名"潘记"）的亲戚一起住，这样就顺势将汤亚悦转学到矮山顿公学（Essendon State School）读书。他在这里也是读了一年，但学业表现比以前更佳，学校认为这是一位求知欲强烈、凡事都希望做好的优秀学生。而且，他在这里将小学的课程都读完了。

在澳大利亚读了四年书，汤亚悦想家了。于是，一九二七年学期结束之后，他便于十二月十四日从尾利伴港口登上驶往香港的"太平"（Taiping）号轮船，回国探亲去了。

　　此时的汤亚悦才十五岁，自然希望结束探亲后重返澳大利亚读书，何况在学期结束时他已经获准回来后进入矮山顿公立中学（Essendon High School）上学，只是他走之前，刚刚拿到了下一个年度的展签，却没有意识到他一走，该签证便失效，他需要重新申请再入境签证。于是，回国之后不久，他跟中国驻澳大利亚总领事馆沟通此事。魏子京总领事遂于一九二八年四月二日致函内务部秘书，提出上述申请。当内务部通过海关去询问矮山顿公立中学校长时，后者是今年新接任的校长，他于五月十日回复说，经考察所有汤亚悦此前的成绩，觉得他尚不够格获准入读该中学，这样就推翻了前任接收这位中国学生入学的承诺。当然，这只是问题的一个方面。按照一九二六年中实施的已经修订过的《中国留学生章程》中相关规定，此后中国学生在澳留学，全部都要进入政府认可的私校（需要缴纳学费），只有那些在修订章程实施时已经在公立学校就读的中国留学生，仍然可以继续免费读下去，直到课程结束。按照上述原则，内务部秘书于五月二十九日告知魏子京总领事，汤亚悦的再入境签证无法获批，除非他已经选好了一间私校并且拿到了录取通知，内务部可重新审理其申请。作为参与了修订章程全过程的中国外交官，魏子京总领事自然很清楚，如果没有私校接受的话，汤亚悦是无法重返澳大利亚读书的。于是，他亲自与位于尾利伴城东的圣伯多禄书院（St. Peter's School）院长联络，后者表示同意接收这位中国学生，他便在七月二日再函内务部秘书，并附上该院长的录取信。内务部秘书接信后，经过与圣伯多禄书院院长的沟通，确信该书院接受这位中国学生并收取学费等事项属实，才于七月二十一日批复了汤亚悦的再入境签证申请，但他在给中国总领事的函中强调，获签者必须在一九二九年四月三十日之前入境，该签证方才有效。

　　可是，汤亚悦没有按时返回澳大利亚，因为他当时正在省城广州读中学，一时间无法结束课程。直到一九三〇年三月十八日，他跟中国总领事馆联络，总领事宋发祥才致函内务部秘书，解释汤亚悦无法按时回来读书的原因，现在希望能尽快回来读书，并且已经重新联络好了入读中央商学院（Central Business College）。既然汤亚悦此次所办之事都符合程序，加上他也刚刚十八岁，内务部认为不应该阻碍这个年轻人来读书，便于三月二十七日批复申请，但入境签证有效期至本年度十二月三十一日止。

事实上，汤亚悦再次失信，可能是学期尚未结束的缘故，没能如期在一九三〇年底返回澳大利亚，而是直到次年春节过后才乘坐从香港启程的"彰德"（Changte）号轮船，于三月十五日抵达尾利伴口岸。鉴于其签证早已失效过期，海关拒绝其入境。在这种情况下，中国总领事馆得知消息后，立即致电内务部秘书，恳请其指示海关放行，再给予这位青年学子一个机会。对此，内务部秘书给予了积极的回应，次日便指示海关准允其登陆，并给予一年的学生签证，条件是汤亚悦必须入读中央商学院。

然而，十八岁的汤亚悦没有入读中央商学院，而是进入此前接受他的圣伯多禄书院。但没过几天，他又转学进入私立东山小学（Eastern Hill Primary School）上学，可能是离开澳大利亚多年，英语能力下降，无论是商学院还是中学，都因为其英语程度问题而最终未让他继续读下去。当然，在东山小学他可以应付自如。但是，他毕竟年纪太大了，跟比他小十岁的孩子在一起上学太不像话，尤其是他下课后还经常在外祖父的餐馆里充任侍应生，影响很不好，跟顾客吵架都上了英文报纸。故校长致函内务部秘书，希望他在读完第二个学期后就转学到另外的层次较高的学校去念书。为此，内务部秘书于九月十七日致函中国总领事，一方面告诉对方要尽快帮汤亚悦找到一间合适的学校，事实上他应该进入中央商学院就读方为正途；另一方面也特别强调，作为学生是不允许打工的。他警告汤亚悦必须遵守此项规定，不然将会被遣返回中国。后来经过东山小学校长和内务部的商量，最终同意让汤亚悦在该校读完这个学年，条件是学校特备一名教师帮助这位中国学生提高英语能力，而后者必须努力学习，不能再去打工。由是，汤亚悦中规中矩地在东山小学读完了这个学年，成绩也都算是令人满意。

一九三二年起，汤亚悦进入位于尾利伴城东的圣多马预科学校（Church of England Preparatory School）读书，校长在协助他拿到了下一年度的展签之后，对他严加管束，由是，他在此读了一年，学习成绩也还令人满意。从一九三三年开始，他以去年年底之后大病一场为由，转学去了设在唐人街的长老会学校，因为这里距其外祖父开设的餐馆更近些，自然也更为方便些。尽管内务部反对他转学，但经中国总领事陈维屏几经解释，并以长老会学校校长对汤亚悦的在校表现给予较高评价作为挡箭牌，最终内务部也就睁一只眼闭一只眼，此事就算通过了，但事实上已经埋下了隐患。

对于一位二十岁的年轻人来说，这样的转学显然是有目的的。海关稽查人员就对其转学目的深为怀疑，也就对其行为格外关注。果然，一九三三年十月初的某一天深夜时分，一位已经在此蹲候好几天进行观察的海关稽查人员进入文华餐厅见到了汤亚悦，此时他正好一身的侍应生打扮。对此，汤亚悦只得向海关稽查人员承认是在协助外祖父管理餐厅，因为林立年事已经很高，没有多少精力打理餐厅，他只得力所能及地提供协助。此后，海关人员又去到长老会学校了解情况。从这里得知，汤亚悦每天都按时到校上课，只是在课后都回去餐厅帮忙做事。两周之后，海关人员再次回访长老会学校，发现过去几天以来，汤亚悦每天都衣冠楚楚，精神抖擞地来上课，跟之前大不一样，但课后回去餐厅打工依旧。为此，接到海关报告后，内务部秘书于十一月十三日致函中国总领事陈维屏，特别指出汤亚悦上述做法严重违反了规定，特向其提出最后警告。陈总领事也明白，这样违规的事情是无可抵赖的，只能回复说，一定转达上述严重关切，督促该学生严守规定，不得再犯。

汤亚悦明白自己已经被盯上了，如果继续这样下去，其结果必然是被遣返。为了不让自己走到那一步，他主动对外宣称其祖父表示不再资助他继续求学，他只得回返家乡发展。于是，过完年后，他便去到雪梨（Sydney），于一九三四年一月十三日从这里登上驶往香港的"天吷"（Tanda）号轮船，返回中国。

当海关得知其离境之后，曾经向内务部报告说，根据他们的了解，表面上汤亚悦说的是外祖父不再资助他，但实际上他还会找人资助以重返澳大利亚，借口也一定是继续求学。果然，半年之后，即同年七月十六日，中国总领事陈维屏致函内务部秘书，表示汤亚悦希望申请再入境签证，重返尾利伴的长老会学校读书，而该校校长也表示愿意接收其重返该校。两周之后，内务部秘书便回函，毫不客气地拒绝了上述申请，理由是他已经二十二岁了，还在申请入读提供普通中小学课程的这间教会学校，完全不符合规定。到九月十一日，陈维屏总领事再次致函内务部秘书，表示汤亚悦的外祖父还想外孙回来就读商科课程，已经为他联络好了城里的一间商学院入读，希望能给予他这个难得的教育机会，核发其再入境签证。但九月十九日内务部秘书的回复，彻底断绝了汤亚悦重返澳大利亚读书的任何念头。信中说，上次该生获准进入澳大利亚后，就屡屡违反承诺，没有进入接收其入境读书的学校上学；同时，在上学期间，也总是违规打工，屡教不改，表明其来澳的目的并不是为了读书，而是为了打工，前后目的倒置。更进一步说，其外祖父假如真的希望给他接受商科课程教育的话，自上次汤亚悦入境起，他就有大量的时间去学习这样的课程。可是现在他已经过了二十二周岁，转眼就要到二十三岁了，即便退一步说，当局同意他回来读书，因最高留学年龄的限制是二十四岁，留给他在此读书的时间已经非常有限。因此，无论从哪个方面说，内务部长都不会核发其再入境签证。陈维屏总领事接到上述信函，知道再也不会有任何好的结果，也就放弃了再为汤亚悦申请的打算。

　　作为中国留学生，汤亚悦自进入澳大利亚到最终离开，前后有十年时间，期间有三年是回到中国在广州读书。总体而言，十年的时间是可以完成很多课程，甚至是完成了大专甚至大学课程，但他却一样也没有完成，因为在第二次进入澳大利亚之后的三年中，他有相当多的时间是协助外祖父在管理餐厅。

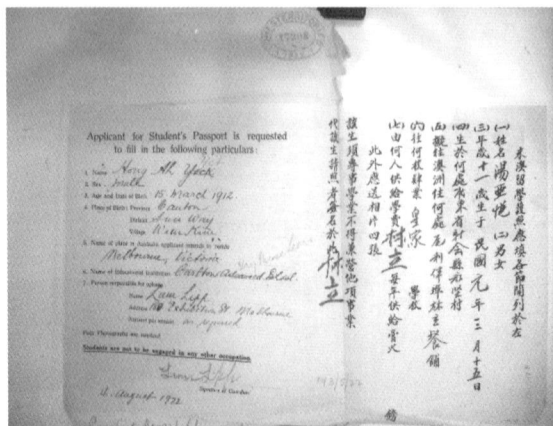

一九二二年八月四日，林立填表向中国驻澳大利亚总领事馆
请领外孙汤亚悦的留学护照和入境签证。

一九二二年十月三日，中国总领事魏子京为汤亚悦签发的中国学生护照。

档案出处（澳大利亚国家档案馆档案宗卷号）：

Hong Ah YET-Chinese Student passport, NAA: A1, 1934/7031

钟石仁

新会南合村

钟石仁（Jung Shek Yun），新会县南合村人，一九一二年五月二十五日
出生。其父名钟楼（Thung Low，或写成Thung Lowe，Thomas Low），至
少在一九〇四年之前便已抵达澳大利亚发展，[①] 后来进入鸟修威（New South
Wales）省西北内陆的农业区打门哂（Armidale）埠充当菜农，当然也像许多
其他在澳充任菜农的乡人一样，同时在打门哂埠的街上开设一间商铺，销售
自己种植的果蔬，取名叫"钟楼"（Thomas Low）号果子铺。

一九二三年（未具日期），钟楼委托在美利滨（Melbourne）的莫寿元夫
人（Mrs A. Show Yin）代为填表，向中国驻澳大利亚总领事馆申领其子钟石
仁的护照和签证，准备将此时已满十一岁的儿子办来自己所在的打门哂埠附
近约不到四十公里处的胡路猛被公立学校（Wollomombi State School）念书。
之所以这样安排，很有可能是这个胡路猛被小村作为其种植基地，当地人包
括学校的老师都与其比较熟悉的缘故吧。他以监护人的身份，用自己的"钟
楼"号果子铺作保，承诺每年提供膏火四十镑给儿子作为留学的所有开销。
九月四日，中国总领事魏子京在审理完上述申请后，给钟石仁签发了中国学
生护照，号码是326/S/23。九月八日，澳大利亚政府内务部也通过了签证审

---

①   Thung Lowe [also known as Ah Lowe and Thung Low] [includes 10 photographs showing front and side
views; left hand and finger prints and left and right thumb prints] [arrived ex NANKIN in Sydney on 22
April 1937] [issue of CEDT in favour of subject] [box 342], NAA: SP42/1, C1937/3026。

核，在这份护照上钤盖了签证章。

在家乡的钟石仁接到上述护照后，经家人大半年的代为联络和安排，与几位来自香山县、台山县和新会县的赴澳小留学生一起，去到香港，在那里登上由中澳船行经营的"获多利"（Victoria）号轮船，于一九二四年六月二十二日抵达雪梨（Sydney）。事先钟楼从打门吡埠提前赶到雪梨接关。但是在从香港到雪梨的大约两个多星期左右的航海旅程中，钟石仁与同行的另外三名中国小留学生都罹患了疥疮，需要治疗。因此，他只得被海关留在隔离区强制治疗，直到七月七日方才痊愈出院，获准入关。也直到这个时候，一直等在雪梨的钟楼才得以接上儿子，将其带回打门吡埠。

由于此前钟楼是安排儿子到胡路猛被学校念书，故内务部一直都以为康复后的钟石仁是进入这家学校上学。直到当年十一月中旬，当内务部去信该校询问这位中国小留学生的在校表现时，才得知他压根儿就没有在此注册入学，急忙通过当地警察部门寻找，才得知钟楼带着儿子回到打门吡埠之后，觉得要送儿子去将近四十公里远的胡路猛被小村上学实在太远，还是在家门口上学方便，便于七月二十八日为其在打门吡公立学校（Armidale State School）办理了入学手续，让他在这里读书，便于照顾。

在学校里，钟石仁穿着得体，遵守校规，对任何课程都充满了兴趣，也十分愿意去学，表现出强烈的求知欲和学习能力，一年后，便升级到三年级就读，英语能力大大提高，读和写都具有了一定的基础。由此，他就一直以这样的状态，在这间学校读了三年半的书，直到一九二七年底学期结束。

一九二八年一月十四日，十六岁的钟石仁在雪梨港口登上驶往香港的"吞打"（Tanda）号轮船，告别父亲，也挥别了生活和学习达三年半之久的澳大利亚，返回中国。临行时，他将行程告诉了中国总领事馆，但没有提出申请再入境签证的要求，说明他此次回国将一去不复返，而此后澳大利亚的档案记录中也再找不到与他相关的信息。也许，他在澳大利亚学好了英语，回国后继续在县城甚至到省城读书，将会有许多教会学校或双语学校可供选择。

一九二三年，钟楼委托莫寿元夫人代向中国驻澳大利亚总领事馆申领其子钟石仁赴澳留学的护照和签证。

一九二三年九月四日，中国驻澳大利亚总领事魏子京给钟石仁签发的中国学生护照。

档案出处（澳大利亚国家档案馆档案宗卷号）：

Jung Shek YUN-Student passport, NAA: A1, 1927/10277

李乾信

新会三村

　　李乾信（Lee King Sing，或者是Lee Ken Sun）是新会县三村人，生于
一九一二年六月二十二日。他的母亲是一八八八年在澳大利亚出生的第二代
华人，祖籍亦是新会县，是旺冲村大族陈氏后人，名叫陈琴秀（Kum Sou，
或写成Kum Sow，译音），是在澳大利亚美利滨（Melbourne）埠唐人街上
开设蔬果杂货商行"永享"号（Wing Young & Co.，永享公司）[1]的大股东陈
荣进（George Wing Dann）[2]的胞妹。琴秀于一九〇〇年十二岁时从澳大利
亚返回新会故里，长大后与同县三村之一李姓男子结婚，但其丈夫在与其生
下儿子李乾信后没有几年便去世。大约在李乾信六岁时，三十岁的陈琴秀于
一九一八年八月便只身重返澳大利亚，[3]而把儿子李乾信留在了新会三村婆
家。回到美利滨后，她遇到了原籍同样是新会县京背村而早年就来澳发展的
黄恩（Andrew Wong Yen），后者当时已在卡顿（Carlton）区蕴近街（Lygon

---

① 永享公司最早于美利滨华文报纸上打广告是一九二二年，当时的主要股东除了陈氏兄弟俩，还
有黄恩。见："永享公司广告"，载《民报》（The Chinese Times），一九二二年三月四日，
第二版。

② 陈荣进也是在澳出生的第二代华人，具有澳籍。见：George Wing Dann [arrived ex NANKIN
at Sydney on 19 October 1933] [issued with Commonwealth Passport] [box 291], NAA: SP42/1,
C1933/7345。

③ Kum Sow (Mrs Wong Yen) Victorian born Chinese (1888)-Returned to Melbourne per "Taiyuan" August
1918-Departure for China with family per "Tanda" April 1929-Further visit to China per "Tanda"
July 1935-Return per "Nellore" May 1939 (See also files 1935/14637, 14638 & 14639), NAA: B13,
1935/15192。

Street）上的一百零八号开设有一果子铺，经营多年。因其与"永享"号商行的大股东陈荣进相熟，其本人也在"永享"号商行中投有股份，而此前其在国内的太太早已去世，故经由陈荣进介绍其胞妹琴秀给他，两位失婚之人遂再结秦晋，琴秀的头衔也由此从原来回澳入境时的"李夫人"变成了"黄夫人"。此后，两人共同经营蕴近街上的果子铺，并再育有五名子女。

陈琴秀回到澳大利亚之后，作为母亲也依然挂念着仍在中国的儿子，总想将其接到身边学习和生活。一九二一年澳大利亚实施《中国留学生章程》，原则上规定，凡年在十岁至二十四岁之中国青少年，如其父母辈为澳籍及在澳永居者，皆可申请来澳依亲留学。这就给了陈琴秀办理儿子来澳留学的机会。一九二二年六月十五日，就在李乾信即将年满十周岁之际，陈琴秀通过其胞兄陈荣进出面作为代理人，填表并备妥材料，向中国驻澳大利亚总领事馆申办李乾信的来澳留学手续。在申请表中，陈荣进作为监护人和财政担保人，自然是以其经营的"永享"号商行作保，但费用则写明是由其胞妹亦即黄恩夫人陈琴秀承担，允诺每年提供足镑膏火以充其留学开支，要把李乾信办来美利滨的公立学校念书。鉴于黄恩一家住在卡顿区，陈琴秀自然是把位于该区的末士准士学校（Rathdown Street State School）作为首选。中国总领事馆经过二个月左右的审理，于八月二十二日由总领事魏子京签发了一份学生护照给李乾信，号码是175/S/22，并在二天后也很顺利地为他拿到了内务部的入境签证。

然而，在中国的李乾信并没有立即启程前来美利滨留学，而是足足等了一年多的时间。其耽搁的原因不详，或许与其是李家的男丁而生母已另嫁有关。也就在李乾信拿到了护照之后，陈琴秀现任丈夫黄恩觉得也应该将自己在国内的一男一女两个孩子（黄瑶和黄彩）办理出国来美利滨读书，遂于一九二三年初申请，三月十二日拿到护照，十天后也拿到了签证。[①]按常理，黄恩的两个儿女显然是可以与仍在等待时机赴澳留学的李乾信一起走的，毕

---

① 黄瑶（Wong Yew）和黄彩（Wong Toy）的留学档案，见：Wong Yew-student passport, NAA: A1, 1929/117和Wong TOY-Student passport, NAA: A1, 1927/16694。

竟他们将是一家人嘛。但是，黄家兄妹在当年九月二十二日就乘坐"获多利"（Victoria）号轮船从香港抵达了美利滨，而此时的李乾信仍然还待在家里，未曾动身。显然，在赴澳留学这件事情上，黄、李两家并没有进行过联络，至少事前双方没有充分地沟通好。直到黄氏兄妹抵达澳大利亚两个月后，十一岁的李乾信才去到香港，搭乘"圣阿炉滨士"（St. Albans）号轮船，于十二月一日抵达美利滨。他的舅舅陈荣进提前去到海关，将其接出来后，送他去跟母亲与继父会合。在这个新家，他跟同母异父的弟妹，以及早他两个多月抵达美利滨的继父的一对儿女黄瑶和黄彩（按照习俗，他要称之为哥哥姐姐）住在一起，并在相当长的一段时间里一起去学校读书，学习英语。

由于李乾信抵达美利滨的日期距当地学校放暑假也就剩下了两到三个星期，因此，陈琴秀便没有让儿子去上学，将他留在家里，先熟悉周边环境，练习英语。直到第二年一月二十九日新学年开学，李乾信才被母亲送去末士准士学校读书。而比他早几个月抵澳的黄彩，因没有跟哥哥一起去唐人街的长老会学校（P. W. M. U. School）读书，也是去这间末士准士学校念书，故李乾信从一开始去学校读书就有了伴。他在学校里的表现还是令人满意的，刚刚入学不久，老师就认为他对学习具有热心，英语学习上手很快，同时，他也在学校里给自己取了一个英文名，叫做罗伯特（Robert，也写成Robert King Sun）。此后，他一直都进步明显，学习按部就班。转眼之间，就到一九二八年下半学期。

一九二八年八月二十日，黄恩因久病在床而终告不治。待处理完丈夫的后事，陈琴秀于九月二十八日致函内务部秘书，申请其子李乾信从学生签证转为商务签证，留下来帮她管理丈夫遗留下来的果子铺，因为她一大家子人就依赖于这个生意维持生活。她在信中强调，她总共生育有六个孩子，最大的十六岁，最小的才一岁半多一点，而除了长子亦即李乾信是在中国出生者外，其他五个孩子还有她本人都是在澳大利亚出生的。她强烈希望内务部能考虑到她一大家子人目前的情况，能允许时年已十六岁的李乾信停学在家帮忙。

内务部对陈琴秀的申请给予了认真的考虑。海关在接到内务部秘书发来的指示后，便派人核查黄恩遗留下来的果子铺情况以及陈琴秀目前的财政状况，于十月十六日提交了报告。从报告中得知，目前黄恩果子铺所在的房子是租赁而来，但他们在邱区（Kew）有一私宅，整栋房屋价值为一千四百九十五镑，因系按揭，目前尚欠银行一千镑；房子里的家具及一辆旧汽车加上其他的一些稍微值钱的物品，加起来也就值三百镑。此外，黄恩生前曾在永享公司入股二百二十镑。如果把上述债务冲掉，即卖掉房屋财产和股份所得，再扣除按揭及其相关衍生的费用，就会只剩下七百一十镑的净值财产。但这些还没有包括要支付的律师费等交易费用，如果将这些包括进去，在他们手上的资产就所剩无几了，难以支撑陈琴秀这样一大家子人的生活和孩子的教育费用。

事实上，当时黄恩与前妻在中国所生的女儿黄彩此时也仍在美利滨读书，陈琴秀也同样申请她这个继女停学留在家里帮忙照顾几个年幼的弟弟妹妹。陈琴秀在上述申请信中并没有提到还有这样的一个孩子，可是内务部的记录里则显示出此时包括黄彩在内，她的家庭里应该是有七个孩子，黄彩的哥哥黄瑶在二年前便已回国，因而没有被统计在孩子的名单之中。为了搞清楚他们家庭成员的关系，内务部指示海关去到医院寻找这些孩子的出生证。海关官员随后经过一番寻访，最终于十二月初搞清楚了上述关系；而且医院里的出生证还显示，实际上陈琴秀在与黄恩结婚后，在美利滨总共生了六个孩子，只是其中有一个生出来不久就夭折了，因而没有出现在其现有孩子的名单里。

就在内务部处理上述申请的过程中，中国总领事馆也按例在年底前向内务部申请李乾信的展签。内务部经过通盘考虑，最后否决了陈琴秀的申请，但核发了李乾信的学生签证展签，希望中国总领事馆在这件事上协助当局，安抚这位中国学生，使之安心上学。既然不允许他经商，陈琴秀也没有办法，只能接受现实。她随后果断地将果子铺卖掉，于一九二九年四月四日，带着继女黄彩及其他五个年幼的孩子，登上"天叮"（Tanda）号轮船，回中国探亲去了。而李乾信也在一九二九年新学年开学后，因已通过末士准士学校的小学课程毕业，便转学进入唐人街的长老会学校念中学，因为这里离他舅舅陈荣进经营的永享公司近，母亲和弟妹们回中国探亲后，他住在那里，便于舅舅照顾。由是，他在长老会学校又认认真真地读了一年。

一九二九年十二月十二日，学校就要放暑假了，陈荣进给美利滨海关总征税官写信，希望雇佣李乾信为永享公司的职员。他表示，其胞妹陈琴秀是公司的股东之一，因公司业务增长，公司需要增加一名文员，而他认为自己的外甥李乾信可以培养并胜任此职位。李乾信出国前在中国已读过几年书，有一定的中文知识，现在又已读了六年的公立学校和私校，英语也已经很熟练，给他这样的职位之后，经过历练，日后他回到中国也是一笔财富。而且，在其充任公司职员期间，他还可以继续去读夜校，不会中断其学习。为此，他希望海关能批准上述对李乾信的雇佣。

海关将此问题报告内务部后，得到指示，须去核查李乾信的在校表现及永享公司的具体营业额等事项，以便作进一步的定夺。海关稽查官葛礼生（J. Gleeson）奉命前往执行此项任务。一个星期后，他提交了一份对李乾信十分有利的报告。他认为，李乾信在末士准士学校读完了六年级，此时又在长老会学校读了一年中学课程，所有成绩皆令人满意，其手书很快，对数字很敏感，是完全可以胜任初级文员工作的。而此时永享公司的股东共有五人，皆为陈氏兄弟姊妹，前四人为兄弟，最后一人即为陈琴秀。公司的文员共四位，三名白人，一名华人，增加一名华人，是有利于公司业务的进一步拓展。此外，公司还雇有六名工人，主要是从事处理日常货物运输和储藏等体力活。随后，内务部进一步从海关获得永享公司的年营业额情况：至三月三十日之前的一年营业额为七万六千七百八十四镑，存货六百三十镑，薪水支付二千九百六十镑，进口二千五百镑，没有出口记录。如此看来，公司经营规模还是很大的。但是，内务部秘书因不清楚黄恩果子铺的情况以及陈琴秀目前状况，便于一九三〇年一月二十八日再次要求海关提供上述情况，同时也表示此前他与中国总领事馆沟通的结果是，后者并不认为永享公司可以雇佣李乾信。一个星期后，葛礼生向内务部秘书报告说，陈琴秀已经卖掉了果子铺，也已经前往中国探亲，时间为两年，至于永享公司需要一名雇员的事，他是经过调查确认的。确认了所有上述问题后，内务部秘书于二月二十一日正式通告陈荣进，批准李乾信进入其公司充任职员，但只给六个月的时间，到期后李乾信须离开澳大利亚，返回中国。

陈荣进接到上述批复后，心里很不爽，觉得这是内务部在耍人，遂于三月八日致函申诉。他开门见山地说明，六个月的时间根本就不够，见不到什么效果。他表示，去年初，永享公司已经在香港和广州各开设了一个分公司，已经开始出口澳大利亚的干果和肥料等产品前往海外，然后再进口那里的产品来澳。由是，来往的中英文公文量大大增加，需要人手处理，这样也就给李乾信一个机会，让他在不同的部门都可以历练一下，至少需要几年时间，他不仅可以熟悉各种进出口贸易的处理程序，也由此了解澳大利亚的商业环境和相关的规矩。陈荣进表示，经过若干年的培训，到时候就可以让李乾信回去中国，接管那里的分公司业务，他也就可以完全明白其职责所在，知道该如何做，以达成公司目标。为此，他希望内务部秘书重新考虑上述批复决定，让李乾信可以在这里待的时间更长一些。内务部秘书接到上述申诉之后，经与几位主管官员商讨，也觉得他说的有道理，因此，在三月二十二十四日复函陈荣进，维持原来六个月的决定，但留有余地，表示到期后如果永享公司觉得有必要继续让李乾信做下去，可以继续申请，内务部将酌情考虑批复。换言之，也就是变相地接受了上述申诉，可以让李乾信在永享公司中干几年再行回国。

但此时的陈荣进已经改变了主意，他有更好的选择及替代方案。因为在上述交涉过程中，李乾信只能继续去上学，而他现在的学习成绩非常好，也很有兴趣和信心将其课程学好，故陈荣进觉得没有理由在中途打断其学习。因此，他于四月五日复函内务部秘书，表示要将李乾信的雇佣时间推迟到年底学校放假时才开始，此时就让他先把学校的知识学好，也是在为其下一步的雇佣做准备。对此，内务部秘书自然是没有意见。但鉴于在上述申请的这段时间里，因一直都在假设李乾信即将转为商务签证，因此自去年底失效的学生签证就没有续签。而今陈荣进改变主意要让李乾信继续读书到年底，就势必要将后者的学生签证续上。为此，内务部秘书动员海关找到中国总领事馆出面代为申请，因为这是程序要求，必须经由中国总领事馆的渠道提出申请，才能启动审理和签证核发。直到六月七日，中国总领事馆的申请才送达内务部，一周之后，内务部正式批复了李乾信的学生签证展延申请，从而解决了他在此期间的合法身份地位问题。到年底，当中国总领事馆继续为李乾信申请展签时，内务部也很快批复。而李乾信也从一九三一年新学年开始，注册入读工人学院的机械系（The Melbourne Technical School，The Working Men's College），选修汽车机械专业课程。

陈荣进原来准备在一九三〇年底时让外甥李乾信进入公司工作，但届时并未有向内务部提出申请。直到第二年李乾信读了半年大专之后，他才在一九三一年五月底向内务部申请。六月二日，内务部批准了上述申请，意味着十九岁的李乾信此时就可以正式入职舅舅的永享公司，开始其商业人生之旅。而他的档案也到此中止。至于他此后是留在了澳大利亚，还是回到香港或者广州发展，不得而知，因为到目前为止，在澳大利亚档案馆里尚无法找到他此后的任何信息。

如果仅从留学时间来看，李乾信在澳大利亚总共读了八年半的书，一直在校表现良好，学有所成。

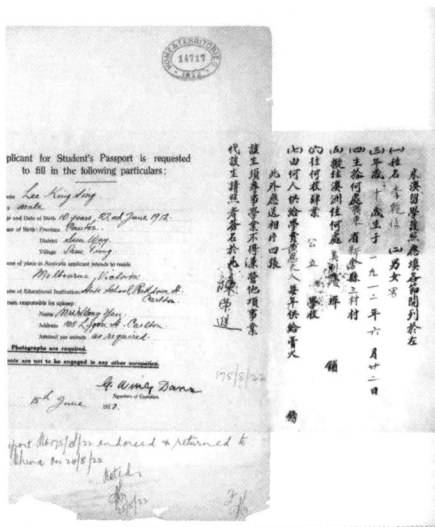

左为一九二二年六月十五日，陈荣进出面作为代理人，代陈琴秀填表向中国驻澳大利亚总领事馆申办其子李乾信的来澳留学手续。右为同年八月二十二日，中国驻澳大利亚总领事魏子京签发给李乾信的中国学生护照。

左为一九二九年十二月十二日，陈荣进致函美利滨海关总征税官，希望批准雇佣李乾信为永享公司的职员。右为一九三一年二月十日，工人学院机械系主任开出的李乾信就读其汽车机械专业的证明信。

档案出处（澳大利亚国家档案馆档案宗卷号）：

Lee King Sing-Student's passport, NAA: A1, 1931/5998

陈同利

新会天湖村

　　陈同利（Hong Lee，或Paul Chen）生于一九一二年十二月二十二日，新会县天湖村人。他的父亲是陈如庆（Gooey Hing），一八七二年出生。[1] 早在十九世纪九十年代，陈如庆便与族人和同乡一道从家乡去到香港，由此渡海南下，来到澳大利亚寻求发展机会，于域多利省（Victoria）的首府尾利畔（Melbourne）登陆入境，[2] 随后便在这个都市里勤奋工作，扎下脚跟。他与同胞兄弟一起入股开设在尾利畔唐人街（亦即小博街Little Burke Street）上的一间名为"新裕利"（Sun Yee Lee & Co.）号的商行，进入商界。随着业务的扩大，他和兄弟随后合力将商行其他股东的股份全部收购，将整个业务接管过来，使之成为兼具销售杂货土产和蔬果的综合性商行，形成一定的规模。待商行有了一定眉目，自己也积攒了一些钱财后，陈如庆也像当年其他乡人一样，回返家乡，娶妻生子，然后再只身回澳，继续打拼，经营商行，养育留置在家乡的妻小。

　　待陈同利年满十周岁之后，父亲陈如庆决定将他办来澳大利亚留学，希望在一切手续办妥之后，他也即将十一岁，可以正式在澳接受西式教育。于是，他在一九二三年的某个时候准备好材料，填表向中国驻澳大利亚总领事

---

① HING Gooey: Nationality-Chinese: Date of Birth-September 1872: First registered at Little Bourke Street, NAA: MT269/1, VIC/CHINA/HING GOOEY。

② CHING Gooey Hing-Nationality: Chinese-Arrived Melbourne per Unknown 1 December 1897 Departed Commonwealth on 07 December 1955, NAA: B78, CHINESE/CHING GOOEY HING。

馆申办儿子陈同利的赴澳留学护照和签证。他以自己经营的"新裕利"号商行作保，应承给予足镑膏火供儿子在澳留学期间所需之所有费用，要将儿子放置在同样是位于唐人街上的长老会学校（P.W.M.U. School）念书。同年七月十八日，中国总领事馆在审理完该份申请材料之后，由总领事魏子京给陈同利签发了一份号码为307/S/23的中国学生护照，并在二天后也为他从澳大利亚内务部那里拿到了入境留学签证。

在家乡的陈同利家人接到护照后，便开始为这位小留学生赴澳留学安排行程。待一切联络事宜就绪及船票订妥之后，陈同利就被送往香港，与同村的同宗兄弟陈高明（Chin Go Ming）和同邑三村的李乾信（Lee King Sing）结伴同行，一起搭乘"圣阿炉滨士"（St. Albans）号轮船，于一九二三年十二月一日抵达尾利畔港口，入境澳大利亚。陈同利和陈高明一起住进了在唐人街上的"新裕利"号商铺，因为后者的父亲陈杰（Chin Git）此时亦参与"新裕利"号的经营，在商铺中打工，因而两位同宗兄弟就有了伴。

原先陈如庆给儿子安排就读的学校是位于唐人街的长老会学校，但在一九二四年新学年开学后，陈同利只是进去这间学校读了一个月左右。尽管在校表现也还算令人满意，但他不太喜欢这间学校，刚好陈高明在年初读了几天英语培训班后就转学进入位于与尾利畔城区毗邻的加顿（Carlton）区若丝砀街公学（Rathdown Street State School）就读，于是，三月中旬，陈同利也从长老会学校退学，转学进入上述学校，每天与陈高明一起从唐人街步行约二十分钟左右前往上学。他在若丝砀街公学一读就是三年，因学习认真，总是获得好评，各方面进步很大，尤其是英语能力有很大的提高。

从一九二七年新学年开始，陈同利转学到圣多马文法学校（St. Thomas Grammar School）读中学。在这里，他仍然表现优秀，总是以最好的成绩获得各科老师的喜爱。不知不觉地，他在这间学校度过了两年半的时间。一九二九年八月二十一日，新任中国驻澳大利亚总领事宋发祥给内务部秘书写信，为陈同利申请再入境签证，原因是他母亲在国内久病多时，思念儿子，极希望他能回国探望。但鉴于目前陈同利仍然年轻，还不能中断学业，故他本人冀望能尽快成行，并在结束探亲后仍然返回尾利畔继续念书，自然还是想回到目前正在就读的圣多马文法学校。而该校因这位中国学生历来学业突出，表现出色，也非常欢迎他继续回来读书。由于有学校的加持，加上过去几年里一直得到好评，故内务部秘书很快就批复了上述申请，并于九月二日将此决定知会宋总领事。

等到九月底课程结束，十七岁的陈同利便收拾行装，于十月二日在尾利畔港口登上"天叼"（Tanda）号轮船驶往香港，转道回乡探母。按规定，再入境签证都是从持照人离境之日起算的十二个月内有效，陈同利应该是在次年的十月份之前要回来澳大利亚继续读书。但到一九三〇年九月四日，他知道已经在年内无法赶回来，便通过宋发祥总领事向内务部申请展延一年。自一九二一年实施《中国留学生章程》开放澳大利亚给中国留学生留学以来，内务部秘书已经接到过太多这类展延申请，也明白其中有的中国学生实际上也利用回国的这段时间在国内的学校上学，在课程未结束之前无法返回，因此，九月九日他就回复宋总领事，很爽快地批复展延一年。果不其然，陈同利并没有在国内待太长的时间，到一九三一年三月二十四日便搭乘与回国时的同一艘轮船"天叼"号返回了尾利畔。从这个返澳的时间点也许可以推测，陈同利结束了一九三〇年在国内的课程，并在家乡与母亲及其他亲友度过了农历新年（二月十七日），再赶往香港，按计划搭船回返澳大利亚。

即将届满十九岁的陈同利回到澳大利亚后，感觉以这样的年龄再返回圣多马文法学校念中学，跟比他小好几岁的当地少年一起读书，会很不好意思，况且尽管回国的时间仅一年半，但他已经将相关的中学课程全部补齐，故决定直接去读大学。四月初，他将此意告知尾利畔海关人员，决定进入开设在城里的工人学院（Working Men's College）就读化学课程，每季度的学费是五镑十先令。内务部秘书在接到海关对此事的详细报告后，认为合情合理，遂于四月二十二日批复了陈同利的升学申请。于是，陈同利于四月注册入读，并在这里给自己取了一个英文名，叫做Paul Chen（陈保罗）。此后，他就以陈同利（Hong Lee）和陈保罗两个名字行世。

就在陈同利刚刚就读大学课程两个月左右之时，他的父亲陈如庆于六月五日致函内务部秘书，告知自己已经有十年左右未曾回中国探亲，现在决定回去看看，留下正在运营的"新裕利"号商行需要有人打理照应，故希望申请已经读大学的儿子代为管理这项生意。因"新裕利"此时的年营业额早已超过两万镑，具有一定的规模，自然符合请人替工的规定，故内务部秘书接到陈如庆的申请后，也没有再发函给海关去协查其经营规模及财务状况，而是很快便于六月十三日复函表示同意其上述安排，将陈同利的学生签证暂停，转换为一年期的商务签证，有效期还是从其入境之日起算。由是，陈同利便从工人学院退学，进入父亲主持的"新裕利"号商行工作。经过三个多月的培训，让儿子熟悉商行的基本运作之后，陈如庆于十月十四日去到雪梨（Sydney），在那里登上"天呵"号轮船，回国探亲去了。[①] 从这一天开始，陈同利便代理父亲的经理职位，维持"新裕利"号的正常运行。

转眼大半年时间过去。内务部对处理上述性质的替工延签已经很有经验，也很了解大部分的华商一旦回到中国探亲，总会因各种各样的原因以及寻找各种各样的理由延迟返回，因而也就使得在澳之替工必须继续申请商务签证之展延。为此，到一九三二年四月，内务部先发文去海关，请其先行去核查陈同利是否如常代父经营，以及问明陈如庆何时才能返回，以便内务部决定如何处理陈同利的延签。海关接到指示后，直接去到"新裕利"号查看，见陈同利正在履行其职责，也从其口中得知其父近期内无法返回以及不知何时才能返回澳大利亚的信息。于是，四月十九日，内务部秘书再为陈同利的商务签证延签一年。到一九三三年，同样的情节重演一遍，内务部秘书也很快就为陈同利再次展延商务签证一年。

到了一九三四年，当中国总领事陈维屏于三月二十二日按例向内务部申请陈同利的展签时，得到的回复就不像此前两年那样爽快了。内务部秘书想知道作为替工的中国学生现在的真实情况如何，他的父亲到底什么时候能够回来澳大利亚，因为内务部不能这样无休止地批准展签。于是，他在四月二十七日致函海关，要求就上述问题协查并提交报告。海关行动迅速，两个

---

① Gooey Hing [passenger on board the SS TANDA, departed Sydney for China, 14 October 1931] [box 271], NAA: SP42/1, C1931/9326。

星期后便有了回复。根据海关人员到"新裕利"号商行与陈同利面谈的结果，得知其父几年前回国后，就陷入了与已经在几年前就已去世的叔父之间的债务纠纷而吃起了官司，现在虽然官司已判，但还在上诉之中；一旦上诉之事处理完毕，便将返回澳大利亚，只是他也无法得知上诉何时才能了结，父亲何时才能返回。至于陈同利本人，除了在其他经理人员协助下负责经营管理商行之外，他还注册入读位于城里卡伦街（Collins Street）上的泰勒氏培训学院（Taylor's Coaching College），白天上课，选修物理、化学、英语、拉丁语和代数课程。虽然他在上完课后就回到商行履行其经营之责，但学院的院长对前来调查的海关人员表示，陈同利除了英语课程的进步比较缓慢之外，其余所有的课程都完成得很好。为此，海关人员得到的印象是，陈同利一直都在想着如何完成学业，而且他也当面不止一次地表示过想要尽快结束这样的状态，重返学校念书。鉴于以上报告，内务部秘书也觉得无法判断陈如庆何时才能回澳，而陈同利不仅在认真履职，同时也没有放弃学习，便于五月十六日再次批复了陈维屏总领事的申请，给陈同利展签一年。而陈如庆在中国处理完上述诉讼事宜之后，也于当年九月十三日搭乘"彰德"（Changte）号轮船返回了尾利畔。

一九三五年六月十八日，陈维屏总领事再一次按例向内务部申请陈同利的商务签证展签，但这一次陈同利就没有此前的好运气了。内务部秘书此前不知道陈如庆早在半年多之前便已回到澳大利亚，只是在这次接到上述申请后从海关提交的报告中才得知这一信息，如此，他对陈家父子的好感便有所减弱。原因其实很简单。首先，按照替工的条件，是在正主结束探亲回到澳大利亚之后的一个月内，就需移交业务，离开澳大利亚。就陈同利而言，则应申请取消商务签证，重新转为学生签证。但问题的关键在于，陈同利并没有遵守这个规矩，甚至都没有通知内务部。其次，陈同利在父亲返回后仍然在协助其经营商行，此前注册入读的泰勒氏培训学院的课程也从白天上课改成了夜间上课，每周只剩下五个小时的上课量；而且学院的报告也对他的评价不是很好，说他选课太多，但花的时间太少，根本就无法完成这些课业。再次，早在五月份时，海关人员曾经找过他，询问其是否继续申请展签，他当时曾经表示很快就要在六月份参加考试，一俟考完，他便打算离开澳大利亚回国。为此，内务部秘书认为，就算不追究陈同利已经严重违规的事实，既然已经到了像他自己所说的要离开澳大利亚回国的时候了，其展签就没有核发的必要，遂以此理由否决了上述展签申请。六月二十六日，内务部秘书将此决定知会陈维屏总领事，并请其协助陈同利尽快离境回国。

事实上，接到上述拒签通知后，陈总领事也是到此方才得知陈同利的上述违规情况以及回国决定。他急忙与后者联络，确认他已经订妥了船票，并且在六月二十九日去到雪梨，由此搭乘"海王星"（Neptuna）号轮船驶往香港，告别澳大利亚，返回中国。这一年，陈同利就将届满二十三岁。

从上述陈同利的应对来看，可能是他意识到此前的违规无法转圜，故其离澳回国显然是一种以退为进的策略，他实际上还是想着回澳继续留学。三个月后，他就通过几层关系找到澳大利亚联邦政府商务部的一位司长史默宏（W. L. Smallhorn），试图通过其与内务部秘书的私交关系说项，让陈同利获得再入境签证，重返澳大利亚读书。但内务部秘书以陈同利违规在先，在大半年时间里只是注册入读夜间课程、且每周只有五个小时的课程量为由，于十月一日再次拒绝了上述要求。不过，这次回绝还是为陈同利留下了一条门缝：如果陈同利还想回来澳大利亚留学，首先需要通过中国总领事馆的渠道申请，其次他必须认清形势，即他明年底就将届满二十四岁，一旦入澳留学，到龄必须离境回国。

或许是从内务部秘书的上述回函中看到了希望，陈同利果真于同年十二月八日通过中国驻澳大利亚总领事馆正式提出要返回澳大利亚继续留学，此前他已经通过了药学课程的入学试，计划回来正式就读上述课程。半年前他回国后，就待在了香港，一边做工一边坚持学习，目前就在那里等待内务部的答复。还好，对他这一次的申请，内务部并没有拒绝，决定向这位中国学生重返澳大利亚留学开放绿灯。于是，内务部秘书于十二月七日函复中国总领事馆，批复给陈同利入境签证，当天起算，十二个月内有效。但根据《中国留学生章程》规定，陈同利必须在明年满二十四岁之前便订好回国船票，离开澳大利亚，因为这个年龄是澳大利亚联邦政府允许中国留学生在澳留学的最高年限。无论其条件如何，这毕竟又给了他重返澳大利亚留学的机会。由是，一九三六年二月二十四日，陈同利从香港搭船回到了尾利畔。而这一次的回澳，也改变了他的一生。

回到澳大利亚的陈同利并没有重返泰勒氏培训学院去读药学课程，而是直接去到已经合并了此前他就读过的工人学院的尾利畔工学院（Melbourne Technical College）找到院长，希望选修该学院的无线电工程（Radio Engineering）专业课程。但这是一个两年的专科课程，对于只有一年签证有效期的陈同利来说，显然无法完成。为保证这位中国青年能完成这个课程，院长亲自写信给内务部秘书，特别说明此事，希望能破例给他多一年的学生签证，使其能最终完成此项课程。与此同时，中国总领事陈维屏也在三月十九日致函内务部秘书，正式为这位中国学生申请多一年的额外签证。经过与工学院和海关方面的沟通协商，对上述课程的期限予以确认，最后内务部秘书于三月二十四日复函陈总领事及工学院，表示内务部长原则同意上述申请，惟须在明年签证到期时视陈同利之学习情况再作最后决定。自然，因此后一年时间里的刻苦学习，陈同利各科成绩都顺利过关，工学院也给予他很好的评语，故到次年二月中国总领事馆再次为其申请展签时，内务部很爽快就予以批复。

到一九三八年一月，陈同利完成了上述两年的课程，但还需要参加几项考试，以便获得广播站操作员资格证书及一级和二级商务操作证书，其考试日期分别定在三月、六月和十月，且在此期间还需要参与相关考试课程的学习。为此，他将此事商之于时任中国驻澳大利亚总领事保君建，由后者出面再次为其申请一年的展签。由于上述理由也算得上充足，经请示内务部长之后，内务部秘书于一月二十五日再次破例特批了上述申请。到一九三九年一月二十日，陈同利通过了考试，顺利地拿到了尾利畔工学院无线电工程专业三级证书。

也就在拿到上述证书的同时，陈同利再次通过中国总领事保君建为其申请十二个月的学生签证展延，理由是：一方面在拿到上述证书之后还需要一段时间的专业实习，另一方面也需要就读一些课程以通过国际电信协会的证书考试。内务部通过多方面的了解得知，要最终获得无线电工程学位，全部课程可望在今年九月份完成，届时陈同利有可能成为第一个获得澳大利亚无线电工程一级证书的中国学生；工学院的无线电工程系也对这位中国学生的努力学习和取得的成绩非常满意，支持他申请一年的展签。综合各方面的情况后，内务部秘书最终于六月二十日决定，将陈同利的学生签证展签到九月三十日。但到当年十月三日，保君建总领事致函内务部秘书，再为陈同利申请额外的六个月展签，即把其学生签证有效期展延至明年三月底，主要原因是他需要在明年三月参加无线电商务操作证书，需要再就读半年的无线电课程。经一番内部讨论，内务部长于十月十九日最终批复了上述申请。但陈同利在一九四〇年三月参与上述课程的考试时挂科，根据澳大利亚联邦政府邮传部的规定，他仍然可以在一九四〇年六月份补考；补考完后，可以有一段时间的实习。于是，一九四〇年四月十八日，保君建总领事致函内务部秘书，再为其申请展签三个月。五月八日，内务部也再次批复了上述申请。

实际上，也就是从这个时候开始，经尾利畔工学院无线电工程系的推荐，陈同利得以去到尾利畔第三DB广播站工作。因此项工作属实习性质，不受薪，他希望在九月份签证到期后能再延三个月的时间，一方面继续在此实习，另一方面也因为要在十二月参加补考，主要是他在六月底的补考没有通过，届时还有最后一次机会。经过中国总领事馆以及尾利畔工学院和内务部之间多方往返沟通，到一九四〇年十一月，内务部秘书将陈同利的学生签证展延到次年三月底。

可是，就在刚刚拿到签证展延不久，还没到年底，二十八岁的陈同利病了，他老是感到肺部气闷疼痛，非常不舒服。到一九四一年一月，情况恶化，父亲陈如庆带他去医生那里检查，通过透视照片筛查，赫然发现他得的是肺结核病。对此，他自己认为是因去年六月份补考未过关，其本人为了在下一轮的补考中能够通过考试，遂夜以继日加班加点地复习和巩固所学知识，积劳成疾，导致身体状况出了问题。在确诊罹患肺结核病之后，陈同利不得不中断了实习和考试课程，于二月二十八日被送进了隔离医院，医疗费用是每周两镑，由其父亲负责每周支付二十一先令，其余则由其医疗保险金支付。随后，经过医生的证明以及移民局的调查，再加上中国总领事馆也正式向内务部提出申请，内务部遂在四月二日批准陈同利的签证再延长六个月，以便其安心治疗，等待康复。到十月三日，因他仍然无法出院，内务部再次将其签证延长到次年六月三十日。

一九四一年十二月八日，太平洋战争爆发。澳大利亚在战争爆发当天就向日宣战，成为中国的盟国。澳大利亚政府于一九四二年七月一日开始，对因战事而滞留于此间的所有盟国之人员，包括学生、商人、海员以及其他类别的务工人士和探亲家属，统统都给予三年临时居留签证；签证到期后如果战事继续的话，则再自动延签一年。也就在这样的情况下，经过在医院十五个月的治疗和调养，陈同利的病情得到了有效的控制。一九四二年五月，他获准出院。

作为旅澳的中国国民，三十岁的陈同利自然十分关心中国和澳大利亚的战时局势。出院后，他在写给内务部的信中表示，要为反法西斯战争尽力，要以参军的方式来响应中国政府对海外华侨华人的号召，无论在什么地方，都要为救亡图存及取得反法西斯战争的胜利出钱出力，乃至加入当地军队参加对日作战。于是，他报名参加澳大利亚皇家空军，希望能成为空军中的无线电操作员，以尽自己的一份绵薄之力。但因他身体并未完全复原，体检不合格，无法进入军队服务。随后，他去到域多利省的孖辣（Ballarat）埠，于五月二十四日加入3B.A.广播站，成为一名无线电工程师。当然，他也跟所有当时滞留在澳大利亚的中国人一样，获得了三年临时居留签证，并在一九四五年七月一日再自动延长一年。

不过，陈同利从医院出来获得工作的时候，肺结核病只是得到了控制，并未根除，身体健康状况实际上并不是很好。虽然他在上述广播站工作时，认真负责，颇受好评，但刚刚工作了一年零一个月，就因身体健康每况愈下而不得不辞职。回到父亲在尾利畔的商铺休养了半年，待身体状况有所改善之后，他又于一九四三年十一月八日受雇于邮传部，在其研究实验室担任无线电技术员。到一九四五年三月二十三日，他再次辞职，原因还是因肺结核病复发需要治疗与静养。为此，他再次住院长达一年时间，直到一九四六年八月出院，然后回父亲商铺休养了四个月左右的时间。

到一九四七年一月六日，身体有所康复的陈同利被澳大利亚武装部队南方军区雇佣为无线电技术员，当然是文职人员。他之所以能为军方看重，是因为当时军中无线电技术人员短缺，而他这位中国人在这方面受过良好训练，专业技术水平也高，他可以胜任在陆军实验工作坊所赋予的工作。而也就从这一年年初开始，原内务部涉及外侨管理的事务全部移交给了移民部，因此，移民部接手这些业务后，便开始寻找和甄别因战争滞留在澳的盟国人员情况，以便遣返。陈同利在得知移民部寻找其下落之后，于五月五日致函移民部秘书，介绍了自己过去几年的经历，也说明了目前的受雇情况，希望移民部批准其留澳若干年时间，以便他履行受雇合同。为支持其申办工作居留签证，军方也特别致函移民部说明情况。在这种情况下，移民部将陈同利的签证展延到一九四八年六月三十日，并表示待次年签证有效期截止时，再考虑此后是否延签的事宜。一年后，军方仍然没有任何解雇陈同利的表示，而且还对其工作能力大为赞赏，故移民部便在一九四八年四月三十日再次给他的签证展延了一年。

此后，尽管陈同利工作顺利，军方也仍然有意继续雇佣他，可是自一九四八年获得签证展延后不久，陈同利还是因为身体健康问题最终住进了尾利畔的一间私立医院。一九四九年二月十五日，因十年前所落下的肺结核病恶化，陈同利在医院病逝，时年三十六岁。

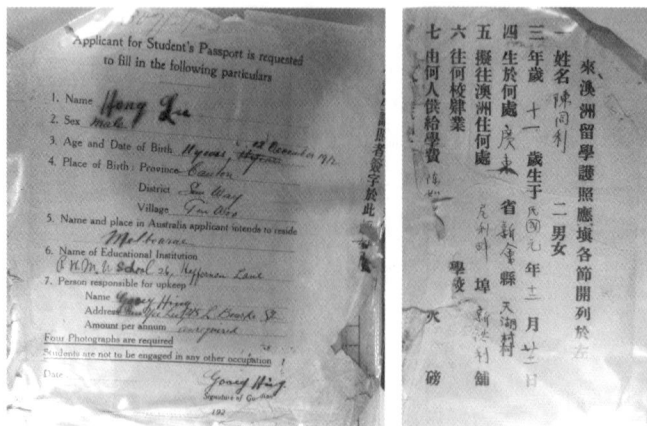

一九二三年，陈如庆填表向中国驻澳大利亚总领事馆申领儿子陈同利赴澳留学所需之护照和签证。

一九二三年七月十八日，中国驻澳大利亚总领事魏子京给
陈同利签发的中国学生签证。

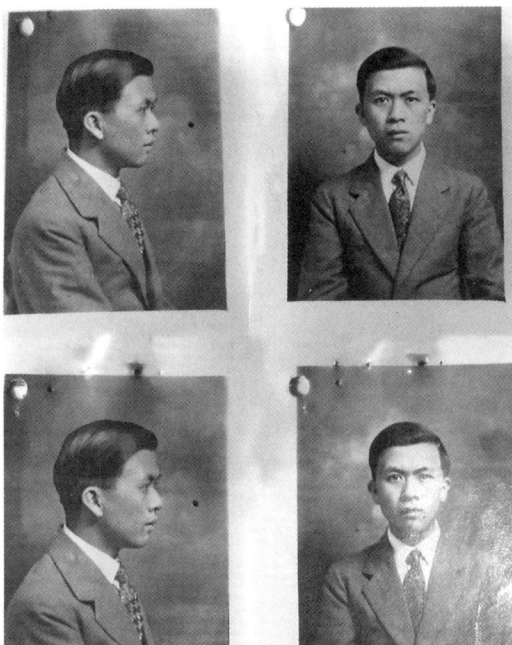

一九三一年三月二十四日，陈同利重返澳大利亚入
境海关时提交的照片。

一九三五年六月十七日，泰勒氏培训学院提供的陈同利各科成绩单。

一九三六年九月二十二日，尾利畔工学院提供的陈同利各科成绩表。

一九三九年一月二十日，尾利畔工学院颁予陈同利的无线电工程专业三级证书。

档案出处（澳大利亚国家档案馆档案宗卷号）：

Hong Lee-Student exemption, NAA: A433, 1949/2/7500

钟汉、钟蟾兄弟

新会会城

钟汉（Chung Han，也写成Chung Hon）和钟蟾（Chung Sim）是兄弟俩，前者年长是哥哥，生于一九一二年十月七日；后者是弟弟，其出生日期为一九一六年十一月二十日。兄弟二人皆出生在新会县的县城——会城。

兄弟俩的父亲名叫钟承朗（Willie Chung Sing，或者写成Chung Sing Loong），早在十九世纪末年（大约是一八九四年）便离开家乡，远赴澳大利亚谋生，先在他省（Tasmania）充当锡矿工人，稍有积蓄后便离开矿山，在他省中部地区从事种植业，不久后定居于他省首府可拔（Hobart）埠。[①] 在这里，他先是与人一起开设一间售卖蔬果和杂货的商铺，名为"广兴"（Kwong Sing & Co.）号，已具有一定的经济实力。自二十世纪初年开始，他又与另外十位华人同乡一起合股在可拔埠承顶了一间早期华人开设的果栏，并且也购买了一大块菜地作为种植之用，同时兼营其他进出口土特产品，名

[①] SING, Willie Chung-Nationality: Chinese-Note to file which records applicant's alien registration certificate number and movement details, NAA: A396, SING W C。此处钟承朗的抵澳日期，是根据该档案中其自报的抵达澳大利亚的年限而估算出来的；当然，这也有可能是指其到达好拔埠所居住的年份。而据钟汉档案宗卷中一份一九三〇年的文件显示出，钟承朗大约生于一八六八年，已经在他省居住长达四十三年之久，那就意味着他至少在一八八七年就已抵达澳大利亚发展，时年二十二岁。但根据当地传媒在一九四六年报导，去年底满八十二岁的钟承朗要回中国探亲。据此推算，他应该是一八六三年出生。虽然当时的华人对自己的年龄在不同场合有不同的说法，而这是在其生日宴后他本人对记者的说法，也许这个出生年份更接近事实。见："Veteran Chinese To Go Home", in The *Mercury* (Hobart), Thursday 3 January 1946, page 11。亦参见：Ching Han-Students Passport, NAA: A1, 1936/776；另见：Ah Ham and Co [of Hobart]-Exemption certificate for Chinese [4cms], NAA: A433, 1940/2/222。

为"Ah Ham & Co.",使之成为可拔埠最大的果栏商行。[①]虽然他们十人在果栏中的股份是平摊的,但钟承朗因被推举作为该果栏商行的主要经理人,责任重大,收获亦丰;从一九三十年代初开始,其他股东因年老病逝或退休退股之后,他最终成为该商行的大股东。

在两个儿子钟汉和钟蟾刚刚分别年满十周岁和六周岁不久,钟承朗便于一九二二年十二月二十八日填好表格,向位于美利滨(Melbourne)的中国驻澳大利亚总领事馆提出申办两个儿子的来澳留学手续,向其申领护照和签证。他以自己参股并经营的"广兴"号商行作保,允诺每年各提供膏火六十镑以充儿子在澳留学期间所需之费用;因他尚未确定哪一间学校更为适合儿子入读,只是暂时笼统地说要把儿子安排入读可拔埠的皇家学校(government state school),亦即政府所办的公立学校。

中国总领事馆接到上述申请后并没有及时审理,因为当时该馆的外交官们把精力都放在了与澳大利亚联邦政府内务部协商修订《中国留学生章程》新规去了。该章程自一九二一年正式实施以来,中国总领事馆在一年的时间里就审理了近两百份留学申请。但随着这些中国小留学生的到来,亦出现了许多问题,产生了一些不利影响,澳大利亚内务部急须将此章程中的相关条款修订,以利于管理,故中国总领事馆便被卷入了旷日持久的你来我往的条款商讨与修订之中,自然也放慢了对相关留学申请的审理。直到差不多半年之后,钟汉和钟蟾的申请才得以审理完毕。一九二三年六月十四日,中国总领事魏子京为钟汉和钟蟾签发了中国学生护照,号码分别是287/S/23和288/S/23;六月十八日,内务部亦通过了他们的签证申请,在上述两份护照上钤盖了签证章。

钟汉和钟蟾在中国的家人接到护照和签证后,立即行动起来,很快便找到了旅途中的监护人,并联络上同县的其他几位准备赴澳的小留学生同行,计有沙堆安美村的曾北位(Tang Pack Wai)、沙堆村的宋松柏(Shong Tong

---

① 该果栏早在一八八七年之前便由来到他省的华人开设。见:"The Autumn Show of the Horticultural Society", in *Tasmania News*, Thursday 28 April 1887, page 2。

Park）、永坚村的汤亚悦（Hong Ah Yet）、吉安村的许进（George Din）等人。他们一同从香港搭乘"丫罅乎罅"（Arafura）号轮船，于当年十月二十八日抵达雪梨（Sydney）港口，入境澳大利亚。在此日期前，钟承朗专程从他省前来雪梨，待该轮抵达后从海关将儿子接出来，再转乘另外的近海船只前往可拔埠，于十一月七日抵达目的地。在这里，钟汉与父亲一起为弟弟钟蟾庆贺了他的七周岁生日。

此时已近年尾，钟承朗便没有让两个儿子进入学校念书，而是等到下一年的新学年开学后再让他们去上学。一九二四年一月二十二日，新学年开学，钟承朗便将两个儿子都送入此前已经为他们联络好的中央公立学校（Central State School）读书。由于年纪小，学语言相对比较容易，兄弟俩很快便融入当地同学当中，英语说得跟本地人一样，也表现得很聪慧好学，各科作业都完成得很好。在此期间，哥哥钟汉取了一个英文名，叫乔治（George），以便更容易融入与当地同学交往。他学习成绩优异，数学是其强项，并且喜欢参加各项体育活动，尤其是在足球、板球和游泳等项目上有突出表现，曾经代表塔省学界足球队参加全国比赛，获得奖牌。而弟弟钟蟾表现更佳，一直深受老师喜爱。进入中央公立学校两年后，他的英语成绩已在班上名列前茅，由是，他得以不断跳级。到一九二七年，他已经升读五年级。从一九二六年开始，他们兄弟俩都转学进入高宝街公立学校（Goulbourn Street State School）就读。他们仍然保持了此前在中央公立学校的好学，体育依旧是钟汉之最爱。

一九二七年十一月十二日，十五岁的钟汉结束了在可拔埠高宝街公立学校的小学五年级课程，赶到美利滨，在此搭乘"圣丫路彬"（St. Albans）号轮船，返回了中国。离开澳大利亚之前，他并没有向中国总领事馆提出申办再入境签证的申请，表明他当时另有打算。一九二八年，因钟承朗要回中国探亲，不放心将未满十二岁的钟蟾独自留在澳大利亚读书，便决定将其一起带回中国。于是，在读完这一年上半年的课程之后，六月七日，钟蟾从可拔埠赶到美利滨港口，搭乘载他前来留学的同一艘轮船"丫罅乎罅"号，与父亲一起离开回中国探亲。[①] 在离开澳大利亚之前，他的父亲钟承朗将其离境的目的和日期告诉了中国总领事馆，并为钟蟾的重返可拔埠继续学业申请再入境签证。为此，魏子京总领事于七月三日致函内务部秘书，表达了上述要求。内务部很快并批复了上述申请，准其在离境之日起算的十二个月内返澳继续学业。

但一九二九年全年，皆未见到钟蟾返澳入境的任何信息。事实上，上一年回国后，钟承朗便将钟蟾送到香港圣保罗书院（St. Paul's College），和先期半年回国的哥哥钟汉一起在这里读书，让他们在那里一边继续接受英语教育，同时也接受中文教育。钟汉在一九二九年底就完成了在该校的初中课程；而钟蟾则直到一九三二年底初中毕业。

一九三〇年，钟汉十八岁了。此时，他不再去学校上学，而是开始跟随家人准备去到海外寻求发展机会。当年上半年，经一番策划和安排，钟汉和姐夫陈旺（Chin Wong）跟着父亲钟承朗搭乘从香港启程的"利罗"（Nellore）号轮船于五月二十五日停靠雪梨港，哥俩是准备由此中转前往所罗门群岛发展。雪梨永生果栏（Wing Sang & Co. Ltd.）的署理总经理刘光福（William J. L. Liu）与钟承朗相识多年，闻讯在雪梨接应照料钟家父子。在了解到钟家的安排并与钟承朗反复磋商之后，他于次日致函内务部助理秘书，为上述哥俩陈情，希望他将相关情况向内务部长汇报，使之能为这两位年轻人核发工作签证，使之留下来在澳发展。他在信中表示，钟承朗是可拔埠著名果栏的经理，其商行历史悠久，有相当的规模，在当地业务繁忙，服务社群，产品甚至远销美利滨和雪梨，包括他负责的永生果栏亦是其客户。但目前该Ah Ham & Co.果栏面临着一大问题，即在现有的十个股东中，他们有人因年老体弱已经无法参与经营，导致人手短缺，因此，现在正是用人之际。钟汉此前在可拔埠读了近五年书，学习优异，特点突出，深受其所读学校欢迎，由他加入到父亲的商行中，定能协助将其生意做大；而陈旺年轻肯

---

① Willie Chung Sing-Issue of Certificate for Exemption from Dictation Test-Departure per "Arafura" June 1928, NAA: B13, 1928/15906; Chung Sim-Re Departure per "Arafura" June 1928, NAA: B13, 1928/17767。

干，在中国受过良好教育，如让他加盟其岳父之商行，对于提升该商行的进出口贸易，定能有极大的帮助。因他们原订去所罗门的班轮将在六月十一日起航，刘光福希望内务部助理秘书能加紧处理此事，以便部长及早批复。在此后几天时间里，他再两次去函内务部，具体要求其给予这哥俩十二个月的工作签证，然后根据业绩再续签。与此同时，他利用自己的关系，跟几家与钟承朗交往较多也比较熟悉的航运公司、银行和医院等大机构主管联络，由其出具推荐信，支持上述申请。

内务部助理秘书与刘光福相识多年，对其要求给予了积极回应。在跟内务部长多次沟通并对Ah Ham果栏的营业状况多方调查核实之后，最终的结果是否决了刘光福提出的给予上述二人的签证申请，但表示可以考虑让他们其中一个人留下来实习，具体人选由刘光福和钟承朗在上述哥俩中二选其一。钟承朗最终的决定是，女婿陈旺继续于六月十一日乘船前往所罗门群岛发展，而儿子钟汉则留下来，跟着父亲回到可拔埠，正式进入Ah Ham号商行工作。此后，他每年都得以申请续签，逐渐留居下来。[①]

而在此期间，钟承朗的上述Ah Ham号果栏所参与经营的几位合伙人中有两位回国探亲后因病去世，另外三位也都回国探亲，因他们此时皆已是六七十岁的年纪，是否还愿意或者是有可能回到可拔埠参与经营，已无定数；即便要回来，亦归期无定，而且回来后事实上也已经无法参与商行的日常经营。为此，钟承朗便在一九三二年十二月向他省海关提出申请，希望办理初中毕业刚满十六岁的儿子钟蟾前来可拔埠，作为店员，协助他经营上述商铺。海关在向内务部提交上述申请时，特别强调钟承朗以及他的合伙人在可拔埠都是守法公民，该商行历史悠久，颇具规模，且诚意经商，颇有口碑，希望内务部能够批复这个申请，从而使钟承朗得以将其果栏继续经营下去，服务当地民众。

内务部接到海关转达的上述申请后，也给予了认真的考虑。内务部秘书于十二月十六日回复海关，请其提供该商行的年营业额及是否涉及进出口贸

---

① CHUNG Hon George [Chinese], NAA: P1184, CHUNG HON GEORGE。

易；如果有，则价值多少。他省海关于一九三三年一月四日报告内务部，钟承朗的商行年营业额已经超过一万镑，也涉及进口贸易，其进口物品价值为一百五十镑，所付关税及其他销售税等共达二百七十九镑。但内务部看到该商行只有进口产品，而没有出口贸易，认为不符合规定，便于一月十六日复函，拒绝了上述申请。

不过，此后几年经钟承朗不断的努力，以及商行也开始经营一些出口物品，终于使得钟蟾在三年后获得了一年商务签证，获批前来澳大利亚成为父亲商行的助手，工作期满后可以继续申请展签。[①] 他于一九三五年十月四日抵达澳大利亚，然后转乘其他船只航抵可拔埠。工作两年后，他按照规定回国。不久，他再次获得工作签证，便又去到香港搭乘"南京"（Nankin）号轮船，于一九三八年七月一日抵达雪梨入境。[②] 而在此期间，他的小弟弟钟百焜（Chung Pack Koon）也于一九三四年获准来到可拔埠读书，并在此之前一年即一九三七年，获准留下来协助父亲经营商行。[③]

此后，因太平洋战争爆发，钟汉和钟蟾以及他们的小弟弟钟百焜所获之工作签证自动延期至一九四七t年。后因中国爆发内战，钟汉、钟蟾和钟百焜得以继续留在澳大利亚，在他省可拔埠经营由父亲开创的生意，并逐渐增加自己的物业和财产。[④] 五十年代之后，澳大利亚逐步放松了移民管制，他们于

---

① Chung Sim [permission granted for subject to enter the Commonwealth] [box 313], NAA: SP42/1, C1935/6387。

② Chung Sim [includes 1 photograph showing front view and left and right thumb prints] [arrived ex NANKIN in Sydney on 21 July 1938] [Chinese passenger for transhipment and enroute to Hobart] [issue of Certificate of Exemption in favour of subject] [box 375], NAA: SP42/1, C1938/5971。

③ Chung Pak Koon (son of Willie Chung Sing, Hobart) arrival Sydney per "Nellore" August 1934; NAA: B13, 1934/16195; Permission for Chinese, Chung Pack Koon to enter Commonwealth, NAA: B13, 1937/16784。

④ War Service Homes Commission-Chung Sim's Estate, Claremont, Tasmania-Sub Division, NAA: P139, G58/48; War Service Homes Commission-Chung Sim's Estate, Claremont, Tasmania-Development, NAA: P139, G58/47; War Service Homes Commission-Chung Sim's Estate, Claremont, Tasmania-Bristol Road Extension, NAA: P139, G58/44; War Service Homes Commission-Chung Sim Estate-Wyndham Road, Claremont, Tasmania-Acquisition Part 1, NAA: P139, G57/160 PART 1; War Service Homes Commission- Chung Sim Estate-Wyndham Road, Claremont, Tasmania-Acquisition Part 2, NAA: P139, G57/160 PART 2; War Service Homes Commission-Chung Sim's Estate [and H W Holness Estate], Claremont, Tasmania -Water and Sewerage, NAA: P139, G58/45; George Chung Hon-market garden (business file), NAA: P3, T1962/2739。

一九六一年得以加入澳籍。①

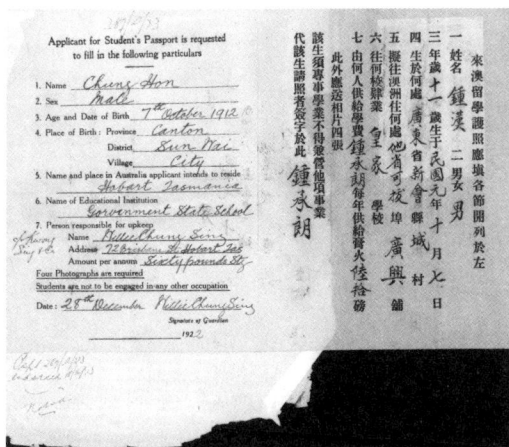

左为一九二二年十二月二十八日，钟承朗填表向中国驻澳大利亚总领事馆申办儿子钟汉的赴澳留学手续。右为一九二三年六月十四日，中国驻澳大利亚总领事魏子京为钟汉签发的中国学生护照。

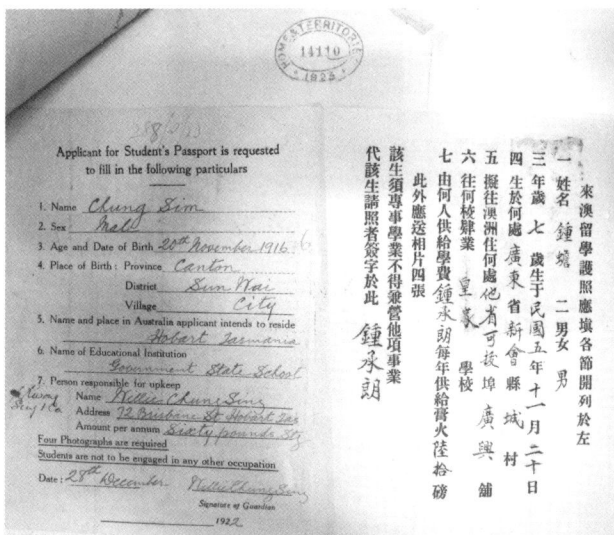

一九二二年十二月二十八日，钟承朗填表向中国驻澳大利亚总领事馆申办儿子钟蟾的赴澳留学手续。

---

① SIM, Chung, NAA: A6119, 1889; Chung, Sim, NAA: P3, T1969/2415; CHUNG, Sim born November 1916 -nationality Chinese, NAA: P1183, 11/290 CHUNG; Chung Hon, George, NAA: P3, T1969/2408; Chung, Pak Koon [aka Charles], NAA: P3, T1961/1817。

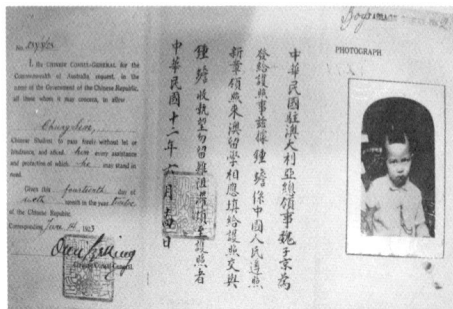

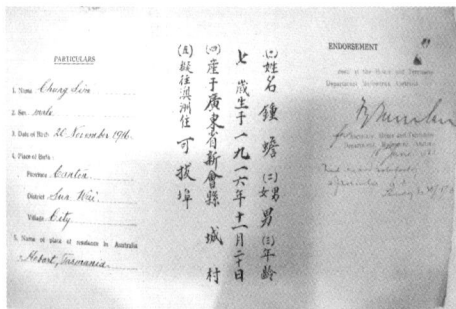

一九二三年六月十四日，中国驻澳大利亚总领事魏子京为钟蟾签发的中国学生护照。

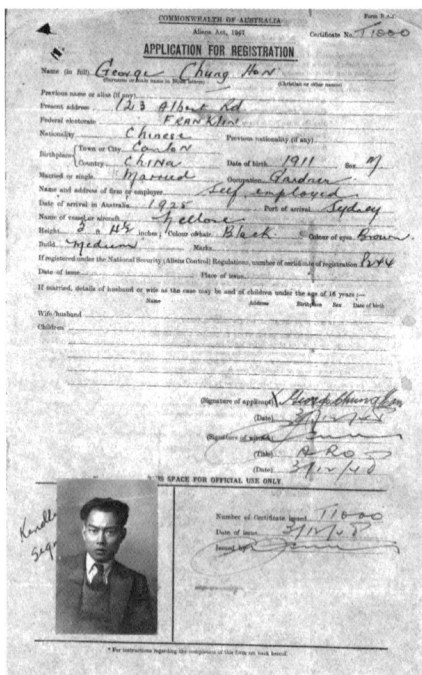

左为一九三〇年再次入境澳大利亚时的钟汉。右为一九四〇年钟汉申请的"回头纸"。

档案出处（澳大利亚国家档案馆档案宗卷号）：

Ching Han-Students Passport, NAA: A1, 1936/776

Chung Sim-Students passport, NAA: A1, 1932/11504

周锦泉

新会学屏村

周锦泉（Joe Kam Chun）是新会县学屏村人，生于一九一三年四月初八日（公历为五月十三日）。周有（Joe You，或者写成Joe Yow）是他的祖父，生于一八七二年。成年后，周有追随乡人的步伐，于一八九六年远赴澳大利亚发展，落脚并定居于美利滨（Melbourne）埠。[①] 从他赴澳时的年龄推测，此前他或已在乡成亲并极有可能已经育有子女，毕竟那个时代中国男子在弱冠之年成婚是极为正常之事。来澳大利亚后，他赚到了一笔钱，于唐人街（小博街，Little Bourke Street）一百一十九号上开设了一间蔬果杂货铺，名为"合和兴"（Hop Wo Hing & Co.）号商铺，生活和财务状况都比较稳定。

一九二一年腊月初一（公历十二月二十九日），尽管孙子周锦泉尚未满九岁，未满足刚刚在年初实施的《中国留学生章程》中规定的赴澳留学年龄不低于十岁的要求，周有仍然填妥申请表格，要赶在这一年最后两天之前将申请材料递交给位于同城的中国驻澳大利亚总领事馆，为孙子申办来澳留学手续。他以自己经营的"合和兴"号作保，承诺每年提供膏火八十镑，作为周锦泉在澳留学期间所需之费用。而为保证孙子在澳留学期间能获得良好的教育，他为周锦泉选择的是声望卓著的私校，即新丕打学校（St. Peter's School）。

---

① YOU Joe: Nationality-Chinese: Date of Birth-November 1872: First registered at Little Bourke Street, NAA: MT269/1, VIC/CHINA/YOU JOE。

不知何故，中国总领事馆在审理上述护照申请时花费了较长的一段时间。直到周锦泉年满九岁之后，才于一九二二年五月中下旬（因没有护照正本图片，具体日期不详），由中国总领事魏子京为他签发了中国学生护照，号码是173/S/22。澳大利亚政府内务部则于五月二十四日批复了其入境签证，将签证章钤盖于护照内页。

在中国家乡接到上述护照后，周锦泉的家人动作相当迅捷，很快便在不到三个月的时间里为其赴澳行程做好了安排，比如请托自澳回乡探亲之乡人结束探亲后返澳时携带这位小留学生，并在旅途中充当其监护人等。八月二十二日，他搭乘从香港出发的由中澳船行经营的"获多利"（Victoria）号轮船，抵达美利滨港口入境。祖父周有从海关将其接出来后，就安排其住进了位于唐人街上的"合和兴"号商铺之中。

尽管周有此前已为孙子选择了声誉卓著的新丕打学校，准备让其在此上学，但待周锦泉抵埠之后，可能是考虑到虽然新丕打学校位于城东，距离也不算是太远，但孙子年龄毕竟还小，才刚刚过了九岁，因此就于九月初将其送入开设在唐人街上的长老会学校（P.W.M.U. School）上学，因其商铺也在同一条街上，这样接送方便。当然，周锦泉年纪小，接受语言的能力强，学习一门新语言的速度也快，故很快就适应了这里的学习环境，在校表现令人满意。

可是，从一九二三年新学年开始，周锦泉还是离开了长老会学校这所私立学校，去到公立学校念书。他转学进入到那体届公立学校（Northcote State School），在这里的学习和表现一如之前的长老会学校。可能该校距唐人街还是稍微远了一点，他在这里读的时间也不长，大约只有四个月左右的时间。到五月十日，他就从这间学校退学，转入加顿（Carlton）区的若丝砀街公学（Rathdown Street State School）上学。此后，他就在这间学校一直读了下来，直到下一年的九月份。在此期间，他的英语有了长足进步，老师对其学业相当满意。

一九二四年八月，又到了要为周锦泉申请学生签证展延的时候了。但中国总领事魏子京在八月十二日致函内务部秘书，明确告知了这位仅仅年过十一岁的中国小留学生已经向中国总领事馆表达不再继续在此读书，近期内就要回国的意愿。为此，中国总领事馆觉得，尽管其签证在这一两周内就要失效，但他的离境也就在签证有效期过后一两个星期而已，故没有必要再行申请展签。对此，内务部深以为然，指示海关密切关注近期船只动向，及时报告周锦泉的离境日期。

一九二四年九月二十六日，还是乘坐来澳时的同一艘轮船"获多利"号，周锦泉挥别美利滨，结束了他在澳大利亚刚刚满两年的留学生涯，返回中国，在家乡继续学业。

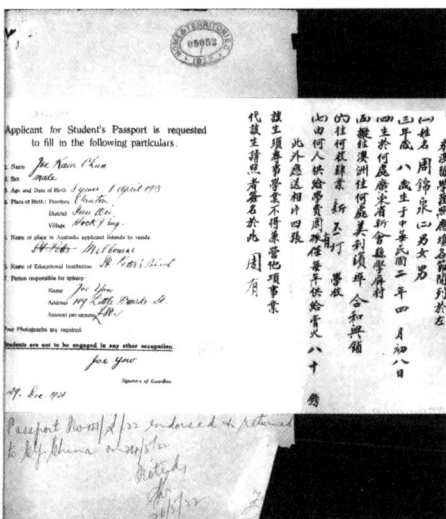

一九二一年十二月二十九日，周有填表向中国驻澳大利亚总领事馆申办孙子周锦泉的来澳留学手续。

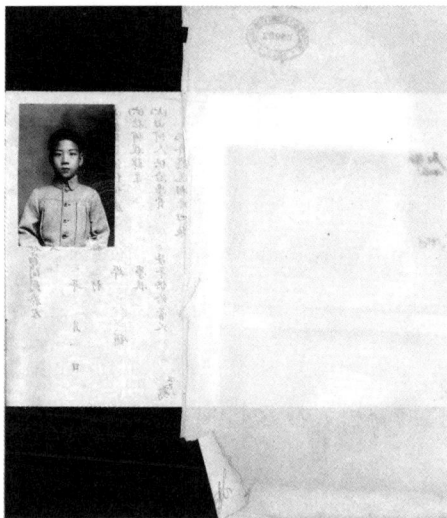

中国学生护照申请表后面所附之周锦泉照片。

档案出处（澳大利亚国家档案馆档案宗卷号）：

Chun, Joe Kam-Student's passport, NAA: A1, 1924/23978

周　盛

新会龙田村

　　周盛（Joe Shing）生于一九一三年八月初十日（公历九月十日），新会县龙田村人。其父周三（Joe Sang）早年与兄弟和乡人联袂浮海南渡，进入澳大利亚的域多利省（State of Victoria）发展，立足于美利滨埠（Melbourne）。在经一番努力挣得第一桶金后，与其弟周撰（Joe Gang）及他人一起合股，在小博街（Little Bourke Street，即唐人街）第一百一十五号租赁铺面，开设一间果蔬杂货商行，名为"义合"（Yee Hop & Co.）号商铺。

　　一九二三年，周盛满十岁，符合赴澳留学的最低年龄要求了，父亲周三便决定将其办来留学。他委托其弟周撰出面作为代理人，并充任周盛的监护人，填表向中国驻澳大利亚总领事馆申办其赴澳留学的相关手续。周撰以"义合"号商铺作保，承诺每年供给周盛膏火六十镑作为其留学费用，要将其办理来美利滨，进入位于唐人街的长老会学校（P.W.M.U. School）读书。中国总领事馆于当年七月十七日审理完上述申请后，由总领事魏子京给周盛签发了号码为304/S/23的中国学生护照，并在当天就拿到澳大利亚内务部核发的入境签证。随后，中国总领事馆将护照寄往香港合和栈商行，由其转交给周盛及其家人。

　　经过家人大半年的联络与安排，找到了赴澳航行中的监护人，即那些从澳大利亚回乡探亲结束后返程的乡人，在其返回澳大利亚时顺便携带该中国小留学生一起旅行。然后，周盛就被家人送往香港，与其堂弟即周撰之子周钜（Joe Govey），以及坑头村的陈才庆（Chin Toy Hing）和陈群业（Chin Coon Gip）兄弟同行，搭乘"衣市顿"（Eastern）号轮船，于一九二四年六月中旬抵达雪梨（Sydney）后，再改乘"町布拉"（Dimboola）号轮船，于六月二十二日航抵美利滨，入境澳大利亚。①

在父亲的商铺休整了三个星期后，十一岁的周盛按照父亲原先的安排，进入同样是位于唐人街上的长老会学校读书。刚入学时，因对新的学习环境不熟悉，他显得不知所措，但很快便调整过来，进入了正常状态，表现出十分愿意学习的态度。随后，他虽然也比较贪玩，但总体上还是表现得令人满意。

在长老会学校读了一年之后，周盛于一九二五年八月底转学进入加顿埠末士准士学校（Rathdown Street State School，Carlton）。在这间学校的头一年里，他的各项学业还算是令人满意。但进入一九二六年下半年，他的在校学习和表现就有问题了。首先是不遵守校规，在校外也有一些不良行为；其次，对规定的作业不睬不理，表现出无所谓的样子；再次，当上述行为受到惩戒时，充满了愤怒。当内务部接到学校的报告后，觉得他此前的表现一直都不错，现在的情况显然是失常的，或许这也是青少年反叛期的一种不自觉的反应，如果任其这样下去，会造成更大的影响与严重后果，必须予以阻止。为此，内务部遂于十月二十一日致函中国总领事馆，要求其训诫这位中国留学生，督责他严守行为，认真上学，不然将会被遣返回国。中国总领事馆接到信后，自然给予积极回应，找到周三及周盛，施予警告。显然，中国总领事馆的训诫与警告还是起了作用。这样一直到年底，周盛的上述缺点得到了很大改变，学校对此给予了积极的评价。

但是，也就在这一段时间里，周盛因父亲生病，向学校不断地请假。从十月十七日到一九二七年一月二十八日，总共九十天上课日里，他请假达

---

① Joe Shing (Chinese boy) ex "Dimboola" ex "eastern" Juen 1924-Departure per "Tanda" from Commonwealth (Thursday Island) April 1929, NAA: B13, 1929/6604。

六十九天。内务部觉得这样的情况很不正常，遂指示海关核查，如果违规的话，内务部要对其采取措施，即遣返回国。二月中旬后，海关报告表明，周盛请假确实事出有因，主要是其父亲生病拖累了三个月，直到去年十一月病逝。因当时大多在澳华人都是单身，家眷在中国，故在父亲病重期间，来此留学的周盛就只能留在家里照顾父亲，实在无法去上学。在新学年开学后，他到学校上学就正常了，也不再请假。既然如此，内务部也就不再过问。

周盛由此顺利地读完了上半年，并且也按例拿到了下一年度的展签之后，就于八月底从末士准士学校退学，并告诉校方，他要去乌修威省（State of New South Wales）。内务部是到十一月份才得知这一消息，因无法找到他，不知他到底去了什么地方，最后于十二月十一日责成美利滨海关设法寻找。海关为此事动员了许多力量去查找，几天后便打听到周盛是去到了乌修威省和域多利省交界处的朵备利（Albury）埠，去投奔住在那里一位名叫钟查理（Charles Chong）的亲戚。因朵备利属于乌修威省，他们立即通过省里的关系与乌修威省警察当局联络，再由其通过该埠警察局核查，最终确定周盛是与该埠的钟多马（Thomas Chong）住在一起，并于十月十日正式入读朵备利皇家学校（Albury Rural School）。据学校反映，他在此表现良好，学业进步很大。内务部见找到了周盛，他的各方面情况都很正常，也如常上学念书，也就放下心来。

由是，周盛就在朵备利皇家学校一直读了下去。对他来说，也许这里的学习环境较之美利滨更佳，因为该埠中国人很少，事事都需要英语，因此他各方面进步都很大，尤其是他的英语能力提高很快。一九二八年上半年，他的英语阅读和算术都有长足的进步，到下半年，他操说英语已经很流利。换言之，英语能力的提高，就意味着他能够胜任各项作业了。

整个一九二八年，周盛都在朵备利皇家学校认真读书，直到十二月底学校放假，他才从这里退学。然后，他返回美利滨，住在叔叔周撰的家里，此时，去年回国探亲的堂弟周钜也已返回，继续在学校读书。次年新学年开学后，周盛没有去上学。因为父亲已经去世了，他的英语语言能力也有了很大的提高，便决定返回中国，在家乡继续上学，也可以根据自己的英语能力去省城广州念教会学校。

于是，一九二九年四月四日，十六岁的周盛在美利滨港口登上驶往香港的"天叮"（Tanda）号轮船，告别留学近五年的澳大利亚，返回家乡。

一九二三年，周撰以周盛的代理人和监护人的名义，填表向中国驻澳大利亚总领事馆申办其赴澳留学的相关手续。

一九二三年七月十七日，中国驻澳大利亚总领事魏子京给周盛签发的中国学生护照。

档案出处（澳大利亚国家档案馆档案宗卷号）：

Joe SHING-Student passport, NAA: A1, 1927/10238

陈高明

新会天湖村

　　陈高明（Chin Go Ming），一九一三年八月十四日出生于新会县天湖村。从档案中得知，他的父亲名叫陈杰（Chin Git）。因澳大利亚国家档案馆查找不到他的相关信息，他何时来到澳大利亚发展不得而知。但从二十世纪二十年代之前便已在美利滨（Melbourne）埠立足并于唐人街二百一十五号物业上参股经营售卖果蔬及杂货的商铺（名为"新裕利"，Sun Yee Lee & Co.，主要股东是陈如庆兄弟俩）这一情况来推测，[①]他应该与当时在该地经商的其他乡人的经历类似，十九世纪末二十世纪初便已经来到这块土地上，在唐人街立足发展。

　　一九二三年一月二十三日，眼看儿子就要十岁了，陈杰便备好材料，填上表格，向中国驻澳大利亚总领事馆申办儿子陈高明的留学手续，请领其赴澳之护照与签证。他以自己参与经营的新裕利号商铺作保，允承提供足镑膏火作为儿子在澳留学期间的所需费用，要把儿子办来美利滨就读公立学校。当然，在他的心目中，儿子应该入读加顿（Carlton）区的教会公立学校

---

① 陈如庆（Ching Gooey Hing）生于一八七二年，于一八九七年来到美利滨发展。见：HING Gooey: Nationality-Chinese: Date of Birth-September 1872: First registered at Little Bourke Street, NAA: MT269/1, VIC/CHINA/HING GOOEY; CHING Gooey Hing-Nationality: Chinese-Arrived Melbourne per Unknown 1 December 1897 Departed Commonwealth on 07 December 1955, NAA: B78, CHINESE/CHING GOOEY HING。查当地中文报刊的报导，至少表明新裕利号商行早在一九〇二年之前就已经开设。见："来电求赈"，载《爱国报》一九〇二年十一月十二日，第二版。

（Mission State School）。但中国总领事馆因投入大量人力和精力与澳大利亚政府内务部就《中国留学生章程》的修订进行拉锯式的协商，这一年对赴澳留学的申请，审理得就相对较慢，故上述申请到六月初方才审理完毕。六月五日，总领事魏子京签发了一份中国学生护照给陈高明，号码是277/S/23；第二天，内务部也为其顺利地下发了签证。随后，中国总领事馆便将护照寄往香港广兴源洋行，由其转交给在国内的陈高明家人。

接到护照后，陈高明家人便为其赴澳做了妥善的安排。半年后，即当年的十二月一日，陈高明搭乘从香港起航的"圣阿炉滨士"（St. Albans）号轮船，与上述"新裕利"号商行大股东陈如庆的儿子也是其同村的同宗兄弟陈同利（Hong Lee）等人一起抵达美利滨口岸，入境澳大利亚。父亲陈杰将其从海关接出，入住其唐人街上的商铺。因此时已经快要到学校放暑假的时候，陈高明便没有去上学，而是被父亲利用这一空当，延请家教，让他恶补英语，待下一年初新学年开学后再去上学。

上述教会公立学校听起来像是一间正规学校，事实上只是长老会在此所办的一间夜校而已，通常上课时间是晚上及星期天下午，类似于语言培训班。因此，陈高明在此读了个把星期后，教会也觉得这样下去对他并不利，尤其是一个学龄儿童白天不能去上学，会白白浪费其时间，遂介绍其转学进入同在加顿区的若丝砀街公学（Rathdown Street State School）就读。他于一九二四年二月一日正式进入这间学校，按部就班，表现得中规中矩，平平安安地读完了一年。

进入一九二五年，因父亲搬家到那体屈（Northcote）区，陈高明自然也跟着过去，遂转学进入该区的海伦氏街公立学校（Helens Street State School）上学。在这里，他的英语能力有了很大提高，算术和写作及绘画都表现得很出色，且总是衣着整洁，很少缺勤。就这样，他在此校度过了三年半的读书时光。

一九二八年九月十九日，中国总领事馆致函内务部秘书，告知即将读完小学的陈高明下个月要回国探亲，准备一年后回来美利滨，前往长老会学校（P. W. M. U. School）继续念书，并且也已经获得该校录取，特为其申请再入境签证。既然他在此留学期间的表现都很令人满意，而且他还很年轻，刚刚十五岁，也确实需要接受进一步的教育，故在九月底便通过了上述申请。十月八日，内务部秘书将上述批复正式通知中国总领事馆，告知其有效期为一年，即从陈高明离境之日起算，他在此后的十二个月内入境，所有口岸都会依例放行。当然，条件是，他回来后必须入读长老会学校，且不得打工。

但陈高明得知内务部批复了其再入境签证之后，不等正式通知到手，便在十月六日从美利滨港口登上驶往香港的"天吽"（Tanda）号轮船，返回家乡探亲度假。从入境到离境，他在澳的留学时间将近五年。尽管他有重返澳大利亚读书的打算，但其档案到此中止，此后也未有找到他返回澳大利亚的任何线索。也许，回到中国后，陈高明改变了主意，就留在国内上学和发展了。

一九二三年一月二十三日，陈杰填表向中国驻澳大利亚总领事馆申办儿子陈高明的留学手续。

一九二三年六月五日，中国驻澳大利亚总领事魏子京签发给陈高明的中国学生护照。

档案出处（澳大利亚国家档案馆档案宗卷号）：

Chin Go Ming-student passport, NAA: A1, 1928/9665

许 进

新会吉安村

许进（George Din），新会县吉安村人。他的出生年份有两个不同记载：一是其申请表英文栏里和护照上都写成是一九一二年十月十四日，一是其护照申请表之中文栏上写成是民国二年（一九一三年）十月十四日。通常情况下，应该是以护照为准。但此次的护照上之出生日期是根据申请表之英文部分所提供的记录而来，应属于中国驻澳大利亚总领事馆人员判断而采用此日期。但据澳大利亚一九三五年十二月二日在美利滨（Melbourne）出版发行的《晨锋报》（The Herald）上登出来的许进即将离开澳大利亚返回中国的报道说，他前来留学时年仅十岁，现已经在澳留学十二年。[①]照此说法计算的话，正好与其护照申请表上之中文栏目所载相符合。因此，我们在此采用他是一九一三年出生的说法。换言之，在填写申请表时，许进父亲提供的其子出生日期无误，只是在英文栏上因将民国年份按序换算成公历年份时有了失误，导致总领事馆在发放护照时也跟着出错。

本档案宗卷中还有一异处是许进父亲的名字。在档案中，其中文名也是"许进"，只是英文名有差别，他叫做James Hoey Din，或者Jim Hoey Din（吉米·许进）。在此，他把自己的中文全名"许进"拼音化后当成了英语中的姓，而与其子名字的差别，只是英文名不同，儿子英文就叫做"阻珠"（George），姓氏也简化成了"进"（Din）。为免下文中存在两个许进引起

---

① "BACK TO CHINA WELL EQUIPPED", in *The Herald*, Monday 2 December 1935, page 3。

混乱，我们仍称儿子为"许进"，父亲则称为"吉米"。

吉米生于一八八四年。还在少年时，就跟随乡人，于一八九八年从家乡前来澳大利亚寻找新生活。他从美利滨（Melbourne）登陆，随后进入域多利（Victoria）的内陆西北地区，在与鸟修威（New South Wales）交界的椰李汪架（Yarrawonga）埠立足。澳大利亚的母亲河——墨累河（Murray River）到达椰李汪架之前便形成了一个大湖，叫做墨瓦拉湖（Lake Mulwala），椰李汪架便位于这个大湖的西边，土地肥沃，华人曾经是这块土地最早的开发者之一。吉米来到这里后，自然也步乡人后尘，干起来自广东省珠三角的移民在澳最拿手的行当——当菜农，种养蔬菜水果。由于年轻、肯干，加上学英语也快很多，积累也比别人要快。此后，随着积累的增加，他也同样在镇子里开设有自己的售卖蔬果的店铺，就以其中文名字"许进"的英文来命名，随后还在店铺增加自制糕点和杂货的售卖。由是，他得以在二十出头的年纪就携款返乡，结婚生子，延续家族香火。

进入一九二三年，吉米考虑到儿子即将十岁，是到了应该将他办来澳大利亚读书的时候了，也许到其成年后，还可以为其申请居留权，父子一起打拼。于是，四月十七日，他备齐材料，填上申请表格，递交给中国驻澳大利亚总领事馆，申办儿子许进赴澳留学所需的护照和签证。他以自己经营的"许进"号商铺作保，要把儿子办来椰李汪架皇家学校（Yarrawonga State School）读书。中国总领事馆接到上述申请后，审理得还算比较快捷，包括询问吉米每年承诺可以提供的膏火费用等，总共一个多月的时间便完成。六月五日，中国总领事魏子京给许进签发了中国学生护照，号码276/S/23。仅仅过了一天，六月六日，联邦政府内务部也通过了签证审核，将签证章钤盖在许进的护照上。中国总领事馆将上述护照取回后，便寄往香港广生和洋行，由其负责转交给许进家人，以便安排这位中国小留学生及时赴澳留学。

许进的家人接到其护照后没有耽搁，以最快的时间将其赴澳行程办妥。四个多月后，许进与新会县及台山县的其他五位赴澳读书的小留学生结伴同行，一起到香港乘坐"丫拿夫拉"（Arafura）号轮船，于当年十月二十九日抵达雪梨（Sydney）港口，入境澳大利亚。吉米提前从域多利省赶到雪梨，会同在鸟修威省高宝镇（Goulbourn）经营商铺的同乡宗亲许江（Hoey Quong）一起前往海关，将许进接出关来。随后，吉米与许江道别，再带着儿子，先从雪梨搭乘去美利滨的火车，于鸟修威和域多利两省交界处的大埠朵备利（Albury）下车，再换乘乡村巴士西行，回到距此约一百公里左右的椰李汪架埠自己的店铺里。

虽然此时距学校放假还有一个半月左右的时间，但吉米决定这个学期就不送儿子入学了。在出国前，许进已经在家乡接受过几年的新式学堂教育，也稍微学过一点儿英语，对英语有一点初步认识，因此，先让他在家里跟周围的小朋友玩玩，又请了家教，让他提高得更快一点。由是，直到一九二四年一月二十九日椰李汪架皇家学校在新学年正式开学，许进才注册入读该校。由于有这个基础，入学后不久，校长也认为许进学英语进步很大。

可是刚上学一个多月，许进就大病一场，前前后后折腾了近两个月，还被父亲送到美利滨医院治疗。学校虽然也知道他病了，但此次这么长的病假却没有医生证明。内务部得知情况后，于五月二十日指示美利滨海关对此进行调查，看到底是什么病情导致他不能上学。学校和警察所反映的情况则是，医生表示这个小留学生体质很差，需要调整，但又不是很严重，只是一时间无法上学而已，至于病因，则没有查出来。为此，内务部尽管不满意这样的调查，但因学校表示自五月下旬之后许进又开始正常上学了，也就对此事不再追问，留待以后遇到类似事情再拿出来检讨。事实上，此后到年底，许进都是处于经常请病假的状况，但学习倒是很好，英语提高很快。

从一九二五年开始，许进的身体状况逐渐好转，病假日益减少，学习成绩日渐上升。这样一直到一九二七年下半年，他才又出现了请假一个月的情况。经学校和警察局找到吉米，才得知其中主要原因是吉米病了，需要人照顾，许进就不得不在家尽孝子之职，无法去学校上学。因有医生证明，情况属实，内务部也就没有追究。此后，许进继续在学校读到一九二九年年底，拿到了小学毕业证书。

一九三〇年开始，许进升读椰李汪架皇家中学（Yarrawonga Higher Intermediate School，后改为Yarrawonga High School）。虽然学习依旧努力，各科成绩良好，但这一年下半年，他又有了请病假长达一个月的情况出现。内务部得知消息，联系到此前也出现这样的情况，便再次启动调查机制。十二月中，警察的报告表明，他的病假有二十天是去到墨累河对岸鸟修威省的克罗瓦（Corowa）镇看病治疗，每次都由费利医生（Dr R. A. Fairley）负责，且出具有医生证明。据费利医生证明，许进的病是体内系统出现紊乱，需要在家静休，故建议不要去上学。另外还有八天时间许进请的不是病假，而是父亲有几天病了他需要照顾，此外则是因为吉米要去美利滨看病及联络货品等事情，因其生意中有自制糕点和其他货品售卖，需要留人在场照看，不得不让许进临时顶替。警察的意见是，平时许进在校表现都很好，除了自己因病请假之外，其余的那几天请假照顾父亲或替代他照看生意，都是属于不得已的事情；他们已经针对此事告诫了吉米，请其注意其子是来留学而非协助其工作的，而吉米也诚恳表示，以后尽可能地不让儿子来帮忙照看生意，而让他集中精力上学。其言下之意，自然是为许进开脱。内务部见到报告，也明白其中有不得已的情况，此事也就告一段落，而许进也继续在这里读到下一年的五月底。

自一九三一年六月中旬起，许进从椰李汪架皇家中学退学，转学到距椰李汪架埠东面一百公里处的鸟修威省重镇朵备利，入读朵备利皇家中学（Albury High School）。他在这里读中学二年级，学校老师对他的评价较之椰李汪架皇家中学更好，认为他总是想做到最佳，各科成绩均为优秀。

但许进只在朵备利皇家中学读了半年。到年底学期结束后，他便退学。于一九三二年二月八日，许进南下到距朵备利约八十公里左右的域多利省之汪架据打（Wangaratta）埠，转学到汪架据打皇家技校（Wangaratta Technical School）念书，主修电子机械课程。在这里，他寄住在一位姓钟的新会同乡家中。两个月后，许进曾经向校长表示过要返回中国探亲度假，为此，校长鉴于他入学以来一直表现良好，还特意为他写了一封推荐信，认为以他的聪明才智，以后一定会成为一名出色的电气工程师。但此事很快就悄无声息，因为许进实际上就没有离开过学校，一直都在认真上课，努力学习。一转眼，就是两年。

一九三三年十一月十三日，技校校长致函内务部秘书，表示许进希望能获得六个月的延期签证，让他可以停学打工，以便挣钱可以购买回国船票，并能去美利滨的新港工作坊以及其他的工程机械车间参观访问。校长认为，许进聪慧好学，只要给他机会，定能成为优秀的工程师。为此，他恳切要求内务部秘书郑重考虑许进的要求，核发展签，给他一个机会。一个星期后，内务部秘书复函技校校长，表示如果许进无钱，可以找其父亲要，因为后者是其监护人，又是财政担保人。只有在其父亲没有能力的情况下，通过中国总领事馆的申请，内务部才或许可以考虑给他一个机会。至于他想在回中国之前到新港工作坊等处参观，如果他自己提出申请，内务部是愿意予以考虑的。事实上，这封信断绝了许进的上述幻想。无奈，他只得继续留在技校念书。

技校提供的都是操作性强的技术课程，按例需要一定时间的工厂实习，该校强调至少是三个月，以训练学生对某项学科或课程的熟悉程度。到一九三五年初，许进已经就读电子机械课程有三年了，技校不得不为他的实习操心起来。为此，技校的教务长为许进写了一封郑重其事的推荐信。根据推荐信所描述的情形，许进已经高分通过机械三级操作、电气技术二级、电气安装、工程制图二级操作、电子线路安装二级操作以及机电热动力操作等课程，而且在操作演示中，他是全校最棒的一个。此外，他还特别强调，许进是品行端庄、诚实友善之人，完全可以胜任上述任何相关的工作。鉴于许进目前的签证以及非国民身份，如到具体工厂或公司实习，须先经过海关审核。而海关则要求许进在提交正式的申请时，须有具体的接受实习的公司或工厂名称，是否受薪，以及如果受薪则须表明工资额是多少等等，同时还要特别说明在实习期间是否还在汪架据打皇家技校上课；如果回答是肯定的，则要表明是白天上课还是晚上学习。当许进经多方联络，获得位于美利滨的马福生工程机件制造厂（McPherson Engineering Works）同意接受他的实习，而他也联系好届时可在美利滨工学院（Melbourne Technical College）就读晚间课程之后，内务部才将此作为特例，于当年三月一日正式批复，并知照中国驻澳大利亚总领事馆备案。

内务部批给许进的实习时间是三个月。当他在马福生工程机件制造厂实习了两个月之后，他打算转入同样是位于美利滨的腊成里奇蒙工厂（Russell Richmond Works）实习，因为该厂专为汽车生产发动机的活塞等配件，他希望能利用余下的一个月时间对其生产过程做一个深入的了解，以便实习期满，他便可以带着这些知识和实践经验，返回中国，大展拳脚。经过中国总领事馆与内务部沟通，内务部于六月二十七日也通过了上述申请，准予许进转厂实习。

原先许进与中国总领事馆联络请其代为申请转厂实习时，就曾表示过，他会在实习期满后，大约八月份就返回中国，可是一直到九月中旬，内务部都没有见到海关报上来他离境的信息，怀疑他仍然在利用这个时间打工挣钱，便致函海关询问他的去向。但不知何故，海关对此没有回应，内务部于十月底再次发文询问，海关才于十一月一日回复说，经调查，许进目前并没有在任何地方打工，而是待在家中，准备这个月十三日乘船回国。但实际上许进这个月仍然没有走，而是将船票改到了十二月四日，搭乘"利罗"（Nellore）号轮船，驶往香港，回转中国。

从一九二三年十岁时赴澳，到一九三五年二十二岁时离境，许进在澳留学长达十二年，完成了技校的专科课程，可以回国寻找一份很好的工作了。他在澳留学期间，中途从未中断过学习，也没有回过国探亲。他在离境前接受《晨锋报》采访时说，因十几年不用中文，现在都快要忘光了，真要表达起来还真有很多问题，而英语现在几乎成了他的日常生活首要语言。事实上，许进所言是事实。他们这些少小离家的留学生完成学业回到中国后，刚开始很多人是很难适应中国文化环境的，甚至会影响其日后职业与事业的顺利发展。

　　回到国内发展的许进，很可能就遇到了上述困境。差不多两年后的一九三七年十月十六日，他的父亲吉米致函内务部长，首先便说明许进回到中国后很不适应，但他将此归咎于其家乡的气候不好，导致其子身体健康状况欠佳。为此，许进渴望能重返澳大利亚，希望内务部能看在他于澳大利亚读书十二年的经历以及他父亲早就已经是澳大利亚公民的现实，让他能加入澳籍。不仅如此，许进已在中国成婚，希望能让妻子一并入籍。吉米在信中表达了上述要求后，希望内务部能寄给他相关程序的申请表格以便填写，并表示他将为此负担所有的申请费用。在当时"白澳政策"严格实施的年代，吉米的上述信函显得非常不合时宜。果不其然，十一月三日，内务部秘书代内务部长回复吉米，说目前澳大利亚政府严格控制亚裔人士入境，更不用说批准这些人士入籍，拒绝了许进加入澳籍的申请；而吉米所索取的那些申请表格，则在信中根本都没有提及。或许此前吉米还对儿子来澳抱有一丝希望，此时此刻，他方才深切地体会到华人在澳大利亚的真实地位。

　　许进的档案到此中止。至于他回国后发展如何，因没有资料，无从得知。

一九二三年四月十七日，吉米向中国驻澳大利亚总领事馆申办儿子许进赴澳留学护照和签证。

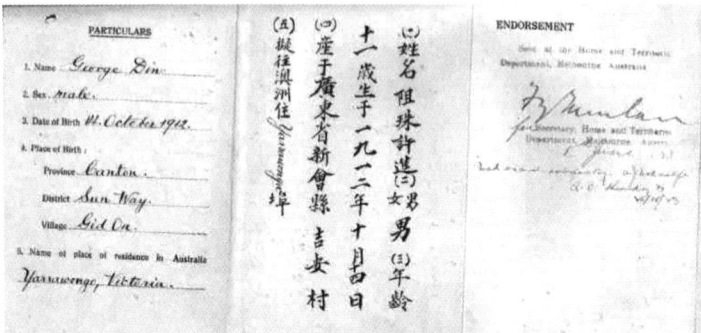

一九二三年六月五日，中国驻澳大利亚总领事魏子京给许进签发的中国学生护照。

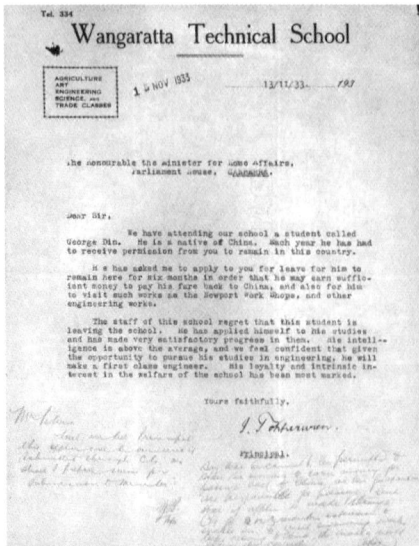

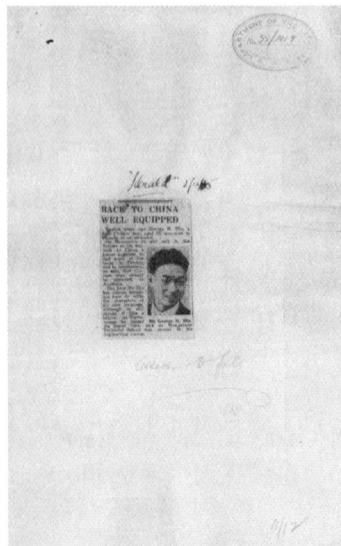

左为一九三四年十一月三日汪架据打皇家技校给中国总领事馆的信，督促其为许进申请展签。右为一九三五年十二月二日，《晨锋报》有关许进回国的报道。

一九三七年十月十六日，吉米致函内务部长，希望其批准其子许进加入澳籍。

档案出处（澳大利亚国家档案馆档案宗卷号）：

G. Dix Students Passport, NAA: A1, 1937/14493

何 榛

新会南合村

　　何榛（Ho Chun）是新会县南合村人，生于一九一三年十二月一日。他的父亲何彩（Ho Toy 或者写成 Ah Toy）早在一八九七年左右便和兄弟何敬（Ho King 或者写成 Ah King）一起，[①]跟随乡人的步伐，来到澳大利亚发展，最后立足于西澳（Western Australia）。[②]兄弟俩在首府普扶（Perth）埠喜街（Hay Street）四百八十九号开设有一间洗衣店，名为"顺利"（Soon Lee）号，生活和财务比较稳定。

　　在一九二九年何敬将儿子何尧（Ho Gue）成功地申请前来普扶读书后，何彩也想将自己的儿子何榛申请过来，让他与何尧一起去上学，堂兄弟俩也好有个伴。于是，他填上申请表并备齐材料，但因为上述"顺利"号洗衣店主要由何敬出面注册管理，他便让兄弟何敬出面作为监护人和财政担保人，于一九三〇年十月一日向中国驻澳大利亚总领事馆提出申请，办理其子何榛赴澳留学手续。何彩以"顺利"号洗衣店作保，承诺每年供应足用镑膏火给儿子何榛作为其在普扶的留学费用。为了更具体地说明可以提供的膏火数额，他在申请表的英文栏目里特别表明，每年提供膏火一百镑，他认为这个数额足以满足留学期间任何所需。根据新规，此时所有来澳留学的中国学生只能就读私校。鉴于其侄儿何尧前来就读的是当地的基督兄弟会书

---

① 有关何敬的档案，见：Ho Hing [Chinese], NAA: K1145, 1902/143。

② Ah Toy [Chinese], NAA: K1145, 1902/89。

院（Christian Brothers' College），因此，该校便成为首选，他跟校方联络后，顺利地拿到了学校接受何榛入读的录取信。而根据《中国留学生章程》新订条例，当时赴澳留学的中国学生年龄超过十四岁以上者，需提供基础英语学识能力证明。为此，何彩也拿到了香港大海英语学校（Tak Hoi English School）校长的证明信，当然，是在一年前就已经写好的，因为何彩此前便将儿子送到香港接受双语教育，为其日后无论是经商还是入仕创造条件；同时，他也让儿子何榛写了一篇自我介绍的英文信，以自证具备初级英语能力。

中国总领事宋发祥接到上述申请后，很快就进行了初步审理，于十月十三日就给何榛签发了号码为589/S/30的中国学生护照，并把两天前就已拟好的给内务部秘书的信和护照当天就送往内务部，请领入境签证。内务部在第二天接到上述材料后，马上就致电西澳海关，请其将何彩和何敬的财务状况作一核查，同时也查明何彩的出入境记录，以便核对签证申请者与担保人何彩之间的亲缘关系。

西澳海关行动迅速，十月二十八日，海关稽查官米丘尔（D. R. B. Mitchell）就把调查报告呈送上来。根据报告所述，何彩何敬兄弟俩是"顺利"号洗衣店合伙人，但以何敬为主理，财务也由其控制。他们的洗衣店物业是租赁的，周租六镑，但他们将其分割为单间再出租，每间周租三镑；而其洗衣店的生意，每周可净入四镑。当然，这只是最保守的估计。事实上，何敬还有两处物业，分别价值七百镑和一千镑；此外，还在银行有五百镑存款，加起来其财产不下两千二百镑。而根据何彩自己的说法，他曾于一九一二年回乡探亲，一年半之后才回到西澳。

看起来何彩与何敬的财务状况都不错，显然是符合财政担保等方面条件的。但内务部秘书接到报告后，总觉得哪里不对劲，他向海关提出疑问：何以何彩作为何榛的父亲，不自己出面作为财政担保人，反而让其兄弟去为这个侄儿担保呢？何况何敬已经把自己的儿子何尧办了过来留学，他们之间究竟是什么关系呢？但从西澳海关的角度看，因为"顺利"号洗衣店是兄弟俩合伙，又是何敬主理，故他们认为，无论是由何敬作为财政担保人还是让何彩来担任这个角色，实际上并没有什么区别。

也就在这个时候，海关翻箱倒柜，于十一月十九日找出来了此前何彩三次从西澳夫李文自（Fremantle）埠登船回乡探亲的记录：第一次是从一九〇七年四月七日至一九〇八年九月二十六日；第二次是一九一四年三月三十一日至一九一六年九月二十九日；第三次是一九二九年四月十七日至一九三〇年七月三十一日。后二次回国，他都用的是"亚彩"（Ah Toy）这个名字。海关因比对何彩与亚彩两个名字费时费力，以致拖延到这时才确定他们实际上就是同一个人。

接到海关上述报告后，内务部秘书原来的怀疑有了答案。在申请表中，何榛的出生年份是一九一三年十二月一日，而声称是其父亲的何彩在次年的三月三十一日才离开夫李文自埠返回中国。那他们之间哪里有什么亲缘关系呢？换言之，在何彩从首次探亲回澳至下次回国探亲之间的五年多时间里，他都待在澳大利亚，在此期间居然有儿子在中国出生，这怎么会是他亲生的呢？仅此一条，即签证申请者与在澳担保人之间无血缘关系，就已经不符合批复的条件了。于是，十一月二十四日，内务部秘书致函中国总领事宋发祥，拒绝了上述签证申请。细究起来，何榛可能是何彩的养子，但此为个人隐私，何彩不愿意将实情说明，以致造成这样的结果。

申请材料失误是何彩造成的。他接到中国总领事馆转来的内务部批复，无话可说，也无法申诉。而何榛的档案也就到此中止，再无下文。

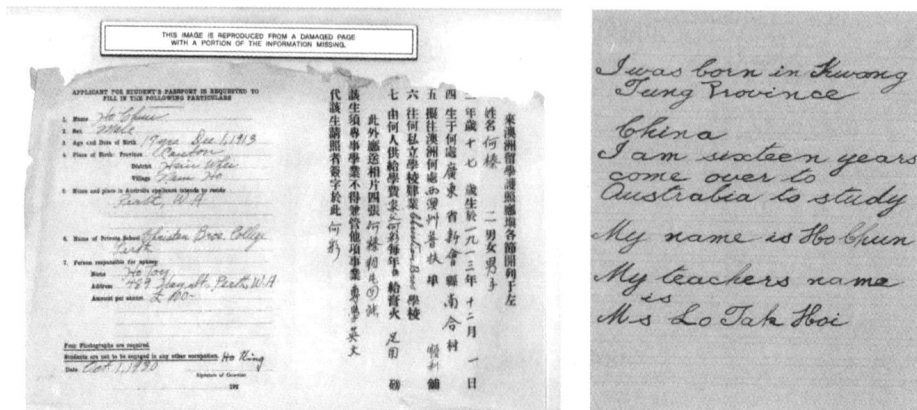

左为一九三〇年十月一日何彩向中国驻澳大利亚总领事馆提出申请办理其子何榛赴澳留学手续。右为何榛手写的自荐信，以自证英语学识能力。

左为一九三〇年十月十三日，中国驻澳大利亚总领事宋发祥给何榛签发的中国学生护照。右为西澳海关同年十一月十九日找出的此前何彩三次从西澳夫李文自埠登船回中国探亲的记录。

档案出处（澳大利亚国家档案馆档案宗卷号）：

Ho Chun-student passport, NAA: A1, 1930/10194

陈华发

新会旺冲村

　　新会县崖门旺冲村是由陈姓立村，全村基本上都是陈氏宗亲。陈华发（Alfred Fong Pie）便是旺冲人，生于一九一三年十二月三日。他的父亲名叫陈芳派（Fong Pie），生于一八六八年。一八八六年，年方十八岁的陈芳派便追随邑人出国大潮，渡海南下到澳大利亚谋生并寻求发展，最终落脚于昆士兰（Queensland）的首府庇厘士彬（Brisbane），[①]在市区南部与人合股开设一间商铺，以他自己的名字为店铺之名，叫做"芳派"（Fong Pie & Co.）号商行，经营杂货与进出口业务，是庇厘士彬颇有声望的华商。

　　当儿子即将年满十三岁时，陈芳派打算将他办到自己所在的庇厘士彬埠留学。一九二六年十月五日，他填具申请表，签署财务担保声明书，向中国驻澳大利亚总领事馆申办其子陈华发赴澳留学所需之护照和入境签证。他以在其中占股价值达五百镑的自己与人合股经营的"芳派"号商铺作保，承诺每年提供足镑膏火用于儿子在澳留学期间所需各项费用。鉴于这一年的年中实施《中国留学生章程》修订条例新规，规定所有入澳之中国留学生必须入读私立学校，而不能像以前那样不限入读公立和私立学校，因此，陈芳派事先便与位于庇厘士彬城里的圣约翰学校（St. John's Cathedral Day School）联

---

① Certificate Exempting from Dictation Test (CEDT)-Name: George Fong Pie-Nationality: Chinese-Birthplace: Canton-departed for China per EMPIRE on 7 June 1907, returned to Brisbane per SS EMPIRE on 3 October 1909, NAA: J3136, 1907/207。

络，取得了该校同意陈华发入校读书的录取信。

中国总领事馆接到申请后，很快就进行了处理。因《中国留学生章程》修订条例的实施，中国总领事馆原先所拥有的对监护人和财政担保人资质的审核工作，被移交给内务部负责，因而只剩下审核护照申请者的个人材料，业务量大为减少，但这样一来，审理速度也就快了很多。当年十月十四日，中国总领事魏子京给陈华发签发了一份中国学生护照，号码是435/S/26；随后他便将护照和相关申请材料以及给内务部秘书的公函，寄往内务部，为陈华发申请赴澳签证。

按照流程，内务部接到申请后，会发函给海关请求协助核查监护人和担保人的财务状况，并找出监护人出入境记录，以核对签证申请者与监护人之间的亲缘关系是否成立。庇厘士彬海关在接到内务部的协查函后，似乎并没有对陈芳派的财务状况进行核查，可能他们因与这位华商常打交道，比较熟悉他的经济实力，因而在这方面没有提交给内务部任何材料；但是，他们所存有的出入境档案信息却显示，陈芳派曾于一九一○年二月十八日从庇厘士彬港口搭船回国探亲，一九一二年七月十四日乘坐"奄派"（Empire）号轮船返回同一港口入境。[①]根据这一记录，问题就来了：陈华发出生于次年底，就是说是距陈芳派回澳之后约一年半左右才出生，怎么可能是他的儿子呢？看来，陈芳派提交的申请材料有问题。

对于上述问题，内务部秘书了然于心。不过，在当年十一月十二日回复魏子京总领事的函中，他并没有直接说陈华发的出生日期与其父亲的出入境记录对不上号，而是询问是否陈芳派在填写申请表时，把应该是一九一二年十二月错写成下一年的十二月，才让人一眼就看出问题；而如果陈华发是在陈芳派回澳的当年十二月出生，那就不会让人产生什么疑问了。对此问题，

---

① Certificate Exempting from Dictation Test (CEDT)-Name: Fong Pie-Nationality: Chinese-Birthplace: Canton-departed for China per EASTERN on 18 February 1910, returned to Brisbane per EMPIRE on 14 July 1912, NAA: J2483, 39/18。事实上，这次探亲结束返澳后，陈芳派要到一九一六年才回乡探亲。见：Pie, Fong-Nationality: Chinese-Alien Registration Certificate No 33 issued 19 October 1916 at Woolloongabba, Certificate No 970 issued 21 September 1919 at Cairns, NAA: BP4/3, CHINESE PIE FONG。

魏总领事自然也非常明白。在经过与陈芳派多次沟通之后，方才得知，陈华发实际上是陈芳派的养子。事实上，陈华发还是陈芳派领养的第二个儿子，此前他还有一位养子，今年已经三十岁，早在许多年前就去了纽西兰（New Zealand）谋生，现仍然待在那里。陈芳派本人也有生养，亲儿子刚刚九岁，仍在家乡旺冲村跟其妻一起生活，即他自己的亲生儿子是在领养两个儿子多年之后方才出生。魏总领事自然明白其当年领养儿子的苦衷。陈芳派当年来澳发展，站稳脚跟之后回乡娶妻，可能年届三十尚无子女，使其家人深感忧虑，从而张罗为其领养儿子，以续香火。毕竟当时的中国是宗法社会，无后为大的观念极强，这可能就是他多年后再领养一个儿子的主要原因。而其在年过五十岁才得以生子，极有可能是娶有偏房之后的结果，这自然也让他如愿以偿。尽管如此，他仍然对两个养子视若己出，爱护有加。本来，魏子京总领事如果顺着内务部秘书的口气，借口是计算错误，而将陈华发的出生日期提早一年，则内务部在接受之后便可批复签证申请；但在咨询过陈芳派之后，魏子京总领事决定对内务部秘书据实以告，以示监护人之诚恳，从而请其给予陈华发一个来澳留学的机会。

按照内务部掌握的原则，所有的在澳华人在家乡领养的养子养女，澳大利亚政府都不承认他们与养父母之间具有父子（女）关系，尽管这在中国因传统习俗相袭，其相互间关系为宗族和社会所认可，而澳大利亚政府所承认的只是其血缘上的父子（女）关系。为此，内务部秘书最先是想要拒绝上述签证申请的，但鉴于中国总领事如此坦诚说明问题，表明了监护人的诚实品德，并殷切希望他慎重考虑此事，加上这也是自年中开始内务部接管中国留学生签证申请审核的业务之后所碰到的第一例此类事情，他就有点儿拿不准了。因此，他将此事提交给几位主管部门不同层级的官员，请他们对此提供建议。他们都倾向于将此视为特例予以批复，但需要监护人填写一份特别声明书，以便内务部的下一步有所凭借，亦即在递交给部长特批时有比较充足的理由。于是，一九二七年一月十一日，内务部秘书将此决定通告魏子京总领事，要求他转告陈芳派尽快填好那份特别声明书。魏总领事见事有可为，遂立即通告陈芳派，由后者在该月二十日填具签署上述声明书，转送内务部备案。随后，内务部最终于二月十一日批复了这一申请，在陈华发的护照上钤盖了入境签证章。尽管此次结果最终是接受了中国总领事的意见而满足了申请者的要求，但内务部秘书次日在给魏子京的公函中，特别强调这次批复只是特例，并不适用于此后的同类申请。而且，此次为了通融，内务部已经放弃了一些对申请者必要的要求，比如上述《中国留学生章程》修订条款规定，年满十三岁者，需要在过海关时接受面试，以证明其具备初步英语学识能力，而内务部核发签证时并没有坚持让陈芳派提交其子具备这方面能力之证据。

接到被批复的签证后，陈芳派松了一大口气，遂通过在家乡和香港的亲友，安排儿子的赴澳行程。在陈华发结束了家乡的在校课程之后，就于十二月初前往香港，在此搭乘驶往澳大利亚的"吞打"（Tanda）号轮船，于同月二十三日抵达庇厘士彬港口，经移民官面试证明具备一定的英语能力后顺利通过，入境澳大利亚，开始其留学生涯。

因陈华发抵达澳大利亚之时，正好是在圣诞节及当地学校暑假期间，无法上学，内务部遂等待次年新学年开学后，于一九二八年二月二十八日致函原先陈芳派在申请材料上所填写的接受陈华发入读的圣约翰学校，询问这位中国留学生的在校表现等情况。但该校在四月三日复函表示，尽管曾经表示可以录取这位中国学生，但根本不知道他本人已经抵澳，也不知道他现在去了哪里读书，到目前为止，他没有来学校报到，言辞中显然对这种不守信用的行为极为不满。内务部知晓这个情况后，便发文到庇厘士彬海关，请其协助查清陈华发到底去到哪间学校念书。庇厘士彬海关动作迅速，很快就在位于城里的中央培训学院（Central Training College）找到了这位中国学生，并从该校主管部门了解到，陈华发实际上于一月四日就在该学院报名注册，一开学就入读该校的中学课程，每天按时到校上课，学习用功，各方面表现都令人满意。由此可见，在来澳大利亚留学之前，他在国内已经读过多年的英语，并且已有一定基础，很快就适应了这里的学习环境，比较自如地应对相关的学业。四月二十八日，海关便将上述情况向内务部作了汇报。鉴于这间学院也是私立性质，符合要求，而圣约翰学校只提供小学课程，内务部也就只好默认这样的结果，再致函圣约翰学校，对其表示的不满予以安抚。

到一九二九年新学年开始时，情况有了变化。从一九二八年下半年起，十五岁的陈华发就跟年长他一岁来自开平县的另一位留学生周炳珍（Joe Bing Jun）等一起注册入读开设在庇厘士彬城里的效能汽车技校（Efficiency Motor School Ltd.）的夜间课程，学习驾车和修车技术。[1]进入一九二九年，他想转入该校白天授课的两个月密集课程，正式在修车车间里实习修车技术，以便将来走入职场，有一技傍身。他通过父亲陈芳派与中国总领事馆联络，希望能就上述事宜与内务部沟通，取得官方的同意。三月五日，中国总领事馆代理总领事吴勤训致函内务部秘书，详述理由，请求准允。吴代总领事在申请公函中还强调，待读完上述课程之后，陈华发和其他的那些进入上述技校学习的中国留学生还会重返私立学校，继续读书。鉴于上述课程所需时间不长，时间安排也算合理，内务部秘书认为可行，三月十六日复函吴勤训代理总领事，批复了上述申请。于是，陈华发便从中央培训学院退学，自四月八日起，进入技校学习上述课程。当然，这项密集课程学费不菲，驾驶课程和修车课程分别为三镑三先令。

两个月的时间很快就过去。结束了上述密集课程之后，陈华发重返中央培训学院继续原有的课程，学院对他的评语也一仍其旧，认为他是一位勤学好问的学生，总是努力做到最好。而他基本上都是保持全勤，除了在一九三〇年下半年因病住院三周时间，陈芳派为此支付了接受儿子住院的一家私立医院三十三镑的医疗费和住院费。出院后，陈华发继续保持全勤，各科学业也一直成绩优异。他就以这样的状态一直读到一九三二年十月结束。

一九三二年十一月十五日，十九岁的陈华发结束了在中央培训学院的中学课程，于庇厘士彬港口登上驶往香港的"南京"（Nankin）号轮船，返回家乡。[2]前后相加，他在澳大利亚读了五年书，学成而归。回国后，以此时他的年纪，既可以继续求学，就是说，进入大专院校深造，也可以就此走向职

---

[1]　周炳珍的留学情况，见档案：Joe Bing Jun-student passport, NAA: A1, 1929/6289。

[2]　Alfred Fong Pie [crew member of SS NANKIN, departed the Commonwealth at Townsville on 29 November 1932] [box 280], NAA: SP42/1, C1932/8411。

场。当然，他回国后的经历，我们不得而知，也许只有旺冲村里的陈氏宗族族谱有所记录。

到了一九三五年，陈芳派的商行有了较大的发展，成为庇厘士彬埠华商中规模较大的企业，他便想将儿子陈华发申请前来这里，担任其商行助理，协助他经商。应其要求，中国驻澳大利亚总领事陈维屏于五月九日致函内务部秘书，说明上述理由，为陈华发申请商务签证。内务部秘书对此也很重视，发文请庇厘士彬海关提供"芳派"号行的营业状况以供参考。海关行动也算迅速，五月三十一号便完成任务。根据报告，"芳派"号在一九三四年的财政年度里，总营业额为一万三千三百五十镑，其中进口商品价值约二百镑，但仅进口货品所缴纳之进口税就达一百多镑。此外，他的商行雇佣有三位欧裔及两位在澳出生的华人为职员，有一定规模。得到"芳派"号商行的真实情况后，内务部秘书觉得陈芳派确实有需要增加人手，便于六月十三日批复了上述申请，给予陈华发十二个月的商务签证。

拿到商务签证后，陈华发便收拾好行囊，赶赴香港，搭乘"太平"（Taiping）号轮船，于十月四日抵达庇厘士彬，进入父亲的商行协助经商。因其此前就在这里读书，加上英语流利，故而工作一切顺利。通常来说，像他这样持商务签证来澳进入商行工作者，通常都会申请延签，许多人就是这样不断续签，最终得以居留下来。但到次年九月，没有资料显示陈芳派通过中国总领事馆为儿子申请延签，而是提前就为其安排好回国船票。一九三六年九月十七日，距其签证到期尚有两个多星期的时间，陈华发就从庇厘士彬港口登上过路的"利罗"（Nellore）号轮船，告别父亲，返回家乡。

陈华发的档案到此为止。他回国后的人生历程如何则不详。至于像陈芳派的商行已有一定规模，要想将儿子留下来协助经营，甚至最终让其接管该企业，也并非难事，何以他不作此想，亦令人不解。但如果考虑到当时像他这样规模的商行基本上都在香港有分行或合作洋行，要送自己的亲人或者是信得过的人去参与或主持工作，以保障双边进出口业务的顺畅，事实上也是当时很多商行和企业的惯常做法。由是，陈华发熟悉了父亲在此经营生意的情况后便离开，似乎也是在情理之中。

Applicant for Student's Passport is requested to fill in the following particulars

1. Name   Alfred Fong Pie
2. Sex   male
3. Age and Date of Birth 13, 3/12/1913
4. Place of Birth : Province   Kwongtung
            District   Sunwui
            Village   Wong Chung
5. Name and place in Australia applicant intends to reside
            Brisbane
6. Name of Educational Institution
   St John's Cathedral Day School, Brisbane
7. Person responsible for upkeep
   Name   Fong Pie
   Address 86-88 Ann St. Brisbane.
   Amount per annum   Sufficient

Four Photographs are required
Students are not to be engaged in any other occupation

Date :
            Fong Pie
            Signature of Guardian
   5th Oct
        1926

一九二六年十月五日，陈芳派填具申请表，向中国驻澳大利亚总领事馆申办儿子陈华发赴澳留学所需之护照和入境签证。

左为一九二六年十月五日，陈芳派填写签署财务担保声明书，承诺负担儿子来澳留学之费用。右为一九二七年十二月二十三日陈华发入境澳大利亚海关时提供的照片。

一九二七年十月十四日，中国总领事魏子京给陈华发签发的中国学生护照。

左为一九〇九年陈芳派四十一岁时的"回头纸"。右为一九一八年陈
芳派五十岁时的"回头纸"。

档案出处（澳大利亚国家档案馆档案宗卷号）：

A.F. Pic.-Student Pass Port, NAA: A1, 1935/4894

陈才庆、陈群业兄弟

新会坑头村

　　陈才庆（Chin Toy Hing）和陈群业（Chin Coon Yip，更多地被误写为 Chin Coon Gip）是来自新会县坑头村的兄弟俩，前者生于一九一三年十二月十日，后者则是一九一五年六月十二日出生。他们的父亲没有去到澳大利亚，仍然留在家乡，但出生于一八七七年五月二日的伯父陈样（James Chin Young），则早在一八九八年四月便来到这块南方大陆，在美利滨（Melbourne）埠立足发展，做木匠，在益市比臣街（Exhibition Street）三百号租房开设家具店，并与当地西妇结婚，建立家庭；[①] 一九一六年后，他将店搬迁到加顿（Carlton）区的卡狄根街（Cardigan Street）七十四号，生意更好。

　　一九二四年初，陈才庆、陈群业的家人与远在澳大利亚美利滨的伯伯陈样商谈好由后者负责作为两个侄儿在澳留学的监护人和财政担保人之后，陈样便填好申请表格，准备好相关材料，向中国驻澳大利亚总领事馆申办他的两个侄儿的留学护照和签证，要将其办来入读开设在唐人街的长老教会学校（P. W. M. U. School）。中国总领事馆接到申请后，可能就陈样在表中没有写明的以什么公司或商铺作为担保以及可以提供膏火的数额等事项，与其进行了多次沟通，最终在澄清上述问题后，于二月十三日由总领事魏子京给陈才庆和

---

① YOUNG James Chin: Nationality-Chinese: Date of Birth-2 May 1877: First registered at Little Bourke Street, NAA: MT269/1, VIC/CHINA/YOUNG JAMES/1。

陈群业哥俩签发了学生护照，号码分别是384/S/24和385/S/24。次日，内务部在接到中国总领事馆送来的护照后，当即批复，并分别在上面钤盖了签证章。护照随即被寄往香港的宽和祥洋行，由其转交给等待赴澳的陈家小哥俩。

陈家兄弟的家人很快便联络上了年纪相若的本邑龙田村周盛和奇岗村周钜二人，他们也是要前往美利滨留学。因此，在联系好了旅途中的监护人之后，陈家兄弟便与周家兄弟一起被家人送去香港，在那里搭乘驶往澳大利亚的"衣市顿"（Eastern）号轮船，在抵达雪梨（Sydney）后，再换乘"町布拉"（Dimboola）号轮船，于同年六月二十二日抵达美利滨港口入境。陈样从海关将陈才庆和陈群业两位侄儿接出来后，就住进了他位于加顿区的店里。

从六月三十日起，兄弟俩一起正式进入城里的长老教会学校念书。在半年的时间里，兄弟俩的在校表现都不错，只是哥哥陈才庆显得老成一些，总想努力赶上学习进度；而弟弟陈群业则好奇心重，玩心较大，但学习上还是很认真，没有耽误老师交代的课堂及课外作业。应该说，以他们当时的年龄（哥哥十一岁、弟弟九岁），接受语言的能力较强，学英语上手也较快。

但陈家兄弟俩只是在长老教会学校读完了一九二四年余下的学期，到一九二五年新学年开始，他们就一起转学进入加顿区的若丝砀街公学（Rathdown Street State School）读书。不过，他们在这里的表现平平，尤其是陈才庆，老师的评价是进步不大。于是，在这里读到九月十八日，他们兄弟俩就退学了，再转回长老教会学校上学。在这里，哥哥陈才庆给自己取了一个英文名，叫哈里·陈（Harry Chin），弟弟陈群业则叫菲利普·陈（Phillip Chin）。回到长老教会学校后，老师认为陈才庆聪颖，学习上手较快，表现越来越好；而陈群业虽然也仍然比较贪玩，但人很聪明，并且愿意做到最好。

陈家兄弟在长老教会学校的上述学习状况也只是维持了一年。一九二六年九月，他们再次转学，入读奥克利（Oakleigh）区的奥克利公立学校

（Oakleigh State School），事缘伯父陈样一家搬到这里居住，并且有了新的生意，他们只能跟着一起过来。他们转学后，陈才庆读六年级，但学习可能因受外界影响有所退步，半年之后才调整过来，课业开始有所进步；而陈群业也读上了三年级，原先的贪玩劲收敛起来，变得喜爱学习了。

同样地，兄弟俩在上述学校也只是读了一年。一九二七年九月，他们转学进入昆市比利街公立学校（Queensberry Street State School）；但仅仅一两个星期后，他们再次转学，进入格兰亨特利街公立学校（Glenhuntly Street State School）读书。在这里，兄弟俩继续保持好学的势头，各方面都受到好评。次年，陈才庆进入七年级，陈群业也顺利地升入五年级。他们就以这样的成绩一直读到一九二八年底学期结束。

可是，就在一九二九年初，陈样突然致函内务部秘书，希望允许让陈才庆和陈群业兄弟尽快返回中国。他表示，近期正好有一位宗亲要返回中国探亲，故希望这两兄弟跟着一起走，当然也希望为他们兄弟俩申请再入境签证，以便其回国探亲之后重返澳大利亚读书。内务部秘书接信后，觉得这样的请求合情合理，但需要循正常渠道申请，便于二月二日回函，表示这样的申请须通过中国总领事馆提出方为正途。内务部的信发出后，未见陈样回应。而就在此时，陈家兄弟俩则在二月底之后从格兰亨特利街公立学校退学了，双双转入邦特利公立学校（Bentleigh State School）继续上学。

八月三十日，陈样夫人给邦特利公立学校校长写信，就陈才庆最近一段时间卷入的几个法庭案子而导致旷课表示关切。她认为这个侄儿所涉及的这些违法事情起了一个很坏的头，尤其是对她的孩子们亦即陈才庆的堂兄弟姊妹们影响不好。联系到他涉及的这些事情，陈才庆和他的弟弟陈群业在家里的一些行为是她们这个家庭所不能接受的。她表示，作为这兄弟俩的监护人，也不能说责任全在他们，为此她希望听听校长对此事的建议，尤其是与他们两兄弟谈谈此事。如果他们继续这样下去，就要将他们赶出现在的住处。学校接到此信后，深觉不好处理，遂将其转给了内务部。内务部觉得陈才庆居然涉及法庭案子，兹事体大，应予以重视，但不知其涉案的性质为何，就要求海关对此作一调查，看看到底是什么问题，以便内务部定夺。

海关稽查官葛礼生（J. Gleeson）奉命后，于十月十日提交了报告。首先，所谓陈才庆卷入法庭案子之事，并非是他涉案，而是当时住在邦特利区的一位名叫林茂（Mow Lim）的华人财物被一名叫盖非（Garfield）的白人男子劫夺，碰巧陈才庆是目击证人，他不得不应法庭传唤出庭作证，如此，就不得不旷课；其次，根据与校长的交谈得知，陈才庆在学校里一直都是很守规矩，没有任何出格之事，只是比较懒散一些而已，至于旷课，指自八月起每个月大约旷课五天，这极有可能多与上述法庭开庭有关；再次，葛礼生与陈才庆直接见面交谈的结果表明，后者表示他每天骑自行车上学，住处和学校之间有四英里的距离，他承认有几次旷课是因为下雨就不去上学了，经告诫，他表示此后即便碰到这样的天气，也会像其他同学一样前往学校上学；最后，葛礼生认为，陈样夫人所说的陈才庆涉及违法事情并非如她所想象的那样，只是因为她的这位侄儿碰巧成为目击证人而已，最多可能是他此前的几天旷课行为给她造成了不好的印象所致。而葛礼生也就陈才庆的弟弟陈群业在此期间的表现咨询了校长和老师，皆表示他在校循规蹈矩，学业良好，成绩优秀。

内务部接到上述报告后，前后衡量，觉得只有陈才庆因懒惰而造成的旷课值得关注一下，但其违规还没有到应该将其遣返回国的程度，于是在十二月份指示海关，让其警告该学生的监护人督促其改正；如再违反，则当局将采取进一步的处理措施。与此同时，他也将内务部的上述意见函告中国总领事馆，嘱其知会陈样及其侄儿，认真对待此事。与此形成鲜明对照的是，到这一年学期结束，尽管之前他有着种种旷课现象，但因学业上表现优秀，在校也品行端正，邦特利公立学校遂于学期结束前通知内务部，陈才庆已经完成八年级课程，将可以获得学校颁发的优异证书，并最终在结业典礼上颁发了上述证书给他。而陈群业也在此期间顺利地完成了小学课程，通过了毕业考试，获得了结业证书。

但进入一九三〇年新学年后，陈才庆和陈群业兄弟俩都没有再回邦特利公立学校上学，学校于二月中旬将此情况报告了内务部。内务部还以为跟以前一样，这兄弟俩又转学去什么其他学校了，便指示海关去查一下。于是，这项任务又交到了葛礼生的手上。三月十三日，葛礼生报告说，经与陈家哥俩见面交谈，得知他们非常想尽快回国，故自新学年开学后他们哪里也没去，只是抱怨不知道谁会负担他们的回国船票。葛礼生无法跟他们谈这个问题，但建议内务部要尽快找到他们的监护人陈样，以商讨和解决上述问题。也就在这个时候，中国总领事馆也介入此事，于三月十四日正式知照内务部陈氏兄弟即将离境回国，并安排他们搭乘三天后就要从美利滨起航的"彰德"（Changte）号轮船。[①]至于最终船票由谁支付，文件中没有说明，但按照惯例，应该是在中国总领事馆和内务部的双重作用下，陈样对此行程作出安排。而在陈氏兄弟俩离境后的次日，葛礼生在给内务部的报告中特别说明，几天前他与十六岁的陈才庆交谈时，后者告知，他们兄弟俩住在其伯父位于奥克利区的家里时，伯父常常一大早就将他带到美利滨城里的域多利市场（Victoria Market）的摊档上为他干活，每周三次，而星期二和星期四从市场上干活回来后，他还得去学校上学（上述事实表明，陈样此时已经结束了家具店经营业务，转而从事果菜摊档生意）。事实上，他有时候旷课也与此相关。但葛礼生关注的则是，陈样利用其侄儿在此留学的机会，将其转变为替自己赚钱的工具。因此时陈氏兄弟已经登船离澳，内务部也就对其在读书期间打工之事不予追究。

从进入澳大利亚留学到离境返国，陈才庆和陈群业在当地待了将近六年时间，期间在校读书达五年半之久。他们在澳大利亚完成了小学教育，哥哥则接受了初步的初中课程。但他们仍然年轻，陈才庆刚刚十六岁多一点，陈群业即将十五岁，他们回国后，仍然还有很多机会进入中学念书。以他们在澳大利亚学习英语的基础，回国之后，他们可以去省城广州甚至香港继续学业。当然，他们回国之后的去向，因无资料，无从得知，或许可以从其家族修订的族谱中找到一些线索。

---

① Chin Coon Gip (Phillip Chin) ex "Dimboola" ex "Eastern"-Departure Thursday Island per "Changte" March 1930, NAA: B13, 1930/8183; Chin Toy Hing ex "Dimboola" ex "Eastern" -Departure Thursday Island per "Changte" March 1930, NAA: B13, 1930/8182。

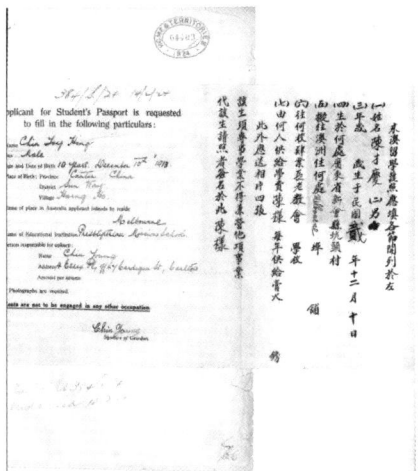

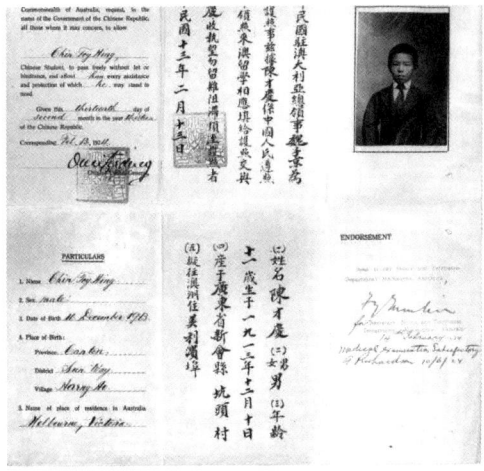

　　左为一九二四年初，陈样以监护人和财政担保人身份填表向中国驻澳大利亚总领事馆申办侄儿陈才庆的来澳留学事宜。右为一九二四年二月十三日，中国驻澳大利亚总领事魏子京给陈才庆签发的中国学生护照。

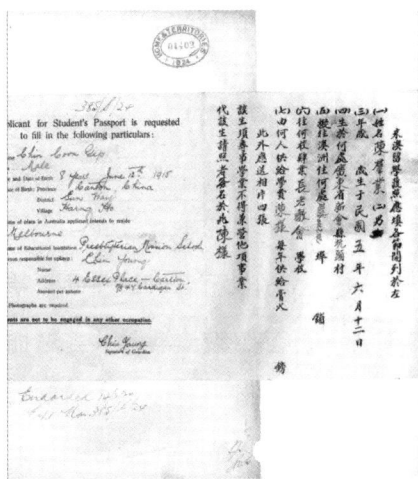

　　左为一九二四年初，陈样以监护人和财政担保人名义填表向中国驻澳大利亚总领事馆申办侄儿陈群业的来澳留学事宜。右为一九二四年二月十三日，中国驻澳大利亚总领事魏子京给陈群业签发的中国学生护照。

左为一九二九年八月三十日，陈样夫人给邦特利公立学校校长写信，就陈才庆最近一段时间卷入几个法庭案子而旷课表示关切。右为一九三〇年三月十三日和十八日，美利滨海关稽查官葛礼生报告陈氏兄弟急欲回国及陈才庆在校期间帮助伯父打工之事。

档案出处（澳大利亚国家档案馆档案宗卷号）：

Chin Toy Hing-Student's Passport, NAA: A1, 1929/3806

Chin Coon gip-Student's Passport, NAA: A1, 1929/3807

陈荣旋

新会陈冲村

陈荣旋（Chin Wing Soon）一九一四年五月二十三日生于新会县陈冲村，父亲是陈亚煖（Pelly Ah None）。出生于一八七六年七月二十九日的陈亚煖，少年时期便跟随乡人到澳大利亚讨生活，于一八八九年六月十六日登陆雪梨（Sydney），随后不断西进，深入当时鸟修威（New South Wales）殖民地的内陆地区，最终在鸟修威西南地区靠近域多利（Victoria）的农业重镇德尼利昆（Deniliquin）埠落脚，充任菜农，并且其后也像其他乡人一样，有自己的农场和果子铺面，就叫做"陈亚煖果子铺"（Pelly Ah None & Co.）。及至成年后，待生活稳定下来，手头也有了一点积蓄，他便返回家乡，结婚生子；随后，他再回到德尼利昆，种植蔬果，养育家庭。[①]

一九二二年二月二十四日，陈亚煖准备好材料，填上表格，向中国驻澳大利亚总领事馆申办尚未满八周岁的儿子陈荣旋来澳留学手续，请领护照和签证。他以自己是在德尼利昆当菜农的身份充任儿子来澳留学的监护人和财政担保人，承诺将负担陈荣旋所有留学期间的费用，即提供足镑膏火，要把其子办来他所在的德尼利昆埠的公立学校（即德尼利昆公立学校，Deniliquin State School）读书。中国总领事馆接到上述申请后，跟当年其他的申请一

---

① NONE Pelly Ah: Nationality-Chinese: Date of Birth-29 July 1876: Date of Arrival-16 June 1889: Arrived per CINGAUGH: Certificate Number-15534: Date of Issue-19 September 1939: First Registered at Deniliquin-Victoria [Contains one black and white photograph], NAA: B6531, LEFT COMMONWEALTH/1945-1947/NONE PELLY AH。

样，并没有予以及时审理，原因在于这些中国外交官们当时将精力基本上放在了与澳大利亚政府内务部的往返商谈之中，因为上一年才实施的《中国留学生章程》，经一年的实施，发现了许多问题，需要双方商讨加以修订。因见审理缓慢，陈亚煖便想通过当地政要向内务部陈情，以此催促中国总领事馆的审理进程。[①] 但此举是否有效，不得而知，只是直到八个月后，陈荣旋的申请才获得批复，十月十六日，中国总领事魏子京给他签发了号码为195/S/22的中国学生护照；二天后，内务部也通过了其签证申请，在上述护照上钤盖了签证章。

陈荣旋的家人在家乡接到了中国总领事馆寄来的上述护照后，便多方联络，为他赴澳留学做准备。在经过大半年的奔波，找到了其旅行航海途中的监护人之后，便将他送到香港，登上"衣市顿"（Eastern）号轮船，于一九二三年七月三日抵达雪梨。父亲陈亚煖提前从居住地赶到雪梨，将儿子从海关接出来后，再改换其他交通工具，辗转返回距雪梨约七百二十多公里之外的德尼利昆埠。

七月三十日是星期一，九岁的陈荣旋正式入读德尼利昆公立学校。在学校的第一年里，他的表现令人瞩目，各项作业也都如期完成，可能是因为年纪小，学语言上手快，英语学得不错，跟同学间的关系也搞得很好；进入一九二五年第一个学期时，他的算术就在班上考了第一名；到年底，他的总成绩在班上位列第四名。此后的两年时间里，他继续保持这种学习态势，基本上出满全勤，遵守学校的各项规章制度，被校长和老师赞誉为优秀学生，他也将该校的小学课程全部读完，顺利毕业。

一九二八年新学年开学后，陈荣旋应该入读中学课程了，但他再也没有去学校上学，而是决定先放松一下，返回中国探亲度假。三月十四日，他从德尼利昆埠赶到美利滨（Melbourne），在该埠港口登上驶往香港的"彰德"（Changte）号轮船，告别已经留学四年半的澳大利亚，回乡探亲去了。

---

① Mr John Kelly seeks permission for Pelly Ah None to visit Australia and bring his son for educational purposes, NAA: B13, 1922/1564。

但此时的陈荣旋年方十四岁，正处于求学获得知识的大好年华之际，他回国只想给自己放松一下，然后再回来继续读书。为此，在他回国一个月之后，父亲陈亚煖便与中国总领事馆联络，要为儿子申请再入境签证。鉴于此时已实施《中国留学生章程》新规，凡中国学生来澳留学须就读私校而非公立学校，而且陈荣旋也应该是读中学的年纪了，故陈亚煖就决定让儿子去美利滨读中学。经一番选择和联络，他于四月二十五日拿到了圣博德书院（St. Patrick's College）院长的录取信。待这些材料准备好之后，中国总领事魏子京于四月三十日致函内务部秘书，为其提出入境签证申请。因此前在学期间陈荣旋一直都表现良好，保持着很好的记录，此次申请的材料也齐备，内务部秘书于五月十日批复，准其在离境后的十二个月内入境，并在返回澳大利亚后切实入读美利滨的圣博德书院。[①]

看来一切都很顺利，如无意外，陈荣旋将可以顺当地返回澳大利亚继续其学业。但他的档案到此中止，此后也再未有他进入澳大利亚的任何记录。也许，回到中国后，陈荣旋改变了主意，就此留在家乡读书。

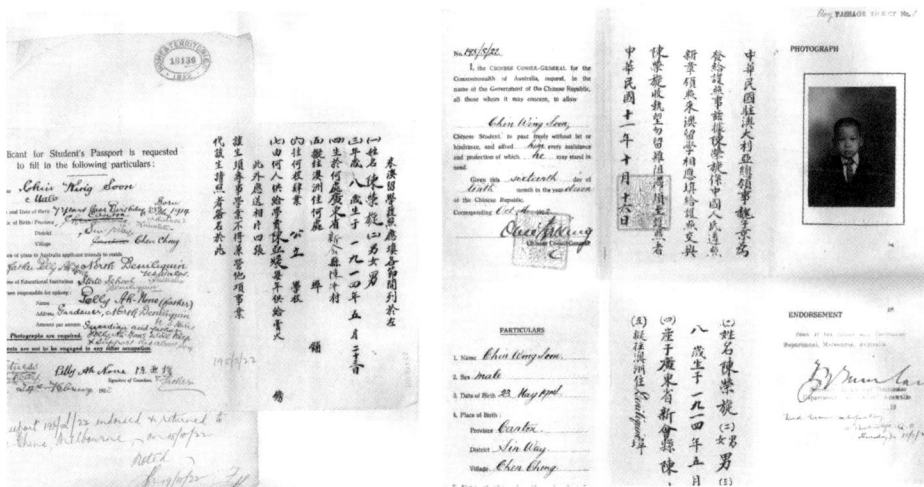

左为一九二二年二月二十四日，陈亚煖向中国驻澳大利亚总领事馆申办尚未满八周岁的儿子陈荣旋来澳留学手续，请领护照和签证。右为同年十月十六日，中国驻澳大利亚总领事魏子京给陈荣旋签发的中国学生护照。

---

① Chin Wing Soon (Chinese student) -Permission to return to Australia, NAA: B13, 1928/8090。

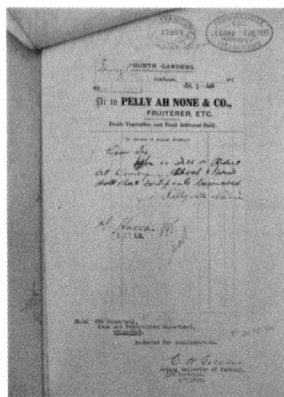

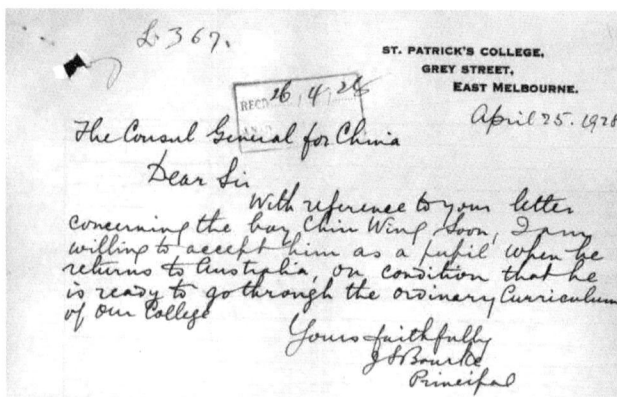

左为一九二五年七月三日，陈亚煖致函内务部秘书，为儿子陈荣旋申请学生签证展签。右为一九二八年四月二十五日圣博德书院院长给中国总领事开出的接受陈荣旋为该校学生的录取信。

档案出处（澳大利亚国家档案馆档案宗卷号）：

Chin Wing Soon-Student passport, NAA: A1, 1928/4864

凌亚宦

新会大范里

　　凌亚宦（Ling Ah One）也是来自新会县大范里，生于一九一四年六月二十五日。他的父亲凌庆（Len Hen，或写成Len Han），一九〇四年左右来到澳大利亚发展，立足于美利滨（Melbourne），后经营一间洗衣店。凌庆之所以这时候来澳，是因为他哥哥凌振（Len Ah John，或者Ling Ah John）早在一八九四年便来到了美利滨发展，[1] 待立稳脚跟之后，再陆续将家中兄弟带出来。

　　一九二七年初，此时的凌庆正在中国家乡探亲，[2]他想将儿子办来澳大利亚读书，并希望在近期他结束探亲返回时能将凌亚宦一并带上，这样就不需要假手他人届时携带其子同来，也可省却一笔费用。于是，三月七日，凌庆委托其兄凌振，由其代为填表并在申请时临时充当监护人，向中国驻澳大利亚总领事馆申办凌亚宦的赴澳留学护照和请领签证。财政担保人自然还是由作为父亲的凌庆担任，他也承诺提供足镑膏火给儿子作为留学的费用，要把儿子办到位于美利滨埠南部圣科达（St. Kilda）区的莱特利书院（Netley College）读书。为了加重申请的分量，他还加上美利滨唐人街上著名的杂货商行"宽记"（Foon Kee）作为他本人的财政保人。

---

① JOHN Len Ah: Nationality-Chinese: Date of Birth-7 December 1873: Date of Arrival-1894: First Registered at Port Melbourne, NAA: MT269/1, VIC/CHINA/JOHN LEN。

② Len Han [includes left and right thumb prints] [box 172], NAA: SP42/1, C1925/3508。

　　中国总领事馆在接到申请后，很快便予以审理通过，中国总领事魏子京于三月十七日签发了一份中国学生护照给凌亚宦，号码463/S/27。当天，魏子京总领事便致函内务部秘书，将材料汇总，包括上述护照和莱特利书院的录取信，一起寄送过去，并在信中特别说明凌庆在其子出生之前一年便已回国探亲，以证明他们之间的父子关系，为凌亚宦申请入境签证。

　　鉴于此时凌亚宦年方十三岁，刚好是来澳留学的中国学生不需要具备初步英语学识能力的年龄上限，故无须提供这方面的证明材料，为此，内务部关注的便是两件事：其一、凌庆与凌亚宦的父子关系是否成立，其判断的依据便是在其子出生之前他是在哪里；其二、其是否具备财政资助能力，自然也包括其为人和品行。三月二十一日，内务部秘书指示美利滨海关依此提出报告，以便对此申请之批复与否提供依据。八天之后，海关就上报了凌庆历次出入海关的记录：第一次是一九〇六年至一九〇八年（由此可见，他在来澳两年后便有能力回国探亲，显然是他的哥哥凌振此前为他打下的基础），第二次是一九一三年六月四日至一九一五年十二月二十八日（凌亚宦便是在此期间出生），第三次是一九二一年五月十日至一九二三年十一月四日，第四次是一九二五年四月十一日乘坐"太原"（Taiyuan）号轮船从雪梨（Sydney）出境，至记录上报时他本人尚在中国。再过了两个星期，海关再一次提交报告，显示凌庆与人为善，品行端正。此前中国总领事魏子京在给内务部秘书的信中曾经表示，凌庆的洗衣店价值二百镑，他准备在返回澳大利亚后另外再开一家洗衣店。但内务部对于凌庆的上述财务状况是否能支撑其子来澳留学期间所需费用还是没有底，便于四月二十八日致函中国总领事馆，希望提供凌庆财政保证人"宽记"号商行的财务状况。魏子京总领事接到上述函件后，很快便于五月五日复函说，"宽记"是美利滨唐人街上最负盛名的华商之一，其财政实力之雄厚是毋庸置疑的，相信海关有比较详细的记录。内务部秘书接到上述复函后，也发觉此前的疑虑确实是多余的，因为他对"宽记"也比较了解，故第二天便批复了凌亚宦的入境签证申请。

　　在中国等待多时的凌庆接到了中国总领事馆寄来的儿子凌亚宦的护照之后，便立即购妥"太平"（Taiping）号轮船的船票，随后就携儿子赶赴香港，登船出发，于八月七日抵达美利滨港口，入境澳大利亚。

原本凌庆确实是想安排儿子入读莱特利书院，但凌亚宦抵埠后并不想进入这间书院读书，为此，凌庆只得为儿子另行寻找一间合适的学校，最终于九月一日为其注册入读圣匹书馆（St. Peter's School）。在这里，凌亚宦把自己名字的英文拼音改写成Ling Ah Won，并一直读到这一年的年底学期结束，期间除了有五天因病请假缺勤之外，其余时间皆正常上学，表现也可圈可点。

从一九二八年新学年开始，十四岁的凌亚宦转学进入位于唐人街的长老会学校（P.W.M.U. School）。可是，仅仅在他入学（二月八日）后刚刚一个月左右的时间里，他就无故旷课达七天之久。校长跟其监护人亦即其父亲凌庆反映此事，希望能对其严加管束，但似乎不起作用，凌庆一气之下便跟校长说，要把这个不听话的儿子送回中国去。于是，校长便于三月十二日将此事向内务部秘书作了汇报。为此，内务部秘书马上指示海关核查此事。三天后，海关稽查官葛礼生（J. Gleeson）就为此事提交了一份报告。他曾于三月十三日去到长老会学校，见到了校长并了解到了相关情况，但当天凌亚宦没有去上学；过了两天，他再次去到长老会学校，这次见到了刚好这天来上课的凌亚宦。当询问他何以旷课时，凌亚宦的解释是，他感觉不舒服就没有去上学。随后，葛礼生告诫他必须按时上学，不然将会被取消入学资格，但他对此警告漠然视之，不置可否。为此，葛礼生个人认为，凌亚宦对到学校上课显得毫无兴趣。

三月三十一日，长老会学校校长再次向内务部报告，此前的两个星期，凌亚宦都旷课没有去学校上学。校长随即去到他家里，但没有见到他本人，只是见到了他的父亲凌庆。后者对校长表示，孩子对自己的态度也很恶劣，屡教不改，自己很后悔花那么多钱让他来这里读书，决定很快很快将把他送回中国。校长认为，凌亚宦很聪明，真要学习也能够表现得很好，只是太过于顽劣，真是可惜了。事实上，此时的凌亚宦正处于青少年叛逆期，可能在其抵达异国他乡后于学习另一种文化和语言的过程中遇到了一些困难无法应对，碰到了一些问题无法解决，从而在行为上表现得很逆反。但无论是学校还是其父亲都没有注意到这个方面，而是采取了直接生硬的办法来处置。

四月五日，美利滨港口正好有一艘"天哪"（Tanda）号轮船起航驶往香港，凌庆便购买好船票，将儿子凌亚宦送上船，让他离开这个使其厌学的地方，返回中国。[①]从抵埠到离境，凌亚宦的在澳留学生涯不满一年，只有十个月。

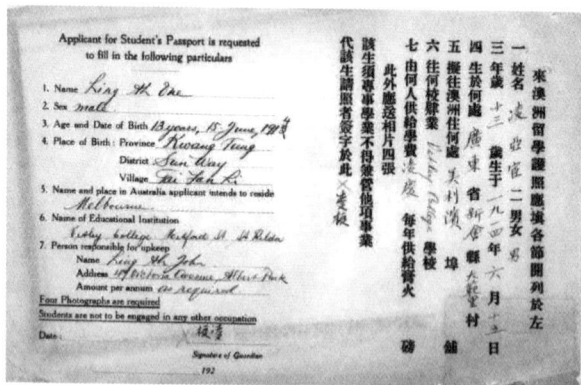

一九二七年三月七日，凌庆委托其兄凌振代为填表并在申请时临时充当监护人，向中国驻澳大利亚总领事馆申办凌亚宦的赴澳留学护照和请领入境签证。

一九二七年三月十七日，中国驻澳大利亚总领事魏子京给凌亚宦签发的中国学生护照。

① Ling Ah One-Departure per "Tanda" (Thursday Island) April 1928, NAA: B13, 1928/11240。

左为莱特利书院接受凌亚宦就读该校的录取信。右为一九二八年三月十二日长老会学校校长给内务部秘书的信，向其汇报凌亚宦上学一个月的时间里旷课七天的事实。

档案出处（澳大利亚国家档案馆档案宗卷号）：

Ling Ah ONE-Students passport, NAA: A1, 1927/6477

赵德聪

新会皋头西京里

赵德聪（Chew Dug Toon，也被写成Chew Dug Foon和Chew Tong），新会县皋头西京里人，生于一九一四年十一月十九日。他的父亲赵启明（Chew Coy Ming），约在一八九七年奔赴澳大利亚谋生，登陆于西澳（Western Australia）省，最终定居于该省首府普扶（Perth）的李自步埠（Leederville），与人一起合股在当地经营一个菜园及摊档，名为"合发园"（Hop Fat Garden）。

一九二七年八月一日，为了让即将十三岁的儿子赵德聪来澳留学，赵启明填好表格，向位于美利滨（Melbourne）的中国驻澳大利亚总领事馆申办其子的赴澳留学护照并代领签证。他以自己所参股经营的"合发园"作保，承诺每年可以供给膏火一百镑，作为儿子来澳留学期间所需的各项开支费用；他也为儿子联络好了入读的学校，是胜沼寇恳运学校（St. Joseph's Convent），并也拿到了该校的录取信。但中国总领事馆接到上述申请后，不知何故在审理上有所耽搁，足足等了半年之久，才在一九二八年二月二十八日，由总领事魏子京给赵德聪签发了一份号码为495/S/28的中国学生护照，并在当天就将此护照和相关申请材料一起寄送内务部，为这位中国小留学生申领签证。

内务部在接到申请后一周便发函到西澳海关，指示其核查财政担保人亦即监护人赵启明的财务状况以及在一九一四年前后的出入境记录，以供内务部最终批复签证作为依据。三月二十二日，海关向内务部报告称，赵启明在上述"合发园"的生意价值一千镑，财务状况良好，且为人口碑极佳。而且当海关人员向他本人了解情况时，他还表示，一旦其子获得签证，他便赶回中国，陪着儿子一起前来澳大利亚留学，因为按照《中国留学生章程》新规，凡年在十四岁以下的中国留学生赴澳，须由其父母陪同前来。四天后，海关也从一大堆档案记录中找到了赵启明当时的出入境情况：一九一三年一月二十八日乘坐"巴鲁"（Paroo）号轮船离开非库文度（Fremantle）埠回中国，到一九一四年六月七日搭乘"瑞生"（Sui Sang）号轮船返回同一港口，而其子是在他返回澳大利亚五个月后出生。上述记录与魏子京总领事在递交赵德聪签证申请时所记述的赵启明回国探亲时间相吻合，表明赵启明与赵德聪具有血缘上的毋庸置疑之父子关系。由是，内务部秘书在综合了上述报告后，于四月二十日正式函告中国总领事馆，批复了赵德聪的入境签证。

赵启明拿到儿子的护照和签证后，很快便返回中国。经过一番安排，他便陪着将届十四岁的儿子到香港搭船前往新加坡，再由此转乘"加斯科涅"（Gascoyne）号轮船南下，于一九二八年九月六日抵达非库文度埠，入境澳大利亚。

原本赵启明给儿子预订入读的学校是胜沼寔恩运学校，故当次年二月新学年开学后，内务部便致函该校，以询问赵德聪的在校表现。但得到的回复是，这位中国留学生根本就没有入读该校。西澳海关在接到内务部发来的协查信后，便在普扶全城范围内询查。因该校是由天主教会主办，海关人员遂循此路径于五月初去到天主教会学区办公室查问，方才得知赵德聪入读的是普扶基督教兄弟会书院（Christian Brothers' College）。之所以查找得如此费力，是因为他入学时将自己的名字改为Chew Tong；还有一个因素是海关人员询查时，将赵德聪名字最后一个字的英文拼音写错了，写成了Foon，直到来回多次，方才纠正过来写成正确的Toon。这也是赵德聪名字的英文拼音有几种不同写法的由来。

根据书院提供的例行报告，赵德聪学习用功，聪慧上进，其各科成绩优良，操行端正，出勤率高，很受老师喜爱。只是书院在一九三〇年曾错把他当成已经离境回国的中国学生钟余庆（Yee Hing），而向内务部报告说他不在该校继续读书，但最终发现这是一个失误，遂向内务部提出更正。除此之外，其余的学校例行报告都是对他极好的评语与鉴定，并被认为是在该书院就读的所有中国学生中成绩最好的一位。就这样，他在这间书院一直读了约五年半左右。

一九三四年三月十一日，二十岁的赵德聪结束了在普扶基督兄弟会书院的中学课程学习，在非库文度埠港口搭乘"蛇发女妖"（Gorgon）号轮船转道新加坡回国。走之前，他没有知会中国总领事馆，也没有告诉内务部，说明他不打算再重返澳大利亚继续读书。而他的档案也到此中止。

一九二七年八月一日，赵启明填表向中国驻澳大利亚总领事馆提出申办其子赵德聪的赴澳留学护照并代领签证。

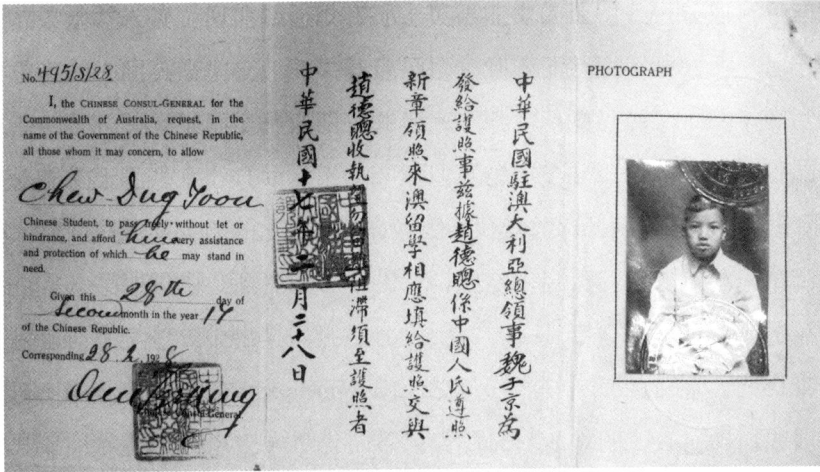

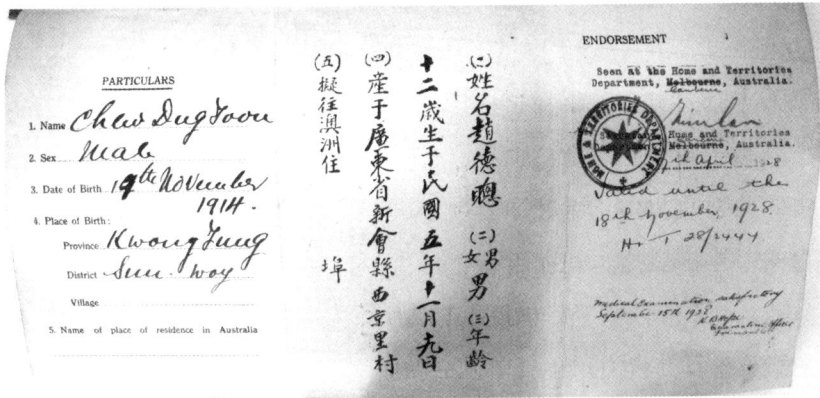

一九二八年二月二十八日，中国驻澳大利亚总领事魏子京给赵德聪签发的中国学生护照。

档案出处（澳大利亚国家档案馆档案宗卷号）：

Choo Dug Foon-Student's Passport, NAA: A1, 1933/160

凌添起

新会大范里

凌添起（Ling Him Hee）也是新会县大范里人，生于一九一四年十一月廿一日。他的父亲凌怀（Ling Wye，或者Ling Whe）大约是在一八九八年便来到澳大利亚谋生，最后定居于美利滨（Melbourne）埠，[①] 在南亚拉（South Yarra）区的粗勒路（Toorak Road）一百四十一号开设一间洗衣店，名为"合利"（Hop Lee），其生意的商业价值为二百镑。

一九二七年三月二十八日，凌怀填上申请表格，向中国驻澳大利亚总领事馆申请儿子凌添起的护照和代办签证，要将他办来美利滨进入位于唐人街上的长老会学校（P.W.M.U. School）读书。作为父亲，充当监护人和财政担保人自然是其分内之事，他以自己经营的"合利"号洗衣店作保，承诺每年提供足镑膏火给儿子作为其在澳留学费用。为增强其申请的重量，他也请在唐人街上著名的商行"宽记"作为他的财政保人。中国总领事馆接到上述申请后，觉得与不久前刚刚经办的也是新会大范里来的凌庆（Len Hen）申请儿子凌亚宦（Ling Ah One）留学事基本情况相似，遂很快就审理完毕。接到申请后刚刚过一个月，即四月二十七日，中国总领事魏子京给凌添起签发了号码为471/S/27的中国学生护照，并于第二天将上述申请材料包括护照及长老会学校校长的录取信等等，一起寄交内务部秘书，申请入境签证。

---

① WHE Ling: Nationality-Chinese: Date of Birth-1873: Date of Arrival-1898: First Registered at South Yarra -Victoria, NAA: MT269/1, VIC/CHINA/WHE LING。

内务部接到申请后，按照惯例，指示海关提供凌怀回中国探亲的出入境记录以及其个人信用记录，尤其是其操行及财政保证人的情况。五月十一日，海关翻出了凌怀此前回中国的探亲在美利滨港口的出入境记录：第一次是一九〇八年六月二十四日至一九一〇年五月三十日，第二次则是一九一三年十月二十二日至一九一五年六月十日。由此可见，根据材料中提供的凌添起出生年月，他应当是在凌怀第二次回国探亲期间出生，他们之间的父子关系当无疑问。至于"宽记"商行，目前其司理由一名叫陈福（Chin Foo）的商人担任，虽然他在商行中并无股份，但仅其个人在商业银行博街（Bourke Street）支行的存款便达一千镑，财力雄厚。六月十五日，海关稽查官葛礼生（J. Gleeson）直接去到"合利"号洗衣店见到了凌怀，得知他此前共回国探亲达五次之多，最近的一次是一九二二年五月十七日出境，用的是Ling Whe这个名字。目前他的洗衣店雇佣有一位华人为他工作，但记录上他除了这个价值二百镑的生意，并没有其他存款。葛礼生个人认为，最大的可能性是，凌怀把挣到的钱都寄回中国养家去了。

接到上述报告，内务部认为，所有资料显示出该申请者一切都符合规定；而且从年龄上来说，凌添起尚未满十三岁，无须提供任何材料以证明其英语学识能力。于是在六月十七日便批复了上述签证申请。

但是，六月二十七日，即在批复凌添起入境签证十天之后，内务部秘书再给中国总领事魏子京写了一封信，对上述签证的批复作了一个补充说明。即他在批复签证时，发现护照上的凌添起照片看起来显然是至少有十六七岁，而根据其材料中申报的年龄，此时他还不到十三岁，年龄上明显地不符。根据凌怀早在一九〇八年就回国探亲的这一事实，那么照片上的凌添起或许就是在这个时间段出生的。如果是这样的话，那么，凌添起的年龄就导致其在入境时将接受海关人员盘问考核，测试英语学识能力，如无法通过，结果便只能立即遣送回国。另外，海关也可以根据照片与年龄不相符合为由，拒绝其入境。当然，对该照片和实际年龄不符也可能有另外的解释，即把凌添起哥哥的照片错当成他本人的而贴了上来。无论是哪一种情况，内务部秘书都要求中国总领事馆知会凌怀，请他对此作出解释，并在最短的时间内予以调整，这样也不影响其子的赴澳留学。①

　　可是，凌添起的档案到此中止，此后既未见到凌怀对此有何回应，也未见到凌添起入境留学的任何线索。推测起来，最大的可能是，凌添起属于内务部秘书所说的第一种情况，他既无法通过英语学识能力考试，也可能护照上的照片真的不是他，总之，此事就此不了了之。

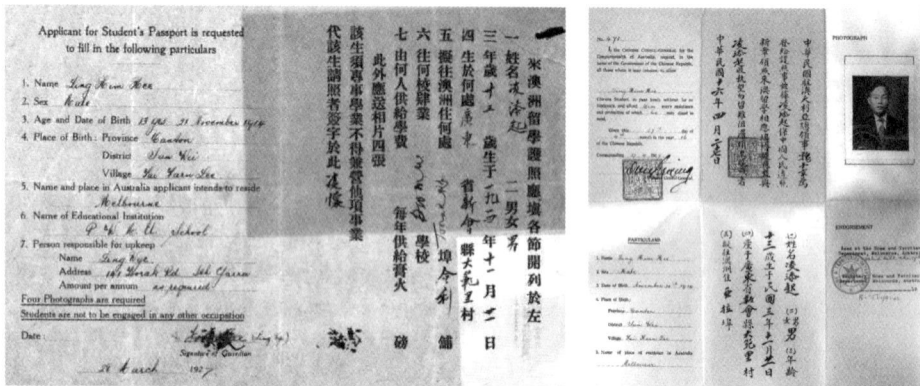

一九二七年三月二十八日，凌怀填表向中国驻澳大利亚总领事馆申请儿子凌添起的赴澳留学护照和入境签证。

一九二七年四月二十七日，中国驻澳大利亚总领事魏子京给凌添起签发的中国学生护照。从照片上判断，该护照持有人的年龄显然远远大于申请表上所填的十三岁。

档案出处（澳大利亚国家档案馆档案宗卷号）：

Lim Him HEE-Student passport, NAA: A1, 1927/9346

---

① Application for Student's Passport in favour of Ling Him Hee made by Ling Wye, NAA: B13, 1927/10278。

周　钜

新会奇岗村

　　周钜（Joe Gooey，或Joe Govey）生于阴历一九一四年十一月廿九日（公历一九一五年一月十四日），新会县奇岗村人。其生父周高梧并没有去澳大利亚发展，而是在其子周钜出生之后不久，将其过继给龙田村的周撰（Joe Gang）。周撰早年与兄弟和乡人联袂南渡，进入澳大利亚的域多利省（State of Victoria）发展，立足于美利滨（Melbourne）埠。在经一番努力挣得第一桶金后，与其兄周三（Joe Shang）及他人一起合股，在小博街（Little Bourke Street）一百一十五号租赁铺面，开设了一间果蔬杂货商行，名为"义合"（Yee Hop & Co.）号商铺。

　　一九二三年，周三之子周盛（Joe Shing）满十岁，符合赴澳留学的最低年龄要求了，周三便决定将其办理来澳留学。他委托其弟周撰出面作为代理人，并充任周盛的监护人，填表向中国驻澳大利亚总领事馆申办其赴澳留学的相关手续。为此，周撰便决定也将其即将年满九岁的养子周钜一并申请来美利滨留学读书。于是，周撰以"义合"号商铺作保，承诺每年供给周钜膏火六十镑以为其留学费用，要将其办理来美利滨，进入位于唐人街的长老会学校（P.W.M.U. School）读书，以便与周盛做伴，一起上学。当然，在提交申请时，周撰并没有将周钜是其养子的关系透露出来。中国总领事馆于当年七月十七日审理完上述申请后，由总领事魏子京给周钜签发了号码为305/S/23的中国学生护照（周盛的护照号码是304/S/23），并在当天就拿到内务部核发的入境签证。随后，中国总领事馆将护照寄往香港合和栈商行，由其转交给在新会老家的周钜及其家人。

经过家人大半年的联络与安排，找好了赴澳航行中的监护人，即找到那些从澳大利亚回乡探亲结束后返程的乡人，请其返回澳大利亚时顺便携带该名赴澳留学的中国小留学生一起前行。然后，周钜就被家人送往香港，与其堂兄即周三之子周盛，以及坑头村的陈才庆（Chin Toy Hing）和陈群业（Chin Coon Gip）兄弟同行。他们搭乘"衣市顿"（Eastern）号轮船，于一九二四年六月中旬抵达雪梨（Sydney）后，再由此改乘"町布拉"（Dimboola）号轮船，于六月二十二日抵美利滨入境。

在养父的商铺休整了三个星期后，九岁的周钜就跟堂兄周盛一起按照原先的安排，于七月十四日进入同在唐人街上的长老会学校读书。他在这里给老师的印象是很守规矩，只是读了不到一个月的时间之后便离开了该校，临走之前曾说是根据养父周撰的安排，要转入圣科达公立学校（St. Kilda State School），而他的堂兄周盛则继续留在长老会学校上学。到十一月中时，内务部才从长老会学校那里得知了周钜转学之事，遂致函圣科达公立学校询问其学习情况与在校表现。但内务部赫然得知，周钜根本没有入读该校。据该校校长表示，在八月份时，他确实接待过周撰和周钜父子俩，因为他们前来询问办理入学的程序，校长当时也给了他们一份入学申请表，但此后他们既没有交回申请表，周钜也再未出现。内务部遂动员海关力量，寻找这位中国小留学生到底是去了什么学校，找了一圈下来，不得要领，这时学校也进入了放暑假阶段。于是，内务部便在一九二五年新学年开始时，再次与长老会学校联络，想试试看这位小留学生是否又转回来这间学校。同时，也因周盛当时一直都在该校念书，也许通过他，可以知道其堂弟的去向。二月二日，长老会学校校长谢爱琳（Ellen Sears）女士报告说，她在此前一天于小博街亦即长老会学校所在之街上见到了周钜，得知他现在是在圣科达区的佛珠来街公立学校（Fitzroy Street State School）念书。

在其抵达美利滨后的半年时间里，周钜与内务部捉迷藏一般地失去联络，到了次年新学年开始，内务部才得知他并没有走远，一直都在当地学校上学。事实上，一九二四年八月十二日，周钜在离开长老会学校后，就转学进入佛珠来街公立学校读书。根据学校这一年的报告，在过去的五个月里，他在学校还是很守规矩，但就是学业进步极慢，原因是他老在课堂上呼呼大睡，缘于他住在养父经营的洗衣店里，晚上洗衣店也仍然在加班工作，导致睡眠不足。内务部得知上述情况后，关注的是这个小留学生有否参与洗衣店的工作。经过海关人员的调查，排除了周钜参与工作之事，并得知周撰雇佣有三个白人和两个混血华人协助其洗衣店及另外的一份在域多利市场（Victoria Market）经营的蔬果批发生意。只是因为周钜住在洗衣店的楼上，备受洗衣机工作时的噪音影响，其父已经考虑要将其转到苏格兰书院（Scotch College）念书并寄宿，但上述想法并没有付诸行动，周钜依然在佛珠来街公立学校念书。直到在这间学校读了一年之后，周钜才可以开口说较为流利的英语，但在读和写方面仍感困难。此后，他的学习才渐入佳境，到一九二六年初，顺利地升入三年级。他勤奋好学、衣着整洁、阳光好动、成绩优异，学校报告中对其评价甚高。

就在一九二六年十一月二十六日，距离学校放假也就剩下三个星期左右的时间，周撰突然将周钜转学去了美利滨西区的佛治已李公立学校（Footscray State School）。对此，佛珠来街公立学校校长还表示非常惋惜，认为学校失去了周钜这样一个优秀学生。显然，经过在澳大利亚两年多的学习和生活，周钜已经适应了这里的学习环境。在转学进入佛治已李公立学校后不久，他就以聪颖好学赢得了老师和校长的喜爱，因其英语操说已经非常流利，读写也都与本地学生相若，故在一九二七年新学年开学后，便跳级升读五年级课程，也很快就成为班上的学习尖子。

但周钜只在佛治已李公立学校读完了第一个学期。一九二七年六月十一日，因周撰要回中国探亲并顺便处理一些公私事务，便于美利滨港口登上驶往香港的"太平"（Taiping）号轮船。临走之时，考虑到周钜不到十三岁，在此无人照顾，周三（即周盛的父亲）也在年初时久病身故，无人可托，故决定将养子也一并带回国。然而，周钜毕竟年轻，还需要回来继续念书。为此，中国总领事魏子京按照周撰的请求，于六月二十九日致函内务部秘书，代周钜申请再入境签证，表示这位中国学生回来后会入读位于圣科达区的诸圣文法学校（All Saints' Grammar School），并已获得了该校的录取信。因上述申请手续齐备，周钜也符合条件，故内务部秘书于七月二十一日批复申请，准其在从离境之日算起的一年之内重返澳洲读书。

在上述规定的日子里，周钜没有按期返回，原因是周撰因在乡的诸多事项没有处理完，拖延了时间。待他将所有要办的事情解决后，已是一九二八年八月份了，这就意味着周钜的签证已经失效两个月。为此，周撰急忙跟中国驻澳大利亚总领事馆联络，要为周钜申请延签。总领事魏子京于八月二十日致函内务部秘书，说明理由，便告知周氏父子目前就在香港等待，一俟获得延签，便登船赴澳。对此，内务部秘书觉得合情合理，遂于八月二十八日复函同意，延签至十二月三十一日有效。既然获得签证，周氏父子便觉得还有时间可以在香港逗留，直到十二月六日，才乘坐"太平"号轮船回到了美利滨。

不过，在一九二九年新学年开学后，周钜并没有如约前往诸圣文法学校上学，而是从二月四日开始，重新进入他之前来澳留学时就读的长老会学校念书。虽然其在校表现仍可圈可点，但从二月至四月，每个月都旷课好几天，加起来有十五天之多。对此，长老会学校觉得他这样有违《中国留学生章程》的相关规定，便将这些旷课日期都报告给了内务部。五月十日，内务部秘书致函中国总领事馆，对周钜的这种旷课行为给予指责，并警告如此下去将会导致当局采取进一步行动，将其遣返中国，希望中国总领事馆告诫周钜本人。从周钜返回美利滨到在长老会学校上学而频繁旷课的这段时间，正好是其堂兄周盛结束了在朵备利皇家学校（Albury Rural School）的学习而返回美利滨住在叔叔周撰家里之时。因周盛的父亲已经去世，他决定返回中国，到一九二九年四月四日才搭乘"天哒"（Tanda）号轮船离开，而他在这段回国前的逗留时间里无所事事，自然对堂弟周钜有一定的影响。自周盛离境，加之此后又接到了内务部和中国总领事馆的告诫，周钜自此之后的在校学习也改变了很多，学习令人满意，也没有了旷课，一直读到这一年的十一月。

一九二九年十一月十四日，十五岁的周钜在美利滨港口登上驶往香港的"彰德"（Changte）号轮船回国，正式结束了其在澳留学生涯。从一九二四年年中抵达，到一九二九年年末离开，周钜前后在澳留学有五年半左右的时间，但扣除其中途回国探亲的一年半左右时间，他真正在澳留学是四年。因其抵澳时才九岁多，学习语言上手快，这四年时间他真正受益的就是熟练地掌握了英语。他的档案到此中止，此后澳大利亚的档案里也再没有他入境的信息。相信他此次回国后，就在国内选择学校继续读书。

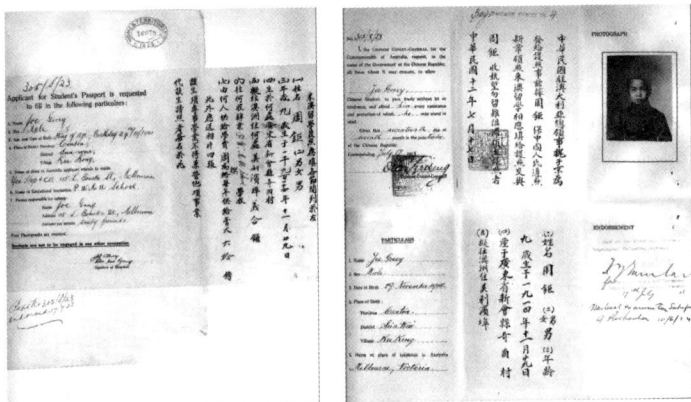

左为一九二三年，周撰填表向中国驻澳大利亚总领事馆申办其养子周钜赴澳留学的相关手续。右为一九二三年七月十七日，中国驻澳大利亚总领事魏子京给周钜签发的中国学生护照。

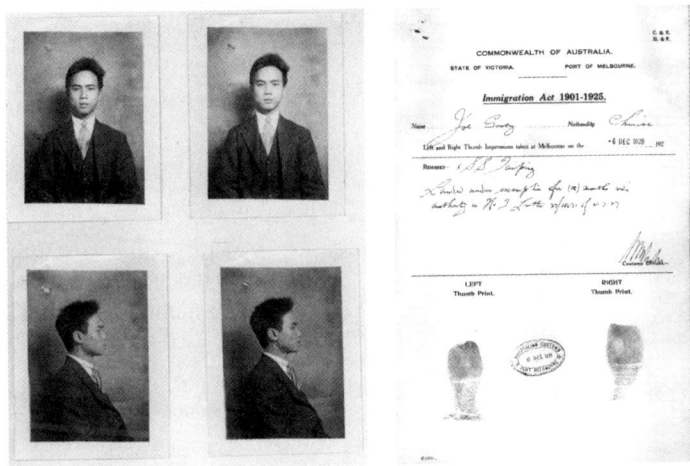

左为一九二八年十二月六日，周钜重返美利滨过关时提交的照片。右为一九二八年十二月六日，周钜入关时留下的左右手拇指印。

档案出处（澳大利亚国家档案馆档案宗卷号）：

Govey, Joe-Student passport, NAA: A1, 1928/8609

张 华

新会坑尾村

　　张华（Cheong Wah）出生于一九一五年一月七日，新会县坑尾村人。他的父亲名叫张伟（Chong Wooey），早年来到澳大利亚谋生，最终落脚在美利滨（Melbourne），从事的行业是沿街挑菜售卖的货郎。何敬（Ho King）是张华的舅舅，[①]早在一八九七年左右就来到澳大利亚发展，最终立足于西澳（Western Australia）的首府普扶（Perth），与兄弟何彩（Ho Toy）[②]一起在喜街（Hay Street）四百八十九号经营一间洗衣店，店名为"顺利"（Soon Lee）。

　　一九二八年十月十五日，张伟通过何敬出面，向中国驻澳大利亚总领事馆提出申请，要办理张华来澳留学的护照和签证。也许是为了规避当时中国留学生十四岁以上者须提供初步英语学识能力证明的规定，何敬将张华的出生年份推后一年，即改成了一九一六年，如此，在递交申请时，张华就只有十三岁，自然就可以免了那一大堆的证明材料。何敬以其所经营的"顺利"号洗衣店作保，充当监护人和财政担保人，承诺每年提供膏火一百镑作为外甥张华的在澳留学各种费用之用，要将其办理到位于普扶的基督兄弟会书院（Christian Brothers' College）读书。中国总领事馆接到上述申请材料，因为此前刚刚处理完何敬之子何尧（Ho Gue）的来澳留学申请，对何敬的情况比

---

① 关于何敬的档案，见：Ho Hing [Chinese], NAA: K1145, 1902/143。
② 何彩的档案，见：Ah Toy [Chinese], NAA: K1145, 1902/89。

较熟悉了解，故很快就审理完毕。十一月九日，中国驻澳大利亚代总领事吴勤训给张华签发了一份中国学生护照，号码522/S/28，并在当天就汇齐上述材料和护照，寄往内务部申请签证。他在给内务部秘书的信中，特别强调张伟作为在澳有几十年历史的老居民，曾在一九一五年至一九一七年间回国探亲，意在说明张华即其在此期间出生。

接到这样的申请，内务部也觉得其间的关系比较复杂，需要认真对待，遂于十一月十九日指示西澳海关将张伟和何敬的情况上报。十二月三日，西澳海关回复说，西澳方面没有与张伟相关的入境记录，鉴于他居住于美利滨，应该查询域多利省（Victoria）海关有关他的出入境记录；至于何敬，西澳海关倒是很熟悉，知道他是当地知名华商。由是，据他们的理解，之所以将张华置于普扶基督兄弟会书院读书，是因为何敬所能提供的条件显然远胜于张伟。

内务部只能再转向美利滨海关，查询与张伟相关的资料。一九二九年一月十八日，美利滨海关稽查官葛礼生（J. Gleeson）上报内务部，查明张伟是与其他四位与其职业相同的华人一起住在位于蚌里（Burnley）区一个叫做"俊华"（Jung Wah）的菜园里，这里实际上也是当地沿街挑卖蔬菜货郎担们的栖息处。张伟本人拥有资金和其他财产价值三百镑，除此之外，再无别的物业。据他本人所说，其子张华年纪为十三岁，现居于中国原籍，在乡上学。但从海关查到的张伟的出入境记录则是，一九一五年六月十二日出境，一九一六年八月十六日入境。

接到上述报告后，内务部已经对张伟和张华的所谓父子关系了然在胸。因为申请表上写明张华的出生日期是一九一六年一月七日，距离张华离开澳大利亚回国探亲仅六个月时间。在这样的时间里，他如何能生出一个儿子呢？内务部当然认为他们之间的父子关系不成立。一九二九年二月八日，内务部秘书复函中国总领事馆，否决了张华的签证申请。①

---

① Chong Wooey's application on behalf of adopted son, Cheong Wah (or Ah Wah) [4 pages], NAA: B13, 1929/11492。

上述所谓的父子关系，实际上就是领养关系，通常是因为无子嗣而自他处领养或抱养之，以续家族香火，这在当时的中国比较常见，人们也认可由此而形成的父子关系或父女关系。在《中国留学生章程》刚刚实施的头五年间，因中国驻澳大利亚总领事馆负责护照发放及签证的预评估审理，每遇上述情况亦照中国乡俗一视同仁处理，并不刻意提出来，故基本上也不会遇到内务部的拒签问题。但在一九二六年修订的《中国留学生章程》新规实施之后，内务部收回了签证审理权，加之正严格执行"白澳政策"，尽可能地阻止和限制来自中国的学生和商人进入澳大利亚，因此，所谓养父子关系就不被承认为父子关系，内务部对此也严格执行，基本上不予通融。

一般情况下，申请者遇到上述拒签后都只能自认倒霉，不再申诉；即使有人试图申诉，此前成功者亦极少见。可是，这一次张伟却不同，他在收到中国总领事馆转来的内务部拒签决定之后，并没有气馁，而是决心坦承真相，赢得同情，为其养子张华能来澳留学再试一下运气。一九二九年二月底，他找到见过他的海关稽查官葛礼生，告诉这位官员，张华确实不是他亲生的儿子，因为他们夫妇无子嗣，其妻遂于六年前过继了一位时年已经七岁的男孩为子，将其抚养至今。当葛礼生问他何以在提出申请时不将此事告知中国总领事，以致出现了这样的结果，张伟回答说，总领事并未问及此事，而中国人通常将养子视为己出，并不认为这是一件什么要特别予以说明的事情。为此，葛礼生觉得张伟亦够坦诚，其情可谅，故于三月四日将此事报告给内务部。随后，张伟也找了中国总领事馆，将上述情况实告，恳请中国总领事馆再为其申诉。为此，三个星期后，中国代总领事吴勤训致函内务部秘书，表明张伟之所以此前未将养子实情说出，是跟所有人一样，一般家中的秘密轻易不外露，值得同情；现在他坦承事实，故希望内务部能重新考虑给予张华一个赴澳留学的机会。[①]

四月十三日，内务部秘书复函中国总领事馆。信中谈到了张华目前的年

---

① 一九二六年底，新会县崖门旺冲村的陈华发(Alfred Fong Pie)是昆士兰省(Queensland)首府庇厘士彬(Brisbane)商人陈芳派(Fong Pie)的养子，也是因为后者坦承其关系，最终内务部批复了其养子的赴澳留学签证。见：A.F. Pic. - Student Pass Port, NAA: A1, 1935/4894。

龄是处于在十岁至十四岁之间，虽然不需要英语学识能力证明，但按规定其必须由父母陪同前来留学方可，目前的情况则是他由舅舅照顾，而非父亲照顾，成为此事获批的一个难点。从信中的口气来看，内务部似乎默认了张伟的上述解释，也对张华赴澳留学开了一小扇门。换言之，如果克服目前存在的一些问题，那么，赴澳留学的大门就会向他大开了。

此时正好是接替魏子京的新任中国驻澳大利亚总领事宋发祥到任，察觉到上述事态的微妙变化，他在六月十二日致函内务部秘书，表示经他多次查询，得知张华的出生年份也有错误，即真实的出生日期应该是一九一五年一月六日，由是，他的年龄目前就是超过十四岁了。这样的话，如果他来澳留学，就无须经由父母直接陪同前来。宋总领事在信中呼吁内务部秘书将此事视为特例，给予张华一个来澳学习的机会。他也随信附上何敬以作为其监护人和财政担保人的身份于六月五日重新填写的申请表，向内务部申请张华的入境签证。六月十八日，内务部秘书回函给予了积极的回应，表示如果张华要来澳留学，他必须按照规矩，提供已经具备英语初步学识能力的证明，其入境签证申请才可以按照程序审理。

由是，如何去搞一份有关英语学识能力的证明，是摆在张伟和何敬等人面前一个需要迫切解决的问题。直到九月十二日，位于新加坡的益才中文学校（Yik Choi Chinese School）校长写了一封推荐信，意为张华在该校读书四年，并也接受了英语教育，具有了一定的基础。当然，张伟和何敬如何将张华送到新加坡接受教育的，不得而知；上述学校是否真正存在过或者注册过，目前也无法找到相对应的材料，而该证明信中提到的张华在新加坡读书四年的提法也显然与之前张伟对自己儿子的描述不相符。尽管如此，这是张华所能提供的唯一的英语学识能力证明。宋发祥总领事接到上述证明信后，便于十二月十二日致函内务部秘书，附上这份唯一的证明信以及张华手写的一份英文抄件，请求给张华核发签证。鉴于证明材料太弱，宋总领事原本对此申请也不抱什么希望的，只是尽力而为罢了。但是，事情却出乎意料地顺利。一九三〇年一月二十三日，内务部秘书复函宋总领事，批准了张华的入境签证。但可能也是看到了上述有关张华英语学识能力证明信中对其英语能力的模糊描述，他在该签证批复中也设置了条件：张华要在入关时向移民局官员证明其具备一定的英语能力，否则，就会将其遣返回国。

没想到这次申请如此顺利，张伟和何敬自然是喜出望外，遂紧锣密鼓地安排张华的赴澳行程。距签证批复不到两个月，张华便从新加坡搭乘"加斯科涅"（Gascoyne）号轮船，于一九三〇年三月二十一日抵达夫李文自埠（Fremantle）。为此，张伟特地从美利滨提前赶到这里，与何敬一道去海关迎接儿子。

可是，在办理入关手续时，张华被海关拒绝入境，原因在于未通过移民官员对他的英语能力测试。官员拿着一张纸，上面是预先设计好的一页问话内容，事实上也是非常简单的问话，但张华除了一两处是由父亲帮忙用中文解释后回答的，其他皆没有听懂，无法回答或者答非所问；而他在入境处所写的几行字的字体，也显得与之前提供的作为证据之用的英文手抄件有很大差别。对于这样的面试结果，很显然，海关官员认为他压根儿就不具备初步的英语能力。按照规定，张华不应被允许入境，然而海关还是很通融，决定给他一个月的入境逗留时间，以待内务部对其去留作出最后决定。内务部此前对张华的入境就设有条件，既然他无法证明自己的英语能力，内务部秘书觉得已经对他仁至义尽，现在是将其遣返回去的时候了。四月二日，内务部秘书致函中国总领事馆，表示内务部长再也没有理由让张华留下来，明确告知在上述一个月的期限完结后，海关将监督实施张华的遣返离境。

宋发祥总领事得知上述结果后，很为张华惋惜，但也觉得在其入关接受英语测试过程中存在着一些问题，才导致张华在测试时几乎无法回答问题。为此，他认为应该对此作一调查，也许可以解释出现上述问题的原因，但要这样做的话是需要时间的，希望内务部长能给张华多一个月的时间，以便能找出原因，届时再由内务部长做最后的决定。他于四月九日致函内务部秘书，将上述要求见告，六天后其要求得到批准。之所以如此顺利，是因为这段时间里内务部长出差不在办公室，也无法对此事作出定夺，故内务部秘书便顺水推舟地做了个人情。

多出一个月的时间，就可以让中国总领事馆有相对多的时间来收集有利于张华的证据或材料，提交给内务部考虑。为此，宋总领事于四月底首先要求对比张华申请签证时提供的英文手抄件与他抵达海关时所写的英文面试件，以确定其是否属于同一人所为。其次，张华获准临时入境后，便于三月三十一日注册入读普扶的基督兄弟会书院。经宋总领事联络沟通，该书院院长于四月二十一日给中国总领事馆写了一封保证信，信中表示，尽管张华在操说英语方面确实还有些困难，但考虑到该书院也有其他的中国学生入读，他们刚来时英语都不行，但现在都已经不存在这个语言问题了。因此，他表示，从目前可以看到的张华在校表现判断，以其聪明才智及目前在英语方面表现出来的进步，只要给张华三个月的时间，这位中国学生将会毫无疑问地解决英语操说问题。事实上，在此之前，书院院长也给内务部长写了一封同样内容的信，希望给这位中国学生三个月的测试期，以便他届时可以将其英语能力体现出来。有了上述铺垫，宋发祥总领事便于四月三十日致函内务部秘书，指出张华在基督兄弟会书院中英语能力的快速提高，恰恰证明此前他在新加坡益才中文学校里学习过英语所打下的良好基础；而从基督兄弟会书院提供给中国总领事馆的张华完成课堂作业的手抄件副本来看，也证明了他所具有的初步英语学识能力。鉴于目前张华的舅舅何敬是普扶中华会馆的秘书，在当地华人社区中也是个有头有脸的人物，他已经为张华的留学多方努力，也花了一大笔钱，加上张华本人在基督兄弟会书院里的出色表现以及该书院对其无微不至的呵护和帮助，如果让他留在澳大利亚继续读书，相信英语将不会是其学习的最大障碍。为此，他呼吁内务部秘书考虑上述实情，敦请内务部长让这位中国学子一圆其澳大利亚留学梦。

在这样的情况下，内务部秘书必须要有所回应。五月六日，他指示海关再安排一次对张华的英语能力测试，并比对他申请签证时提交的英文手抄件及入关时所写英文面试件之笔迹，以确认其中之关联。五月二十日，海关奉命对张华安排了一场考试，基督兄弟会书院院长也受邀到场，而张华的表兄亦即何敬的大儿子何须（Ho Suey）亦获邀到场充当翻译。比对字迹的结果是，此前申请签证时寄给中国总领事馆的英文手抄件实际上是益才中文学校的老师先写好，再由张华照抄的，如果是让他现场直接写一段英文，他无法胜任，但如果让他照抄，则很容易就做到。此外，海关官员当场询问一些基本问题比如身体部位、衣服和办公室内的物件，他都能一一对答。海关的结论是，张华确实具备了初步的英语学识能力，能够阅读一些基本的英语词汇。对此结果，基督兄弟会书院院长表示非常满意，也对他进一步提高英语能力充满信心。上述的测试显然较之张华入关时的结果要好得多。按照宋发祥总领事的看法，之前过海关时英语测试之所以失败，极有可能是当时张华因长途航海旅行，突然到达一个陌生的文化和英语环境，遇到问话时过于紧张，加上原本的英语底子也不厚，竟一时间无法应对任何问话，就显示出与其平时所具有的英语学识能力完全不相称的结果。内务部官员接受了宋总领事的上述解释，经过商讨，将意见呈交给内务部长，后者于五月二十八日同意张华留下来继续读书，此事件到此有了一个完满的结局。

历经困境，终于如愿，张华遂在基督兄弟会书院潜心向学，对学习表现出极大的热情，各科学业也进步很快。一年之后，他除了在英语操说方面仍然不是很理想之外，其他方面的学习均很出色，尤其是算术特别优异。而到一九三一年时，因其舅舅何敬回中国探亲，张华的监护人改为他的另一个舅舅何彩，即何敬的兄弟，也是"顺利"号洗衣店的合伙人。监护人的改变并没有影响到张华的学习，他以认真的态度，在这间给予他巨大鼓励的学校里差不多读满了两年时间的课程。

一九三二年三月十六日，距其抵达澳大利亚还差五天就满两年之际，十七岁的张华结束了在基督兄弟会书院的课程，于夫李文自埠港口登上"明德鲁"（Minderoo）号轮船，驶往新加坡，转道回国。他没有申请再入境签证，表明他将不再重返澳大利亚继续学业，而是选择回国求学或者就职。

张华的档案到此中止。他是在《中国留学生章程》修订案于一九二六年实施之后，第二位与养父没有血缘关系而最终获准赴澳留学的中国学生。尽管其申请入境的过程一波三折，但他也仅仅是在澳留学两年时间。离开澳大利亚时，其英语操说能力刚刚过关，而拥有这一能力，对他回国后无论是继续求学还是由此走向职场就业，无疑都具有极大助益。

一九二九年六月五日，何敬重新填写申请表，向中国驻澳大利亚总领事馆申请外甥张华赴澳留学的护照和签证。

左为一九二八年十一月九日，中国驻澳大利亚代总领事吴勤训给张华签发的中国学生护照。右为何敬于一九二八年十月十五日为张华赴澳留学出具的财政担保书。

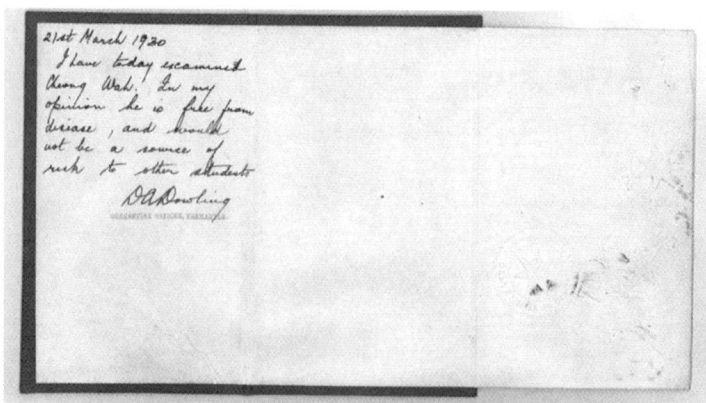

一九三〇年三月二十一日，张华抵达夫李文自埠的入关记录。

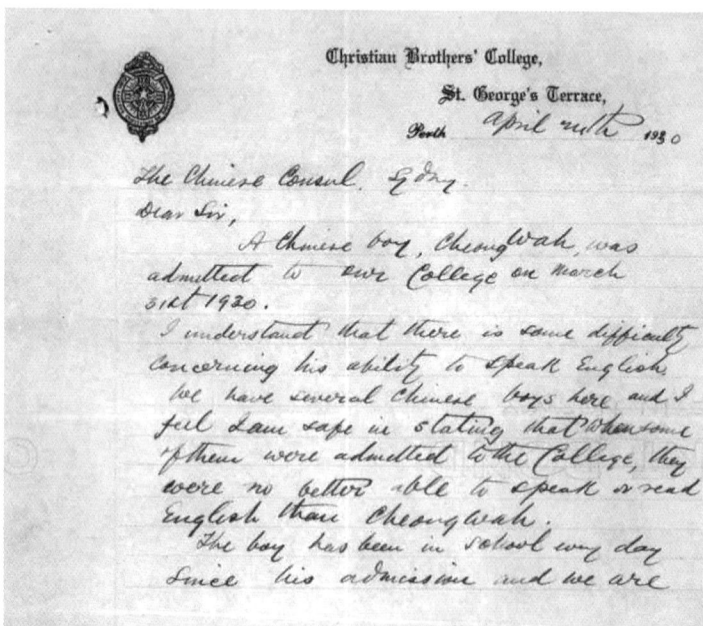

一九三〇年四月二十二日，普扶基督兄弟会书院院长给中国总领事的信，表示给三个月的时间，就可以让张华的英语能力达标。

档案出处（澳大利亚国家档案馆档案宗卷号）：

Cheong Wah Students passport, NAA: A1, 1932/665

何 尧

新会南合村

何尧（Ho Gue）生于一九一五年五月十三日，新会县南合村人。其父
何敬［Ho King，或Ah King，或名何燕杰（Ho Yinket）］[1]大约在一八九七
年左右便与兄弟何彩（Ho Toy或者写成Ah Toy）[2]一起跟随乡人的步伐，买
棹南渡，来到澳大利亚发展，最后立足于西澳省（Western Australia）州。
兄弟俩在首府普扶（Perth）埠喜街（Hay Street）四百八十九号开设有一间
洗衣店，名为"顺利"（Soon Lee）号，由何敬主持管理，生活和财务比较
稳定。

一九二八年十月十五日，因为要协助办理外甥张华（Cheong Wah）来澳
留学的护照和签证，何敬便决定同时也把自己的小儿子何尧一并办理，[3]遂同
时填表并备齐资料，向中国驻澳大利亚总领事馆提出申请。作为监护人和财
政担保人，何敬以其所经营的"顺利"号洗衣店作保，承诺每年提供足镑膏
火（一百镑）作为儿子的在澳留学各种费用之需，要将其办理到普扶的基督
兄弟会书院（Christian Brothers' College）读书。为此，他早在九月二十五日
就拿到了该书院的录取信。

---

① Ho Hing [Chinese], NAA: K1145, 1902/143。

② Ah Toy [Chinese], NAA: K1145, 1902/89。

③ 何敬在一九二三年申请长子何须(Ho Sui)前来留学，此时仍在普扶。见：Ho Sui - Exemption,
NAA: A433, 1939/2/1266。

十一月五日，中国驻澳大利亚代总领事吴勤训就给何尧签发了一份中国学生护照，号码521/S/28，并在当天就将上述材料和护照，寄往内务部为他申请签证。因此时何尧尚未满十四岁，无须提供其具有初步英语学识能力证明等资料，吴代总领事只是在信中说明一九一二年至一九一六年间何敬回乡探亲期间生下了何尧，以证实他们之间的父子关系；此外，他指出何敬有资产达两万镑，足够支撑其子的在澳留学所需之费用。按照程序，内务部须核对监护人与签证持有人之间的血缘关系及其财政状况与个人操行，因此，在接到上述申请后，内务部秘书便于十一月十三日指示海关查证并提出报告。

西澳海关奉命后，于十二月三日完成了上述核查任务。根据调查的结果，得知何敬是守法公民，口碑极佳，除了有上述洗衣店生意之外，他也是当地中国国民党党部的骨干分子，同时还是普扶中华会馆主要成员，并在会馆主办的夜校中教授英语。关于其声称拥有财产两万镑的说法，实际上并非如此，是因为在书写数额时误加了一个零。除了上述洗衣店，何敬还有两处物业，分别价值七百镑和一千镑；此外，还在银行有五百镑存款，加起来其财产不下两千两百镑。故上述两万镑的说法是中国总领事馆未予核查误加了一个零的结果。在填写财政担保声明时，何敬还请了当地颇具财力的"和兴"（Hop Hing & Co.）商行老板Chong Kim（钟启镇，译音）作为其财政担保的保人。海关对这间公司比较熟悉，因为钟启镇经商有道，颇有口碑，与另外一个合伙人一同经营该商行，保守估计，他在其中的股份价值至少有四千镑，此外他还有三处房产，价值达两千镑，故他拥有之财产至少不下六千镑。海关据此认为，何敬有这样的保证已是万无一失。[1]

至于何敬与其子出生年份相近的出入境档案，因除了有一名叫"亚敬"（Ah King）者于一九一五年三月九日在夫李文自埠港口搭乘"蛇发女妖"（Gorgon）号离境之外，西澳海关没有记录，需要去美利滨（Melbourne）

---

[1] 钟启镇大约在一八九一年左右来到澳大利亚发展，从美利滨(Melbourne)登陆入境，在那里盘桓了三年，然后便一头扎进了西澳，在普扶经商成功，与另外一位合伙人一起开办了这间和兴号商行。见：Chong Kim Ex/c Exemption Certificate for wife, NAA: A1, 1922/9717。

或者雪梨（Sydney）海关调档核查。十二月十九日，美利滨海关查出是有一持西澳省发出的"回头纸"（号码Book 75 No 61）、名叫何敬的中国人，于一九一六年一月十日搭乘"太原"（Taiyuan）号轮船在此入境，但没有他从该港口出境的记录。综合上述记录后，内务部认为，如果从夫李文自埠港口出境的亚敬与到美利滨入境的何敬是同一个人的话，那么，其子何尧在一九一五年五月十三日出生就跟他没有任何关系了，他们之间无法构成父子关系。为此，内务部秘书于一九二九年二月六日指示西澳海关再核对一次，如果确定为同一人，则上述何尧的签证申请就无须再审理下去，可以直接拒签了。三月十五日，西澳海关报告说，他们找到了一位名叫亚敬者于一九一二年五月七日从夫李文自埠港口搭乘"雪伦"（Sharon）号轮船出境的记录，其所持"回头纸"号码正好与在美利滨入境的何敬所持者相同。由此看来，何尧的出生就处于何敬返乡探亲的这一段时间，其父子关系毋庸置疑。而那位于一九一五年在夫李文自埠出境的亚敬，实为另一人，只是碰巧同名而已。

接到上述报告后，内务部对何尧的签证申请审理和评估也就告结束，因为所有反馈回来的信息皆表明，何尧作为中国留学生符合入境条件。三月二十三日，内务部秘书在给何尧的护照钤盖签证章之后，寄回中国总领事馆，但他也特别在批复函中强调，须告知何尧赶在五月十三日亦即他年满十四周岁之前入境，不然他在入境时将会被海关官员测试其英语学识能力，或会由此引起其他不必要的麻烦。

在中国的何尧接到护照后，其家人立刻安排其行程，让他到新加坡搭乘"明德鲁"（Minderoo）号轮船，沿澳大利亚西海岸南下，于一九二九年五月二十九日抵达普扶，比内务部秘书所要求的日期晚了两个半星期的时间。内务部当然也明白，从其批复签证到这位中国学生抵达，其中间距不足两个月，确实有点难，因此在何尧入关时就没有按照批复函中所说进行英语能力测试，但让检疫人员对其进行了卫生检查。直到六月十二日，待检查结果出来，表明他身体健康，才同意他最终入读基督兄弟会书院。

在学校里，何尧显示出勤奋向学的态度，总是认真对待每一门课程与作业，并总是将其做到最好，英语能力有了很大的提高。由是，他以这样的学习姿态在基督兄弟会书院坚持不懈地读了三年。从一九三二年六月开始，他又在每个星期六抽出半天时间入读技校课程，就这样一直坚持到第二年的四月份。[①]

一九三三年四月二十八日，十八岁的何尧结束了近四年的留学生活，告别父亲，在美利滨港口登上"太平"（Taiping）号轮船，驶离澳大利亚。他没有申请再入境签证，显然是已经有了回国后发展的计划。

一九二八年十月十五日，何敬向中国驻澳大利亚总领事馆提出申请办理儿子何尧赴澳留学之护照和签证。

---

① Ho GUE [Chinese] [Application for certificate of exemption from dictation test], NAA: PP4/2, 1931/162。

一九二八年十一月五日，中国代总领事吴勤训给何尧签发的中国学生护照。

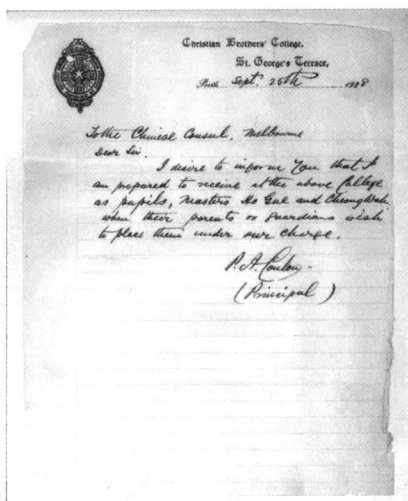

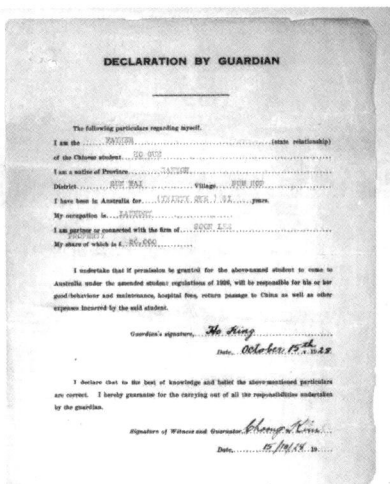

左为一九二八年九月二十五日普扶基督兄弟会书院发出的给何尧的录取信。右为一九二八
年十月十五日何敬出具负担儿子何尧来澳留学的财政担保书。

档案出处（澳大利亚国家档案馆档案宗卷号）：

Ho Gue-Students passport, NAA: A1, 1932/502

钟余庆

新会平岗村

钟余庆（Chong Yee Hing）生于一九一五年十月二十二日，新会县平岗村人。其父钟大根（Chong Tai Gun，或Chung Tai Gun，或Chung Tie Kin），具体来澳年份未知。但从这份档案可以知晓，其早年来到澳大利亚，落脚于西澳（Western Australia）首府普扶（Perth），充任菜农，也在城里的湖街（Lake Street）投股加入一间十九世纪末就已创立的蔬果杂货店铺"广同盛"（Kwong Thong Shing）号，销售其自产物品。

一九二三年十月十二日，就在钟余庆将满八周岁之际，钟大根委托他在美利滨（Melbourne）的朋友黄德敏（Wong Ack）代为填表[1]，向位于该埠的中国驻澳大利亚总领事馆申办钟余庆前来留学的相关手续，并代为请领其赴澳所需之中国学生护照和入境签证。但作为父亲，钟大根仍然充当儿子的监护人和财政担保人，以自己参与经营的"广同盛"号商铺作保，承诺每年提供膏火四十镑作为钟余庆的留学费用，要将其办到普扶占市街学校（James Street School）念书。

然而，不知何故，中国总领事馆在接到上述申请后，搁置了一年多的时间没有对其进行审理。最大的一个原因可能是，根据《中国留学生章程》的规定，原则上中国学生赴澳留学的最低年龄为十岁，而此时的钟余庆刚刚

---

[1]　黄德敏生于一八六三年，也是新会人，于一八九八年从家乡来到美利滨发展。有关他的档案，见：ACK Wong: Nationality-Chinese: Date of Birth-5 July 1863: Arrived 1898, NAA: MT269/1, VIC/CHINA/ACK WONG。

八岁，就算是审理批复，也可能会因年龄太小无法即时前来，因而就搁置下来。直到一年半之后，上述申请才得以审理完毕。一九二五年三月十三日，中国总领事魏子京终于给钟余庆签发了中国学生护照，号码411/S/25，并在三天后从内务部那里拿到了入境签证，三月十七日便将上述护照寄往中国钟余庆的家乡。

如果钟余庆接到护照和签证后及时由家人安排赴澳行程，是可以在其年满十周岁之前后进入澳大利亚开始其留学生活的，但他在这一年并没有动身。第二年上半年，仍然没有见到他有任何动静。鉴于一九二一年实施的《中国留学生章程》经过去几年由澳大利亚政府内务部会同中国驻澳大利亚总领事馆反复磋商多方往返交涉之后，其修订版将于一九二六年七月一日实施，相关的入境条件有了一些变化，其中之一便是年满十四岁者，须提供英语学识能力证明；此外，自此之后赴澳留学者，皆须入读私立学校而非公立学校。为此，中国总领事馆于一九二六年一月十七日特别致函提醒钟余庆的家人，希望他于六月底之前赶到。但是，这一年，钟余庆仍然没有来。直到第二年，即一九二七年四月十日，即将十二岁的他才从香港乘坐"太平"（Taiping）号轮船抵达美利滨。

钟余庆的签证是两年前签发的，早已过期。为此，他只能被临时允许停留一个月的时间，在这个时间段里，他必须找到一家愿意接受其入读的私立学校，以代替此前他父亲钟大根为之注册好的公立学校——占市街学校。同时，其获准在美利滨登陆入境一个月的期限，还在于他于航海期间身体皮肤受到感染，开始时曾被怀疑是麻风病，最后确诊为患了疥癣，海关检疫部门要求他在美利滨就地治疗。一个月后，他的疥癣得到了控制，但还没有完全痊愈，而他的父亲已经为他重新在普扶的基督兄弟会书院（Christian Brothers'College）注册，钟余庆遂获准从美利滨启程，再赴普扶，并同时获得一年期学生签证。临行时医生嘱咐其抵达普扶之后，须待海关检疫部门检查确认其疥癣痊愈，方才可以入学读书，以免传染别的学生。

六月六日，在获得证明以确认其疥癣已经治愈之后，钟余庆得以正式注册入读基督兄弟会书院，三天后上学读书，此后便一直在这间学校读到一九三〇年下半年。在学校里，他一直表现良好，成绩优异，遵守校规，除了个别日子因病缺课之外，总是保持全勤。在一九三〇年，他还被评为班上的模范学生。

一九三〇年十月二十四日，十五岁的钟余庆在距普扶不远的夫李文自（Fremantle）港口登上驶往新加坡的"马人"（Centaur）号轮船，告别留学三年半的澳大利亚，转道返回中国。他没有申请再入境签证，表明他这次离境，将是一去不复返，显然是为了回国继续求学。

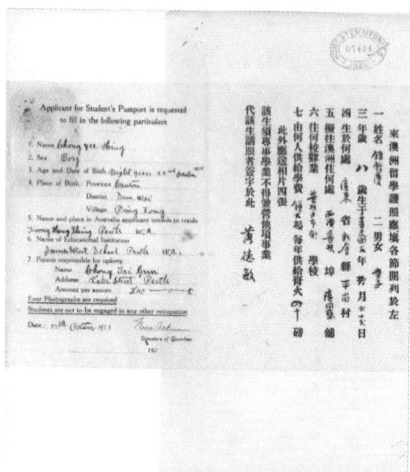

一九二三年十月十二日，钟大根委托黄德敏代为填表，向中国驻澳大利亚总领事馆申办钟余庆前来澳洲留学的相关手续，并代为请领其赴澳所需之中国学生护照和入境签证。

左为一九二五年三月十三日，中国总领事魏子京给钟余庆签发的中国学生护照。右为一九二六年一月十七日中国总领事馆特别致函提醒钟余庆的家人，希望钟余庆于六月底之前赶到澳大利亚。

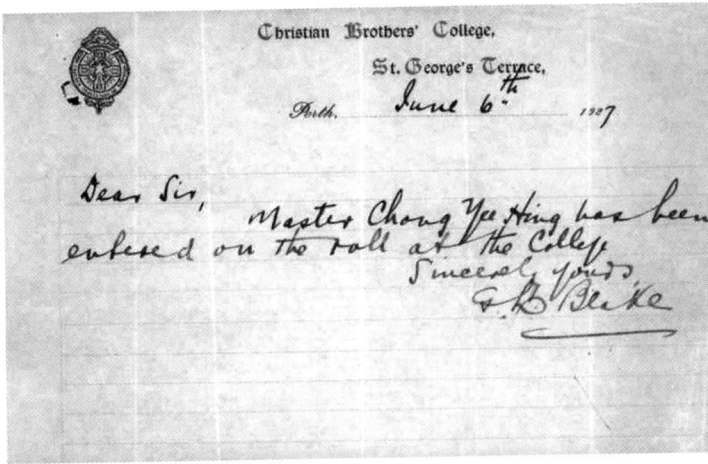

Christian Brothers' College,
St. George's Terrace,
Perth. June 6th 1927

Dear Sir,
Master Chong Yee Hing has been entered on the roll at the College
Sincerely yours
F. D. Blake

一九二七年六月六日，普扶基督兄弟会书院致函内务部确认钟余庆已正式注册入读该书院。

档案出处（澳大利亚国家档案馆档案宗卷号）：

Chong Yee Hing-Students Passport, NAA: A1, 1929/3091

黄亚诒

新会黄冲村

　　黄亚诒（Wong Yee）是新会县黄冲村人，生于民国三年（一九一四年）十一月初十日（公历应为十二月二十六日），但在转录为英文时，其生日就变成了一九一五年十一月十日，可能是填写者在把民国年份换算成公元纪年时出了差错，抑或是故意为之。根据档案，黄文兰（Wong Mun Lan）据称是黄亚诒的父亲，约出生于一八六八年，大约于一八九三年左右前来澳大利亚谋生，先在西澳省（Western Australia）打拼，最后立足于域多利省（Victoria）首府尾利畔（Melbourne）当菜农，并依赖于开设在中国城小博街（Little Bourke Street）二百二十四号上的"新华隆"（Sun Wah Loong）号蔬果杂货商铺批发拿货，[1]他得以在城里域多利市场（Victoria Market）有一售卖新鲜蔬果的摊位。

　　一九二八年五月三十一日，黄文兰填好表格，向中国驻澳大利亚总领事馆提出申办儿子黄亚诒的来澳留学手续。他以"新华隆"商铺作保，承诺

---

[1]　新华隆早在十九世纪末就已开设在尾利畔唐人街，到一九〇七年，该商行转手，由新的股东接管。见："声明告白"，载《警东新报》（The Chinese Times），一九〇七年八月二十四日，第八版。来自新会县长江村的陈华（Chin Wah或Chen Wah Lee）与其他陈氏宗亲是这批承顶者的主要成员，继续使用该商铺原名；之后，其他股东陆续退出，陈华成为唯一股东。陈华生于一八六九年，约在一八八六年从家乡到澳大利亚发展。他与黄文兰是同乡，来澳的年份也比较接近，自然比较熟悉，在生意上互相帮衬也在情理之中。有关陈华的档案，见：LEE Chin Wah: Nationality -Chinese: Date of Birth-19 September 1869: First registered at Little Bourke Street, NAA: MT269/1, VIC/CHINA/LEE CHIN。

每年可以提供足镑膏火作为儿子来澳留学期间的各项开支，要把他办来尾利畔，进入开设在中国城里的长老会学校（P.W.M.U. School）读书。

不知何故，这项申请递交到中国驻澳大利亚总领事馆之后，耽搁了几近一年的时间。其耽搁的原因，也许与中国总领事馆须与上述护照请领人及财政担保人联络核实等事项相关；而根据一九二六年实施的《中国留学生章程》新规，凡年在十四岁以上者来澳留学，须提供英语学识能力证明。按照黄文兰所填申请表中的中文栏目的出生年份，黄亚诒是一九一四年出生，预计待其批复赴澳时已过十四周岁；如果将其出生日期改在晚一年后出生，这就有可能规避上述提供英语学识能力证明之要求，或许这就是其申请表中之中英文栏目里出生年月不同的原因之一吧。直到一九二九年四月二十七日，这份申请才得以审理完毕，中国总领事馆的刘姓领事以代总领事名义为黄亚诒签发了一份中国学生签证，号码536/S/29。在其护照中的出生日期部分，中英文有所不同，完全照抄黄文兰在申请表上所填，以便为其申请签证预留余地。随后，他将这些申请材料连同护照一起寄往内务部，为黄亚诒申请入境签证。在信中，他也只是强调黄文兰此前曾于一九一四年至一九一六年回国探亲，故黄亚诒即为他此次回国所生。

内务部接到申请后，自然要核查并评估监护人的资格等事项。按照指示，尾利畔海关稽查官葛礼生（J. Gleeson）对黄文兰的财务状况和职业等情况作了一个全面调查。黄文兰是其目前所用名字，此前他还曾用名黄峰（Wong Fong，或Wong Fang）及黄钧（Wong Quong）。①此时的黄文兰是六十一岁，但看上去至少有七十岁的样子，一脸沧桑。在来澳的三十六年间，他在尾利畔只待了三年，此前的时间全部都在西澳洲打拼。他告诉葛礼生，他在中国共有三个孩子，年纪分别为二十、十七和十五岁，此前在西澳时曾回国探亲三次，与此次申请来澳的儿子有关的那次探亲是一九一四年。据他自己说，他最后一次回国是一九二二年，在国内待了两年，于一九二六

---

① WONG Fong: Nationality-Chinese: Date of Birth-1868: Date of Arrival-1868: Certificate Number 960: Date of Issue-29 April 1940: First Registered at Russell Street Melbourne-Victoria [Contains one black and white photograph], NAA: B6531, DECEASED/1939-1945/WONG FONG。

年三月三日搭乘"天町"（Tanda）号轮船抵达尾利畔，由此就在这里待了下来。当葛礼生提醒他上述在中国所待时间不止两年而是四年时，他一直坚持说是两年。为此，葛礼生后来在给内务部的信中表示，真没见过如此固执之人，死不认错。

而作为在尾利畔的域多利市场上售卖新鲜果蔬的摊贩，黄文兰的资产并不多。他的摊档价值二百镑，同时，他在银行里也有一点儿存款，目前的存款额是六十三镑十八先令三便士，开户的名字则是"黄钧"。除此之外，他就没有其他的财产了。他目前是在"新华隆"号商铺后面租了一间房住，这也就是为何他要以该商行作保的来由。至于"新华隆"号的老板陈华，自然也非常了解黄文兰，知道他的财政状况并不是非常理想，因此愿意充当黄文兰的儿子来澳留学的财政担保，如果黄亚诒来澳读书的费用出现任何问题，他愿意负责。看到上述黄文兰的财政状况，葛礼生认为，这是一个省吃俭用的中国老人竭尽全力地想把他年轻的儿子办到澳大利亚读书为其未来创造条件的典型例子，其情可敬。六月六日，他将上述情况向内务部作了汇报。

至于黄文兰此前的出入境记录，内务部只能再责成西澳海关去核查，因为这是确认他与黄亚诒父子关系的主要证据。六月二十八日，西澳海关将查到的记录报上了内务部。一九〇六年三月二日，黄文兰以"黄峰"的名字从西澳的夫李文自（Fremantle）港口回国探亲，到一九一一年五月六日到雪梨（Sydney）港口入境；一九二三年七月十二日再次从夫李文自港口出境，到一九二六年四月四日抵尾利畔入境；而在上述两次出入境之前，他还有一次回国，是大约在一八九八年左右，回国待了两年。

接到上述报告后，事情已经很清楚了：黄文兰本身的财政状况并不理想，只有在"新华隆"号老板陈华的帮助下，还可以勉强合格；但黄文兰此前的出入境记录却表明，无论是写的黄亚诒出生于一九一四年抑或一九一五年，都已经无济于事，因为这段时间黄文兰压根儿就没有离开过澳大利亚，他哪里会有这个年纪的儿子呢？很显然，他们之间的父子关系并不成立。于是，七月九日，内务部秘书致函中国总领事馆，直接否决了黄亚诒的签证申请。

中国总领事馆接到信之后没有再回复，因为这是他们没有核查申请人资料所造成的后果；而黄文兰对此结果也没有任何回应，显然也知道这是无法申诉的事情。这份档案也到此中止。可以推测的是，黄亚诒是黄文兰的家人为他领养的儿子，他是于一九二三年回国探亲时才首次见到这位养子。按照中国人的习惯，养子亦被视为己出，通常也不会受到歧视，但这样的事情毕竟属于个人隐私，一般是不会向人披露的。事实上，自一九二六年回来澳大利亚后，黄文兰节衣缩食就是想为养子来此读书创造条件。然而他却没有意识到，他的回乡记录与养子的出生年份严重不符，不仅暴露了他们之间的这种关系，也彻底地关闭了黄亚诒赴澳留学之路。

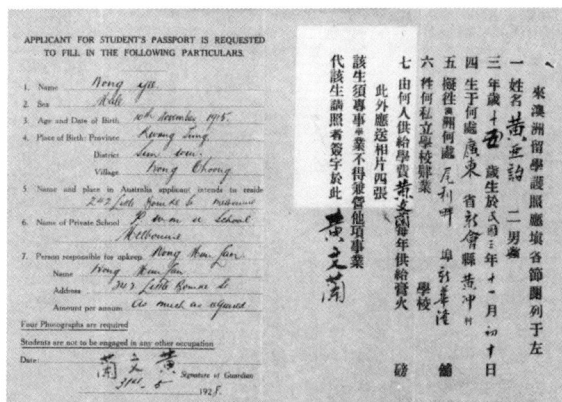

一九二八年五月三十一日，黄文兰填表向中国驻澳大利亚总领事馆提出申办儿子黄亚诒的来澳留学手续。

一九二九年四月二十七日，中国驻澳大利亚刘姓代总领事为黄亚诒签发的中国学生护照。

档案出处（澳大利亚国家档案馆档案宗卷号）：

Wong Yee-student passport, NAA: A1, 1929/4013

梁求益

新会小泽村

新会县小泽村的梁求益（Leong Kow Yick）出生于一九一五年十一月十一日，其祖父是出生于一八六四年二月二十一日的梁协（Leong Hip）。他于一八八五年左右跟随乡人的步伐，来到澳大利亚谋生，最终定居于尾利伴（Melbourne），[①] 在城里紧靠着唐人街（小博街，Little Bourke Street）的罗苏街（Russell Street）一百七十七号与人合股开设了一间商行，名为"美珍"号（Mee Chun & Co.），主营新鲜蔬果、进口中国土特产，包括茶叶和生姜等，还在香港开设有分行，梁协是该商行最主要的股东，亦是其董事会的董事长。[②]

一九三一年六月二十九日，六十七岁的梁协致函内务部秘书，表示要办理其年届十六岁的孙子梁求益来澳留学，主要是想让他把英语学好。因为其孙目前在香港读书，他认为所学之英语不地道，以致他在那里读书等于虚度光阴，为此，他想将孙子办来澳大利亚读书两年，期望其英语能有所提高，以便为日后发展创造有利条件。他为此吁请内务部秘书协助他办理此申请，为其孙来澳留学核发签证。七月二日，内务部秘书复函，很耐心地告诉他要提供其孙目前所具有的英语学识能力证明以及想入读哪家学校，这样才能予以审理。十天后，梁协致函内务部秘书，告知已经为孙子联系好了位于尾利伴东城的基督兄弟会书院（Christian Brothers' College），该书院也已表示愿

---

① HIP Leong: Nationality-Chinese: Date of Birth-21 February 1864: First registered at Russell Street, Melbourne, NAA: MT269/1, VIC/CHINA/HIP LEONG。

② Leong Hip on false naturalization certificate, NAA: A1, 1917/15568。

意录取梁永益入读，但他目前没有孙子英语能力的证明，只是他自年初便已入读香港的一间英语学校，如果其孙可以拿到签证赴澳留学的话，他将届时请香港的校长写好推荐信和证明一并带来。既然已经进展到了这个程度，内务部秘书便于七月十七日回复梁协，请他直接与位于雪梨（Sydney）的中国驻澳大利亚总领事馆联络，循正常的渠道申请其孙来澳留学的护照和签证。

由是，梁协只得按照程序，一步一步地从头申请。首先，他得拿到一份孙子目前所在学校校长出具的证明。为此，十一月十一日，香港田间英华学校（Hin Kan Anglo-Chinese School）[1]校长写出一份证明信，表明自本年三月份开始梁求益就读该校八年级，各科成绩优异。接到上述证明信后，梁协不放心，于十二月十一日附上该证明信致函内务部秘书，询问这样的证明是否可以接受，如果获得首肯，他便直接向中国总领事馆提出申请。六天后，内务部秘书复函，告诉他要再加上其他按要求须提供的证据，尽快向中国总领事馆循正常渠道申办。为了不让梁协继续纠缠，内务部秘书也于当天将此事函告中国总领事馆，请其按照程序和要求协助做好此项申请。可以说，正是因为梁协的自以为是，原本半年前就可以提出申请的事情，他自己给拖了半年，最终还是要回到原点提出申请。

在收到孙子梁求益用英文写给他的一封信，可以作为其具备英语学识能力的证明之后，梁协便于一九三二年一月二十日正式向中国驻澳大利亚总领事馆提出申请，办理孙子的来澳留学手续。他以自己在其中占有股份价值达七百镑的"美珍"号商铺作保，出具作为监护人和财政担保人的保证书，允诺每年提供充足镑膏火给梁求益作为留学所需之学费、生活费、医疗保险费及相关开销，并已为其联络好了基督兄弟会书院作为其留学的入读学校，后者也在一月十三日出具了录取信。在接到上述申请两天后，中国驻澳大利亚总领事陈维屏便将上述资料寄往内务部，为梁求益申请入境签证。

由于此前梁协已经与内务部有几个来回的联络，再加上"美珍"号也算得上是尾利伴中国城有名的进出口商行，知名度高，生意额亦不算低，同时梁协递交上来的相关申请文件也都符合规定，尤其是梁求益手写的给

---

[1] 因查找不到当时该校的Hin Kan二字所对应的中文字，此处的"田间"二字为音译。

祖父的信显示出其此前就受到过较好的英语培训，因此，内务部秘书接到上述申请后，没有要求海关再一一去核查监护人的情况，在将材料检查完毕，递交内务部长批准核发签证后，于二月三日正式函告中国总领事馆该项申请已经获批。二月十一日，陈维屏总领事给梁求益签发了号码为24722的中国学生护照，再送回内务部钤盖签证章。六天后，内务部秘书完成了上述手续，将护照寄回中国总领事馆，并由后者负责寄送给在香港读书的梁求益。

在香港的梁求益接到护照和签证后，很快便结束在田间英华学校的课程，于五月中旬搭乘"太平"（Taiping）号轮船驶往澳大利亚。但当轮船于五月三十一日进入澳大利亚水域第一道海关珍珠埠（Thursday Island）时，海关检疫人员发现他在航海途中患了疥癣，便立即在船上进行了治疗。好在治疗及时，等到六月十二日该船抵达尾利伴港口时，他身上的疥癣就已经消失，因此得以顺利入关，由祖父将他从海关接出，住进了"美珍"号商铺的住房里。

从七月四日开始，梁求益正式入读基督兄弟会书院。可能是此前的英语基础打得好，他在学校的学习显得很轻松，遵守校规，知书识礼，成绩优异，校长甚至说他学习上的耐心细致和勤奋努力都是当地学生的榜样。就这样，一晃眼的功夫，他就在这间书院读了近两年。从一九三四年五月份开始，他转学进入苏格兰书院（Scotch College）念书，一直到年底学期结束，无论是学习还是在校表现同样都备受好评。

一九三五年二月二十一日，"美珍"号商行经理阮其枢（Un Ki So）按照梁协的意思致函内务部秘书，告知该商行董事长之孙梁求益在此间读了两年半书之后，已达成目标，准备近期内回国继续学业。鉴于此前的时间里，他都集中精力在学习上，现想在回国之前，利用一点儿时间对当地景观作一次游览，前往雪梨、庇厘士彬（Brisbane）等地走走看看，也顺道看望一下亲友，希望内务部长能特批他留到五月底，使其能完成上述旅行，再返回中国。三月一日，内务部秘书复函说，上述申请应循中国总领事馆的渠道进行，惟如此，申请才能得到很快的处理。中国总领事陈维屏接到上述阮经理的要求后，于三月十五日向内务部提出申请；同月二十六日，内务部秘书就批复下来，不是批准二十岁的梁求益可以出门旅游到五月份，而是批准他直接从学生身份转为商务签证，在"美珍"号商行中担任助理职员，签证有效期为一年，因为在此期间，梁协以商行的名义直接向内务部提出了上述申请。看来，梁协在尾利伴经商多年，八面玲珑，政府部门对他了解较深，属于各方面都能协调得好的商家，故他的申请基本上都顺利通过，没有碰到任何障碍。

可是，两天后，事情突然又有了变化。陈维屏总领事致函内务部秘书，告知"美珍"号商行突然决定梁求益在正式担任助理职员之前，要他即刻返回中国一行，有要事须其办理。为此，他希望内务部长能核发再入境签证给梁求益。四月五日，内务部秘书复函，明确告之内务部长再次批准了上述申请，准其在十二个月年入境有效。由此看来，内务部长很给梁协面子，有求必应。

就在各方都以为事情就这么定了，梁求益已经择期启程返国之时，五月十六日，中国总领事陈维屏再次致函内务部秘书，告知事情又起了变化。信中表示，"美珍"号商行阮经理此前突然通知他，他本人需要立即回国，与他的正在苏格兰书院读书的侄儿阮兆伦（Un Shiu Lun）[1]赶乘六月一日在雪梨离港的"利罗"（Nellore）号轮船离境；[2]为此，梁求益就无须回国办事，而须留下来履行此前所议的担任"美珍"号助理职员之职责。阮经理对此计划在短时期内不断变更再三致歉，恳请内务部长批准上述涉及梁求益行程计划的变更。五月二十二日，内务部长再次批准了上述变更。可见，尽管梁求益的身份一而再、再而三地变更，内务部长总是及时予以批准。

就在阮经理带着侄儿离开尾利伴如期回国、梁求益的签证类别正在更换以及他在"美珍"号商行里的工作正在交接之际，六月二十八日，中国总领事陈维屏再次致函内务部秘书，表示忘了为其申请"免试纸"。同样地，内务部长接信后对此还是没有留难，于七月十八日再次予以批复。

由是，梁求益就正式加入"美珍"号商行，协助祖父管理其进出口业务。第二年他的签证到期后，展签也顺利地得到批准，他便继续留下来工作，如此者再，共计三年，直到一九三八年六月。这一年六月十五日，

---

① 阮兆伦来自香港，是梁协的亲戚，与梁求益在一九三二年一起搭船前来尾利伴留学。见：Un Shiu LUN-Student passport, NAA: A1, 1934/1169。

② Un Shiu Lun and Un Ki So "Taiping" June 1932-Departure per "Nellore" (Sydney) June 1935 [includes 2 photographs], NAA: B13, 1935/16277。

二十三岁的梁求益结束了在"美珍"号商行的工作，从雪梨港口搭乘"利罗"号轮船驶往香港，结束了其在澳六年的留学生涯。[①] 在此期间，他在后半段时间里是作为祖父的助手，协助其管理商行的进出口生意，从而为他回香港做生意积累了丰富的经验。

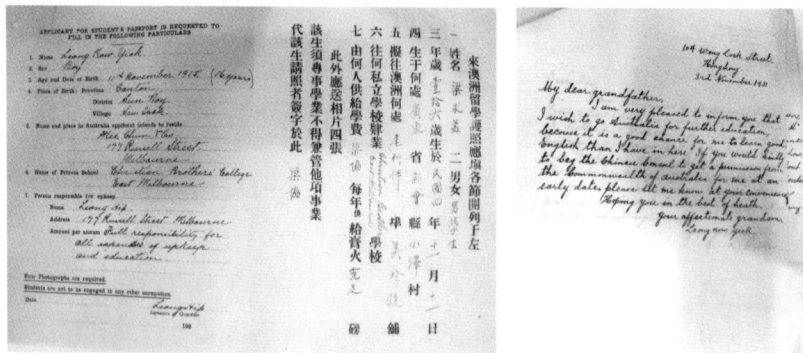

左为一九三二年一月二十日，梁协正式向中国驻澳大利亚总领事馆申请办理孙子梁求益的来澳留学手续。右为一九三二年一月十三日，尾利伴基督兄弟会书院接收梁求益入读该书院的录取信。

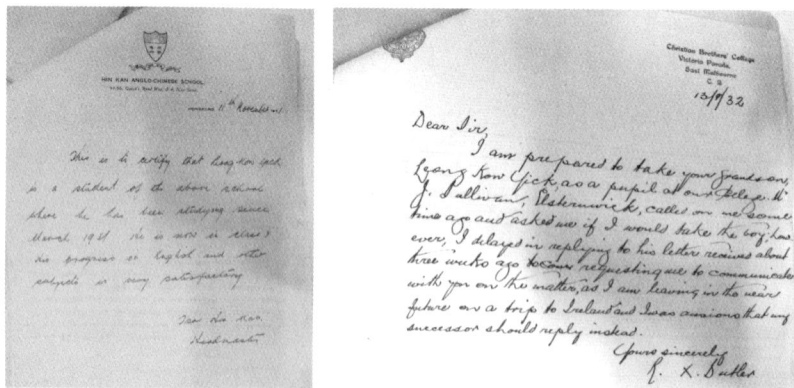

左为一九三一年十一月十一日，香港田间英华学校校长所写证明信，表明自本年三月份开始梁求益就读该校八年级，各科成绩优异。右为梁求益用英文写给祖父梁协的信，作为其具备英语学识能力的证据。

档案出处（澳大利亚国家档案馆档案宗卷号）：

Leong Kow Yick-Students Ex/C, NAA: A1, 1937/867

---

① Ng Way Shew and Leong Kow Yick [issue of Certificate of Exemption in favour of subject] [departed ex NELLORE from Sydney on 15 June 1938] [box 371], NAA: SP42/1, C1938/4505。

凌全义

新会大范村

凌全义（Ling Chun Yee）一九一六年五月三日出生于新会县大范村（亦即此前出现的凌氏出生地大范里），父亲是凌亚铎（Len Ah Dock）。也是在十九世纪末二十世纪初年来到澳大利亚谋生的凌亚铎，跟几乎所有他的宗亲一样，定居于美利滨（Melbourne），①也主要是从事洗衣业，与族人一起开有一间洗衣店，名为"合利"（Hop Lee）。②

当凌全义七岁时，父亲凌亚铎看到同族兄弟已经申请了他们的孩子前来美利滨读书，便也步其后尘，要把刚届学龄的儿子也办来他所在的那体屈（Northcote）区的那体屈公立学校（Northcote State School）读书。一九二三年二月二十六日，凌亚铎填好申请表格，向中国驻澳大利亚总领事馆申办儿子赴澳留学的护照和签证。不过，他不是以自己的"合利"号洗衣店作保，而是以其兄长凌亚振（Len Ah John）经营的"联记"（Charlie Ling）洗衣店作保，③并且也由凌亚振作为此项护照签证的申领人。但凌全义的学费则仍然

① Len Ah Dock-Application for Certificate for Exemption from Dictation Test, NAA: B13, 1926/15730。
② 该洗衣店的另一个股东是凌怀(Ling Wye，或者Ling Whe)，他也在一九二七年将儿子凌添起(Ling Him Hee)申请来澳留学。见：WHE Ling: Nationality-Chinese: Date of Birth-1873: Date of Arrival-1898: First Registered at South Yarra-Victoria, NAA: MT269/1, VIC/CHINA/WHE LING及Lim Him HEE-Student passport, NAA: A1, 1927/9346。
③ 凌亚振的档案，见：JOHN Len Ah: Nationality-Chinese: Date of Birth-7 December 1873: Date of Arrival-1894: First Registered at Port Melbourne, NAA: MT269/1, VIC/CHINA/JOHN LEN。

由凌亚铎自己负担，他承诺每年供应膏火完全担任镑，亦即需要多少便提供多少，以供儿子留学期间的开销。

中国总领事馆接到上述申请后，用了三个多月的时间才审理完毕。六月十四日，中国总领事魏子京给刚满七岁的凌全义签发了中国学生护照，号码285/S/23；四天后，内务部也将签证印章钤盖在了这份护照上。随后，中国总领事馆便按照程序，将护照寄往中国，以便凌全义的家人尽快为其安排行程，赴澳留学。

但凌全义并没有及时赴澳留学。也许是当时他年纪太小，即便是在中国也是刚刚进入学龄，因此，其家人将其送入乡间的学校先行读书识字，接受教育。就这样，一转眼四年过去。到其年满十一岁时，凌全义才手持着这份早已过期三年的护照和签证，乘坐从香港出发的"太平"（Taiping）号轮船，于一九二七年八月七日抵达美利滨港口。但毕竟签证过期时间太久，海关在与内务部沟通之后，先给予他临时入关，希望在一个月的时间里，要其监护人为他安排好入读一间私立学校，方才可以给予他正式的一年期学生签证。因为自一九二六年六月底开始，《中国留学生章程》经修订后实施新规，自此之后而来的中国学生只能入读私校，不能进入公立学校念书，而在此之前来澳读书已经入读公立学校者例外。由于父亲凌亚铎此时仍在中国探亲，并没有跟儿子一同回来，也就是说，凌全义是经家人安排找人在其赴澳旅途中充当监护人而来到澳大利亚的。当然，他的哥哥凌亚江（Len Ah Kong）当时还在美利滨读书，[①]经营"联记"洗衣店的伯父凌亚振也在，后者充当监护人负责与中国总领事馆切取联络，最终给凌全义联络上了位于东山（Eastern Hills）区的新丕打学校（St. Peter's School），该校也愿意接受他这样的中国学生。九月四日开始，凌全义正式入读该校。为此，经中国总领事馆向内务部申请，后者便于九月二十九日正式批复，给予凌全义一年期的学生签证，有效期从其入境之日起算。由是，凌全义抵澳后的第一

---

① 凌亚江在一九二一年便由伯父凌亚振申请办理赴澳留学，但直到一九二六年方才抵澳上学。见：Len Ah Kong - student passport, NAA: A1, 1930/1167。

道难关得以顺利通过。

在此后的两年半时间里，凌全义都在新丕打学校读书，其在校表现与学业都算得上令人满意。可是到一九三〇年新学年开始，凌全义突然招呼也不打，就不再去新丕打学校注册上学，转而自行进入位于美利滨唐人街的长老会学校（P. W. M. U. School）读书。对于长老会学校来说，中国学生本来就是其主要生源，自然对他转学进入该校大表欢迎，而凌全义也给学校留下较好的印象。但新丕打学校就不高兴了，将此事报告了内务部。内务部自然也非常不高兴，因为按规矩，中国学生转学应该先请示内务部，得到批准方才可以转学。为此，美利滨海关奉命前往长老会学校调查并约谈凌全义，晓以利害。结果，刚刚在长老会学校读了约四个星期左右，他只得于二月二十四日又重返新丕打学校念书。

此前在新丕打学校二年多的时间里，凌全义基本上是保持了全勤，但此次重返学校念书之后仅仅两个多月的时间里，他就有十三天旷课，而且也没有对此作出任何合理的解释。五月三十日，美利滨海关稽查官葛礼生（J. Gleeson）奉命对此调查后提交了一份报告。此前，葛礼生在南亚拉（South Yarra）区粗勒路（Toorak Road）一百四十一号上的"合利"号洗衣店见到了凌亚铎和凌全义父子。刚开始时，凌亚铎全然否认其子此前有过旷课行为，但在双方交谈开后，他才似乎是突然想起来似的予以承认，解释说是大约有两天左右的时间，凌全义是去跟其堂表亲的兄弟们聚会，因其近期要返回中国。随后，他们向葛礼生保证，此后将不会再像这样旷课，当集中精力全心全意去上学读书。但鉴于此时凌全义已经十四岁，其父经营的洗衣店规模不大，就他一人经营，故葛礼生怀疑是凌亚铎在业务繁忙一个人应付不过来之时，叫儿子做帮手，造成凌全义旷课。当然，他的这种怀疑也仅仅是猜测，并无有力证据支持，因此，内务部接到报告后也没有在这方面大做文章，只是看后续发展再行定夺。尽管此后凌全义仍然不时地有旷课，但最终都因种种理由让其获得学校认可，而且其在校的表现也可圈可点，并积极参加学校每星期五下午的体育活动，故这一年他平平安安地在新丕打学校度过。

一九三一年起，凌全义转学进入私立的东山小学（Eastern Hill Primary School）念书。根据该校的评语，他此前在新丕打学校尽管已经读了三年，但实际英语水平只能等同于二年级，在东山小学经半年学习后，始进入三年级。在这间学校里，凌全义基本上没有旷课，但最终也只是读了一年而已。

到一九三二年初，凌全义再次转学，进入位于美利滨东城的英国国教会圣三一预科学校（Church of England Preparatory School of Holy Trinity）读书，该校的学费是每年五镑五先令，他在这里改名叫做杰克·凌（Jack Ling），并得以升读六年级。在这里，学校对他的评语尚属满意，并期望明年就可以让他毕业。但他只在这间学校上了两个学期（当时是三学期制），到十月份便退学，投到一位名叫约翰·维勒（John Wheeler）所办的私塾念书，目的是使自己的英语能力有一较大的提高，即达到可以与当地人一起工作无障碍的水平；同时也期望能通过这个面对面的小班教学，可以顺利达成小学毕业。可是内务部通过了解，获知维勒的私塾属于三无性质（无正规校舍、无教学资质、无政府注册），遂在一九三三年四月底勒令凌全义退出，进入正规的政府认可的私校上学，如果他在正常上学之余仍然要去维勒的私塾学习的话，内务部对此不加限制。

这一年的六月中旬，在海关的干预下，凌亚铎让儿子从维勒的私塾停学，准备将其转学进入考飞文法学校（Caulfield Grammar School）念书。因当时正好处于第一学期结束后的假期，学校答应待第二学期开学后就可以接受凌全义入学，但要求他在此至少要读两年。有鉴于此，凌亚铎决定让儿子回国探亲一年，船期定在八月七日。既然如此，内务部觉得此时距其离境也就一个月左右的时间，如果凌全义在此期间继续接受维勒的教学指导，那也不算违规，便同意了上述安排，条件是他必须在此预订的时间内离境，最迟不能超过八月三十一日。

一九三三年八月十六日，十七岁的凌全义在美利滨港口搭乘"太平"号轮船离境回国，告别了留学六年的澳大利亚。①原先他是准备重返澳大利亚继续学业的，但档案到此中止，没有迹象显示他通过中国驻澳大利亚总领事馆向内务部提出了再入境签证申请，也没有文件说明他离境之前是否结束了维勒的私塾教育并获得了小学毕业资格。只是自此之后，当地档案中再也找不到他的任何信息。

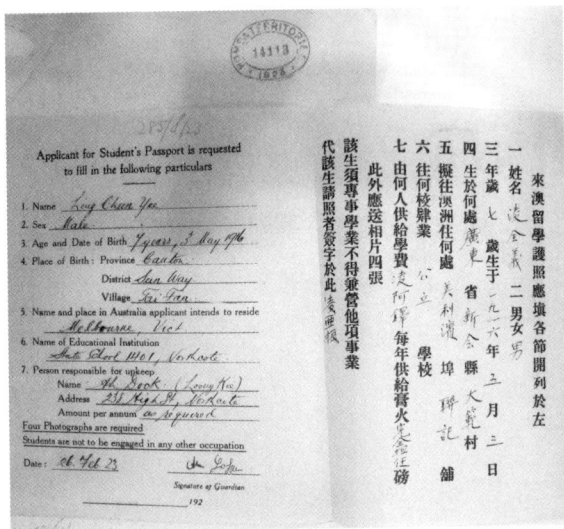

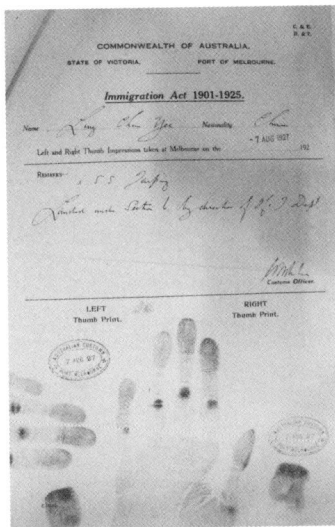

一九二三年二月二十六日，凌亚铎填表向中国驻澳大利亚总领事馆申办凌全义赴澳留学手续。

一九二七年八月七日，凌全义搭乘"太平"号轮船抵达美利滨港口入境时所留下的手印。

档案出处（澳大利亚国家档案馆档案宗卷号）：

Ling Chun Yee-Student Passport, NAA: A1, 1933/126

---

① Ling Chun Yee ex "Taiping" August 1927-Return to China per "Taiping" August 1933, NAA: B13, 1931/14961。

凌亚兆

新会大范里

　　新会县大范里的凌亚兆（Ling Ah Sue）出生于一九一六年六月一日，是此前提到的凌广大（Ling Kwong Tai）的弟弟。他们的父亲凌扶（Ling Foo）早年来到澳大利亚闯荡，在美利滨（Melbourne）立足后，于晓路拂柏（Albert Park）埠布莱德波特街（Bridport Street）八十六号开设一洗衣店，名为"新盛"（Sun Shing）号。

　　早在一九二一年开始，凌扶便申办长子凌广大前来美利滨读书，但后者直到一九二三年初才抵达美利滨开始留学生涯。看到长子很快就适应了澳大利亚的学习环境，凌扶便决定将年仅七岁的次子凌亚兆也尽快申办来上学，进入长子凌广大就读的晓路拂柏公学（Albert Park School）读书，以便兄弟俩做伴。这一年的八月七日，他再次填表递交到中国驻澳大利亚总领事馆，提出申办凌亚兆的留学护照和签证。他仍然以自己经营的"新盛"号洗衣店作保，承诺每年提供足镑膏火，作为儿子在澳留学期间所需费用。中国总领事馆接到上述申请后，花了三个多月的时间才审理完毕。十一月二十七日，中国总领事魏子京给凌亚兆签发了号码是354/S/23的中国学生护照，并在两天之后为他拿到了内务部批复的入境签证。

　　在中国国内的凌亚兆家人接到护照后，就开始为其安排赴澳行程。经过近半年左右的联络与协调，找到了在旅途中可以担当监护人的返澳同乡之后，凌亚兆就被家人送到香港，在那里乘上驶往澳大利亚的"丫剌夫剌"（Arafura）号轮船，于一九二四年五月一日抵达美利滨港口入境。

从六月三日开始，八岁的凌亚兆正式入读晓路拂柏公学，可以跟哥哥凌广大一起去上学。哥哥很照顾弟弟，帮助他适应了当地的学习环境；而他本人在校表现良好，各科成绩也令人满意，进步迅速。次年七月，哥哥凌广大升学到考飞文法学校（Caulfield Grammar School）读中学，并于九月中乘船回国探亲，凌亚兆留在晓路拂柏公学，仍一如既往，保持良好的学习状态；只是在哥哥回国后，他有一次在路上被奔跑的马车所撞受伤，在九月和十月这两个月里住院达三十多天，但也没有耽误学习，没有拉下课程。而他在不到两年的时间里，英语能力已经可以跟当地出生的澳大利亚人不相上下。他在该校总共读了两年半的书。

到一九二六年底全学年即将结束前，十一月二十五日，中国总领事魏子京致函内务部，告知这位年方十岁的中国小留学生就要回中国探亲，希望为他申请再入境签证，待其结束探亲后将重返澳大利亚继续念书。鉴于凌亚兆年纪还小，且一直在校表现优异，内务部很快就于十二月二日批复，准其在离境之日起算的十二个月内重返澳大利亚读书。当一切安排妥当之后，正好也到了学校放暑假之时，凌亚兆就于十二月十三日在美利滨港口登上驶往香港的"太平"（Taiping）号轮船，与父亲一道回国探亲去了。

然而，一年后凌亚兆没有按期返回。直到一九二八年十二月六日，他才搭乘同一艘船从香港回到美利滨。可是，他在海关被挡住了，不让入境，理由是他的再入境签证已经失效太长时间，几近一年，为此他只能搭乘原船，将于两天后起航返回香港。但他在抵达美利滨口岸时，曾向海关表示，其父曾经告诉他，签证过期几个月之后再回来也没有多大关系，只要说明因故耽搁便可，因而也没有意识到后果会有这么严重。为此，他紧急致电中国驻澳大利亚总领事馆求援。中国总领事馆为此当天急电内务部，请求内务部出面干预此事，并告知这确实是因为凌扶在国内因不了解签证的失效会产生什么后果，故而没有在其失效后及时与中国总领事馆联络提出签证延期；此外，中国总领事馆也表示是因为凌亚兆的签证到期他将要启程返澳之时，其母突然病重，他需要留下来照看，此后他自己也病了一段时间，从而导致了其签证失效几达一年。与此同时，美利滨海关也将此情况报告了内务部秘书，请示其尽快在这两天内作出决定。内务部秘书明白，中国总领事馆的所谓凌亚兆因母亲病重导致滞留无法成行的理由，实际上是胡编的借口。但中国总领事馆在急电中所说凌亚兆此前在晓路拂柏公学的优异表现，倒是内务部秘书值得考虑的理由。鉴于此时的凌亚兆虽然过了十二周岁，但尚未满十三岁，确实是处于学龄，应该给予机会。因此，内务部秘书在次日（十二月七日）便指示海关准其登陆上岸，让他再次入境，只是叮嘱中国总领事馆督促他注册入读一间私立学校，并只能读书，不许打工。

再次入境后，因很快就到了圣诞节及学校的暑假期间，凌亚兆自然无法上学，直到一九二九年二月四日，他才进入位于美利滨东山（Eastern Hills）区的新丕打学校（St. Peter's School）上学。在这间学校里，他的表现和学习都尚可，波澜不惊地度过了一年的时光。当时在这间学校读书的还有他的族兄凌全义（Ling Chun Yee）等人。他们好像是事先商量好了似的，到一九三〇年新学年开学时，都转学去了位于唐人街的长老会学校（P. W. M. U. School）。为此，新丕打学校觉得这些中国学生很不像话，不打招呼就走人，严重破坏留学纪律，遂向内务部投诉。内务部对此自然也极感不满，指示海关前往调查并警告这些中国学生。由是，在长老会学校读了一个月左右的书后，凌亚兆不得不又在三月五日重返新丕打学校上学。

回到新丕打学校后，凌亚兆在上半年里表现突出，被誉为该校最佳中国学生；可是在下半年里，他虽然在校表现仍然可圈可点，但却有十三天旷课，事后也没有给予任何解释，学校便如实向内务部作了汇报。内务部觉得这种违反《中国留学生章程》的事情必须要予以调查，海关遂奉命于十月中旬前往凌扶在晓路拂柏埠的"新盛"号洗衣店查问。只有到了这个时候，凌扶才实话实说，因为长子已在一九二九年便结束留学返回中国，此时此地只余次子凌亚兆，所以他在别处的生意繁忙而"新盛"号无人看管时，便让凌亚兆留在店里帮忙照看。对此，海关自然又是一通警告，如果以后再这样旷课打工，一定会将其遣返回国。虽然在海关检查时，凌亚兆只能唯唯诺诺，应承以后不会再犯，但他在此后的一个多月时间里仍然旷课十天，显然依旧是为了协助父亲经营生意。可能也是感到这样下去无法维持，也无法向校方及内务部解释，最后，凌亚兆于十一月二十二日提前退学了，并明确告诉学校，他近期即将返回中国。

待学校将上述信息报告后，内务部指示海关核查凌亚兆何时出境。海关于十二月十五日报告说，凌亚兆打算在下个月四日搭乘"天哻"（Tanda）号轮船离境，但他们深信，在其离境之前的这段时间里，这位中国少年一定是在其父的"新盛"号洗衣店里协助营业，因为其退学的一个主要原因就是父亲洗衣店过于繁忙之故。

一九三一年一月六日，比原计划起航日期推迟了两天后，十五岁的凌亚兆搭乘"天哻"号轮船驶向香港，回返家乡。①此后，他再也没有来澳读书。

左为一九二三年八月七日，凌扶填表向中国驻澳大利亚总领事馆提出申办凌亚兆留学护照和签证。右为一九二三年十一月二十七日，中国总领事魏子京给凌亚兆签发的中国学生护照。

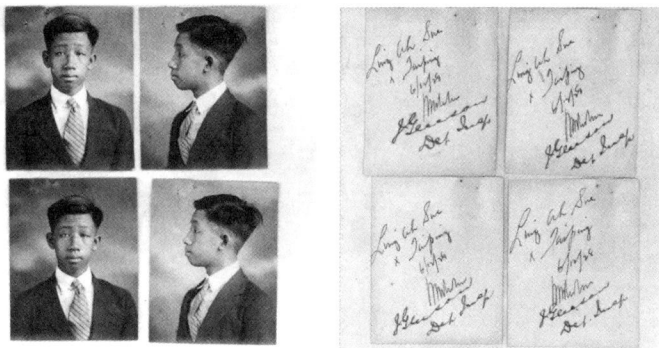

一九二八年十二月六日，不到十三岁的凌亚兆搭乘"太平"号轮船从香港回到美利滨入境时提供的照片及背面签名。

档案出处（澳大利亚国家档案馆档案宗卷号）：

Ling Ah SUE-Student passport, NAA: A1, 1930/1298

---

① Ling Ah Sue ex "Arafura" May 1924-Departure from Commonwealth per "Tanda" January 1931, NAA: B13, 1931/574。

李 胜

新会三村

　　新会三村人李胜（Lee Sing），出生于一九一六年六月十五日。Lee Kee（李奇，译音）据称是他的父亲，早在十九世纪九十年代初便来到澳大利亚西澳洲（Western Australia），在此充当菜农及市场售卖生果蔬菜的小贩。曾被误认为是住在西澳洲中西部最大的城市杰拉屯（Geraldton），实为是住在普扶（Perth）南部的一个区。

　　根据档案，早在一九二九年李胜十三岁时，李奇便准备将其办理来西澳洲首府普扶的屈臣兄弟学校（Christian Brothers' College）读书，为此他于五月二日便从该学校校长那里拿到了同意李胜入读的录取信，而他真正填具申请表的日期不详，因上面没有标明年月日，但从申请表上所载李胜时年十四岁来判断，应该是在一九三〇年的某个时间递交给中国驻澳大利亚总领事馆，申办儿子李胜的来澳护照和签证。他在申请表中是以位于普扶的"广利"（Kwong Lee）号商铺作保，但在财政担保及每年供应膏火多少的栏目上都付之阙如。

　　中国驻澳大利亚总领事馆在收到上述申请后，可能见很多栏目没有填写，需要沟通予以确认补充，因而花去了不少时间。直到一九三一年二月十二日，中国总领事桂植才给李胜签发了一份中国学生护照，号码为599/K/31。当天，桂总领事也将材料汇齐，致函内务部秘书，为李胜申请入境签证。

内务部接到申请后，首先就需要弄清楚李奇的出入境记录，以判断其与签证申请者李胜之间的父子关系是否成立；同时也要核查其财政状况，以确定是否可以保障其子的在澳留学所需之开销。于是，内务部秘书于二月十三日即收到申请的当天，便指示西澳海关就上述问题提交一份报告，作为是否批复的依据。

海关对此积极配合，但结果令人失望。三月六日，西澳海关报告说，查遍了出入境记录，怎么也找不到与Lee Kee这个名字相关的任何信息，他们也查了"广利"这个中文名字的拼音，结果也是一样。他们的看法是，上述Lee Kee这个名字很可能是错的，要不就是根本就不住在西澳，不然的话，海关不可能没有任何记录。为了保险起见，海关调查人员再扩大核查范围，比如在相近的中文拼音名字中寻找与此相关的记录。三天后，他们终于找到一位名叫Lee Kie的中国人，也是菜农兼小贩，至少是在一八九八年就住在普扶南部的毕布拉湖区（Bibra Lake）。如果此前的Lee Kee是拼音上拼写错的话，也许这个Lee Kie就是与本案相关之人。据查其出入境年份与上述申请签证的学生李胜最接近者，是一九一三年三月二十七日从非库文度（Fremantle）港口出境去中国探亲，再于同年十二月四日回到同一港口入境。

比对李胜的出生年份是在一九一六年，而海关查到的与声称是其父亲的Lee Kee名字相近似的Lee Kie出入境年份则是三年前，怎么可能会在三年后由在中国的妻子生出一个儿子来呢？因此，内务部秘书接到上述报告，第一反应就是李奇的申请中所谓父子关系做假。既然这一条就已经不符申请条件，其他的财政状况等就没有必要再去核查了。三月二十六日，他致函中国总领事馆，直接否决了上述签证申请。中国总领事馆在接到上述信函后，也深觉无法申诉，在将此结果转告李奇本人后，也就将此事搁置一边，不再提及。

不过，对于海关来说，上述Lee Kie只是从记录上找到名字相近似的人而已，但是否该Lee Kie与申请表上所填写的Lee Kee为同一人，则仍然是需要予以确定与核实的一件事。在找到上述Lee Kie的记录之后，他们还找到另外一位名叫Lee Kai的华人，出生于一八六六年，抵澳年份是一八九八年，该人一九一六年时居住于前面提到的Lee Kie所在的毕布拉湖区，遂决定直接找到李奇本人予以核对。此时，他们发现，李奇不是住在中国总领事桂植所说的西澳洲中西部城市杰拉屯，而是住在普扶埠的南部，即比毕布拉湖区更南一点的加纳代尔（Jarrahdale）区。杰拉屯与加纳代尔两地相距约五百公里，应该不会是李奇在提出其子李胜的护照和签证申请之后从前者搬迁到后者，而是极有可能在其提交申请给中国总领事馆时，相关的职员在其后与李奇的联络沟通时，错将加纳代尔听成了杰拉屯。因为二者读音乍听起来有点儿相似，毕竟杰拉屯在西澳也算得上比较有名气的城市，让人听到后很容易就联想到这个城市。鉴于加纳代尔是普扶南部的一个区，当地有警察派出所，故海关遂于三月二十九日委托派出所警察去面见李奇，就有关他的身份及回国探亲出入境等问题当面核对。因李奇无法操说英语，当地一位名叫Ah Cheong（亚正，译音）的华人被找来充当翻译。

警察是拿着上述Lee Kai的"回头纸"副本及照片去见李奇的，但比对之后发现，李奇与该回头纸上的照片中人并不相符，遂否定了李奇即是回头纸上的Lee Kai。根据他们平时的了解以及周边民众的反映，在加纳代尔的李奇为人和善，没有无良嗜好。在与警察的交谈中，他表示李胜是其儿子。他告诉警察，自抵澳后，共回国探亲四次，最近的一次是五年前，但他对此前的回国年份和搭乘船只的名称等事情通通都记不清楚。李奇表示现在他个人的财务情况不是很好，故对把儿子办来澳大利亚读书之事并不着急。这一次的见面，结果并不理想，因为仍然还有很多问题没有解决。如果李奇居住在澳大利亚如此之久，那他应该会有"免试纸"，但目前却无法找到任何记录；他表示曾经回国四次，那海关应该知道他这个人，至少也会有他的外侨登记卡，可是也找不到。换言之，李奇的真实身份成了谜。为此，海关深感困惑，只能将此事报告内务部，等待进一步的指示；而他们本身，也在想方设法解开这个谜。

时间过了一年半之后，西澳海关稽查官于一九三二年十一月十七日造访加纳代尔，在当地一位税收官员及警察派出所巡警的陪同下，以及由前述当地华商亚正的一位雇员Ah Yen（亚恩）担任翻译，见了李奇并当场就其身份和出入境记录等情况核查询问。首先，他的姓名及身份：其名为Lee Chee

（李奇）或者Ah Chee（亚奇），[①]时年六十九岁（生于一八六三年），已来澳四十年（抵澳时二十九岁，即一八九二年），[②]有一子名李胜，但他也再次表明已无兴趣将儿子申办来澳留学；其次，回国探亲情况：总共四次探亲，最近的一次是七年前其本人六十二岁时，所用之名就是Lee Chee或者Ah Chee，出境地点为非库文度埠，为其担任翻译者为现已去世的Fat Dew（发堆，译音）及律师尔文（Ewing），所乘轮船为"蛇发女妖"（Gorgon）号，但是否于一九一四年至一九一八年间返回中国探亲，则显得不敢确定，已记不清楚；[③]再次，加纳代尔作为其现居地已达十三年之久，而在战时（第一次世界大战）他主要居住在卡拉曼达（Kalamunda）、加纳代尔和奥斯本公园（Osborne Park）等区，他个人还保留着战时的外侨证，号码是06472。他还保留有好几张"免试纸"，有一张上面的照片明显与他不相符，连他自己看到照片时都不是很确定那是他本人。极有可能是警察在为他办理上述证明时，贴错了一张他人的照片，而他本人因不识英文，又没有留意照片，遂致张冠李戴。

根据与李奇当面核查的结果，海关稽查官在档案中找到了Lee Chee一九一六年的外侨登记资料，上面显示出他出生于一八六三年，于一八九二年抵澳，并且记录其自一九一八年时从加纳代尔搬迁到卡拉曼达和奥斯本公园等细节，与上述问话时的回答完全相符。[④]由是，李奇的身份予以确定。而普扶的"广利"号商铺东主Lee Wood（李武，译音），[⑤]是李奇的堂弟，应该是中国总领事馆将李奇的名字搞错了，从而导致无法查证李奇的档案等一系列事情出现。

---

① Lee Chee [Chinese], NAA: K1145, 1902/6。

② LI Chi [CHEE Lee]-Nationality: Chinese-Arrived Melbourne per unknown about 1882, NAA: K1331, 1948/LI C。

③ Lee CHEE [Chinese] [Application for certificate of exemption from dictation test], NAA: PP4/2, 1931/92。

④ LEE Chee-Nationality: Chinese-[Application Form for Registration as Alien], NAA: PP14/3, CHINESE/LEE C。

⑤ WOOD Lee born 1865-Nationality: Chinese Arrived Sydney per Shing Do 1887, NAA: D4881, WOOD LEE。

　　由是，李奇在澳大利亚的合法身份得以确认，他与李胜的父子关系也同样获得了确认，此前内务部对其父子关系不成立的判断则是错误的。但因他再次表达了不想将儿子办理来澳留学的想法，海关和内务部遂不再推动此事。

一九三〇年，李奇填表向中国驻澳大利亚总领事馆申办儿子李胜来澳留学，申领护照和签证。

左为一九三一年二月十二日，中国驻澳大利亚总领事桂植给李胜签发的中国学生护照。右为一九二九年五月二日，普扶届臣兄弟学校校长同意李胜入读该校的录取信。

档案出处（澳大利亚国家档案馆档案宗卷号）：

Lee Sing-Students passport, NAA: A1, 1931/1734

黄柞李华

新会京背村

　　黄柞李华（Charlie Wah）是新会县京背村人，生于一九一六年七月七日。事实上，他的真实名字叫什么，可能需要去该村查证其家谱，因为他的父亲是出生于一八六四年的黄华（Wong Wah），大约在一八九三年左右就从家乡去到澳大利亚谋生和发展，立足于美利滨（Melbourne）。①他给儿子取的上述名字，就是在其本人的名字前面加上一个英文名柞李（Charlie）即可，显然只是为了方便将儿子办来读书，换言之，其子在家乡当另有名字。

　　一九二九年八月六日，黄华想把儿子办理来澳大利亚读书，填表向中国驻澳大利亚总领事馆申办黄柞李华的赴澳护照和入境签证。因此时儿子刚满十三岁，按照规定，赴澳留学无须提供英语学识能力证明，为此，他以自己在纽所委省（State of New South Wales）紧靠域多利省（State of Victoria）的重镇阿备利（Albury）埠所开设名为Den Lee（净利，译音）的洗衣店作保，允诺每年可供给儿子膏火七十五镑，作为其在澳所需之留学费用，要把儿子办来其所在地的皇家学校（Albury Rural School）念书，该校是公立学校，而非私校。

---

① 　WAH Wong: Nationality-China: Date of Birth-26 May 1864: First registered at Russell Street, Melbourne, NAA: MT269/1, VIC/CHINA/WAH WONG。

当时的中国驻澳大利亚总领事是刚刚到任不久的宋发祥，接任已经去职的魏子京。也许是对此时的中国学生不能就读公立学校的相关规定不是很熟悉，他没有预先知会护照请领人更换学校，就于八月八日，即接到申请后两天，给黄柞李华签发了号码为553/S/29的中国学生护照，并当天就将这些申请材料连同护照寄送内务部，为这位中国学生申请入境签证。而内务部在接到上述申请后，则依照程序，请海关提供对监护人及财政担保人黄华的财政状况调查结果以及他的出入境记录，以确认他是否具备财政支付能力及与签证申请者之间的父子关系是否成立。

海关的行动比较迅速，很快就将调查黄华财政状况的任务交给了纽所委省阿备利埠警察派出所。因为就在当地，便于查询，故派出所在八月底就提交了报告。黄华于九个月前从美利滨（Melbourne）来到阿备利埠，在此花了七十镑从一位名叫黄恩（Wong Yen）的华人手上买了一间现成的洗衣店，将其命名为Den Lee（净利），自己经营，效益不错。只是因为他初来乍到，没什么人知道他，但也因此没有听到他有什么品行不端的行为，只是诚信经商，勤劳持家。在提出申请时，他就将当地的另一位华商托马斯·许昌（Thomas Hoey Chong）列为其该项申请之财政担保的保人。派出所对许昌就较为熟悉，因其在阿备利已居住达二十年之久，开设有一间糕点店和一家餐馆，其人财务状况良好，为人正直有信。[1]警察从询问中得知，黄华在来澳的三十五年间，只回国探亲两次，第一次是一九一四年回去，待了一年又七个月后返回澳大利亚，但他无法记得具体的出入境日期；第二次是一九二五年回去，在家乡待了三年，一九二八年七月才回来，当时搭乘"圣阿炉滨士"（St. Albans）号轮船在美利滨入境。[2]

接到阿备利警察的报告后，美利滨海关检查出入境记录，得知黄华在去年七月三十一日搭乘"圣阿炉滨士"号入境登陆该口岸时，所持"回头纸"是由西澳海关发出，而且他此前也没有在此出入境的记录，遂通过内务

---

① 详见：CHONG Thomas Hoey-Nationality: Chinese-Arrived Melbourne 1887, NAA: B78, CHONG/T。
② Wong Wah-Application for Student's Passport for his son, Charlie Wah, NAA: B13, 1929/16628。

部向西澳海关提出协查。十月十七日，西澳海关回复，黄华在美利滨入境那次，是于一九二五年十月十日从西澳省杰拉屯（Geraldton）搭乘"明德鲁"（Minderoo）号轮船离境的；而在此之前，他也同样是持西澳省发出的"回头纸"，于一九一四年六月二十日在非库文度（Fremantle）埠港口搭乘印华轮船公司经营的"瑞生"（Sui Sang）号轮船离境，又于一九一六年一月十日搭乘"太原"（Taiyuan）号轮船在美利滨入境。

上述记录表明与黄华在申请表中所填资料以及对警察询问的答复相印证，可以确认他与黄柞李华之间的父子关系成立，因为黄华首次探亲后返回澳大利亚之际，正是其妻已经怀上其子黄柞李华之时。其财务状况普通，可能与其返回澳大利亚刚及一年，生意只做了大半年有关，也有可能他此前是将挣到的大部分钱都寄回新会家乡养家糊口去了。对这样的财务状况，要申请担保儿子来澳留学也确实比较紧张，但内务部还须看其子所进入的是什么学校。十一月六日，纽所委省教育厅复函回答了内务部的询问，证实黄华给儿子黄柞李华选择的阿备利皇家学校是一所不须缴付学费的政府公立学校。由是，内务部明白了何以黄华要为儿子选择该校的原因，毕竟这样做的结果可以为他节省相当大的一笔开支，这样就可以减轻他经营一间小型洗衣店的负担。但是，自一九二六年中实施的《中国留学生章程》新规，严格禁止中国学生就读公立学校，而只能就读需要缴付学费的私校。显然，申请就读公立学校是违规的。

一九二九年十一月十五日，内务部秘书复函宋发祥总领事，说明黄柞李华计划入读的阿备利皇家学校属于公立性质，他的选择是违规的，故内务部长无法批准其签证申请。因此项申请是宋总领事在没有详查内容便贸然提交到内务部，故对拒签结果无话可说；而黄华接到拒签函后，也明白其中之原因，无法提出申诉。此后再未见其为儿子提出任何留学申请。

一九二九年八月六日，黄华填表向中国驻澳大利亚总领事馆申办儿子黄柞李华的赴澳留学手续。

一九二九年八月八日，中国驻澳大利亚总领事宋发祥给黄柞李华签发的中国学生护照。

档案出处（澳大利亚国家档案馆档案宗卷号）：

Charlie Wah-student passport, NAA: A1, 1929/7205

钟荣治

新会钟边村

钟姓名列新会县十大姓氏之中，说明该姓氏在新会县分布较广。钟荣治（Chung Wing Gee）便是新会县钟边村人，生于一九一六年七月十三日。他的父亲钟炳（Chung Bing，也叫William Chung Bing），一八九二年出生，但在年仅七岁即一八九九年时，便由五年前就已来到澳大利亚谋生的父亲钟显（David Chung Hin）回国探亲后将其携带出来，进入澳大利亚。[①] 他跟着父亲先在域多利省（Victoria）东部的港口艾伯特港（Port Albert）登陆上岸，后逐渐迁徙而定居于美利伴（Melbourne）。[②] 成年后，他以木匠手艺立足，在美利伴南部圣科达（St. Kilda）区的佐治巷（George Lane）二十号与父亲一起开设有一间家具店，名为"钟记"（Chung Kee）。

到儿子年满十岁后，钟炳感到是时候将他办理来澳留学了，遂于一九二六年十一月十二日填表，向中国驻澳大利亚总领事馆申办钟荣治的来澳留学护照和入境签证。他以自己经营的价值达一千镑的"钟记"家具店作保，承诺每年供给膏火足镑，以充儿子来澳留学期间所需之费用，并为儿子联络了所要入读的长老会学校（P.W.M.U. School），也顺利地拿到了该校的

---

① CHUNG Bing William-Nationality: Chinese-Arrived Melbourne per Changsha 1899, NAA: B78, CHUNG/B；William Chung Bing-Applies for Certificate for Exemption from Dictation Test, NAA: B13, 1931/15076。

② Mr David Chung Hin seeks permission for his son, George Chung Fie to enter Australia, NAA: B13, 1928/21476。

录取信。因澳大利亚自本年七月份开始实施《中国留学生章程》新规，中国总领事馆已经不能像以前那样需要审核来澳留学生监护人和财政担保人的财政状况，此项审理任务交由内务部负责，故在接到钟炳递交的护照申请后，很快就审理完毕。仅仅过了三天，中国驻澳大利亚总领事魏子京便给钟荣治签发了一份学生护照，号码455/S/26。随后，魏子京总领事立即致函内务部秘书，为这位中国小留学生申领入境签证。

在审理中国学生赴澳留学的流程里，内务部负责审理中国学生签证之监护人和财政担保人的财政状况以及该人与签证申请人之间的亲缘关系，此外，还要把关中国学生入读的学校是否私立学校，以及该私校是否在政府教育部门注册和已经报备成为内务部所列的准允中国留学生入读之学校名单之中。但这一次内务部在接到上述钟荣治的申请后，并没有按照程序去核查钟炳的财务状况。也许是钟炳年幼便来到澳大利亚，英文流利，容易沟通，加上其家具店也有一定名声，故内务部省却了核查的手续。至于其出入境记录，因海关确认其在一九一四年回中国结婚，到一九一九年八月二十三日方才回到美利滨，由此可以确认其与钟荣治的父子关系成立。只是就其联络的长老会学校是否经注册成为内务部所认可的接受中国留学生的学校一事，内务部费了一点周折。十一月二十九日，内务部致函澳大利亚长老会女教士外方传教会财务总监，询问该会所属的长老会学校是否在域多利省政府注册，以及该校是否愿意成为内务部认可的接受中国留学生付费入学的私校。内务部之所以询问其收费问题，在于该校成立之宗旨是为其教民及其相关民众提供免费的英语教育；其校址选择在唐人街，表明其致力于在美利伴华人社区中大力扩展其宗教影响力。事实上，自一九二一年《中国留学生章程》实施以来，就已经有很多来美利伴留学的中国留学生选择进入该校读书。只是此前内务部对于中国留学生是否可以入读免费的公立学校或者是只能进入收费的私立学校并没有一个硬性规定，长老会学校虽然是私立性质，但对中国学生亦是免费的。在获得长老会方面的肯定答复之后，内务部秘书在十二月三十一日那天就正式批复了钟荣治的签证申请。

在中国的钟荣治家人收到由中国驻澳大利亚总领事馆寄来的上述护照和签证后，立即安排行程。待一切就绪，就将他送往香港，搭乘"太平"（Taiping）号轮船，于一九二七年四月十日抵达美利伴口岸，入境澳大利亚。钟炳去到海关将儿子接出来，住进他在佐治巷的家具店里。

原本钟炳是计划让儿子入读位于小博街（Little Bourke Street）上的长老会学校，但在钟荣治抵达美利伴后，他改变了主意，要把儿子送入声望较高的教会学校读书。五月二日，钟炳带着儿子去到位于美利伴东城的山圧打学校（St. Peter's School），正式注册入读这间教会学校。钟荣治在这里读了两年半，无论是在校表现还是各科成绩都令人满意。一九三○年新学年开始，他转学进入苏格兰书院（Scotch College）读书，注册名字则按照当地人先名后姓的习惯，改为W. G. Chung。在这里，经一年的学习后，他克服了原先英语尚不是很流利的弱点，各项成绩都受到好评。到一九三一年，他的各科成绩都是A等，但次年成绩有所下降，从优等降为B等。尽管如此，他一直在该校保持着B等的成绩，直到一九三三年读完了全部小学课程。

从一九三四年开始，钟荣治注册入读位于美利伴城里的司铎茨商学院（Stott's Business College）。他在这里读完了一年的课程，便于十一月二十日从该学院退学。自第二年一月二十三日新学年开学后，他进入基督教青年会主办的日校念书，主修英语和商科课程，读了一个学期共三个月，到四月二十二日结束。两天之后，他在乔治泰勒辅导学院（George Taylor & Staff University Coaches）注册，进入该校学习。当时上述两次转学，内务部都不知晓，直到四月份中国总领事馆为他申请展签时，内务部秘书方才得知此事，遂通过海关部门几次核查了解，方才搞清楚钟荣治上述两次转学的时间和相关过程。因此，内务部秘书直到六月份才批复他的展签，但在致中国总领事馆的信函中，也强调下不为例，即以后如果钟荣治要转学，须事先经过内务部批准方可。他希望中国总领事馆告诫所有中国学生，必须要严守此项规矩。

在乔治泰勒辅导学院，钟荣治各项学习成绩都很好，颇受好评。但到一九三六年三月中国总领事馆再次为他申请展签时，内务部秘书才猛然发现该学院的上课时间都是在傍晚，便立即指示海关去询查，看看钟荣治在白天的时间里都干些啥。海关经一番调查无果，最后于五月底去到"钟记"家具店见到了钟炳，后者告知其子白天是在给中国学生做家教，但具体教的是谁则无法说清楚。等过了几天，到六月初海关再次去找到钟炳想问清楚其子具体教的是谁时，又被告知钟荣治已经于六月一日转学，入读美利伴工学院（Melbourne Technical College），主修汽车工程，课程为二年。当然，在这里他的上课时间是白天。海关折腾了一番，没有什么重要发现，内务部也就让此事不了了之，最终批复其展签申请。而钟荣治在工学院的学习也很刻苦，到这一年年底，他的各科成绩都令人满意。

一九三七年一月七日，中国驻澳大利亚总领事保君建向内务部秘书发出急件，告知钟荣治因中国家中有急事须立即返回探亲，定于九日搭乘"彰德"（Changte）号轮船从美利伴离境。因其课程尚未结束，他还须赶回来继续完成其学业，故请内务部核发其再入境签证。内务部秘书也很配合，第二天便批复，准其在离境后的十二个月内返回澳大利亚。第二天，二十岁的钟荣治便按计划登船回国。

一九三七年十一月十五日，中国总领事保君建致函内务部秘书，告知因日本大举侵华，钟荣治难以在规定的时期内赶回澳大利亚继续读书，特为其入境签证申请六个月的延期。对于中国自卢沟桥事变以来形势的变化，内务部秘书了然于心，故在一个星期后就复函批准，准其延期至一九三八年七月九日之前入境有效。然而，半年后钟荣治仍没有来澳。

直到九年后，钟荣治的名字才又出现在了澳大利亚移民部的文件中。一九四六年七月一日，中国驻美利伴领事馆的王良坤领事致函位于同城的澳大利亚移民部办公室，为钟荣治的入境申请签证。此时的钟荣治住在香港九龙，是常青公司（Evergreen & Co.）的三个合伙人之一。王领事在函中表示，钟荣治自一九三七年回国后不久，就移居香港至今；此次申请入澳签证，目的在于来此考察进出口贸易的市场与机会，此外也想顺便看望在美利伴的祖父钟显。自然，因其现在已是生意人，自有身家，故来访之所有费用皆由其本人负担，希望移民部能成全其愿望，核发入境签证给他。但移民局经研究后，以王良坤领事的申请函中并没有写明钟荣治来澳所要考察的是哪一方面的进出口市场和机会为由，拒绝了上述签证申请。由是，三十岁的钟荣治想重返澳大利亚的愿望落空。此后，澳大利亚档案中再也找不到与他相关的任何信息。

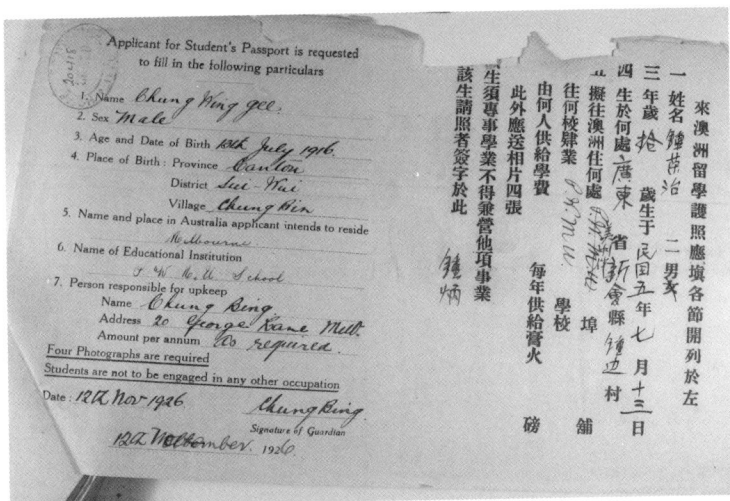

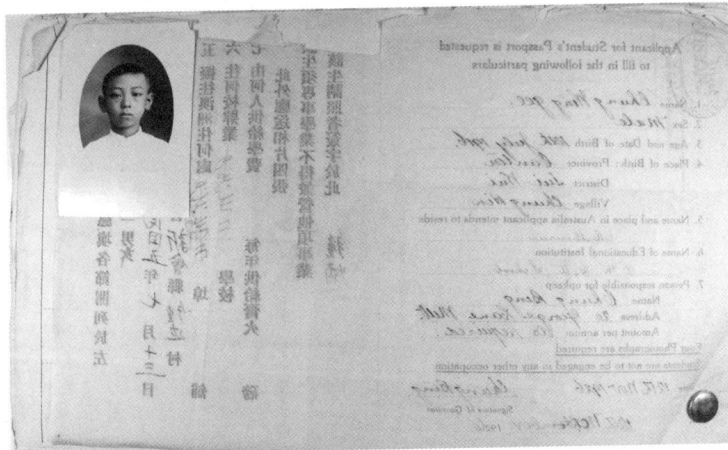

一九二六年十一月十二日，钟炳填表向中国驻澳大利亚总领事馆申办儿子钟荣治的来澳留学护照和入境签证。

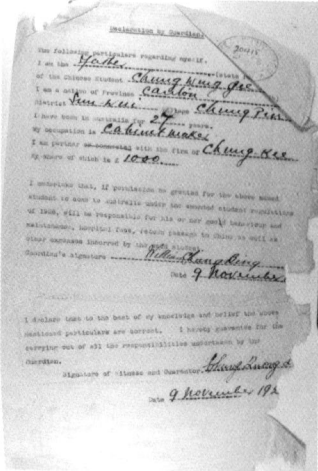

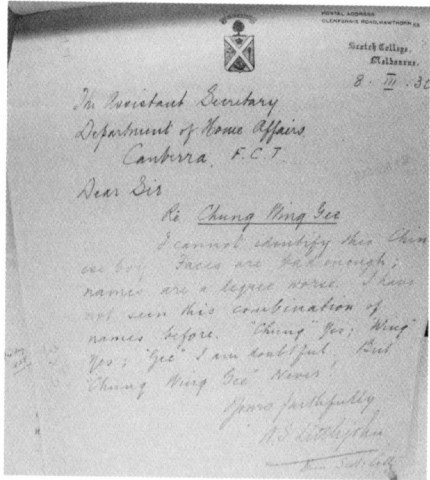

左为一九二六年十一月九日钟炳所填写的财政担保人声明书。右为一九三○年三月八日苏格兰书院有关钟荣治注册入读该校的说明。

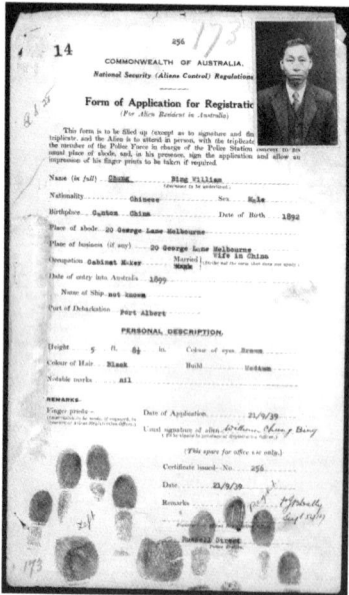

左为一九三九年澳大利亚内务部发给钟炳的外侨登记证。右为一九四八年澳大利亚移民局发给钟炳的外侨登记证。

档案出处（澳大利亚国家档案馆档案宗卷号）：

Chun Wing Gee-Student [3cms], NAA: A433, 1946/2/3277

威利祥

新会贵岗村

　　威利祥（Willie Cheong）是新会县贵岗村人，生于一九一六年九月十二日。事实上，威利祥不姓威，而是姓陈，因其父亲名为陈逢（Chun Fung，或者Chin Fung）。后者生于一八七六年，于十九世纪末来到澳大利亚，在昆士兰省（Queensland）北部重镇汤士威炉埠（Townsville）北面约一百公里处的唛溺（Macknade）埠立足，开设一间果子蔬菜杂货店，名为"广益"号（Kwong Yick Store）。[①] 由是，威利祥的本名显然应该是陈祥，但其父亲可能是为显示其洋气，给他取了一个英文名字Willie，翻译过来，就是威利。至于在护照上不随父姓，就只用"威利祥"这样的中英文名字，实际上也是当时很多出国小留学生之惯常做法。

　　一九二三年三月二十六日，尽管儿子威利祥尚未满七周岁，但陈逢已经等不及了，他填好表格，向中国驻澳大利亚总领事馆申办儿子的赴澳留学护照和签证。他以自己经营的"广益"号商铺作保，允诺每年提供膏火五十镑作为儿子在澳留学期间的费用，要将其办来他所居住之处的公立学校即唛溺埠公立学校（Macknade State School）念书。也许是由于该地偏僻，距离中国驻澳大利亚总领事馆所在地美利滨（Melbourne）路途遥远，因此，陈逢托请

---

①　Certificate Exempting from Dictation Test (CEDT)-Name: Chun Fung (of Townsville)-Nationality: Chinese-Birthplace: Canton-departed for China per ST ALBANS on 6 October 1916, returned to Townsville per AKI MARU on 29 August 1917, NAA: J2483, 220/8；Certificate for exemption from dictation test-Chun Fung, NAA: J2773, 2566/1916。

同乡宗亲陈维康（Chun Wai Hong）充任上述护照请领人，亦即全权代理此项申请事宜。至于陈维康是住在汤士威炉还是美利滨，因无法查到他的资料，无从得知。不过，中国总领事馆对上述的审理基本上还算是按部就班地进行，大约费时四个月左右的时间。到同年七月二十四日，中国总领事魏子京便给威利祥签发了一份中国学生护照，号码是309/S/23；两天之后，也为他从内务部拿到了入境签证。

但拿到护照和签证后，威利祥的家人并没有立即安排其前来澳大利亚，而是让他在家乡等了两年半左右的时间。在此期间，他的父亲陈逢提前于一九二四年返回家乡探亲，待威利祥在家乡上了两年学，年满九岁之后，才安排好船期，将他带到香港，一同搭乘"天叮"（Tanda）号轮船，于一九二五年十二月二十一日抵达汤士威炉埠，入境澳大利亚。随后，再由此乘车赶回其所居住的唛溺埠。①

威利祥入境之际，正好是在圣诞节的前夕，也是当地学校正在放暑假之时。因此，他只能等次年一月底新学年开学后，才能注册入学。但可能唛溺毕竟是个小村子，人口只有几百，学校的规模很小。在次年新学年开学前，陈逢便将其店铺搬到更北面约一百公里远而人口也更多些的秀客坞（Silkwood）埠，重新取名为"洪记"（Hung Kee），并于一九二六年一月二十五日将儿子送往位于该埠的秀客坞公立学校（Silkwood State School）入读。即将年满十岁的威利祥，在学校里表现出强烈的求知欲，总是想用最快的时间将英语学好，各科成绩都很突出。就这样，他一直在该校读到一九二八年上半年。

一九二八年六月十三日，秀客坞公立学校校长致函内务部秘书，告知威利祥于五月十八日晚与他父亲陈逢一起被歹人残杀于店内，年仅十二岁。内务部接到报告后，表示惋惜，按规定将其学籍注销。

前后相加，威利祥在澳留学两年半，因年纪小，学习英语上手快，到其

---

① Certificate Exempting from Dictation Test (CEDT)-Name: Chun Fung-Nationality: Chinese-Birthplace: Canton China-departed for China Kong per ARAFURA 20 May 1924 returned Townsville per TANDA 21 December 1925, NAA: J2483, 366/54。

被害前，他的英语程度已经与当地孩子没有多大差别了。惨案发生后不久，当地警方就将残杀陈氏父子的凶手抓获，并在随后的几个月里将其审判治罪，判处终身监禁。[1]

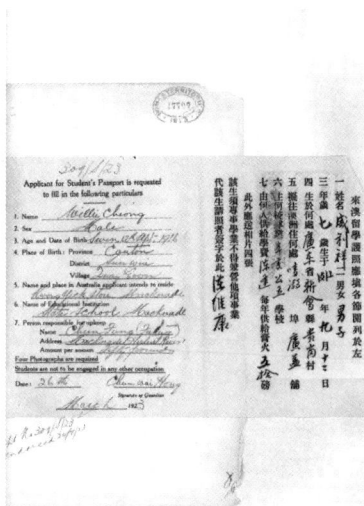

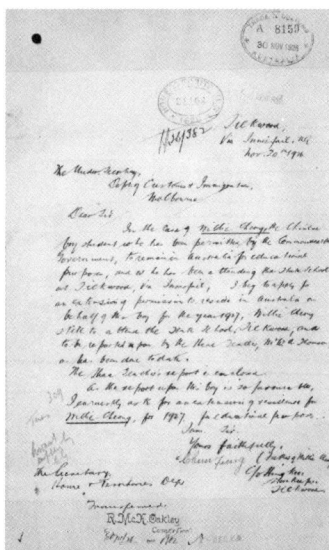

左为一九二三年三月二十六日，陈逢填表向中国驻澳大利亚总领事馆申办儿子威利祥的留学护照和签证。右为一九二六年底陈逢致函内务部秘书，为儿子申请签证展期。

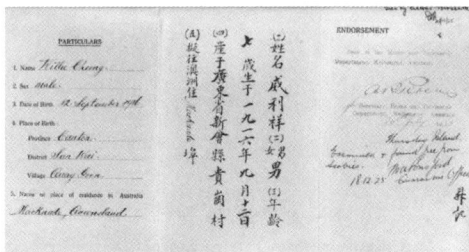

一九二三年七月二十四日，中国驻澳大利亚总领事魏子京给威利祥签发的学生护照。

档案出处（澳大利亚国家档案馆档案宗卷号）：

Willie CHEONG-Student passport, NAA: A1, 1927/21154

---

[1] "LIFE SENTENCE. MURDER OF CHINESE. OLD SILKWOOD TRAGEDY", in *Brisbane Courier*, Friday 17 August 1928, page 17。

阮显明

新会江门

　　阮显明（Yuen Hin Ming）是新会县江门人，生于一九一六年十一月十日。他的父亲叫阮罢高（William Yee），出生于一八八二年，十七岁那年便追随乡人步伐，南渡澳大利亚，在美利滨（Melbourne）登陆入境，[①] 后定居于雪梨（Sydney），参股到当地的一家名为"茂生"（Mow Sang & Co.）号的商行，成为一名小股东。

　　在阮显明年满十一岁之后，阮罢高想将其办来雪梨留学，就赶在一九二七年圣诞节之前，即十二月二十日，填好表格，备齐材料，向中国驻澳大利亚总领事馆申办儿子的来澳留学护照和签证。他以自己参股的茂生公司作保，承诺每年提供膏火八十镑，作为儿子在此期间的所有学费、生活费及医疗保险费等开支，希望将儿子安排进入华人英文学校（Chinese School of English）读书，并已从该校校长戴雯丽（Winifred Davies）那里拿到了录取信。但中国总领事馆接到上述申请后，却拖了四个月的时间才予以审理完毕。一九二八年五月一日，总领事魏子京为阮显明签发了一份学生护照，号码502/S/28；次日，他便将此护照附上申请材料寄送内务部，为阮显明申领签证。

　　而内务部接到申请后，则是按部就班地予以处理。五月十日，发函到雪

---

① YEE William: Nationality-Chinese: Date of Birth-2 November 1882: Date of Arrival-1899: First Registered at Richmond South-Victoria, NAA: MT269/1, VIC/CHINA/YEE WILLIAM。

梨海关，请其核查阮罢高的财政状况，以确认其是否具备担保能力；同时，再要求将其人出入澳大利亚海关的记录也一并查清，以判断其与签证申请人之间是否父子关系。两个星期后，雪梨海关就基本搞清楚了阮罢高的经济状况。八年前，阮罢高从美利滨逐渐北移，穿过域多利（Victoria）省北部乡村进入鸟修威（New South Wales）省西北部地区，最终在该处的大埠礼士沟（Lithgow）定居下来，成为菜农并经营果蔬店。他在该地还拥有四畦大地，价值五百镑；在该省中部海岸的唯唯（Woy Woy）埠也有一块地，价值一百镑；此外，他在两间不同的银行各有三百镑的存款，显见其人财务状况不错。其品行亦未见有不良记录，总是与人为善。在四个多月前，亦即向中国总领馆提出申办其子来澳留学之际，他卖掉了礼士沟的生意，移居到雪梨，投资三百镑参股上述"茂生"公司之后，便选择在效能汽车技校（Efficiency Motor School Ltd.）修读课程，目前仍然在学，目的是想一技傍身以及拿到执照后开设一间修车厂，冀望日后越来越多的华人拥有汽车和卡车后，需要维修和服务，他就可以有稳定的客源。

至于阮罢高的出入境记录，雪梨海关找不到。根据其本人自述，此前他每次回国探亲都是经美利滨港口进出境，故只能行文美利滨海关提供这些档案记录。美利滨海关接到商调函后，很快就于六月十二日给出了答案。阮罢高最近的两次回中国探亲都是经美利滨港口出入境，第一次是一九一三年三月三十一日至五月三日，只回国待了很短的时间便赶回澳大利亚；第二次是一九一八年六月二十一日至十二月十日，时间亦不长，仅半年而已。在这两次回国探亲的间隔期，没有发现他有出国的记录。

上述两份报告送到内务部之后，审理评估人员发现签证申请者阮显明的出生日期是一九一六年，而此期间阮罢高本人一直都在澳大利亚，显然前者的出生与后者没有任何关系，换言之，阮显明根本就不可能是阮罢高的亲生儿子，按照中国人传统习俗，阮显明应该是阮罢高领养的儿子。尽管阮罢高拥有相当的财政能力，但上述签证申请者既然不是其亲生儿子，也就不符合来澳留学的规定。于是，七月二日，内务部秘书致函中国总领事馆，以上述理由直接拒绝了阮显明的签证申请。就是说，阮显明不能获批前来留学。

中国总领事馆知道事不可为，无法申诉，遂将上述内务部决定直接转给阮罢高。后者可能也觉得事已至此，也没有办法。阮显明的档案到此中止。

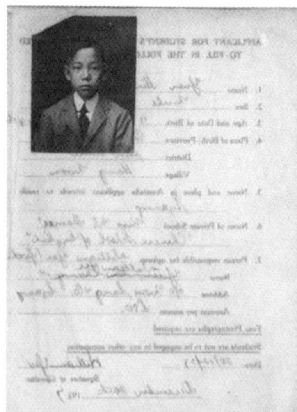

一九二七年十二月二十日，阮罢高填好表格，备齐材料，向中国驻澳大利亚总领事馆申办儿子阮显明的来澳留学护照和签证。

左为一九二八年五月一日，中国驻澳大利亚总领事魏子京给阮显明签发的中国学生护照。右为同年六月十二日美利滨海关回复雪梨海关商调函时所附上的阮罢高照片。

档案出处（澳大利亚国家档案馆档案宗卷号）：

Yuen Hin Ming-Student passport, NAA: A1, 1928/4853

陈 携

新会天马村

陈携（Chun Kwai）生于一九一六年十二月八日，新会县天马村人。他的父亲是一八七四年出生的陈和（Chun Wah），于一八九七年只身奔赴澳大利亚闯荡，寻找梦想。他先是在昆士兰省（Queensland）北部地区当菜农，[1]开商铺，[2]然后逐渐南移到该省首府庇厘士彬（Brisbane）；到二十世纪二十年代，他再去到尾利宾（Melbourne），向外宣称他加股进入已在中国城小博街（Little Bourke Street）一百七十七号开设多年的"新裕利"（Sun Yee Lee）号商行，[3]股本价值二百镑，并表示自己参与该商行的经营。

一九二八年初，陈和备齐材料，填上表格，由在域多利省（Victoria）西北部文招罅（Mildura）埠开设一间蔬果兼售杂货的名为"左珠侃"（George Horne & Co.）商行的同宗陈象烛（George Chan Horne）作为代领人，[4]向中

---

① Chun Wah [known as Ah Wah] of Geraldton [Innisfail], Qld-birthplace: Canton, China-departed Geraldton [Innisfail], Queensland on the Empire 5 April 1904, NAA: J2482, 1904/66。

② Wah, Chun-Nationality: Chinese [DOB: 1874, Occupation: Storekeeper]-Alien Registration Certificate No 765 issued 24 November 1916 at Cairns, NAA: BP4/3, CHINESE WAH CHUN。

③ 新裕利号是美利宾唐人街的老字号商铺，十九世纪末便已开设，此时由一八九七年从新会天湖村来到这里发展的陈如庆(Ching Gooey Hing)和他的兄弟控股并主持运营。陈如庆和陈和是宗亲，可能相互之间关系较为密切。陈如庆的档案见：HING Gooey: Nationality-Chinese: Date of Birth-September 1872: First registered at Little Bourke Street, NAA: MT269/1, VIC/CHINA/HING GOOEY 及CHING Gooey Hing-Nationality: Chinese-Arrived Melbourne per Unknown 1 December 1897 Departed Commonwealth on 07 December 1955, NAA: B78, CHINESE/CHING GOOEY HING。

④ 陈象烛是新会会城人，一九〇〇年来到澳大利亚发展。见：CHAN George Horne-Nationality: Chinese-Arrived Melbourne per Unknown 01 September 1900 Departed Commonwealth on 06 March 1956, NAA: B78, CHINESE/CHAN GEORGE HORNE。

国驻澳大利亚总领事馆申办儿子陈携的赴澳留学手续。他以上面提到的"新裕利"号商行作保，允诺每年提供膏火五十镑作为儿子留学各项所需，要把儿子办到设在尾利宾中国城的长老会学校（P.W.M.U. School）念书。后来他觉得还是要给儿子找个更好的私校，遂改为位于尾利宾城里东山（East Hill）的山庇打学校（St. Peter's School），并且也拿到了该校对陈携的录取信。中国总领事馆受理上述申请后，于四月三日由总领事魏子京签发了一份学生护照给陈携，号码是500/S/28。第二天，他便将护照和申请材料送往内务部，为陈携申领入境签证。

内务部在受理陈携的签证申请后，便于四月十三日函请尾利宾海关提供有关陈和的财政状况及一九一六年前后的出入境记录。鉴于过去十几年间陈和居住地点变更频繁，故尾利宾海关需要时间跟这些地方的机构联络，以确定其行踪的连续性。最终，他们于六月十四日在昆士兰省北部港口汤士威炉（Townsville）找到了陈和的出入境记录：一九一四年一月二十六日，陈和在此搭乘路过的日本"熊野丸"（Kumano Maru）轮船离境回国探亲，一九一六年十一月二十四日乘坐"山亚班士"（St. Albans）号轮船抵达坚市（Cairns）港口，回返澳大利亚。[1]报告送上来后，内务部秘书认为陈携就在陈和回澳后不到三个星期的时间内出生，他们之间的父子关系毋庸置疑。现在就只剩下一个问题，即陈和个人的财务状况是否可以承担其儿子来澳期间的费用。

早在追踪陈和出入境踪迹的同时，尾利宾海关也在中国城对陈和的个人财务状况做了摸底调查。海关稽查官对新裕利商行的一位股东查询的结果是，陈和在该商行并没有任何投资，所谓加股进去是他自己对外的吹嘘，他实际上只是一名草医而已。此前他曾在昆士兰的坚市、烟厘时非炉（Innisfail）和庇厘士彬等地都有开过草医馆，算得上是做过店主；来到尾利宾后，他曾在卡令活（Collingwood）区开过一间草医馆，但最终关门了，现在是在佛珠来（Fitzroy）区帮人管理一间草医馆，周薪五镑，已有三个月之久。

---

[1] Certificate Exempting from Dictation Test (CEDT)-Name: Chun Wah (of Innisfail) -Nationality: Chinese -Birthplace: Canton-departed for China per KUMANO MARU on 26 January 1914, returned to Cairns per ST ALBANS on 24 November 1916, NAA: J2483, 189/82。

当上述财务状况报告送交给内务部之后，情况已经明了，陈和目前的财政状况并不好，根本就很难支撑其子在澳的留学所需费用。更重要的是，他在申请中提供财务假信息，有欺骗误导之嫌，与《中国留学生章程》新规中有关监护人和财政担保人的条件不符。于是，六月二十七日，内务部秘书复函中国总领事魏子京，直截了当地拒绝了陈携的签证申请。

但魏总领事经一番询问，得知这只是个别股东的说法，事实上他确实是有些股份在新裕利号商行里边的，遂于七月二日致函内务部秘书，特别解释此事。既然如此，内务部秘书于七月十三日再发文给海关，要求再去核实一下此事。海关核实的结果仍然一样，只是新裕利的大股东承认向中国总领事撒谎，谎称陈和确实在商行中占有一些股份，目的是想帮他成功地将儿子办来读书而已。

在又经过两个月的折腾之后，八月二十七日，内务部秘书再次致函中国总领事魏子京，将上述调查核实的结果一一陈述，重申了不能核发签证给陈携的决定。事已至此，中国总领事馆知道已经无法改变现实，遂放弃了再次申诉的努力。而陈和也因自己的经济状况彻底暴露在海关人员面前，短期内难有多大起色，不得不放弃了申诉，导致其子赴澳留学梦碎。陈携的档案到此中止，此后也未见到他再次申请来澳留学。

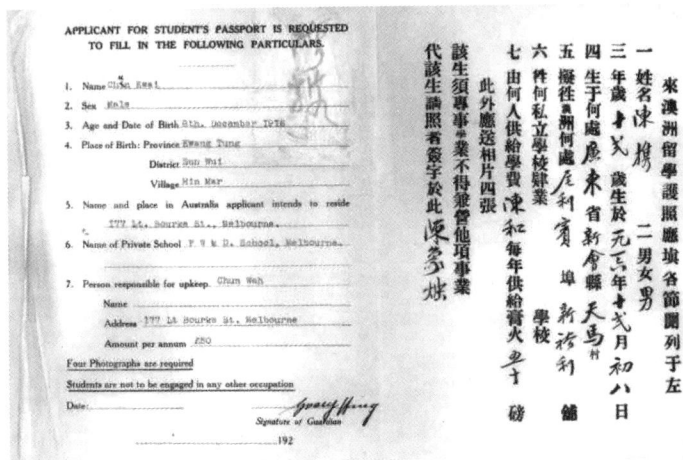

一九二八年，陈和以陈象烛作为代领人，向中国驻澳大利亚总领事馆申办儿子陈携的赴澳留学手续。

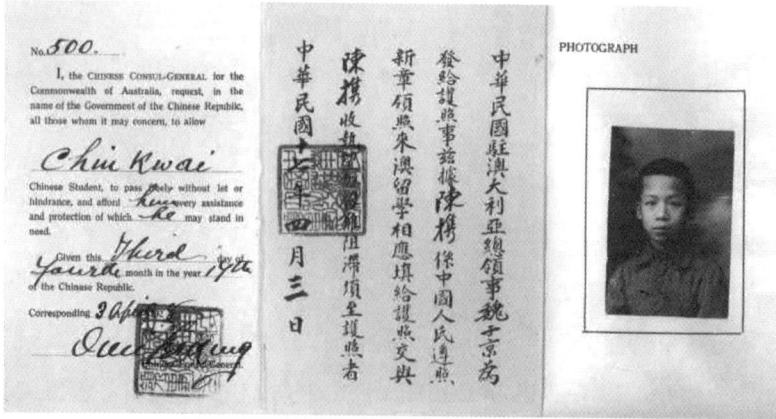

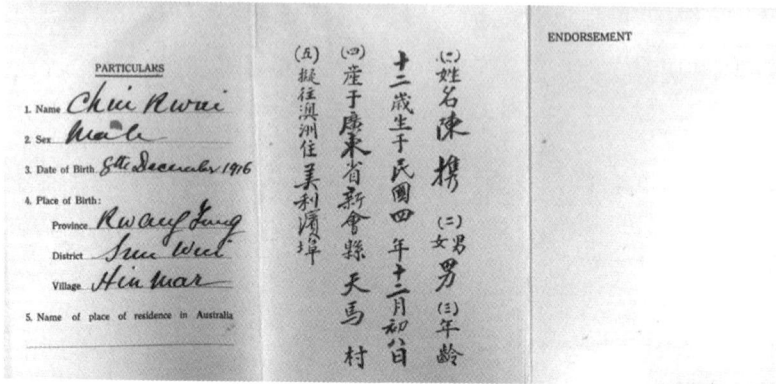

一九二八年四月三日，中国总领事魏子京给陈携签发的中国学生护照。

一九二八年五月，海关人员核查其财务状况时，陈和交给海关人员的照片。

一九一六年十一月二十四日，陈和乘坐"山亚班士"号轮船抵达坚市港口回返澳大利亚后，当天在坚市警察局申请拿到的外侨证。

档案出处（澳大利亚国家档案馆档案宗卷号）：

Kwai, Chun-Student's passport, NAA: A1, 1928/3905

陈国荣

新会会城

　　陈国荣（Chun Kwok Wing），一九一七年六月十日出生在新会县会城内。他的父亲陈象柱（Henry Chun）是一八八〇年一月十五日出生，一九〇〇年二十岁时，跟随兄弟陈象烛（George Chan Horne）和乡人的渡海南下谋生大潮，[1]来到澳大利亚发展，在美利滨（Melbourne）登陆入境。[2]出国前，陈象柱已掌握了一定的烹饪手艺，来到澳大利亚后，便以厨师为生。在美利滨站稳脚跟有了一些积蓄之后，他便跟人合股于唐人街（亦即小博街）二百一十二号开设了一间餐馆，名为"香港楼"（Hong Kong Café），慢慢积累起财富。

　　一九二三年十一月二十七日，陈国荣刚满了六岁不久，父亲陈象柱便填表向中国驻澳大利亚总领事馆提出申办儿子来澳留学的护照和签证。他以自己参与经营的"香港楼"餐馆作保，应承每年可以提供膏火五十镑作为儿子在澳留学期间的开支，要将他送入加顿（Carlton）区若丝砀街公学（Rathdown Street State School）读书。两个多月后，中国总领事馆审理完了此项申请，总领事魏子京于一九二四年二月六日给陈国荣签发了号码为380/S/24的中国学生护照，二月九日也为他从内务部拿到了入境签证。随后，中

---

[1]　陈象烛抵澳后，最终去到域多利省（Victoria）西北部农业小镇文招罅埠（Mildura）当菜农。见：CHAN George Horne-Nationality: Chinese-Arrived Melbourne per Unknown 01 September 1900 Departed Commonwealth on 06 March 1956, NAA: B78, CHINESE/CHAN GEORGE HORNE。

[2]　CHUN Henry-Nationality: Chinese-Arrived Melbourne, NAA: B78, CHUN/H。

国总领事馆将护照和签证寄往中国。

在上述护照和签证申请过程中，陈国荣的家人已经为他的赴澳行程做好了安排。一俟签证获准，家人便立即将其带到香港，托付给同行的监护人，搭乘"衣市顿"（Eastern）号轮船，于三月二十五日抵达美利滨港口。因陈国荣是在没有收到护照和签证的情况下便已登船赴澳，故当他抵达美利滨时，无法入关。为此，中国总领事馆与内务部紧急联络，内务部秘书也意识到如果等寄到中国的护照再重新寄回来，还要一个多月，时间上已经来不及，遂于三月二十七日发文给美利滨海关，说明情况，核准其入境，待护照寄回时再补盖入境签章。由是，陈象柱次日得以从海关将儿子接出来，回到"香港楼"餐馆里住下。直到七月份，内务部在接到从中国寄回的陈国荣护照之后，才将这些入境流程全部完成并存档备案。

到五月份，陈国荣已经入境一个多月，内务部想检查一下他在校的表现，去信若丝砀街公学询问，方才得知他根本就没有在这间学校注册入读。经一番询查，得知他入读的学校是同在加顿区的李街公学（Lee Street State School），他也在此有了一个英文名字，叫Harry Chun（陈哈利）。刚刚进入这间学校时，校长表示，这位中国学生怎么看起来都像是只有五岁多一点，年龄太小了。半年后，校长对他仍然是这样一个印象，但表示他已经能够听懂英语，也能简单交谈了，毕竟孩童学语言的能力比较快。经一年的在校学习，校长认为他的英语有很大进步，但智力发育显然比同龄人要差一至二年。两年后，校长认为他的英语虽然已经很不错，但与本地人比起来还是弱一些。校长认为最主要的问题是，他的智力发育仍然不及同龄人，换言之，就是与一般人相比有点儿迟钝；而这个年龄段的孩子普遍存在的顽皮等特点他也都有，这让他的学习成绩表现很一般。

一九二六年九月，陈国荣从李街公学退学，告诉校长他要转学去法拉第街公学（Faraday Street State School）读书。可是，随后内务部想跟进其在校表现而发文去该校，得知没有这样一位中国学生入读；内务部从其他渠道获知，他可能是去了若丝砀街公学，但发文后的结果亦是一样。后来，内务部以陈哈利的名字再去法拉第街公学查询，才得知他是以这个名字于九月十三日便在该校注册入学，学习成绩一般，已经学会如何用钱计数了。他在这间学校读了一年之后，于一九二七年十月二十一日退学，并明确告知学校，他要跟父亲回国探亲。

在经过一个多月的等待船期之后，一九二七年十二月十四日，在澳已经读了三年半书年满十岁的陈国荣，便与父亲一起在美利滨港口登上"太平"（Taiping）号轮船，返回中国探亲。

一九二八年三月二十三日，中国总领事魏子京致函内务部秘书，要为陈国荣重返澳大利亚留学申请再入境签证，并表示他拿到了圣伯多禄书院（St.Peter's School）的录取信。因此前这位中国小留学生并没有留下任何不良记录，而且他的年龄和其他方面的条件都符合规定，故内务部秘书在两天之后便批复了上述申请，准其在本年年底之前返回，继续其学业。

尽管陈国荣顺利地拿到了再入境签证，但他的档案也到此中止，此后在澳大利亚的档案中找不到任何与其相关的出入境信息，表明他再也没有重返澳大利亚学习。

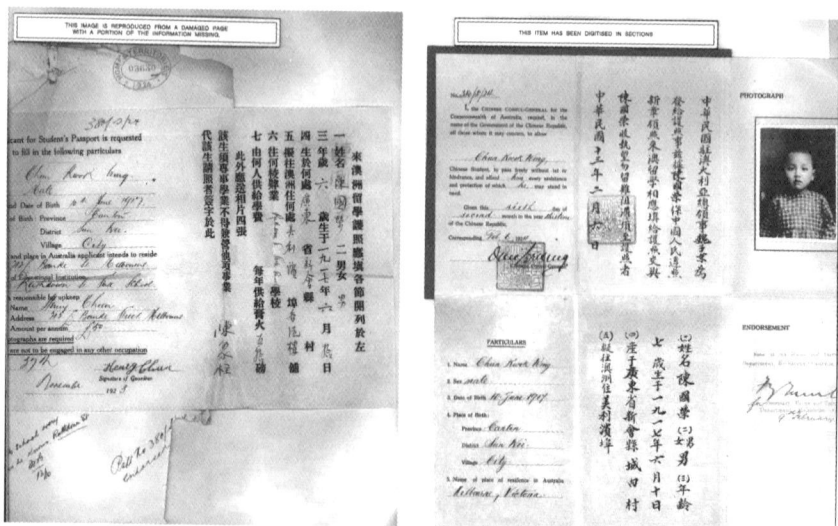

左为一九二三年十一月二十七日，陈象柱填表向中国驻澳大利亚总领事馆提出申办儿子陈国荣来澳留学的护照和签证。右为一九二四年二月六日，中国驻澳大利亚总领事魏子京给陈国荣签发的中国学生护照。

一九四八年二月十二日，陈象柱在美利滨获发的外侨登记卡。

档案出处（澳大利亚国家档案馆档案宗卷号）：

Wing, Chun Kwok-Student's passport, NAA: A1, 1928/3406

陈树钦

新会会城

陈树钦（Chan C. Ham），一九一七年十二月十二日出生在新会县城内。父亲陈象烛（George Chan Horne）一九〇〇年九月一日来到澳大利亚谋生，由域多利（Victoria）的首府美利滨（Melbourne）登陆，然后进入该省的内陆地区，并最终定居于域多利省西北部与鸟修威（New South Wales）省交界处的农业小镇文招罅（Mildura），在此埠与人合股开设一间蔬果兼售杂货的商行，名为"左珠侃"（George Horne & Co.），经济来源稳定。[①]

一九三一年九月十六日，陈象烛填好表格，向中国驻澳大利亚总领事馆申办儿子的赴澳留学手续。他以自己经营的"左珠侃"号商行作保，承诺每年提供膏火六十镑作为儿子陈树钦留学期间所需的各项费用，要将儿子送入他所在地的文招罅师姑学校（St. Joseph's College Convent of Mercy, Mildura）读书，并已事先拿到了该校的录取信为据。此时的中国总领事馆已在两年前便搬迁到了雪梨（Sydney），接到上述申请后，前后花了一个月的时间进行审理。待核实完各项条件之后，中国总领事陈维屏于十月十七日致函内务部秘书，附上该份申请材料，为陈树钦申请入境签证。

内务部接到上述申请后便按照程序处理。而直到十二月四日，美利滨海关才根据指示完成了对陈象烛的财务状况和其在一九一七年前后的出入境

---

① CHAN George Horne-Nationality: Chinese-Arrived Melbourne per Unknown 01 September 1900 Departed Commonwealth on 06 March 1956, NAA: B78, CHINESE/CHAN GEORGE HORNE。

记录等事项之核查。根据海关记录，陈象烛于一九一六年五月七日从美利滨港口乘坐"奄派"（Empire）号轮船驶往中国探亲，直至一九一九年四月二十一日始搭乘日本轮船"丹后丸"（Tango Maru）返回，仍然是在美利滨下船。可见，其子陈树钦正是在他这次回国探亲期间所生。此后，他又有两次返回中国探亲的记录，一次是在一九二二年，一次是一九二八年。通过当地警察局的了解，也得知陈象烛为人诚实，经商有道，财务状况良好。既然作为监护人和财政担保人的陈象烛上述条件皆符合要求，内务部便不必再花人力物力去核查其他事项，比如其商行的股权结构及年营业额等，很快通过了预审。十二月十一日，内务部秘书将批复结果知会陈维屏总领事，后者当天便给陈树钦签发了一份中国学生护照，号码是No.24716，随后便立即将护照寄回内务部，由后者于十二月二十二日将签证章钤盖在护照上，再将其寄回给中国总领事馆。

但在中国的陈树钦收到寄去的护照和签证后，仍然在家乡盘桓了大半年，可能是补习英语，因其此时已经届满十四岁，按要求来澳留学须具备初步的英语学识能力。随后他根据家人安排赶到香港，搭乘"太平"(Taiping)号轮船，于一九三二年十月十三日抵达美利滨，顺利过关入境。陈象烛提前从乡间赶来，将儿子接出关后，搭乘火车赶回四百七十五公里以外的文招罅埠。

一九三二年十一月十四日，十五岁的陈树钦正式注册入读文招罅师姑学校。他基本上能按时去学校上课，对学习也保持热情，算得上是努力勤奋向学。由是，他以这样的学习态度，一直待在该校念书，直到一九三六年底学期结束。在此期间，学校递交给内务部的例行报告都很简单，评语上除了学业优良，便是表现令人满意，显示出他一直都是潜心向学的好学生。

但从一九三七年新学年开始，十九岁的陈树钦虽然仍然去文招罅师姑学校上学，但早已向学校表示近期要返回中国。二月十三日，中国驻澳大利亚总领事保君建致函内务部秘书，告知陈象烛因要返回中国探亲，须将儿子一起带上，但他还希望儿子能重返澳大利亚继续学业，故向内务部申请陈树钦的再入境签证。二月二十日，内务部秘书批复了上述申请，准允其在离境之后的十二个月内返回澳大利亚继续上学，但必须事前选择好要入读的学校。

接到再入境签证的批复之后，陈树钦一边继续在学校念书，一边协助父亲确定船期，准备回国。

一九三七年四月三日，在文招罅师姑学校读了四年半书的陈树钦与父亲一道，在美利滨港口登上"天吲"（Tanda）号轮船，离开澳大利亚，驶往香港，转回家乡。①

陈树钦的档案到此中止。因在离开之前就已获得再入境签证，原本他还是有机会返回澳大利亚继续读书，直到他年满二十四岁止。但自其离境后便再也没有他的信息，澳大利亚各海关也没有他入境的记录。显然，他因故放弃了来澳继续留学，而造成这个变故的最大因素，就是这一年日本发动了全面侵华战争，中国进入了全面抗战的艰苦时期，无论是家庭还是个人，都由此而受到了极大影响。对于陈树钦来说，自然也不能例外。

一九三一年九月十六日，陈象烛填表格向中国驻澳大利亚总领事馆申办儿子陈树钦的赴澳留学护照。

档案出处（澳大利亚国家档案馆档案宗卷号）：

Chan C. Ham-Student Passport, NAA: A1, 1937/2721

---

① George Chan Horne [departed ex TANDA from Sydney on 14 April 1937] [issue of CEDT in favour of subject] [box 340], NAA: SP42/1, C1937/2554。

陈阿明

新会城内府前街

陈阿明（Chin Ah Ming），一九一七年十二月十五日出生于新会县城府前街。他的父亲陈阿沛（Chin Ah Poy），于一八九九年从家乡新会远赴澳大利亚谋生，定居于美利滨（Melbourne），在紧靠着唐人街（亦即小博街，Little Bourke Street）的伊文思巷（Evans Lane）开设有一间家具行，称"陈沛木铺"（C. Ah Poy）。[①]

一九二六年九月十日，陈阿沛填好表格，向中国驻澳大利亚总领事馆提出申请，要办理儿子陈阿明前来美利滨留学，希望他能进入开设在唐人街上的长老会学校（P.W.M.U. School）读书，已为此拿到了该校的录取信。他以自己经营的陈沛木铺作保，允诺每年提供如数足镑膏火（亦即需要多少便提供多少）给儿子作为留学期间所需之学费、生活费、医疗保险等相关开支。

中国驻澳大利亚总领事馆接到上述申请后，虽然审理得很快，在九月二十七日便由总领事魏子京给陈阿明签发了中国学生护照，号码是457/S/26，但却一直拖了几近一年的时间，才于一九二七年九月二十日将护照和申请材料递送到澳大利亚联邦政府内务部申请签证。究其原因，可能与一九二六年中开始实施的《中国留学生章程》新规有关，其中一项规定是中国留学生赴澳留学最低年龄应不小于十岁。陈阿沛在递交申请时，陈阿明尚不满九周

[①] 根据美利滨华文报纸报导，至少在一九〇八年之前，陈沛便已进入木行公会，亦即开设了自己的木铺。见："木行缘簿"，载《警东新报》（The Chinese Times），一九〇八年八月一日，第九版。

岁，也许这是中国总领事馆对此拖延审理的原因之一，毕竟该新规刚刚实施，总是要有所遵循才行；如果此时贸贸然递交签证申请到内务部，万一澳方以申请人尚有一年才满十周岁为由拒签，那么中国总领事馆也是无话可说的。总之，慎重一点总是比较稳妥的。而在这段时间里，陈阿沛已经安排儿子前往香港进入双语学校读书，一边学中文，一边也学英语，为赴澳留学做准备。

果然，内务部在接到上述申请后，看到签证申请人即将十周岁，并没有任何推辞，立即按照程序予以审理。十一月二十二日，接到核查陈阿沛财政状况指示的海关稽查人员便向内务部提交了报告。核查结果显示，陈阿沛在唐人街伊文思巷二号所开设的家具行，目前有雇员十四人，他本人亦住在这里。根据上一财政年度的报税情况来看，其全年营业额有三千二百镑，现有存货价值七百镑，一年开出的工资单累计有一千五百镑，家具铺场地租金一年为二百零八镑。由此可见，因经营这项生意，他的财务状况良好。而海关也从街坊邻居了解到，陈阿沛为人和善，经商有道，遵纪守法，没有不良嗜好。从海关的出入境记录来看，他与其子出生最接近的一次回国探亲是一九一六年八月二十五日回去，一九一九年七月二十一日方才回到澳大利亚。而陈阿明便是在其回国后的次年出生，他们之间的父子关系显然是毋庸置疑的。所有的核查结果表明，无论是签证申请人还是监护人之财务状况等都符合规定，内务部秘书便于十二月七日批复了上述签证申请。

在香港的陈阿明接到护照和签证后并没有立即启程，而是直到一九二八年八月九日才搭乘"太平"（Taiping）号轮船抵达美利滨入境。从其抵达时间来看，极有可能是其家人待陈阿明该年度上半学期的课程结束之后，方才安排他离开香港赴澳。这样做的好处是不耽误其上学，也让其有更充裕的时间学习汉语和英语，这样，他抵达澳大利亚后进入当地学校念书时就能比较快地适应这里的学习环境。

但在进入澳大利亚之后，陈阿明并没有立即注册入学，而是等到十一月一日，方才进入长老会学校读书。在入学前的两个半月多的时间里，他可能是被父亲延请家教再行恶补英语，或者是因父亲必须出门到别的地方有些木器的工作要做，不得不将其带在身边，因为他入学后不久就有两天时间是因为父亲要去距美利滨一百多公里远的芝郎（Geelong）埠做木工活而将其带走，导致旷课两天。在此校读了一个半月之后就到了暑假，但校长对他的在校表现还是非常满意，也评价其学业优异。看来赴澳前在香港所受到的中英双语教育，还是对陈阿明迅速适应当地的学习环境颇有助益。

从一九二九年新学年开学起，陈阿明就不再去长老会学校上学了，而是转学去了位于加顿（Carlton）区的若丝砀街公学（Rathdown Street State School）。因其转学时并未知照长老会学校，故学校是在四月中提供例行报告时才将此事告知内务部，后者于五月中才在若丝砀街公学找到陈阿明。但内务部马上意识到，陈阿明就读的是公立学校，按照《中国留学生章程》新规，这是当局不允许的违规行为。由是，内务部秘书于五月二十一日致函中国总领事馆，指出此事违规，希望对方介入，立即将陈阿明转学进入一间私立学校，不然当局会中止其在澳留学签证，直至遣返回国。新任中国总领事宋发祥接到上述公函后，不敢怠慢，很快便通知陈阿沛，让他将儿子转学到了圣伯多禄书院（St. Peter's School），然后于六月六日复函内务部秘书，告知结果，从而化解了一场危机。而陈阿明就在这间书院一直读到下一年的年底，期间各科成绩优异，在校表现良好。

一九三一年二月初新学年开学后，陈阿明再次转学，进入苏格兰书院（Scotch College）读初中，在其后的三年里，他的英语操说已经很流利，只是对一些词汇的理解力稍差。到一九三三年，他初中毕业，升入高中。但在高中读了一年半左右的时间，到一九三五年五月十七日，他突然从苏格兰书院退学了。直到八月一日，书院方才将此情况告知内务部。

内务部急忙动员海关寻找其去向。两周之后，海关在司铎茨商学院（Stott's Business College）找到了他。原来年届十八岁的陈阿明厌烦了高中课程，离开苏格兰书院后便注册入读这间商学院，选修速记、打字及簿记等商科课程。虽然他不是逃学或者去打黑工，但这种不辞而别、转学不通过内务部和中国驻澳大利亚总领事馆的做法还是不符合规定的。海关人员在警告他此后务必要按照程序和规范行事之后，这事儿就算是过去了。当八月底中国总领事馆为其申请签证展延时，内务部也没有留难，顺利批复。

可是在司铎茨商学院读了半年之后，陈阿明就于当年十一月十一日开始不再去上学了。十二月五日，中国总领事馆致函内务部，表示这位年轻的中国留学生因家里急事需要回国，特申请再入境签证，以便结束探亲后重返澳大利亚完成学业。海关人员为此奉命核查，于一个星期后找到了他，得知他已经购妥一九三六年一月四日离境的"天吖"（Tanda）号船票，准备动身。待核实了上述情况之后，十二月二十三日，内务部复函中国总领事馆，批复了上述申请，再入境签证自其离境之日起生效，有效期十二个月，即陈阿明应在此期限内返回澳大利亚继续读书。待上述手续完毕，十八岁的陈阿明便如期登船离境返国。

一九三六年十一月十日，即在陈阿明上述再入境签证有效期截止前一个半月左右的时间，中国驻澳大利亚总领事陈维屏致函内务部秘书，表示陈阿明因故不能按期重返澳大利亚，希望展签一年入境。九天之后，内务部秘书便批复上述申请，一年展签生效。又过了一年，到一九三七年十二月七日，新任中国总领事保君建再次致函内务部秘书，为陈阿明再申请一年入境展签，并表示届时这位中国学生一定会返回澳大利亚完成学业。当时中国形势危急，日本派遣大批军力在七月开始全面侵华战争之后，此时已经重兵逼近中国的首都南京。澳大利亚虽然远离东亚战场，但也理解中国总领事馆为其国民申请展签的苦心，便于十二月十六日复函同意再次展签一年。但是，形势的发展还是使人无法预料。到次年年底，因中国抗战进入相持阶段，也是最艰难困苦的时期，陈阿明仍然无法前来完成学业，保君建总领事便于一九三八年十一月四日再次为他申请一年的展签。对此，内务部根据其实际情况，于十一月十七日复函批复再展签一年。同时，内务部也强调，鉴于来年陈阿明就将年满二十一岁，该展签最多可以延至其年满二十四岁时止，显示出对这位中国学生来澳留学最大的宽容。[①]

---

① Chin Ah Ming [Correspondence concerning application for return to the Commonwealth for educational purposes for subject] [box 381], NAA: SP42/1, C1938/8380。

　　一般情况下，都是事不过三。可是，陈阿明连续三次获得留学签证顺延展签之后，于一九三九年底仍然无法前来，保君建总领事遂于当年十一月二十二日致函内务部秘书，表示因中国反侵略战争的原因，交通阻滞，陈阿明无法起行，遂再次恳请核发一年的展签。这一次，内务部就没有以前那样痛快批复，只是表示要先研究一下。保总领事见此，知道澳方的顾虑在于陈阿明已经越来越接近中国留学生来澳留学的最高年龄上限二十四岁，便于一九四〇年一月五日再函，希望能给这位中国青年再展签半年，因为他一直在争取于五月前赶来。但内务部反复讨论后，觉得他离开学校已经那么多年，现在又将年届二十三岁，显然已无必要再来留学。于是，一月十九日内务部秘书复函保君建总领事，正式否决了上述申请。保总领事事实上也早就预料到了这种结局，故在接到上述拒签函后，接受了这个结果。陈阿明来澳的最后努力，就以此结果告终。

　　虽然陈阿明的留学档案一直延续到一九四〇年，但其在澳留学的实际时长是一九二八年底至一九三六年初，总共六年半的时间。

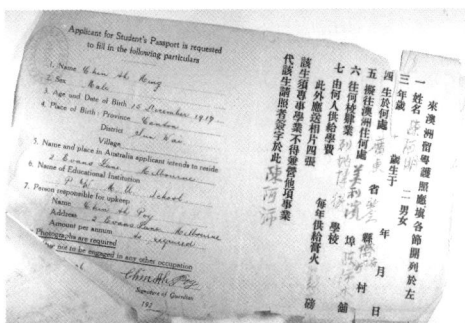

一九二六年九月十日，陈阿沛填表向中国驻澳大利亚总领事馆提出申请，办理儿子陈阿明前来美利滨留学。

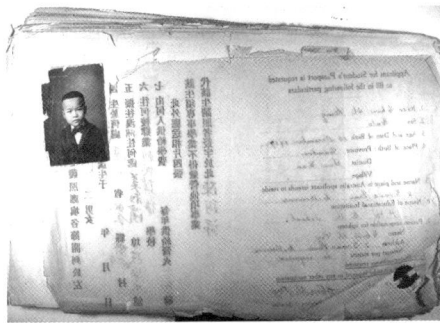

护照申请表背面的陈阿明照片。

档案出处（澳大利亚国家档案馆档案宗卷号）：

Chin Ah Ming-Student exemption [1cm], NAA: A433, 1939/2/2642

钟儒铭

新会钟边村

钟儒铭（Chung Yee Ming），新会县钟边村人，生于一九一九年四月三日。他的父亲叫George Chung Fie（钟辉，译音），生于一八九九年十一月十日，曾于一九一四年四月十七日乘坐"圣柯露滨"（St. Albans）号轮船抵达美利滨做替工，两年后返回家乡，未及弱冠，便遵照乡俗娶妻生子。钟辉当年之所以能去澳大利亚，主要因为他的父亲钟显（David Chung Hin）早在一八九四年便已来到澳大利亚发展，并在五年后回国探亲，钟辉的出生便是其父此番回国探亲的结果。[①] 当年探亲结束后，钟显便携带年仅七岁的长子钟炳（William Chung Bing，或叫Ah Bing）再次赴澳，[②] 在美利伴（Melbourne）南部圣科达（St. Kilda）区的佐治巷（George Lane）二十号开设了一间家具店，名为"钟记"（Chung Kee），待钟炳长大后便与其一起经营。而次子钟辉此前来澳做替工，便是获准进入父亲开设的"钟记"木铺，替代因要回国探亲结婚的哥哥钟炳。

在两年前钟炳将儿子钟荣治（Chung Wing Gee）成功地申请到美利伴读书之后，钟显便也想把钟辉的儿子钟儒铭申请出来到美利伴留学，与其堂兄

---

① Mr David Chung Hin seeks permission for his son, George Chung Fie to enter Australia, NAA: B13, 1928/21476。

② CHUNG Bing William-Nationality: Chinese-Arrived Melbourne per Changsha 1899, NAA: B78, CHUNG/B。

钟荣治做伴。如能这样，他就可以有两个孙子在身边读书，除了学好英语之外，还可以让他们能学到一些西方的文化与技艺。于是，一九二九年四月二十二日，钟显以监护人和财政担保人的身份填好表格，向位于同城的中国驻澳大利亚总领事馆申办孙子钟儒铭的来澳留学事宜。他以自己和儿子钟炳一起经营的"钟记"木铺作保，应承每年供给膏火一百镑作为孙子钟儒铭来此留学所需的各项费用。档案中申请表上中文栏目所写的财政担保人是钟儒铭的祖母，极有可能是笔误，因为英文栏目则是写明由祖父负责，其后的文件中也明确提到是由钟显负责。鉴于此时大孙子钟荣治在读的学校是山疋打学校（St. Peter's School），钟显便也属意于该校，遂从该校校长那里拿到了钟儒铭的录取信，希望两个孙子都入读该校，相互可以做伴，也还可以有个照应。

中国总领事馆接到申请后，因总领事魏子京已经离职，新任总领事宋发祥尚未到任，遂由代理馆务的刘姓领事将材料审理之后，于四月二十九日给钟儒铭签发了中国学生护照，号码是540/S/29。五月四日，他便将此护照和申请材料一起送交澳大利亚政府内务部请领签证，在公函里，他将钟炳误认为是钟儒铭的父亲。因刘领事业务不是很熟悉，递交申请时没有让钟显在财政担保人声明书上签名，故文件给内务部打回头，刘领事只好赶紧去找钟显，补齐签名，于五月十一日将材料再次递交上去。到六月二十日，还没有得到内务部对该申请的回复，刚刚到任的中国总领事宋发祥便再次致函询问结果。

实际上，在此期间，内务部是在按部就班地对上述签证申请进行审理。因两年前审理过"钟记"木铺合伙人钟炳担保儿子钟荣治来留学之事，了解其财务状况，内务部秘书在接受钟儒铭申请签证之事时，就相信了中国总领事馆的说法，将其看成是钟炳的另一个儿子，故发文美利伴海关要求核查他们之间的父子关系。海关稽查官在五月三十日便完成了对钟炳的个人访查，后者坦承钟儒铭只是他的侄儿，是他弟弟钟辉的儿子，从而纠正了中国总领事馆的失误。但对于"钟记"木铺的财政实力，海关人员也有印象，知道钟显所占股份价值五百镑，钟炳的股份价值三百镑，经济表现不俗，值得信赖。半个月后，海关又从档案中找到了上一年度钟显曾经申请其子钟辉再度来澳做替工、但最终被内务部拒签的文件。随后，上述报告就送交给了内务部备查。

据此，内务部秘书于七月二日函复中国总领事馆，拒绝了钟儒铭的入境签证申请。拒签的理由有二：其一，钟儒铭的父亲是钟辉而非钟炳，中国总领事馆提供的信息有误；其二，此时的钟儒铭刚满十岁，按照《中国留学生章程》新规，凡年龄在十至十四岁之间无须提供英语学识能力证明的中国小留学生，如来澳留学，须由其具有在澳长居资历的父母陪同前来，而其父钟辉因签证被拒不具备在澳长居资格，故其来澳留学签证亦不被考虑。①

中国总领事馆接到上述拒签信后，无话可说，只能将此结果转给钟显和钟炳，由其决定是否提出申诉。而钟炳在接受海关稽查人员面谈核查后已经意识到了因弟弟拒签而可能导致的后果，遂在尚未接到拒签信之前，便通过霍尔与维尔柯克斯律师行（A.G. Hall & Wilcox Solicitors），于六月二十九日致函内务部秘书，表明根据"钟记"木铺的经济实力，无论是钟显还是钟炳皆可完全承担钟儒铭的留学费用，而且钟炳作为伯父，还可以在其拿到签证后，专程回国将钟儒铭携带前来美利伴留学。因此，该律师行呼吁内务部考虑到钟显和钟炳与申请者之间的亲缘关系，给他这个留学机会，核发入境签证给他。七月四日，内务部秘书复函该律师行，重申了回复中国总领事馆的理由，再次拒绝了上述要求。

钟儒铭档案到此中止。这意味着被拒签后，其祖父和伯父再未有为其来澳留学作进一步的努力。此后澳大利亚的档案馆里再也找不到与他相关的记录。

---

① Chung Yee Ming-Re Student Passport for entry into Australia [missing as at 12 August 2004], NAA: B13, 1929/9347。

一九二九年四月二十二日，钟显向中国驻澳大利亚总领事馆申办孙子钟儒铭的来澳留学手续。

中国总领事馆代理馆务的刘领事于一九二九年四月二十九日给钟儒铭签发的中国学生护照。

档案出处（澳大利亚国家档案馆档案宗卷号）：

Chung Yee Ming-student passport, NAA: A1, 1929/4343

425

阿 镃

新会芦村

阿镃（Ah Tle，或Ah Tie）生于一九一九年六月十日，新会县芦村人。他的父亲叫新省（Sun Sing），一八七九年八月十六日出生，一八九九年从家乡去到香港，由此搭乘一艘日本轮船"日光丸"（Nikko Maru）到澳大利亚谋生。他在美尔钵（Melbourne）登陆入境后，可能是有同乡接应，便前往域多利省（Victoria）的大金山品地高（Bendigo），充任菜农，逐渐立下脚跟，自己经营一间菜园。[①]

在这份档案中，他们父子二人都没有姓氏。新省在澳大利亚只用名字行世，可以理解，因为这不是孤例。在十九世纪末二十世纪初，像他这样的来自珠江三角洲与四邑地区的淘金客和发家致富寻梦人，还有很多。大体上是因为他们入关时，移民局官员根据他们自报的名字予以登记，有人报全名，也有一些只是报上名字，没有说姓什么，移民官员只是根据读音照录。后人在研究这些档案时，如果知道他们的籍贯具体到哪个村，大体上也能判断出其姓氏。珠三角和四邑地区的村落，通常都是由某一个姓氏家族立村，然后开枝散叶，扩展开来。比如新会县礼乐镇乌纱村是由区姓立村，故全村以区姓为主。本文的父子二人来自芦村，该村由李、刘、苏三姓立村，后彭姓迁入，故他们属于其中任何一个姓的可能性都存在。

---

① SING Sun: Nationality-Chinese: Date of Birth-16 August 1879: arrived per NIKKO MARU: First registered at White Hills, Bendigo, NAA: MT269/1, VIC/CHINA/SING SUN/1。

待儿子年满十岁后，新省觉得是将他办理来澳留学的时候了，便于一九三〇年三月十一日填好申请表，向中国驻澳大利亚总领事馆提出申办阿镪的留学护照和签证。作为阿镪的监护人和财政担保人，新省以自己在品地高埠白山（White Hills）区的菜园和店铺作保，允诺每年提供膏火一百五十镑作为儿子来澳留学所需之费用，希望让儿子进入美尔钵唐人街上的长老会学校（P.W.M.U. School）念书，并早在这一年的年初便从该校校长那里拿到了录取信。

不知是新省本人在填写上述申请表之后自己耽搁了一年多的时间，还是在递交给中国总领事馆之后审理受到了延误，直到一九三一年五月一日，中国驻澳大利亚总领事桂植方才给阿镪签发了一份中国学生护照，号码是602/K/31。当天，他就将此护照和申请材料送交内务部，为阿镪申请入境签证。

按照审理流程，内务部收到上述申请后很快就发文海关，请其协助核查新省的财务状况及找出其出入境记录，特别希望他们与新省联络，询问为何不将其子安排在品地高埠就读当地的私立学校而是选择将其放在美尔钵入读长老会学校。为了尽快核查，海关直接致函品地高警察局白山区派出所，请其派员就上述问题直接面见新省，以获取第一手资料。当地派出所警察与新省相识，很快便于五月十四日提交了报告。据他们了解，新省作为菜农，在白山区有一块十七公顷大的菜园，他是业主，即这是他个人拥有的土地，且当年购买时是一次性付清款项，没有债务。为经营这块菜园，他通常雇佣五到八人。土地及物业的总价值约在一千四百到一千五百镑左右；动力与车间的设备在购买时价值三百五十镑，到现在仍然工作正常，折旧后仍值一百五十镑左右；而其整个菜地中的各种家具设施，三年前的估价是二百镑。由上述报告可以看出，新省的菜园规模还不算小，财政状况良好。而且他在听取了警察的询问之后，也表示要将儿子阿镪办到品地高埠的私立学校念书。

只是新省个人对其以往的出入境年份和时间已经记不清楚，派出所便将此问题交回给海关处理。五月二十日，海关翻查档案，找出了此前新省仅有的三次回国探亲记录：一、一九一二年五月八日至一九一三年二月八日；二、一九一八年四月十六日至十一月二十二日；三、一九二四年五月二日至十二月十九日。由上述记录可见，新省在来澳的三十年时间里，不仅回国探亲次数少，而且每次回去待的时间都不长，都是在七至九个月的时间里就匆匆地赶回来了。尽管如此，其子阿镃的出生是在新省第二次探亲返回澳大利亚之后半年，从时间上推算，他们的父子关系应该是成立的。

内务部接到报告后，认可了新省的财务能力以及他的出入境记录与其子阿镃的出生之间的逻辑关系，剩下的唯一问题，便是新省具体将儿子放到品地高的哪一家私立学校而已。为此，内务部通过海关，于五月底仍然发文给白山派出所，请他们询问新省是否已经确定了学校，以便内务部最后对阿镃的签证申请给予批复。六月六日，白山派出所报告说，新省决定将其子放在中央公学（Central State School）。他的解释是，该校有一些本地出生的华裔孩子就读，这些孩子英语好，也能说广东方言，阿镃入读这间学校的话，就可以与他们做伴，由此而能迅速融入当地社会，而且该校与其驻地也不是很远，他每天可以搭乘公交车去上学。

新省为儿子联络入读的学校显然是自找麻烦，因为中央公学是公立学校，入学免费，而澳大利亚当局于一九二六年实施修订的《中国留学生章程》新规，就是要杜绝中国留学生入读公立学校，只允许他们入读经政府认可的有资质的收费私立学校。因此，当海关将白山派出所得到的信息转交给内务部后，内务部对此很不以为然，不明白何以新省在这个问题上我行我素，自行其是。于是，六月二十六日，内务部秘书致函中国总领事馆，耐心地指出新省的安排是不妥当的，希望中国总领事馆与其沟通，将阿镃安排入读一间私立学校，内务部便可对其签证申请予以批复。[①]

从上面的情况来看，内务部的预评估已经通过了，只要新省安排其子入读品地高任何一间私立学校，阿镃便可获准核发签证，前来留学。但阿镃的

---

① Application for son of Sun Sing (Ah Tie) to enter Commonwealth on Student's Passport, NAA: B13, 1931/6853。

档案就此中止，无论是中国总领事馆抑或新省，都没有就此事有进一步行动的任何线索。此事也就不了了之，阿镒最终未能前来澳大利亚留学。

一九三〇年三月十一日，新省向中国驻澳大利亚总领事馆提出申办儿子阿镒的留学护照和签证。

一九三一年五月一日，中国驻澳大利亚总领事桂植给阿镒签发的中国学生护照。

档案出处（澳大利亚国家档案馆档案宗卷号）：

Ah Tle Student's Passport, NAA: A1, 1931/4115

温焜肃

新会江门

新会县江门埠的温焜肃（Woon Goon Sook），出生于一九一九年农历九月初六（公历为一九一九年十月二十九日），父亲是一八八三年十月十日出生的Peter Woon Yen（温仁，译音；或者也写成Woon Ah Yen，温亚仁，译音）。温仁是在家乡满了十八岁之后，于一九〇一年十二月从家乡来到澳大利亚谋生。他在美利滨（Melbourne）登陆入境之后，辗转来到域多利省（Victoria）北部靠近墨累河（Murray River）的甲伦（Cobram）埠，然后立下脚跟，利用当地肥沃的土地与便利的水资源，成为果农和菜农，为市场生产所需之果蔬。[1]

虽然温仁所处地区属于乡下，远离都市，但因种植蔬果，供应都市之需，比如他的产品远销距离二百六十公里以外的美利滨，自然也信息灵通。当时从广东家乡来澳留学的青少年有许多来到美利滨就读，给温仁留下很深印象。为此，当儿子到十岁时，他也计划将其办理来澳留学读书。一九二九年十一月四日，温仁填表向中国驻澳大利亚总领事馆提出申请，要办理其子温焜肃赴澳留学所需之护照和签证。他以自己是在甲伦埠的一间种植园独家东主的身份作保，要把儿子办到他所在的甲伦埠公立学校（Cobram State

---

[1] YEN Woon Ah: Nationality-Chinese: Date of Birth-10 October 1883: Date of Arrival-December 1901: First Registered at Yarrawonga, NAA: MT269/1, VIC/CHINA/YEN WOON AH。

School）读书。①

中国驻澳大利亚总领事宋发祥接到上述申请后，发现了一些问题，比如温仁的财政担保以及其子来澳后应该入读学校的性质等，就及时与他联络沟通。对于为何要将儿子送入当地公立学校，温仁告诉中国总领事是因为当地只有公立学校而无私立学校，而他因为儿子年幼又不能将其送往他地之寄宿学校入读，即便是寄宿学校也因离家太远，他作为监护人无法照看，故希望将其置放在当地的公立学校，他愿意像私立学校那样缴纳学费。待通过对话了解到这些情况后，宋总领事就于十二月三十日致函内务部秘书，在没有签发护照之前先行试探着跟他陈情，希望他将此事作为特殊个案处理。但内务部秘书接到信后，并没有给宋总领事面子，于一九三〇年一月八日复函，指出当地明明就有私立学校，监护人没有说实话，从而一口回绝了上述请求。接到信后，宋总领事赶紧致电温仁，让他去与当地的圣若瑟书院（St. Joseph's College）联络，并拿到了温焜肃的入学录取信，然后给这位孩童签发了学生护照，号码是567/S/30。待这些事情在两天之内办妥，他便于一月十日再次致函内务部秘书，先把温仁办理儿子入读公立学校之事归咎于这位学生父亲提供的信息不实，误导了他，才导致前一封信提出特别要求，为此表示歉意。宋总领事在信中表示，现在他已更正了上述错误，也找到了私立学校愿意接受这位年幼的中国学生，希望内务部尽快审理，核发温焜肃入境签证。

既然如此，内务部秘书便按照程序审理上述申请。根据指示，甲伦埠警察局于二月六日将了解到的温仁财政情况作了汇报。从这份报告得知，温仁为人平和，品行端正，做事勤奋，在甲伦埠租赁一块土地自行种植蔬果，收入良好，在银行有八百镑存款。而当地的圣若瑟书院也确认，只要当局批复签证，该院愿意接受其子入读。惟因温仁记不清其回国探亲的具体日期，警察局只能将此问题留交海关查询。三月四日，海关找到了温仁此前的三次回国探亲出入境记录：一、一九〇七年三月一日至一九〇八年十二月七日；

---

① Re Application by Peter Woon Yen for his son, Woon Goon Sook to enter Australia for educational purposes, NAA: B13, 1930/1171。

二、一九一九年十月七日至一九二〇年八月十三日；三、一九二四年六月三十日至一九二六年六月二十八日。

虽然温仁的财政状况不俗，也最终为儿子选择了入读圣若瑟书院，但其子温焜肃的出生日期则与温仁最接近的第二次回国探亲时间严重不符，即其子出生之时，温仁刚刚从澳大利亚启程回国，这就表明他们之间的父子关系根本不可能成立。据此，内务部秘书于三月十七日函复宋总领事，以上述理由否决了温焜肃的入境签证申请。

宋发祥总领事再一次觉得很没有面子：前一次是温仁误导他甲伦埠没有私立学校，而这一次则是他们的父子关系有问题。经与温仁紧急联络之后，得知是温仁在填表时算错了年份，他只记得儿子是九月初六日出生，但年份不是此前所填的一九一九年，实际上应该是一九二〇年。这样就与其第二次回国探亲的时间相吻合了，亦即温仁刚刚回到澳大利亚不久，其子就在家乡出生。为此，宋总领事于三月二十七日再函内务部秘书，声明上面的出生日期记错的缘由，温焜肃的实际年龄要到今年九月份方才年满十周岁，亦即中国留学生来澳留学的最低年龄。他希望内务部能接受这个解释，而温仁可以去律师行为此写一份法定声明。但四月九日内务部秘书复函说，法定声明就不必了，目前是维持原议，并将温焜肃的护照退回。不过，这一次内务部秘书还是给了宋总领事一点儿面子。他在复函中表示，拒签的主要原因除了此前温仁的一再误导，还在于温焜肃此时未满十周岁。一旦他年满十周岁，如果中国总领事馆仍然代其重新申请入境签证的话，内务部愿意重新考虑核发其签证。换言之，内务部认可了温仁与温焜肃之间的父子关系。四月十六日，宋总领事致函内务部秘书，对其坦诚表示感谢，也对其给温焜肃的重新申请留下来一线希望表示欣慰。他表示，一旦温仁重新递交申请，他希望内务部秘书能玉成其事。

温焜肃档案到此中止。没有迹象表明温仁此后重新递交了申请，也没有见到温焜肃日后有任何入境澳大利亚的信息。显然，申请一再受挫，温仁已经对此感到绝望，遂不再对办理儿子来澳留学事宜作任何尝试了。

来澳洲留学护照应填各简开列于左

一　姓名　温焜肃

二　男女

三　年岁　拾　岁生于何处　年九月祝日

四　生于何处广东省新会县江门村

五　拟往澳洲何处　中伦　埠　禅雅圃　学校

六　在何私立学校肄业

七　由何人供给学费

　　每年供给费火　　　　磅

此外应送相片四张

该生须专事学业不得兼营他项事业

代该生请照者签字于此

一九二九年十一月四日，温仁填表向中国驻澳大利亚总领事馆提出办理其子温焜肃赴澳留学的护照和签证。

档案出处（澳大利亚国家档案馆档案宗卷号）：

Noon Goon Sook-Student passport, NAA: A1, 1929/11810

433

陈　群

新会旺冲村

　　新会县旺冲村的陈群（Chan Coon），生于一九一九年十二月二十二日。他的父亲是Chan Que（陈桥，译音），一八九八年从家乡来到澳大利亚谋生，定居于美利滨（Melbourne），充任菜农，因要为在美利滨唐人街上的永享公司（Wing Young & Co.）提供应时的果蔬产品，①他也同时在该店铺里占有一小份股。

　　一九三七年一月二十八日，陈桥填表向中国驻澳大利亚总领事馆递交了申请，希望办理儿子陈群前来留学的手续。鉴于这一年儿子将届满十八岁，需要提供其具备初步的英语学识能力的证明，故在此之前陈群便给中国驻澳大利亚总领事馆手书了一封信，自我介绍一番，权当做是自己已具备一定英语能力的证明。由于必须入读私立学校，陈桥也事先与位于美利滨西城区的基督兄弟会书院（Christian Brothers' College）联络好，并获得了院长的录取

---

①　永享公司是由新会籍的陈荣进陈立贺兄弟俩及黄恩在一九二十年代初开设，最早于一九二二年在美利滨华文报纸上打广告。见："永享公司广告"，载《民报》（The Chinese Times），一九二二年三月四日，第二版。陈荣进（George Wing Dann）祖籍新会县旺冲村，是在澳出生的第二代华人，由此可见与陈桥是同宗。其档案见：George Wing Dann [arrived ex NANKIN at Sydney on 19 October 1933] [issued with Commonwealth Passport] [box 291], NAA: SP42/1, C1933/7345。黄恩（Andrew Wong）是新会县京背村人，约在一八八十年代末到一八九十年代初便来到澳大利亚发展，一九二八年去世。见：Kum Sow (Mrs Wong Yen) Victorian born Chinese (1888)-Returned to Melbourne per "Taiyuan" August 1918-Departure for China with family per "Tanda" April 1929-Further visit to China per "Tanda" July 1935-Return per "Nellore" May 1939 (See also files 1935/14637, 14638 & 14639), NAA: B13, 1935/15192。

信。作为监护人和财政担保人，他以是一块菜地股东的名义并且加上永享公司作保，允诺每年提供膏火五十二镑，以充儿子陈群来澳留学期间所需之学费和生活费及医疗保险等各项开支。中国总领事馆接到申请，审核了之后便立即转交给了澳大利亚内务部，请其按例评估核发签证。

内务部自然还是按照流程审理上述申请，仍然请海关对监护人和财政担保人陈桥的财务状况及出入境记录提供报告。三月二十五日，美利滨海关完成了内务部布置的任务。核查结果显示，陈桥在克堡（Coburg）区家福里街（Gaffney Street）的那块菜园拥有三分之一的股份，价值四百五十镑，此外，在永享公司里也有股份，价值二百镑。其为人平和，买卖公平，诚信重义，值得信赖。而永享公司则作为陈桥财政担保的保人，大股东陈荣进又是陈桥的宗亲，故不仅仅保证陈桥的担保人资格，也表示愿意为陈群来澳留学尽力。由是，陈桥的财政方面已毋庸担心。至于陈桥的出入境记录，美利滨海关查到有他一九一七年四月出境的记录，但他何时回澳则没有任何信息，此后他又从一九二一年到一九二三年间有一次回国探亲的记录。后来经一个月左右在全澳主要港口查找，才于五月二十七日在西澳的非库文度埠（Fremantle）海关查到，陈桥入境的港口是该埠，但其返回则是一九一八年八月十二日，持西澳洲发出的"回头纸"在美利滨入境登陆。

内务部接到报告后，虽然认为陈桥的财政能力不俗，但经过比对，发现陈桥返回澳大利亚后过了一年多的时间，其子陈群方才于次年底出生，显然并非其亲生儿子。按照规定，父母不属于在澳永居者，其子女不能前来留学。六月十五日，内务部秘书遂以上述理由拒绝了陈群的签证申请。

中国总领事保君建接到上述拒签信后，经与陈桥多次沟通，于七月三十日复函内务部秘书，解释说陈群的出生日期被总领事馆的工作人员弄错了，把二字写成了十二，实际上陈群的出生是在二月二十二日，而非十二月二十二日。换言之，陈群是在陈桥返回澳大利亚之后半年出生的，亦即陈桥回澳前其妻已怀上了陈群。总领事先是为自己的工作人员录入信息出错而道歉，然后恳请内务部秘书接受上述解释，重新考虑给陈群核发签证。

既然如此，内务部秘书接受了上述解释，于八月三日批复了陈群的签证申请，但附有一个条件，即在其入境时，陈群须接受海关移民局官员的面试，以检验其英语学识能力是否符合要求。八月十二日，保总领事为陈群签发了中国学生护照，号码是224122。四天之后，内务部也在这份护照上钤盖了签证章，寄给已经在香港等待赴澳的陈群。

陈群拿到护照后立即购妥船票，搭乘"天叮"（Tanda）号轮船于九月二十七日抵达美利滨入境。正如签证附加条件所言，入关时，陈群在没有翻译的情况下，无法回答任何问题。好在海关还比较通融，先给予其一个月入境签证，在此期间须再加测试，以确定其是否真正具备一定的英语学识能力。几天之后，海关再次面试他时，陈群在英语操说的方面显得比较差，但英文写作则很流利，也能解释其所写句子和段落的意思，换言之，英文写作上他已经具备了一定的能力。海关及移民局人员对此的解释是，先前的测试失败，可能的原因是他当时刚刚下船，一时间不适应导致紧张，以致无法应对突如其来的面试。由是，在海关的推荐下，十月中旬，内务部最终还是给予陈群正常的一年期学生签证，有效期从其入境之日算起。

由此到年底的学期末还剩两个月时间，正常情况下，陈群应该进入西城区的基督兄弟会书院念书，但到年底放假前内务部想知道他的在校表现而致函该学校时，才得知他根本就没有注册入学。因此时已临近放暑假，内务部只能等到一九三八年新学年开始，才能查询他正式进入哪一家学校就读。事实上，陈群没有进入父亲原来为他安排好的基督兄弟会书院，而是于一九三八年二月十五日才在同样是位于西城区的圣玛丽书院（St. Mary's School）注册入学。在此之前的三个月时间里，没有找到他入读其他学校的信息。很有可能他是利用了这段时间，恶补英语，以弥补英语操说上的不足，为下一学年的入学预做准备。果然，根据圣玛丽书院院长的报告，陈群在校表现甚佳，遵守校规，待人礼貌，潜心向学，求知欲盛。

但这样的状态只是维持了一年多一点儿的时间，从一九三九年下半年开始，他就离开了这间学校，而在此之前他便因协助父亲做工而在上半年累计旷课达三十三天之久。内务部得知这种情况发生后，已经是这一年的八月底；随后，内务部便指示海关行动起来，查询陈群目前是转学到了别校还是径直去打工了。海关找了两个月未见其踪影，遂于十一月初直接去到唐人街上的永享公司找到陈荣进，方才得知因陈群不愿意去上学，陈桥已经停止了对他的财政担保，并表示要尽快安排他回国。海关遂将目前所获的信息上报内务部，并密切关注事情的进展。

可是，尽管陈荣进曾经表示陈群很快就会搭乘下一艘赴港轮船回国，但海关等了两个月也未见有任何动静，便于一九四〇年初再次联络陈荣进咨询。后者表示，两个月前，陈群向法国领事馆提出了前赴塔希提（Tahiti）的入境签证，现在是在等待批复之中。一旦获签，他便会前往这块法国在南太平洋上的领地；如果拒签，他则会立即乘船回国。这样，又过了两个月，陈群赴塔希提的签证申请被拒，便履行前议，于一九四〇年三月十一日搭乘"太平"（Taiping）号轮船离开了美利滨，驶往香港。

陈群总计来澳两年半左右时间，但真正在学校入读也就只有一年半而已。不过，他在年满二十一岁之后于一九四〇年上半年回到香港，无论是留在这里还是返回家乡，都面临着动荡战乱的局面，其人生的走向如何，就无从得知了。

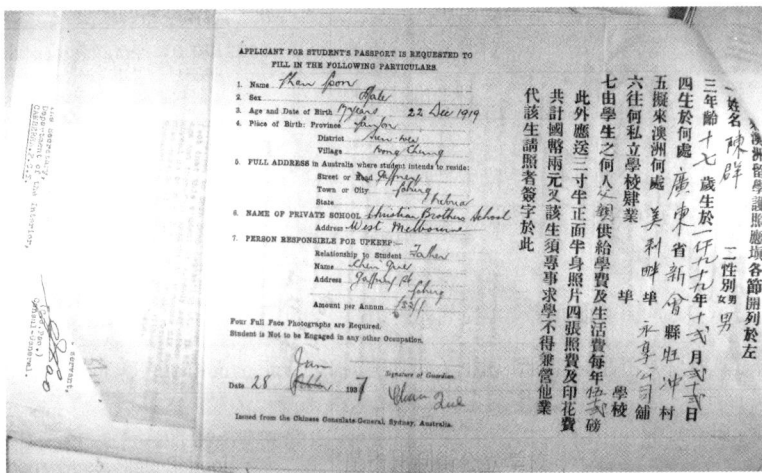

一九三七年一月二十八日，陈桥填表向中国驻澳大利亚总领事馆申办儿子陈群前来留学的手续。

档案出处（澳大利亚国家档案馆档案宗卷号）：

Chan Coon-Student passport [0.5cm], NAA: A433, 1939/2/223

陈文发

新会县城

陈文发（Moon Fat）是新会县城人，生于一九二〇年四月四日。他的叔父或者是堂叔父陈柏培（William Pak Poy）是一九〇六年在澳大利亚出生的本地华人，时在澳大利亚北领地打运埠（Darwin）经营着一间商铺，名为C. Yam Yan & Co.（陈炎记）。[①]由此看来，陈文发的祖父或者是叔祖父应该在十九世纪末年就来到澳大利亚发展，并得以将孩子生在此间，显然是生意上比较成功的人士。[②]

一九三三年九月十一日，陈柏培填表向中国驻澳大利亚总领事馆提出申请，要将其时年十三岁的侄儿陈文发办来打运埠留学。他以自己作为侄儿监护人和财政担保人的身份，拿自己经营的陈炎记(C. Yam Yan & Co.)店铺作保，承诺每年提供五十二镑膏火，作为侄儿陈文发的学费、生活费和医疗保险等开

---

① 陈家产业较多，这间"陈炎记"只是其众多产业之一。由于陈柏培的父亲早在一八八十年代便已归化澳籍，得以积累财富，也拥有土地和其它物业，故在太平洋战争结束后，他曾向政府讨回一些被占有的产业。见：Darwin Northern Territory -Compulsory Acquisition 17 January 1946-Claim of William Pak Poy, NAA: A6074, PO9057; Deputy Commonwealth Crown Solicitor-Darwin Land Compulsory Acquisition 17/1/1946 Claim for Compensation William Pak Poy, NAA: E68, DP672。

② 陈柏培的父亲名叫C. Yam Yan(陈炎贤，译音)，生于一八四六年，于一八七九年从家乡来到当时属于南澳洲(South Australia）管理的北领地（Northern Territory）打运埠发展，在当地经商，商铺名称就是自己的名字，叫做"陈炎记"；三年后，他于一八八二年归化澳籍。由是，此后他除了在国内有家庭及子女，在澳洲当地也有子女出生。见：Yam Yan-Memorial of Naturalisation, NAA: A711, 1438。只是无法知道陈文发的父亲是陈炎贤在中国国内的原配所生，还是其在打运埠所娶之妻在澳洲所育。

销，申请将他办来打运埠，入读此间的天主教学校（Convent School）。

中国总领事馆接到上述申请后，立即进行了审理。中国总领事陈维屏此前刚刚访问过打运埠，在那里见过陈柏培，知道他正在准备办理侄儿赴澳留学之事，也当场指导他先去天主教学校为陈文发拿到录取信。为此，陈维屏总领事于九月二十八日致函内务部秘书，附上这份申请资料及陈柏培的财政担保声明书，为陈文发申请入境签证。因此时打运埠天主教学校的录取信尚未收到，他还在信中特别强调将尽快将此文件补上。同时，按照《中国留学生章程》规定，中国学生在十四岁之后进入澳大利亚读书，可以自行乘船前来，而无须父母陪同。陈总领事在函中特别声明，陈文发明年四月将满十四岁，故此时审理核发他入境签证的话，他会在明年满十四时才前来留学读书。

内务部秘书仔细研究了陈文发的申请后，认为待其年满十四岁来澳的话，虽然可以自行搭船前来，但按照《中国留学生章程》新规，他在入关时须接受面试，测试其英语学识能力，而此时，他还需要补充一份证明，以表明其已经具备基本的英语学识能力。十月十日，内务部秘书将此要求函告陈总领事。十天后，陈总领事复函内务部秘书，也附上前两天刚刚收到的天主教学校校长出具的给陈文发的录取信。在信中，他引援一九二九年十一月七日澳大利亚总理给中国总领事馆的一封备忘录上的说法，即来澳中国学生年在十四至十五岁之间，将比照年在十四岁以下者，无须提供英语学识能力证明。据此，他希望内务部秘书尽快核发签证为荷。十月二十七日，内务部秘书复函，搬出一九二六年新规中有关免除英语学识能力证明者是十至十三岁之学生，于一九三○年因台山县陈伦禧（Chin Loon Hee）申请入境签证而由内务部将此年龄提高至十四岁这个例子，说明这是内务部一直坚持实施的规定。[①]同时他还强调，十至十四岁来澳留学须有父亲陪同及十四岁之后可自行来澳但必须具备初步英语学识能力这两条规定，是必须要严格遵守的。

---

① 详见：Chin Loon Hee-Student passport [1cm], NAA: A433, 1949/2/8534。

为此，他表示，目前陈文发尚未满十四岁，他可以由父母陪同前来，这样的话，内务部可以考虑核发签证；而如果他在年满十四岁之后前来，那他必须提供具备初步英语学识能力的证明。

事实上，上述两个条件，此时的陈文发任何一条也无法符合。内务部秘书之上述回函，也实际上表明上述签证申请已经被拒。据此，陈维屏总领事知事已不可为，遂不再申诉。陈柏培得知内务部的决定后，也觉得无法满足条件，陈文发的申请来澳留学之事便不再被提起，最终不了了之。

一九三三年九月十一日，陈柏培填表向中国驻澳大利亚总领事馆提出申请，要将其时年十三岁的侄儿陈文发办来打运埠留学。

一九三三年九月十一日，陈柏培为担保侄儿陈文发来澳留学出具财政担保人声明书。

档案出处（澳大利亚国家档案馆档案宗卷号）：

Moon Fat-Students Passport, NAA: A1, 1933/8055

林炳棠

新会小姚村

林炳棠（Lam Ban Hang）是新会县小姚村人，生于一九二一年一月二十六日。他的父亲名叫林景（Lam King），一八七七年一月二十七日出生，于二十二岁时（一八九九年），只身渡海南下到澳大利亚谋生，[①] 最终定居于美利滨（Melbourne），从事洗衣业，自己在圣科达（St. Kilda）区的巴克利街（Barkly Street）二百一十二号开有一间独家经营的洗衣店，名叫"林记"（Lam Kee）。

看到过去十年里美利滨唐人街上年纪不等的中国青少年多了起来，林景也想把即将年满十岁的儿子办来美利滨留学。一九三〇年九月十四日，他填好申请表格，递交给中国驻澳大利亚总领事馆，申办儿子林炳棠赴澳留学所需的护照和入境签证。鉴于此时赴澳留学皆须入读私立学校，他就跟位于美利滨东城区的圣匹书馆（St. Peter's School）联络，获得了该校校长霍强（John Hall）签发给林炳棠的录取信。他以监护人和财政担保人的身份，允诺每年可以提供膏火六十镑作为儿子来澳留学期间所需之学费、生活费、医疗保险费等相关开支；而为了保证自己的申请成功，他还请开设在城里紧靠着唐人街的罗苏街（Russell Street）一百七十七号上的"美珍"号（Mee Chun & Co.）商行作为自己的保人，以做到双重担保。

---

① KING Lam: Nationality-Chinese: Date of Birth-27 January 1877: First registered at Northcote, NAA: MT269/1, VIC/CHINA/KING LAM。

申请递交到中国总领事馆后，被耽搁了几个月时间才获得审理，因为此时的总领事宋发祥正好离任，新任总领事桂植直到次年初才抵达雪梨（Sydney）赴任。一九三一年三月十七日，总领事桂植为林炳棠签发了一份中国学生护照，号码是600/K/31，并在当天便将此护照连同其他的申请材料一起递送到内务部，为林炳棠申请入境签证。

内务部严格按照程序来处理上述申请。收到申请后不到四天，内务部秘书便下文到美利滨海关，请其提供林景的财务状况以及出入境记录，以便内务部对上述申请是否批复作出最终决定。档案中没有海关查找出的林景过去十年间回国探亲的出入境记录，也没有与其经营的"林记"洗衣店的财务状况核查报告，但透露出海关的稽查官曾对林景的财政状况作过一番了解，也可能去"美珍"号商行作过调查，[①]还曾于四月一日与林景相约，请其前往美利滨海关办公室一晤，就相关问题面谈。当时海关最想了解的一件事，是林景近期打算何时返回中国探亲。此时之留学章程规定，凡年龄在十岁至十四岁之间的中国孩童赴澳留学时，须由其在澳长期居留的父辈陪同前来。这一信息表明，海关显然已经对林景的财务状况比较满意，其出入境记录也与其子林炳棠的出生相吻合，如果林景为其子尽快来澳留学计，能够近期安排好回国与返澳日程，海关将会建议内务部尽快予以批复林炳棠的入境签证。但林景在上述预定的日期并未有赴约，海关遂在五月二十七日通过当地警察派出所就上述问题与他联络，当面会谈。这次会谈的结果是，林景表示目前无法确定是否能安排回国探亲，为此，他打算待其回国日期定下来之后再重新递交儿子的护照和入境签证申请。[②]

既然如此，内务部的审理便就此结束，等待着他再次提交儿子的入境留学申请。林炳棠的档案就此中止，此后也再未见到有他赴澳留学的任何申请。

---

① "美珍"号商行董事长是出生于一八六四年二月二十一日的梁协(Leong Hip)，他于一八八五年左右来到澳大利亚谋生，最终定居于美利滨，在十九世纪末创办了这间商行。见：HIP Leong: Nationality-Chinese: Date of Birth-21 February 1864: First registered at Russell Street, Melbourne, NAA: MT269/1, VIC/CHINA/HIP LEONG。

② Lam Ban Hang-Permission for hs entry into Australia sought by Lam King, NAA: B13, 1931/4531。

一九三〇年九月十四日，林景填好申请表格，递交给中国驻澳大利亚总领事馆申办儿子林炳棠赴澳留学所需的护照和入境签证。

一九三一年三月十七日，中国驻澳大利亚总领事桂植为林炳棠签发的中国学生护照。

档案出处（澳大利亚国家档案馆档案宗卷号）：

Lam Ban Hang-Students passport, NAA: A1, 1931/2909

周枝荣

新会桥亭村

一九二一年七月十二日出生的周枝荣（Joe Gee Wing）是新会县桥亭村
人，是此前在一九二二年赴澳留学的周锦泉（Joe Kam Chun）的弟弟。他的
祖父周有（Joe You，或者写成Joe Yow）于一八九六年赴澳谋生，最终定居于
尾利伴（Melbourne）埠，在唐人街（小博街Little Bourke Street）一百一十九
号与人一起合股开设了一间名为"合和兴"（Hop Wo Hing & Co.）的蔬果杂
货铺，生活稳定，事业有成。[1]

在以上述"合和兴"号担保孙子周锦泉来澳留学十年后，周有觉得是
应该将另一个孙子周枝荣申办来澳留学的时候了。虽然他的儿子周刚（Joe
Gun，亦写成J. G. You，或J. G. Yow）亦即周枝荣的父亲此时亦在尾利伴，
还在城边的益市比臣街（Exhibition Street）开设有一间小的蔬果杂货店，叫
做"刚记"（Gun Kee & Co.），但周有还是觉得需要他自己亲自来申请办理
此事。一九三二年十一月十日，六十岁的周有填妥申请表格，出具担保书，
递交到中国驻澳大利亚总领事馆，申办十一岁的孙子周枝荣来澳留学的护照
和签证。作为祖父，也是孙子来澳留学的监护人和财政担保人，他以自己是
大股东、占有股份价值达两千镑的"合和兴"号商铺作保，承诺每年供给膏

---

[1] YOU Joe: Nationality-Chinese: Date of Birth-November 1872: First registered at Little Bourke Street, NAA: MT269/1, VIC/CHINA/YOU JOE。

火六十镑给周枝荣，作为他在澳留学期间所需之学费、生活费和医疗保险费等项开销之用。根据《中国留学生章程》新规，此时中国学生来澳留学皆须入读私立学校，周有对此毫无异议，因为十年前他办理孙子周锦泉留学时，就是为他选择的私校，即颇具声望的名校新丕打学校（St. Peter's School），但这次他选择了位于唐人街上的长老会学校（P.W.M.U. School），因该校与他的店铺就在同一条街上，且事先便从该校校长那里拿到了给周枝荣的录取信。

此时的中国驻澳大利亚总领事馆已经于三年前迁往雪梨（Sydney），总领事也换成了陈维屏。在接到周有递送上来的申请，陈总领事审核无误后，便于十一月三十日将其寄送内务部秘书，为周枝荣申领入境签证。正常情况下，内务部接到申请后是需要经过程序评估的，但海关对周有很熟悉，对他的商行每个月都出口到香港近二吨澳大利亚所产面粉的贸易量很清楚，因此，内务部秘书接到上述申请后，便于十二月八日复函陈总领事，批复了上述签证申请。十二月二十日，陈维屏总领事便给周枝荣签发了一份中国学生护照，号码是24734，并在三天后寄往内务部，由后者在护照上钤盖签证章。因此时临近年底放假，故由内务部在护照上钤盖签证章一事，到次年即一九三三年一月十一日方才办妥。

在中国的周枝荣接到中国总领事馆寄来的护照和签证后，其家人便紧锣密鼓地为他张罗船票和安排行程。经过三个月时间的联络沟通，诸事都被安排妥当后，周枝荣便被家人送往香港，搭乘"彰德"（Changte）号轮船，于一九三三年五月十一日抵达尾利伴港口，入境澳大利亚。周有从海关将孙子接出来，住进了他在唐人街上的店铺里。

待熟悉了周围环境之后，十二岁的周枝荣在五月三十日如期进入长老会学校念书。入学后仅仅两个多月时间，他就给校长和老师留下了深刻印象：聪慧好学，悟性极高，成绩优秀，进步快速。由此显示，在来澳留学之前，周枝荣已经具备了一定的英语能力，因而很快便适应了这里的学习环境，展示出其旺盛的求知欲及学习能力。但就在长老会学校获得上述印象后不久，他就却于八月十七日退学，转而注册入读位于加顿（Carlton）区的若丝砀街公学（Rathdown Street State School）。

若丝砀街公学是公立学校，就紧挨着内城区，从唐人街走路去上学也不远。内务部是在十月中旬方才得知周枝荣转到这间学校的。按照规定，中国留学生不允许入读公立学校，只能进入私立学校读书。此前碰到这样的例子，一般情况下都是内务部提醒，中国总领事馆协助，中国学生的家长很快便意识到违规，然后转学就读私校。因此，这一次内务部也是同样办理，于十月二十日致函中国总领事馆，希望协助周枝荣转学，重新进入私校念书。通常情况下，中国总领事馆都非常配合，但这次中国总领事陈维屏对此事的反应却比较特别。十一月六日，陈总领事给内务部秘书发去一封公函，希望内务部长能特准周枝荣继续在若丝砀街公学就读，他给出了两个理由。其一，他此前曾专程从雪梨去到首都堪培拉（Canberra）与内务部秘书讨论何以中国学生不允许入读公立学校的理由。内务部认为，许多来读书的中国学生因为本身英语能力差，只能放到小学里。可是他们的年纪普遍来说都比当地学生要大得多，由是造成中国学生与本地学生生理上和心理上都难以接受和适应对方；对此陈总领事则认为凡事皆有例外，如果一些中国学生本身适应力强，语言和学习都可以与同龄的本地学生同步的话，是应该允许他们入读公立学校，与本地学生一起成长，也可以显示学校的多元化。其二，若丝砀街公学校长专门为此写有一封致中国总领事馆的信，希望后者与内务部沟通，使周枝荣能继续留在该校念书，因为这位中国学生的学习适应力及语言能力显示出他完全可以与其同龄的本地同学一齐接受教育，一齐讨论问题，一齐快乐成长。校长认为，周枝荣智商高，有天分，留在该校学习有益于其本人与本地学生。但最终的结果是，内务部长并没有表现出陈总领事所殷切期望的宽容大度，而是于十二月八日决定，陈枝荣必须重返私校念书，不然当局只能采取遣返措施；只是鉴于本学年即将结束，准允其继续留在若丝砀街公学读书至学期末放假，但下一学年开始，必须注册入读一间私校。

既然如此，中国总领事馆只能协助周枝荣的祖父周有及父亲周刚办理他的转学事宜。一九三四年新学年开学后，周枝荣被苏格兰书院（Scotch College）录取入读。他在该书院一直读到一九三六年上半学期结束，各科成绩优秀，历年皆受好评。一九三六年六月十日开始，他再次转学，进入基督兄弟会书院（Christian Brothers' College）读书，直到这一年的年底，学业与在校表现都同样令人满意。

一九三七年二月三日，周枝荣在尾利伴登上驶往香港的"南京"（Nankin）号轮船，回国探亲。走之前，中国总领事馆为他申请再入境签证获准，他可以在离境之日算起的一年内重返澳大利亚留学。他的父亲周刚在其离境前曾一再表示，其子将在年底前返回，以便次年新学年开学后继续入学念书。但到了年底，他并没有如期返回，这可能跟这一年七月日本发动全面侵华战争致中国进入全面抗战的形势有关。

直到一九三八年十月二十一日，周枝荣乘坐同一艘"南京"号轮船抵达雪梨港口，入境澳大利亚。因档案中已经没有了此后的记载，我们不知道他回来之后，进入哪家学校读书，只是知道他在一九四一年又离开了澳大利亚，[1] 去到香港，因为他于当年十二月份在香港与Leong Jit Ying（梁洁瑛，译音）结婚。这正好是日本发动太平洋战争、刚刚攻占香港之时，他此后也因香港至澳大利亚海路被阻断而被迫在日本侵占的香港滞留了四年。

在抗日战争结束后，周枝荣于一九四五年十二月一日再次重返澳大利亚，回到祖父周有和父亲周刚身边。因无法找到其入境的记录，我们只能猜测是以帮工的名义申请来"合和兴"商行工作。到四年后的一九四九年，他曾经再次返回香港，但何时返回澳大利亚，尚未找到相关档案材料。[2]唯一可以确定的是，一九六二年五月三日，他被批准加入澳大利亚国籍。

---

[1] Joe Gee Wing [includes 1 photograph showing front view; Certificate of Exemption and left and right thumb prints] [arrived ex NANKIN in Sydney on 21 October 1938] [box 449], NAA: SP42/1, C1941/4787。

[2] WING Joe Gee-Nationality: Chinese-Arrived Melbourne per Unknown 01 December 1945 Departed Commonwealth on 28 June 1949, NAA: B78, CHINESE/WING JOE GEE。

一九三二年十一月十日，周有填表向中国驻澳大利亚总领事馆申办十一岁的孙子周枝荣来澳留学的护照和签证。

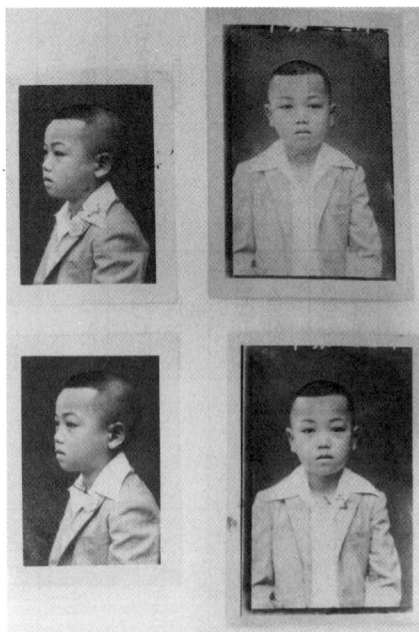

申请表上所附周枝荣的照片。

档案出处（澳大利亚国家档案馆档案宗卷号）：

JOE GEE WING SP Student Passport, NAA: A1, 1936/813

钟百焜

新会会城

　　钟百焜（Chung Pak Koon）是新会县城会城人，生于一九二一年十二月，是曾在一九二三年至一九二八年赴澳留学的钟蟾（Chung Sim）之弟，也是钟承朗（Willie Chung Sing）最小的儿子。一八八七年，二十二岁的钟承朗离开家乡，追随乡人的步伐南下到澳大利亚谋生。他最终在他市民夜省（Tasmania）首府好拔埠（Hobart）立下脚跟，与人一起开设一间售卖蔬果和杂货的商铺，名为"广兴"号（Kwong Sing & Co.），后来并入他和十位华人合股的一间名为Ah Ham & Co.的商行，成为好拔埠最大的果栏商行，有一定的经济实力。当钟承朗另外两个儿子钟汉和钟蟾于一九二八年被他带回中国后，不久就被送到香港圣保罗书院（St. Paul's College）读书；随后，钟承朗也把次子钟百焜送到香港与哥哥做伴，同样让他进入圣保罗书院上学，一边学习中文，一边也学习英语。

　　到一九三四年钟百焜十三岁时，钟承朗认为是将其办理来澳大利亚读书的时候了，遂于四月二十日备好相关申请材料，递交给中国驻澳大利亚总领事馆，为其申办赴澳留学所需之护照和签证。他以自己所参与经营之Ah Ham号果栏作保，承诺每年提供足镑膏火给儿子作为留学期间所需的各种费用。钟承朗现在如此豪气地表明可提供足镑膏火，相较于此前申请办理两个儿子钟汉和钟蟾留学时其承诺的膏火为每年六十镑，在很大程度上说明其经营的生意已经越来越红火，因为其个人在生意中的股份价值就已达一千镑。至于儿子要入读的学校，他早早就选定了圣委助学校（St. Virgil's College）。他认为这是在好拔埠颇有声望的一间教会学校，对于在香港就一直上教会学校的儿子钟百焜来说，应该比较容易适应其学校环境。

接到上述申请材料后，不知何故，中国总领事馆在处理时有所耽搁，延误了近两个月左右。直到六月十九日，总领事陈维屏方才将钟百焜的签证申请材料转送内务部，请其核发签证给这位中国少年。内务部秘书接到该份申请后，立即致电好拔埠海关，请其协助核查钟承朗的相关情况。而海关对这位华商比较熟悉，很快就将其具备较好的财政能力以及以往回国探亲的记录提交给内务部。因其符合监护人和财政担保人的各项要求，其与签证申请者之间的父子关系亦无质疑之处，故仅用五天时间，内务部秘书便批复了上述签证申请。由是，陈维屏总领事于六月二十六日便给钟百焜签发了一份中国学生护照，号码是122956；次日，内务部便在送来的该护照上钤盖了签证章。① 从审理签证材料到核发签证，只用了一个星期的时间，内务部的签证审理算得上快速。

在香港读书的钟百焜接到从澳大利亚寄来的护照和签证后，正值当地学校暑假期间，故其家人很快就为他办理好退学手续，然后购妥船票，搭乘由香港起航的"利罗"（Nellore）号轮船，于当年九月一日经美利滨（Melbourne）中转而抵达好拔埠，② 入境澳大利亚，开始其在澳之留学生涯。

九月十日，钟百焜正式注册入读圣委助学校念书。可能是在香港就读双语学校的结果，他的英文已经有了相当的基础，可以毫无困难地应对这间学校的各项课业，成绩优异。可能因其各方面都比较出色，学校的例行报告总是寥寥几语：表现甚佳，令人满意。由是，他在这间学校波澜不惊地读了两年书。

---

① Chung Pak Koon [approval for admission of subject into the Commonwealth] [box 301], NAA: SP42/1, C1934/5552。

② Chung Pak Koon (son of Willie Chung Sing, Hobart) arrival Sydney per "Nellore" August 1934, NAA: B13, 1934/16195。

一九三六年十一月六日，因钟承朗要回国探亲，十五岁的钟百焜也要跟着父亲一起回国探望母亲，遂一起从好拔埠登上驶往香港的"南京"（Nankin）号轮船，离开澳大利亚回国。走之前，钟承朗事先就与中国总领事馆联络，为儿子结束探亲后返回澳大利亚继续念书申请再入境签证。内务部接到中国总领事馆的申请函后，便按照惯例，于当年八月十二日批复，给予钟百焜十二个月内重返澳大利亚的再入境签证。[①]

次年，钟百焜在上述再入境签证规定的期限内如期返回好拔埠念书。[②]同年，因父亲所经营的上述Ah Ham号果栏其他合伙人年老回乡探亲后导致人手不足，他便获准临时停学，进入商行协助父亲经营生意，与在此之前便已获准从中国返回好拔埠协助父亲经商的哥哥钟汉和钟蟾一同工作。[③]之后，随着太平洋战争的爆发，他就跟两个哥哥一起留了下来。而在此期间，他结束学业，与哥哥联手经营父亲的商铺并将其逐渐扩大，直到一九六〇年加入澳籍。[④]

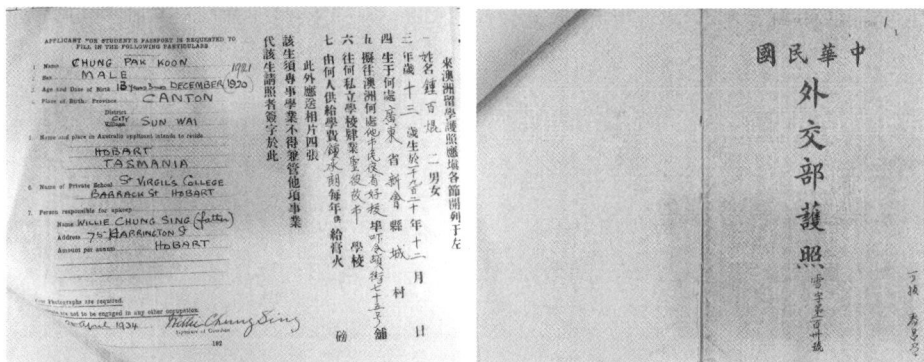

左为一九三四年四月二十日，钟承朗填具申请表，递交给中国驻澳大利亚总领事馆，为其子钟百焜申办赴澳留学所需之护照和签证。右为中国驻澳大利亚总领事馆签发给钟百焜护照的首页。

① Chung Pack Koon [application by Ah Ham and Company for admission of Chung Pack Koon, to enter into the Commonwealth] [box 351], NAA: SP42/1, C1937/7245。

② Chung, Pak Koon [aka Charles], NAA: P3, T1961/1817。

③ Chung Sim and Chung Pak Koon, NAA: P81, H.P.265。

④ Chung, Pak Koon [aka Charles], NAA: P3, T1960/0868。

左为中国驻澳大利亚陈维屏总领事于一九三四年六月二十六日给钟百焜签发的中国学生护照中文页。右为该护照英文页及澳大利亚政府内务部次日在上面钤盖的签证章。

档案出处（澳大利亚国家档案馆档案宗卷号）：

Chung Pak Koon-Students Exemption Certificate, NAA: A1, 1936/27

陈柏宏

新会天马村

　　陈柏宏（Chun Pak Wang）是新会县天马村人，生于一九二一年十二月十三日。其父亲名陈早（Chun Joe），一八七七年出生，于澳大利亚联邦成立之年（一九〇一年），从家乡来到这块土地谋生，[①] 定居于昆士兰省（Queensland）北部重镇汤士威炉（Townsville），开有一间商铺，兼营蔬果杂货。

　　一九三七年，中国进入全面抗战时期，局势动荡起来。在这种情况下，当年九月份，十六岁的陈柏宏被家人送到香港，进入设在轩尼诗道上的香港私立同济英文中学（Hong Kong Tong Chi College）念书。次年，日军从江浙沿海地区向华中进攻，以图攻占武汉，中国抗战形势进一步恶化，陈早便考虑将其子从香港办来澳大利亚留学。

　　一九三八年七月五日，陈早填妥申请表格，出具担保书，向中国驻澳大利亚总领事馆提出申办儿子陈柏宏来澳留学的手续。他以自己是一间独立店铺东主的身份，允诺每年提供八十镑作为儿子来澳留学期间所需学杂费、生活费和其他费用的开销之用，要将儿子置放在汤士威炉埠的基督兄弟会书院（Christian Brothers' College）读书。

　　陈早提交的申请资料并不完整，但中国总领事馆收到后还是很认真地

---

① Chun, Joe-Nationality: Chinese [Occupation-Grocer] [Born 1877]-Alien Registration Certificate No not known issued 13 October 1916 at Thursday Island, NAA: BP4/3, CHINESE CHUN JOE。

予以处理。七月二十五日，在提交这些材料给内务部申请入境签证时，总领事保君建在给内务部秘书的函件中表示，鉴于中国此时局势不稳，导致部分证明材料一时间难以拿到，但还是希望内务部能评估通过；尤其是鉴于陈柏宏即将届满十八岁，需要通过基础英语学识能力的证明，但此时没有证明材料，希望内务部设置一条件，即在其入关时当面测试其语言能力，以便当场决定是准允入境还是原船遣返。对此，内务部还算很配合，表示愿意审理这一申请。还好，三天之后，保总领事接到了香港同济英文中学于六月底开具的有关陈柏宏英语能力的证明信，表明他在读期间学习成绩良好，英语能力突出。保总领事马上将此证明转给了内务部秘书，以便其在评估陈柏宏的入境签证条件时作为参考。

海关在接到内务部核查陈早情况的指示后，便将此任务层层下发到汤士威炉埠海关执行，由是，直到九月六日，内务部才收到报告。根据汤士威炉海关报告，他们对陈早比较了解，知道他在当地华商中生意虽然不大，但颇有口碑，人缘极佳，记录良好，其生意主要是杂货和蔬果，故他几乎每天都忙忙碌碌的，总是在不断地给顾客配送货品。在截止到本年六月三十日的上一个财政年度里，他的全年营业额是六百七十六镑，扣除所有，净利润是七十六镑。虽然不多，但也算是稳定，处于小康水平。根据报告，内务部对陈早的财政状况还算满意；对于陈柏宏的英语学识能力，因有香港同济英文中学的大力推荐，也算是对此表示认可；但只有海关报告中有关陈早的出入境记录，引起了内务部官员极大的注意。根据记录，此前陈早从汤士威炉埠乘船返乡探亲共有三次，分别是：其一，一九一七年十一月二十九日搭乘"日光丸"（Nikko Maru）出境，一九一九年四月九日乘坐"丹后丸"（Tango Maru）返回入境；其二，一九二三年十二月二十三日乘坐"丫剌夫剌"（Arafura）号轮船离境，一九二五年四月十九日同一艘船返回入境；其三，一九三○年十二月搭乘"利罗"（Nellore）号轮船离境返乡探亲，到一九三一年十二月乘坐"太平"（Taiping）号轮船入境。在申请签证材料中，陈柏宏的出生日期是在一九二一年，在此前后一年，陈早并没有出入境记录，也就没有可能在上述年度于中国生育儿子。为此，内务部判断，陈早与上述签证申请者陈柏宏之间没有血缘上的关系，其父子关系不成立。按规定，陈柏宏不具备申请来澳留学的条件。

十月十四日，内务部秘书正式函复保君建总领事，以上述理由否决了陈柏宏的入境签证申请。保总领事接到上述拒签函后，知道事不可为，无法申诉，遂将此信息转告陈早。陈早得知此信息，亦无可奈何，因为他对与陈柏宏的关系也不能解释清楚。可以推测的是，陈柏宏是陈早家人为他所领养的儿子，但这属于个人隐私，无法为外人道。既然无法申请，赴澳留学之事只好作罢。

陈柏宏的档案到此中止，再无后续信息。

一九三八年七月五日，陈早向中国驻澳大利亚总领事馆提出申办儿子陈柏宏的来澳留学手续。

一九三八年七月五日，陈早为申办儿子陈柏宏来澳留学出具的财政担保书。

档案出处（澳大利亚国家档案馆档案宗卷号）：

Chun Pak Wang-Student's Ex/c., NAA: A1, 1938/17339

李眠丰

新会江门启明里

李眠丰（Lee Minn Fong）生于一九二二年十一月二十日，家住新会县江门启明里。李钰（P. Lee Yook）是他的父亲，一八六七年九月十三日出生，一八九八年到澳大利亚谋生，落脚于美利滨（Melbourne）埠。[①] 李钰赴澳前便有手艺在身，曾经是木匠，故来到澳大利亚之后，便在美利滨城里唐人街旁边的小兰市地街（Little Lonsdale Street）三十六号开设了一间家具店，称为"P. 李钰"（P. Lee Yook）号。

一九三六年二月十日，李钰填好申请表格，出具财政担保书，递交给中国驻澳大利亚总领事馆，申办儿子李眠丰来澳留学的相关手续。他此时特别强调其子刚满十三岁，刚刚好处于十四周岁之前无须提供具备基础英语学识能力证明的年龄，这样申请便省却很多麻烦。作为监护人和财政担保人，李钰以其经营的生意即价值为二百镑的"P. 李钰"号家具店作保，应允每年提供膏火六十镑给儿子李眠丰，以充其在澳留学期间之学杂费、生活费及医疗保险费等相关开支，要把儿子办理来美利滨入读位于加顿（Carlton）区的圣若瑟书院（St. Joseph's School）。为此，他也在事先便已获得了该书院院长的录取信。

接到上述申请后，中国总领事馆很快就给予了审理。核对无误之后，

---

① YOOK Lee: Nationality-Chinese: Date of Birth-13 September 1867: First registered at Little Bourke Street, NAA: MT269/1, VIC/CHINA/YOOK LEE。

总领事陈维屏于二月十二日将申请资料转交给内务部，为李眠丰申请入境签证。内务部的审理也很迅速。二月十四日，内务部秘书便指示海关协助其对该申请的评估，尽快将李钰的财政状况及出入境记录提交上来。二月二十六日，海关完成了上述核查工作。根据报告，在过往的三十八年间，李钰表现得品行端正，邻里关系好，诚实守法。在过去一年的财政年度里，他的家具店营业额达到一千镑，业绩不俗，经济稳定。海关出入境记录也表明，李钰自来澳后，迄今共有五次回国探亲记录，与其子出生比较接近的一次是，一九二一年十二月二日搭乘"获多利"（Victoria）号轮船离开美利滨回国，一九二四年六月二十七日乘坐同一艘轮船返回美利滨，而李眠丰便是在他这次探亲期间出生。

内务部秘书根据上述报告，认为李眠丰的入境签证申请符合要求，遂于三月二日批复了这位中国留学生的入境申请。接到批复通知后，陈维屏总领事在第二天便给李眠丰签发了一份学生护照，号码是223936，并且立即寄交给内务部秘书，后者于三月六日也将入境签证章钤盖在了这份护照上。随后，中国总领事馆立即将护照寄到中国，早已准备好的李眠丰在家人安排下，很快便去到香港，乘坐"彰德"（Changte）号轮船，于五月十四日抵达美利滨，入境澳大利亚。

五月十八日，李眠丰便按照父亲原先的安排，进入了圣若瑟书院念书。入学不久，虽然校长报告中没有特别说明他的英语能力，但对他的在校表现与学业都表示非常满意。由此显示出来的信息是，在来澳留学之前，他已经开始学习英语了，有了一定的底子，故在抵澳入学之后，可以很快适应环境，跟上学习进度。可是他只在这里读了三个月的书，就于九月份转学进入位于美利滨城里的基督兄弟会书院（Christian Brothers' College）继续上学。他在该书院总共读了两年，一直学习优秀，备受好评。

一九三八年九月，十六岁的李眠丰结束了在基督兄弟会书院的课程，以彼得·李（Peter Lee）的名字转学，升入工人学院（Working Men's College）的美利滨机械系（Melbourne Technical School）念工程学位，主修汽车工程及金工技工课程。按照规定，外国留学生的这样跳级读书，是需要先向内务部申报，得到内务部长的批准方可，为此，中国驻澳大利亚总领事保君建于十月六日致函内务部秘书，说明缘由，申请批复。内务部为此经过一番调查，得知他在这里所修的是一个两年课程的学位，一切都很符合规定，遂于十一月十五日正式批复他转学就读上述课程。随后，他就一直在这里读了三年，期间各项表现及成绩都令人满意，最终完成了上述学位课程。在完成学业之后，李眠丰便告诉校方，准备返回中国。

一九四一年九月二十二日，十九岁的李眠丰到雪梨（Sydney）登上驶往香港的"太平"（Taiping）号轮船，离开了留学五年多的澳大利亚，返回香港。因他的档案到此中止，无法获知他回到香港后是否能够返回家乡，以及他此后的人生如何发展。因为就在他回到香港不到两个月左右，一九四一年十二月八日，日本突袭美国珍珠港海军基地，太平洋战争爆发，香港随即被日军攻占。

一九三六年二月十日，李钰填表向中国驻澳大利亚总领事馆申办儿子李眠丰来澳留学的相关手续。

档案出处（澳大利亚国家档案馆档案宗卷号）：

Lee Minn Fong-Student exemption [1.5cms], NAA: A433, 1947/2/3113

赵熊卓

新会许村

赵熊卓（Chew Hung Chuck）是新会县许村人氏，出生于一九二五年十一月二十四日。他的父亲名叫George Chuck，是一名草医，在雪梨（Sydney）埠的卫廉街（William Street）一百六十八号开设一间以其名字命名的医馆并兼售相关产品。根据发音，其中文名字极有可能就叫做"赵卓"，George（佐治）只是他来到澳大利亚后一直沿用的名字而已。此外，他是何时来到澳大利亚发展的，也无从得知，[①]只能根据他在一九一二年时首次从澳大利亚返回家乡探亲的记录，表明他至少应该是在澳大利亚联邦于一九〇一年成立的前后便已抵达这块土地，并且也像许许多多他的同乡一样，大多都是在澳拼搏多年有了一些积蓄之后方才衣锦还乡，结婚生子。

一九三九年三月二十八日，鉴于儿子赵熊卓即将届满十四岁，赵卓便决定将他办理来澳留学读书，遂填具申请表格，向中国驻澳大利亚总领事馆申办儿子的赴澳留学事宜。他想让儿子入读雪梨的圣母昆仲会商学院（Marist

---

[①] 许多草医从中国最早来到澳大利亚发展时，都是流动性较大，赵卓显然也是一样。有记载显示，一九二十年代之前，他是先在北领地（Northern Territory）的打运埠（Darwin）一带活动（见：CHUCK George: Nationality-Chinese: First Registered at Darwin-NT, NAA: MT269/1, NT/CHINA/CHUCK GEORGE），此后，他便辗转来到雪梨，定居下来。见：Ah Jew, George Yen Chune, Lee Gut, Lee Long, Mew Lin, Jimmy Ah Bun, War Tye, Sam Lee, Wong Kin and George Chuck [Certificate Exempting from Dictation Test-includes left hand impression and photographs] [box 167], NAA: ST84/1, 1924/374/71-80; George Chuck, Ham Yen, Charlie Chun King, Ah Foon, George Soon, Gum Yip, Go Kee, James Lin Yan, Lee Chong and Go Foo [Certificate Exempting from Dictation Test-includes left hand impression and photographs] [box 223], NAA: ST84/1, 1930/484/31-40。

Brothers Commercial College），并且也预先拿到了该商学院的录取信。根据规定，十四岁以下的中国留学生赴澳留学，无须提供具备基础英语学识能力的证明，赵卓也就省却了这道手续。而早在这一年的二月三日，赵卓就以监护人身份出具了财政担保书。此时，他以自己的"佐治卓"（George Chuck）草医馆作保，应承每年提供膏火九十镑给儿子赵熊卓作为学费、生活费和医疗保险等其他相关的费用，希望他能尽快拿到护照和签证，前来雪梨就读上述学校。

当时也位于雪梨的中国驻澳大利亚总领事馆接到上述申请，在进行了必要的审核后，便由总领事保君建将申请材料于三月二十八日寄送澳大利亚联邦政府内务部，为赵熊卓申请入境签证。接到上述材料后，内务部也是按程序评估，先交由雪梨海关，嘱其核查监护人赵卓的财务状况与出入境记录。四月二十一日，海关完成了上述任务并向内务部提交了报告。根据调查核实，赵卓的草医馆经营良好，仅其个人在银行的存款就有一千零七十四镑，且为人品行甚佳，无任何不良记录。此外，海关档案表明，自其来澳后，总共有三次的回国返乡探亲出入境记录：一，一九一二年四月至一九一三年九月；二，一九一七年九月八日至一九一九年十二月二十日；三，一九二四年二月十三日至一九三〇年八月十日。其子赵熊卓在一九二五年出生，正好是在其最后一次返乡探亲期间，他们之间的父子关系应毋庸置疑。据此，内务部于五月十日批复了上述申请。保君建总领事随后于五月十五日给赵熊卓签发了号码为437961的中国学生护照，并最终在六月九日由内务部在该护照上钤盖了入境签证章。

拿到从澳大利亚寄来的护照之后，经由家人的安排，赵熊卓在香港乘坐由澳大利亚邦辉船务公司（Burns Philp & Co. Limited）经营的"海王星"（Neptuna）号轮船，于当年十月七日抵达雪梨港口入境。[①]因他尚未满十四

---

① Rev. Ludwig Hofbauer, Rev. Arbogastus Fackler, Rita Georgina Uechtritz and child, Miss Eugenie Wermuth, Mrs Tang Wen and Chew Hung Chuck [includes alphabetical listing of passengers] [arrived ex NEPTUNA in Sydney on 7 October 1939] [box 409], NAA: SP42/1, C1939/7504。

周岁，故而在入关时无须通过移民官测试其英语能力的面试，得以顺利出关。父亲赵卓去到海关将儿子接出来，住进了他开设在卫廉街上的草医馆。

十月十六日，赵熊卓正式进入圣母昆仲会商学院，就读中学课程。从年底商学院提供的有关他个人的例行报告来看，赵熊卓在来澳前显然已经学过了几年英语，其英语阅读与写作都非常好，唯一的缺陷是操说英语尚不够流利。估计之前赵卓就已经将儿子送往香港的英文学校读书；因当时年纪小，学习语言上手快，因而有了较强的英语能力，到澳大利亚来读书就显得应对自如了。

到一九四〇年四月十一日，圣母昆仲会商学院院长写信给内务部，报告说十五岁的赵熊卓已经于年初新学年开始时便转学去了也是天主教所办的圣母昆仲会中学（Marist Brothers High School）念书。转学的原因是他打算中学毕业后进入大学读医科，因医科对英语流利程度要求更高，故而他希望进入正规的中学读书，从而更好地提高自己的英语阅读、书写及操说能力，这样可对他日后就读医科打下坚实的基础。因圣母昆仲会商学院与圣母昆仲会中学都同属于天主教会，故商学院院长并没有阻拦他转学，甚至还帮忙联络，毕竟这样好学优秀的学生不多见，无论是院长还是老师对他都是青眼有加。内务部得知其转学并没有事先申报，觉得赵熊卓不懂规矩，因为按照《中国留学生章程》规定，中国学生如转学，须先向内务部报批，待其首肯后方可行事。虽然大多数情况下这都属于例行公事，但按照程序来做就会顺很多。但就此事而言，既然上述转学已既成事实，而且圣母昆仲会中学也是名校，内务部也就予以默认，只是行文中国总领事馆，告诫下不为例。而从圣母昆仲会中学提供的报告看，赵熊卓在校学习和表现都非常优秀，各科成绩令人满意，只是当年三月底开始生病，断断续续地治病休养达一个月之久。

可是在赵熊卓身体刚刚复原返校上学不久，中国总领事保君建就于六月七日致函内务部秘书，称赵家因国内有事，让赵熊卓尽快回去，故赵卓向中国总领事馆求助，希望协助其子获得再入境签证，以便其子在一年内重返澳大利亚继续学业。七月四日内务部秘书复函，批复了上述申请，准允其在离境之后的十二个月内重返澳大利亚留学。

　　而赵熊卓已经等不及批复下来，就因一九四〇年七月三日正巧有"太平"（Taiping）号轮船要从雪梨驶往香港，便在当天登上该船，径直返回香港，转道广东家乡去了。

　　赵熊卓档案到此中止，此后也未见到他再次进入澳大利亚的记录。也许因为回到中国后，兵荒马乱，世道艰难，他的人生轨迹也就由此而改变。他的澳大利亚留学之行，总计只有不到八个月的时间。

一九三九年三月二十八日，赵卓填具申请表格，向中国驻澳大利亚总领事馆申办儿子赵熊卓的赴澳留学事宜。

档案出处（澳大利亚国家档案馆档案宗卷号）：

Chew Hung Chuck-Student exemption [0.25cm], NAA: A433, 1939/2/429

黄　铨

新会会城

　　黄铨（Wong Soon）生于一九二七年七月十五日，新会县会城内人。他的父亲是一八八三年十月十八日出生的黄亚林（Ah Lim），年方十六岁时，便于一八九九年南来澳大利亚闯荡，首先登陆的地点便是美利畔（Melbourne），此后他就一直待在这里发展。[①] 在稳定下来并且有了一些积蓄之后，他成为了美利畔埠域多利市场（Victoria Market）的经销商，并与人合股在城里皮路街（Peel Street）一百三十四号开设了一间商行，名为"富源"（Foo Goon & Co.）。

　　到黄铨长到十岁的时候，中国国内外形势发生极大的变化。因日本发动侵华战争，中国全面抗战，孩子们的学习环境受到了极大的影响。一九三八年底，日军从大亚湾登陆，攻占广州，广东的抗战形势严峻起来，黄亚林就想着将儿子办理来澳留学。

　　一九三九年五月十七日，黄亚林以监护人和财政担保人的身份，填表向中国驻澳大利亚总领事馆申办儿子的赴澳留学手续。他以"富源"号商行作保，允诺每年提供膏火五十二镑作为儿子的留学费用，并且为了申请时更加保险起见，他还请开设在唐人街上的永享公司（Wing Young & Co.）大股东陈荣进（Wing Dann）作为他的保人；而他因儿子黄铨此前未曾学过英语，也刚

---

① AH Lim-Nationality: Chinese-Arrived Melbourne 1899, NAA: B78, AH/L。

刚十二岁左右，正好符合无须英语能力证明的年龄，故计划让他入读英国国教会自由幼教学校（Church of England Free Kindergarten School）。

位于雪梨（Sydney）的中国驻澳大利亚总领事馆接到上述申请后，因与美利畔两城相距有一定距离，联络核实占去了一些时间，到六月十五日才由总领事保君建致函内务部秘书，为黄铨申请入境签证。对于上述申请，内务部只需了解监护人和财政担保人的下列两点情况：其一是他的财务状况是否能承担其子的留学开销，其二是他的出入境记录是否能证明其与签证申请者之间的父子关系，作为是否批复该申请的依据。于是，内务部秘书将上述情况的核实交由美利畔海关办理。

美利畔海关平时与唐人街上的华商打交道较多，核实工作进行得很顺利。七月十三日，内务部就得到了结果。其一，黄亚林作为域多利市场的经销商，平时在市场里有一摊位经销蔬果，其人买卖公平，为人平和；其二，他在银行里有存款一百七十镑，流动资金则有二十五镑，另借款三十镑给了朋友。由此看来，资金虽不是很充裕，但维持小康则毫无问题。最后一点也是最重要的一点，海关出入境记录表明，自黄亚林抵澳之后的四十年间，他总共回国探亲六次：一，一九一〇年五月至一九一二年五月；二，一九一五年五月二十一日至一九一六年十二月十日；三，一九一九年七月四日至一九二二年一月十五日；四，一九二四年十二月十日至一九二七年一月；五，一九二九年七月五日至一九三〇年十月六日；六，一九三二年四月十三日至一九三四年六月二十五日。除了第四次回国探亲是从雪梨登船并且也是返回在那里下船之外，其余的出入境口岸皆为美利畔。而黄铨的出生日期则是在黄亚林的第四次回国探亲返回之后约半年的时间，换言之，即在他返澳之前，其妻业已怀孕在身，理论上和逻辑上都表明他们之间的父子关系成立。

根据上述报告，内务部没有可以驳回的理由，遂于七月二十五日函复中国总领事保君建，批准了黄铨的入境签证申请。保总领事于七月三十一日签发了一份号码为437986的中国学生护照给黄铨，随后寄送内务部，由后者于

八月十五日在该护照上钤盖签证印章，再寄返给中国总领事馆转交给护照持
有人。

上述申请过程的前后时间里，在家乡新会的黄铨可能就已经被家人送
往香港，一方面躲避战火，另一方面也在此等待签证结果而赴澳留学。收到
由中国驻澳大利亚总领事馆寄来的护照后，家人很快便做好了安排，购妥船
票，让他搭乘"太平"（Taiping）号轮船，于当年十一月二十六日抵达美利
畔港口入境，开始其在澳之留学生涯。

因抵澳时距澳大利亚的中小学校放暑假只有两个多星期的时间，黄亚林
便没有让儿子黄铨去上学，而是选择在次年新学年开学之日，即一九四〇年
一月三十日，才让黄铨正式注册入读英国国教会自由幼教学校。虽然他年纪
已经比较大了，但因此前没有学过英语，学校只能将他放在一年级，跟比他
小得很多的当地小学生一起上课读书。但他学习用功，各方面表现都令人
满意，在大半年的时间里，就不断跳级，到这一年八月底，就已经升读五
年级的课程。此后他一路升读，在校表现亦中规中矩。到一九四一年底，
因太平洋战争爆发，澳大利亚成为与中国一道抗击日本侵略的盟国，给予
所有滞留在澳的盟国公民三年的临时签证，到期后因战争尚未结束，自动
延长两年，有效期到一九四七年六月三十日止。

受惠于上述签证政策，黄铨也获得了同样的待遇，他继续在英英国国
教会自由幼教学校念书到一九四二年。此时澳大利亚全民动员参战，学校
因教工短缺而关闭，十五岁的黄铨也就此辍学。一九四五年，父亲黄亚林去
世，十八岁的黄铨只得自食其力养活自己。到一九四七年初，澳大利亚战后
复员工作结束，原内务部中涉及外国留学生的事务交由移民部管理，清理诸
如黄铨在内的中国留学生滞留澳大利亚等事宜，成为当时移民部的一项主要
任务。

一九四七年二月十七日，刚刚接手海外留学生事务的联邦政府移民部
秘书便给该部美利畔办事处发函，请其将黄铨是否仍然在学校就读的情况上
报，以便移民部决定其是否仍然可以继续在澳念书，抑或到期（六月三十

日，即临时居留签证到期日）按例将其遣返。可能是因为战后复原工作刚刚结束，仍然还有很多事情需要处理，美利畔办事处直到七月十四日方才回复移民部秘书，将黄铨的现状报告上来。据调查，时年二十岁的黄铨早已弃学，大约在一九四五年时进入一间名为"Athol Smith"的照相馆当学徒，干了一年半之后辞职；从九个月前开始到现在，他都是在唐人街（即小博街）上一间名为"Choi Lee"（彩利，译音）的赌场做合伙人，以放高利贷为生。从移民部美利畔办事处人员的角度观察，黄铨当不属于认真向学的青年，应该将其尽快遣返回祖籍国。根据上述报告，移民部于八月十八日向黄铨发出了遣返令，责成美利畔办事处协助执行。

但是，两个多月过去了，移民部没有得到来自美利畔办事处有关黄铨遣返的任何信息，遂于十月二十七日发函询问执行的情况。事实上，美利畔办事处并没有及时处理黄铨的遣返事宜，而是在接到移民部的催促函后，于十一月十日才将黄铨召到办公室，向他下达了遣返令。三个多星期后，他再一次被召至办公室，再次被当面警告应尽快离境。对这一次召见，黄铨早就做了准备，带来了一位名叫"Ying"（英，译音）的律师，他来自"Home，Wilkinson and Lowry"律师行，为黄铨争取留在澳大利亚的机会，或者尽可能推后回国的时间。英律师向办公室人员表示，黄铨为赡养在中国的母亲，迄今已寄回去七百大洋，不久前还通过朋友带回去十镑交给母亲。此外，三周前他已经换了一份工作，在一间洗衣店打工，周薪三镑。英律师所要强调的是，虽然黄铨现在有一份工作，但薪水少，他需要一些时间多挣点钱，以便可以购买船票返回中国。再者，英律师表示，目前中国正处于内战状态，一旦回去，黄铨不一定能找到工作，就无法赡养母亲了。为此，英律师希望移民部能宽限时间，让他挣点儿钱再走。

美利畔办事处官员认为，如果黄铨没有钱回国，并不成为滞留的理由，他应该去找永享公司的陈荣进，因为后者是已故黄亚林财政担保的保人。换言之，如果黄亚林已经无法履行担保责任，陈荣进就应接手过来，负起责任。过了几天，在无法与黄铨说得通的情况下，移民官员与陈荣进见了面，但后者也希望能给黄铨六个月的展签，以便他挣够船资回国。陈荣进表示，他如此为黄铨恳求，并非是不愿意为这位年轻人出那点儿船资，而是此人在父亲去世之后种种行为显得非常自私，故他只能让黄铨自己解决经费问题，尽早离境。

经与上述诸人一番交道打下来，美利畔办事处官员认为，仅凭黄铨每周三镑的薪水，不知何时才能攒够回国的船资，哪怕生活上再节省，也要好几个月到半年以上才能攒够这笔钱。如果允许的话，倒不如由官府去到他以前工作的照相馆和赌场，让他们捐钱凑齐这笔船资，这样就能让他尽快离境。十二月十八日，他们将此意见上报移民部秘书，同时也附上了陈荣进的建议，即给予黄铨六个月展签。移民部经过一番衡量考虑，最终于一九四八年三月八日复函美利畔办事处，同意了陈荣进的建议。鉴于此时距其发出遣返令已经超出半年时间，故只是给予黄铨一个月的展签，即从发文之日起算，让黄铨在此期间内安排好回国船票。如果逾期不走，移民部将采取果断措施，强制执行。移民部也将此决定通告了陈荣进，后者对此表示感谢。

但在展签到期之后，黄铨并没有离境，仍然一拖再拖，到一九四八年五月二十四日，他告诉海关和移民部，已经购妥船票，将会在七月初搭乘"彰德"（Changte）号回国。如此，总算是有了一个具体的结果，移民部便不再催促，只是等待届时他能如期离境。一九四八年七月六日，时年已经二十一岁的黄铨离开美利畔回国，但乘坐的轮船并不是此前他所说的"彰德"号，而是改成了"山西"（Shansi）号。

黄铨在澳留学八年，但真正在学校上学的日子只有两年半的时间。不知他回国之后是留在了家乡，还是再次离开故土，去到香港抑或其他地方发展。

左为一九三九年五月十七日，黄亚林填表向中国驻澳大利亚总领事馆申办儿子黄铨赴澳留学手续。右为一九三九年九月二十七日，黄亚林填写的外侨登记证申请表。

档案出处（澳大利亚国家档案馆档案宗卷号）：

Wong Soon-Student exemption [0.5cm], NAA: A433, 1947/2/3833

陈 乐

新会石渠里

石渠里是新会县罗坑下面的一个小村子，陈乐（Chan Lock）就于一九二七年八月十日出生在这个并不怎么为人注目的村子里。他的父亲名叫陈的（Chan Dick），大约在一八八五年左右，与其同胞兄弟一道，跟随乡人搭船到澳大利亚发展，最终在域多利（Victoria）省的呢啁嘛（Mildura）埠定居下来，[①]与兄弟合股在街上开设一间菜蔬果子商铺，售卖糖糕和蔬菜生果，名为"陈的兄弟商行"（D. C. Bros & Co.），他在其中占股价值四百镑。

在陈乐即将年满九岁的时候，父亲陈的就打算将他办到澳大利亚来念书，为此，他与呢啁嘛埠的罗马教学校（Convent of Mercy）取得联系，后者非常乐意接受陈乐这样年龄的小留学生，并特地为此开具了一份录取信。于是，一九三六年七月六日，陈的填妥申请表，备好材料，寄交给位于雪梨（Sydney）的中国驻澳大利亚总领事馆，为儿子陈乐申领赴澳留学的护照和签证。他以上述经营的菜蔬果子商铺作保，允诺每年供给膏火五十镑，作为其在澳留学期间所需之学杂费、生活费和医疗保险费等各种必要的开支。

中国总领事馆接到上述申请后，只用了几天时间就审理完毕。七月十一日，总领事陈维屏将此申请材料转寄给澳大利亚政府内务部，请其核发签证

---

① DICK Chan-Nationality: Chinese-Arrived Melbourne per Unknown 01 December 1945 Departed Commonwealth on 02 December 1948, NAA: B78, CHINESE/DICK CHAN。

给陈乐这位中国小留学生。内务部的处理虽然是按流程进行，但也较迅速。七月三十一日，呡唎嚩埠警察局就按照海关要求，提交了陈的财务状况的报告。根据当地税务部门的统计，即使是在上一个财政年度，陈的在支付所有税款之后，净收入还有一百八十五镑，属于该埠经营得法的商人，有一定的财务底子。而就警察局而言，他们与陈的等当地华商也比较熟悉，知道他是一位在社区颇具声望的商人，操行良好。其后，美利滨（Melbourne）海关也找出了陈的历年出入境的记录，其中与陈乐出生年月较近的一次回国探亲的日期是一九二六年五月二十九日，陈的从美利滨港口搭乘日轮"安艺丸"（Aki Maru）经香港回家乡探亲，到一九二七年十月三日再由香港乘坐"太平"（Taiping）号轮船返回美利滨入境。[①] 而陈乐就在其离开中国返澳之前出生，故二人之间的父子关系毋庸置疑。

按说以上述各项经海关和警察局核覆的材料，都表明完全符合中国学生来澳留学的条件，内务部应该很快就予以批复。可是，九月三日，内务部秘书在给陈维屏总领事的复函中，却拒绝了上述签证申请。其理由是陈乐刚刚满九周岁，未到十周岁的来澳留学年龄下限；但如果在他年满十周岁后，经中国驻澳大利亚总领事馆重新递交签证申请的话，内务部将按照规定批复之。[②]

既然是引用《中国留学生章程》中的相关条款的规定作为拒签理由，但仍然留有余地，陈维屏总领事也就只能接受。因为即便据理力争可以变通一下，也需要满足一定的条件，方可达成目标，但也许费时费力。于是，等待来年申请，便是最好的选择。果然，一九三七年十一月一日，新任中国驻澳大利亚总领事保君建致函内务部秘书，旧事重提，为已经年满十周岁的陈乐申请赴澳留学签证。因为此前已经提交了陈乐的相关申请材料，故保总领事希望能尽快获得批复。

内务部在重新核对了签证申请者的监护人及财政担保人的现状之后，认为一切如旧，没有什么变化，完全符合规定，遂于十一月十六日予以批复。保君建总领事随后便在十一月二十四日签发了陈乐的学生护照（号码未曾显

---

① Chan Dick ex "Taiping" October 1927, NAA: B13, 1927/21879。

② Chan Dick-Re Admission into Australia of his son, Chan Lock (student), NAA: B13, 1936/19124。

示），再将其寄给内务部；十二月一日，后者在该护照上钤盖了入境签证章。

　　陈乐的档案到此中止，此后再未见有与其入境相关的任何线索。考虑到此时中国正处于全面抗战的烽火之中，陈乐即便拿到了入澳签证，也可能因各种原因与障碍而无法圆其留学梦。

一九三六年七月六日，陈的填表寄交给中国驻澳大利亚总领事馆，申领儿子陈乐赴澳留学的护照和签证。

一九三六年七月六日，陈的为申办儿子陈乐赴澳留学而填写的财政担保声明书。

档案出处（澳大利亚国家档案馆档案宗卷号）：

Chan Lock-Students P.P., NAA: A1, 1936/7784

附录一　澳大利亚国家档案馆藏涉新会籍留学生档案目录

A.F. Pic.-Student Pass Port，NAA: A1，1935/4894

Ah Tle Student's Passport，NAA: A1，1931/4115

Ah Wing-Student's passport [0.5cm]，NAA: A1，1924/30179

C. Cheong Lin Students Passport，NAA: A1，1923/5399

Cay，L Y-Students passport，NAA: A1，1926/21284

Chan C. Ham-Student Passport，NAA: A1，1937/2721

Chan Coon-Student passport [0.5cm]，NAA: A433，1939/2/223

CHAN Kam Yuen [aka Gum Woon and A. CHAN]-Chinese Student's Passport，NAA: A1，1934/8071

Chan Lock-Students P.P.，NAA: A1，1936/7784

Charlie Wah-student passport，NAA: A1，1929/7205

Chen YEN-Student passport，NAA: A1，1927/2930

Cheong Wah Students passport，NAA: A1，1932/665

Chew Hung Chuck-Student exemption [0.25cm]，NAA: A433，1939/2/429

Chin Ah Ming-Student exemption [1cm]，NAA: A433，1939/2/2642

Chin Coon gip-Student's Passport，NAA: A1，1929/3807

Chin Go Ming-student passport，NAA: A1，1928/9665

Chin JEW – Student Passport，NAA: A1，1934/5354

Chin Ting-student passport，NAA: A1，1929/8042

Chin Toy Hing-Student's Passport，NAA: A1，1929/3806

Chin Wah Dan-student passport，NAA: A1，1929/4861

Chin Wing Soon-Student passport，NAA: A1，1928/4864

Chin Yuen-Students Passport，NAA: A1，1931/4649

Ching Han-Students Passport，NAA: A1，1936/776

Chong，Chin Nam-Chinese student，NAA: A1，1926/17580

Chong，G Hoey-Chinese student on passport，NAA: A1，1926/3438

Chong Yee Hing-Students Passport，NAA: A1，1929/3091

Choo Dug Foon-Student's Passport，NAA: A1，1933/160

Chun Chock-Students Passports，NAA: A1，1938/536

Chun，Joe Kam-Student's passport，NAA: A1，1924/23978

Chun Pak Wang-Student's Ex/c.，NAA: A1，1938/17339

Chun Otse Ming（Thomas Chun）Students passports，NAA: A1，1931/582

Chun Wing Gee-Student [3cms]，NAA: A433，1946/2/3277

Chun Yack-student passport，NAA: A1，1929/3728

Chung Pak Koon-Students Exemption Certificate，NAA: A1，1936/27

Chung Yee Ming-student passport，NAA: A1，1929/4343

Chung Sim-Students passport，NAA: A1，1932/11504

E.R. Mawson. Education Exemption Certificate Sons of Chinese（Charles Ginn），NAA: A1, 1923/8093

Foong，Hong-Student passport，NAA: A1，1926/2527

G. Dix Students Passport，NAA: A1，1937/14493

Goon，Chung Do-Chinese student on passport，NAA: A1，1926/8533

Govey，Joe-Student passport，NAA: A1，1928/8609

Hin Wing Kwong Education Exemption Certificate-Canton Passport，NAA: A1，1929/4048

Ho Chun-student passport，NAA: A1，1930/10194

Ho Gue-Students passport，NAA: A1，1932/502

Ho Sui-Exemption，NAA: A433，1939/2/1266

Hong Ah YET-Chinese Student passport，NAA: A1，1934/7031

Hong Lee-Student exemption，NAA: A433，1949/2/7500

Hong Leong-Student's Passport，NAA: A1，1936/24

Jew Gee-Student passport，NAA: A1，1925/13072

Joan Hoon Kwong-students passport，NAA: A1，1927/8130

JOE GEE WING SP Student Passport，NAA: A1，1936/813

Joe On-student passport，NAA: A1，1930/1971

Joe SHING-Student passport，NAA: A1，1927/10238

Jung Shek YUN-Student passport，NAA: A1，1927/10277

Kai SING-Student passport，NAA: A1，1927/10240

Kee FAUN-Student passport，NAA: A1，1927/14820

Kwai，Chun-Student's passport，NAA: A1，1928/3905

Lam Ban Hang-Students passport，NAA: A1，1931/2909

Lee，H Sam-students passport，NAA: A1，1928/3492

Lee King Sing-Student's passport，NAA: A1，1931/5998

Lee Minn Fong-Student exemption [1.5cms]，NAA: A433，1947/2/3113

Lee Sing-Students passport，NAA: A1，1931/1734

Len Ah Ken-student passport，NAA: A1，1930/620

Len Ah Kong-student passport，NAA: A1，1930/1167

Leong Kow Yick-Students Ex/C，NAA: A1，1937/867

Lim Him HEE-Student passport，NAA: A1，1927/9346

Lim Wah LEE-Student passport，NAA: A1，1927/21474

Lim Wing HALL-Student passport，NAA: A1，1927/21475

Ling Ah Bow-Student Passport，NAA: A1，1929/4899

Ling Kwong Tai-student passport，NAA: A1，1928/10148

Ling Chun Yee-Student Passport，NAA: A1，1933/126

Ling Ah ONE-Students passport，NAA: A1，1927/6477

Ling Ah SUE-Student passport，NAA: A1，1930/1298

Ling Giet CHOW-Students passport，NAA: A1，1927/8131

Loo，Lena-Students passport，NAA: A1，1925/20740

Lum Jim-student passport，NAA: A1，1928/10150

Moon Fat-Students Passport，NAA: A1，1933/8055

Name，Joe-Chinese students passport，NAA: A1，1926/21487

Noon Goon Sook-Student passport，NAA: A1，1929/11810

Passport issued to Chong，Chin Nam-Chinese student，NAA: A1 1926/17580

Quan，Ling-Student's passport，NAA: A1，1925/22529

Quay，Chin Wing-Student's passport，NAA: A1 1928/4060

Share One Wong-student passport，NAA: A1，1929/1745

Sing，Joe Ah-Student's passport，NAA: A1，1925/22326

Shong Tong Park-Students Passport，NAA: A1，1931/7419

Soong，Ah-Student's passport，NAA: A1，1924/19799

Thomas Nomechong-Student's Pass Port，NAA: A1，1929/939

Tim Wong-student passport，NAA: A1，1929/3656

Wah New-student passport，NAA: A1，1929/5749

Wai，Tang Pack-Chinese student on passport，NAA: A1，1926/460

Wah Goon-student passport，NAA: A1，1929/4047

Willie CHEONG-Student passport，NAA: A1，1927/21154

Wing，Chun Kwok-Student's passport，NAA: A1，1928/3406

WING Joe born 1 November 1910，NAA: A446，1959/8097

Wing，Wong Wah-Student on passport，NAA: A1，1926/3204

Wong，Jerry-Student's passport，NAA: A1，1925/23290

Wong Soon-Student exemption [0.5cm]，NAA: A433，1947/2/3833

Wong TOY-Student passport，NAA: A1，1927/16694

Wong Yee-student passport，NAA: A1，1929/4013

Wong Yew-student passport，NAA: A1，1929/117

Yip Hing Lock-student passport，NAA: A1，1928/8186

Yuen Hin Ming-Student passport，NAA: A1，1928/4853

Zik，Wong-Student's passport，NAA: A1，1928/4388

附录二　本书所涉澳大利亚地名与街名中英文对照

英文街名、地名	原译名	现译名
Adelaide	克列	阿德莱德
Albert Park	晓路拂柏、晓拂柏、晓佛柏	
Albury	朵备利、都备利	
Alexander	亚历山打	亚历山大
Annandale		安南岱
Armadale	暗觅爹厘、打门吔	
Auckland	屋仑	奥克兰
Ballarat	孖辣	巴拉瑞特
Barkly Street		巴克利街
Batemans Bay	贝特曼斯湾	
Bathurst	把打池	
Benalla	贝拉纳	
Bendigo	品地高	
Bibra Lake		毕布拉湖
Bourke Street	博街、大博街	伯克街
Box Hill	博士山	箱山
Braidwood	必列括	
Bridport Street		布莱德波特街
Brighton	布莱顿	
Brisbane	庇利殊彬、庇厘士彬	布里斯本

英文街名、地名	原译名	现译名
Broome	布冧	
Brunswick Street		布朗斯维克街
Burnley		
Cairns	坚市、坚时、坚士	蚌里
Campbellfield	矜布飞	
Campbell Street	矜布街，矜布炉街，金宝街	
Canberra		堪培拉
Cardigan Street	卡狄根街	
Carlton	卡顿埠、加顿埠	
Carlton Hill	加顿山	
Castlereagh Street	加士磕街、卡士乃街	
Caulfield	考飞	
Charters Tower	车打士滔	
Church Street		教堂街
Clifton Hill	卡利弗顿山	克里夫屯山
Cobram	甲伦	
Coburg		克堡
Collingwood	卡令（冷）活埠	
Collins Street	卡伦街、卡仑街	
Coode Island		库德岛
Coogee		库吉
Corowa		克罗瓦
Cowra	苟虏、扣剌、考纳	考拉
Crown Street	库郎街、高浪壬的街	
Cumberland Place	宙步兰小径	
Currie Street	巧利街	
Darwin	打云埠、打运埠	达尔文
Deniliquin		德尼利昆
Derby	德比	
Dulwich Hill	杜里奇希	杜里奇山

英文街名、地名	原译名	现译名
Eaglehawk	的洛	
East St. Kilda	东圣科达	
Eastern Hill		东山
Elizabeth Street	以利沙伯街、衣李市别街、依利市弼街	伊丽莎白街
Enmore	典磨埠	
Enmore Road	典磨路	
Essendon	矮山顿	
Evans Lane		伊文思巷
Exhibition Street	益市比臣街	
Ferris Street	弗力士街	
Fitzroy	佛珠来	
Fremantle	非库文度埠、夫李文自、非李文自	弗里曼陀
Gaffney Street		家福里街
Garden Vale	加顿围	
Geelong	芝郎埠	基隆
George Lane	佐治巷	乔治巷
George Street	佐治街	乔治街
Geraldton	者利顿	
Glenhuntly Street		杰拉屯
Goulbourn	高宝	
Goulbourn Street	高宝街	
Grey Street	格雷街	
Halifax	吓李哷	
Harrington Street	海云屯街、吓令顿街	
Hawksburn	托士滨、讬市畔	
Hawthorn	霍淞	
Hay Street	喜街	
High Street	係街	
Hindley Street	显利街	
Hobart	可拨、可拨党、好拨	霍巴特

英文街名、地名	原译名	现译名
Homebush	砍舞市	
Horsham	霍森、可岑	
Huntley Street	显利街	
Hurstville	好市围	
Innisfail	烟厘时非炉	
Jarrahdale		加纳代尔
Kalamunda		卡拉曼达
Kew	邱埠、邱区	
Lake Mulwala	墨瓦拉湖	
Lake Street	湖街	
Landsborough River	蓝池博腊河	
Leederville	李自步埠	
Lithgow	礼士沟	利斯戈
Little Bourke Street	小博街、小卜街	小伯克街
Little Lonsdale Street	小兰市地街、小邻舍地路街、小兰地街	
Lonsdale Street	兰市地街、邻舍地路街、兰地街	
Lygon Street	礚近街	
Macknade	唛溺	
Malvern Road	马云路、眉士讬爷路	
Melbourne	美利滨、美利伴、美利畔、美尔钵、尾利伴、尾利畔、尾唎伴、尾利扳、尾利宾	墨尔本
Mildura	文沼（招）罅埠、呡啁嚕埠	
Middle Brighton	中布莱顿	
Moorabbin	莫拉滨	
Mosman	磨市文	
Murphy Street	墨菲街	
Murray River	墨累河	
Muttaburra	玛塔布拉	
New South Wales	鸟修威、纽所委	新南威尔士
New Zealand	纽西兰	新西兰

英文街名、地名	原译名	现译名
North Caulfield	北考飞	
North Fitzroy	北佛珠来	
Northcote	那体屈	
Northern Territory		北领地
Oakleigh		奥克利
Osborne Park		奥斯本公园
Parramatta	啪冞孖吔	
Peel Street	皮路街	
Perth	普扶	珀斯
Pitt Street	必街、辟市街	
Port Albert		艾伯特港
Port Darwin	砵打云、砵打运	达尔文港
Prahran	卑剌咸、波兰	普拉兰
Queen Street	皇后街、女王街	
Queensberry Street	昆市比利街	
Queensland	昆使兰、昆时栏	昆士兰
Rockhampton	洛今屯、洛金顿	
Roebourne	佬畔	
Rookwood	卢克坞	
Russell Street	律素露街、律师街、律素街、罗苏街	
Sale	塞尔	
Shepparton		谢珀顿
Silkwood	夏柏屯	
South Australia	南澳洲、南澳	南澳
South Road		大南路
South St. Kilda	南圣科达	
South Yarra	稍吧罅埠、南亚拉	
St. Kilda	圣科达	
Surry Hills	沙厘希、沙梨山	萨里山
Sydney	雪梨	悉尼

英文街名、地名	原译名	现译名
Tasmania	他省、塔省、他市民夜省	塔斯马尼亚
Thursday Island	珍珠埠、礼拜四岛、星期四岛	
Toorak Road	粗勒路	
Townsville	汤士威炉、汤士威、塘虱围	
Victoria	域多利	维多利亚
View Street	景街	
Wangaratta	柱加据打	
Wellington	惠灵顿	
Western Australia	西澳洲、西澳	西澳
Woy Woy	唯唯埠	
White Hills		白山
Wickham Street	威克姆街	
William Street	卫廉街、委林街	威廉街
Wollomombi	胡路猛被	
Wray Avenue	雷大街	
Yarra	吧喇埠、亚拉	
Yarrawonga	椰李汪架	

附录三　本书涉及新会籍留学生入读学校译名中英文对照

学校英文名	学校中译名
Albert Park State School	晓拂柏公学、晓路拂柏公学
Albury District School	朵备利地区公立学校
Albury High School	朵备利皇家中学
Albury Public School	朵备利皇家学校、朵备利公学、朵备利公立学校、朵备利公益学校
Albury Rural School	朵备利皇家学校
All Saints' Grammar School	诸圣文法学校
Annandale Public School	安南岱公学
Armidale State School	打门呭公立学校
Ballarat College	孖辣学院
Bathurst District Rural School	把打池地区农校
Bathurst High School	把打池公立中学
Bendigo Business College	品地高商学院
Bentleigh State School	邦特利公立学校
Bradshaw's Business College	布雷潇商学院
Brighton Road State School	布莱顿路公立学校
Broome State School	布冧皇家学校、布冧皇家书馆、布冧公立学校
California Gully State Scholl	加利福尼亚冲公立学校
Carlton Advanced School	卡顿专馆学校
Caulfield Grammar School	考飞文法学校

学校英文名	学校中译名
Caulfield North State School	北考飞公立学校
Central Business College	中央商学院
Central State School	中央公学、中央公立学校
Central Technical College	中央工学院
Central Training College	中央培训学院
Chinese School of English	华英学校、唐人学英文学校、华人英文学校
Christian Brothers' College	基督兄弟会书院、屈臣兄弟学校、架李市振咘嘣吋学校
Christ Church School	基督堂学校、加丝律礼拜堂学校、基督教会学校、褂礼时书馆、耶稣教堂学校、基督会辟市街雪梨学校
Church of England Free Kindergarden School	英国国教会自由幼教学校
Church of England（Girls'）Grammar School（St. Thomas Grammar School）	参亚市学校、圣多马文法学校、圣参亚市学校
Church of England Preparatory School	圣多马预科学校、英国国教会预科学校
Church of England Preparatory School of Holy Trinity	英国国教会圣三一预科学校
Clifton Hill State School	克利夫屯山公学
Cobram State School	甲伦埠公立学校
Coburg State School	克堡公学
Convent of Mercy	罗马教学校
Convent School	今利士礼堂学校、苏姑庵堂学校、天主教私开学校、天主教（会）学校、天主教修会书院
Cowra Public School	考拉公立学校
Crown Street Public Commercial School	库郎街公学
Crown Street Public School（Super Public School Crown Street Sydney）	库郎街公学、高浪壬的街学校
Currie Street Practising School	巧利街实验学校
Currie Street Public School	巧利街皇家学校
Deniliquin State School	德尼利昆公立学校

学校英文名	学校中译名
Eastern Hill Primary School	东山小学
Efficiency Motor School Ltd.	效能汽车技校
Essendon Grammar School	矮山顿文法学校
Essendon High School	矮山顿公立中学
Essendon State School	矮山顿公学
Estley's International Correspondence School	依士力国际函授学校
Faraday Street State School	法拉第街公立学校、法拉第街公学
Fitzroy Grammar School	佛珠来文法学校
Fitzroy Street State School	佛珠来街公立学校
Footscray State School	佛治已李公立学校
Fremantle Infants School	夫李文自皇家小童学校
Garden Vale State School	加顿围公学
Government State School	皇家学校
George Taylor Coaching College（George Taylor & Staff University Coaches）	乔治泰勒辅导学院
Glebe Superior Public School	纪聂公立高小
Glenhuntly Street State School	格兰亨特利街公立学校
Gold Street State School	金街公立学校
Goulbourn Street State School	高宝街公立学校
Halifax State School	吓李哗公立学校
Hawkesbury State School	托士滨公立学校
Helens Street State School	海伦氏街公立学校
Hobart Central State School	可拔埠中央公学
Hurstville Public School	好市围公学
Infant State Government School	政府公立幼儿学校
Ivanhoe Grammar School	艾温侯文法学校
James Street School	占市街学校
Lee Street State School	李街公学
Lithgow High School	礼士沟中学

学校英文名	学校中译名
Macknade State School	唛溺埠公立学校
Malvern Road State School	眉士讬爷初等蒙学校
Marist Brothers' School	圣母修会学校、圣母昆仲会男校、圣母兄弟会学校
Marist Brothers Commercial College	圣母昆仲会商学院
Marist Brothers High School	圣母昆仲会中学
Melbourne Technical College	美利滨工学院、尾利畔工学院
Melbourne Technical School	美利滨（尾利伴）技术专科学校
Mission State School	教会公立学校
Mosman State School	磨市文公立学校
Netley College	莱特利书院
New Normal State School at Brisbane	庇厘士彬公立新师范学校
Newington College	纽因顿学院
Northcote State School	那体屈公立学校
Northcote High School	那体屈公立中学
Norwood Public School	骆坞公学
Nott Street State School，Port Melbourne	美利滨港诺特街公立学校
Oakleigh State School	奥克利公立学校
Parramatta District School	啪冧孖哵学校
Presbyterian Mission School （P. W. M. U. School）	长老会学校、长老教会学校、长老会书馆、长老书馆、基督堂学校、礼拜堂学校
Public School of Bathurst	把打池国家公立学校
P. W. M. U. School	长老会学校、长老教会学校、长老会书馆、长老书馆、基督堂学校、列地博街学校、尾植学校
P. W. M. U. School，Little Bourke Street	（美利滨）小博街长老会书馆、礼拜堂学校
Queen's College	女王书院
Queensberry Street State School	昆市比利街公立学校
Randwick Preparatory school	兰域预备学校
Rathdown Street State School，Carlton	若丝砀街公学、加顿埠末士淮士学校
Sale State School	塞尔公立学校

学校英文名	学校中译名
Scotch College	苏格兰书院
Shepparton State School	夏柏屯公立学校
Silkwood State School	秀客坞公立学校
South Brisbane State School	南庇厘士彬公立学校
South Granville Public School	南葛兰围公学
South Parramatta Continuation School	南啪冧仔叮进修学校
St. Bede's School	罗马校堂学校
St. George's Day School （St. George's School）	圣佐治学校
St. James School	圣占士书院
St. John's Cathedral Day School	圣约翰学校
St. Joseph's College（School）	圣若瑟书院
St. Joseph's Convent	胜沼寋悬运学校
St. Joseph's College Convent of Mercy, Mildura	文招罅师姑学校
St. Joseph's Primary School	圣若瑟小学
St. Kilda Boys College	圣科达男校
St. Kilda State School	圣科达公立学校
St. Mary's Convent School	圣玛丽修会书院
St. Mary's School	圣玛丽书院
St. Patrick's College	圣博德书院
St. Paul's College	圣保罗书院
St. Peter's Primary School	圣伯多禄小学
St. Peter's School （St. Peter's School / St. Peter's School，Eastern Hills）	圣伯多禄书院、胜疋书院、咽珠典崙山吥哹学校、山疋打学校、圣匹书馆、新丕打学校
St. Thomas Grammar School （Church of England Grammar School）	圣多马文法学校、参亚市学校、圣参亚市学校
St. Virgil's College	圣委助学校、圣弗吉尔书院
State School，California Gully	加利福尼亚冲公立学校
State School，Gold Street，Carlton Hill	加顿山金街公立学校
State School，South Brisbane	南庇厘士彬公立学校（南布里斯本公立学校）

学校英文名	学校中译名
Stott & Hoare's Business College	斯托特与霍尔斯商学院
Stott's Business College	司铎茨商学院
Stott's Technical Correspondent College	司铎茨函授技校
Sydney Grammar School	雪梨文法学校
Taylor's Coaching College	泰勒氏培训学院
The Bradshaw & Everett Business College	布雷潇与艾维德商学院
The Preparation School	预科学校
Thornburg College	桑堡书院
Trinity Grammar School	三一文法学校、眯晛地加林学校
Wangaratta District State School	汪架据打皇家学校
Wangaratta State School	柱加据打学校、汪架据打皇家学校
Wangaratta Technical School	汪架据打皇家技校
Wesley College	卫斯理书院
West Melbourne State School	西美利滨公学
Winsor State School	公立温莎学校
Wollomombi State School	胡路猛被公立学校
Working Men's College（Workingmen's College）	工人学院
Yarrawonga Higher Intermediate School	椰李汪架皇家中学
Yarrawonga High School	椰李汪架皇家中学
Yarrawonga State School	椰李汪架皇家学校
Zercho's Business College	泽口商学院

附录四　新会籍侨胞通常搭乘的来往中澳间及澳大利亚与周边岛国间之班轮一览

班轮英文名	原有中文（译）名	通用译名
Ake Maru	阿克丸	
Aki Maru	安艺丸	
Hitachi Maru	日立丸	
Kagaa Maru	溪后丸	
Kumano Maru	熊野丸	
Mashima Maru	真岛丸	
Mishima Maru	三岛丸	
Nikko Maru	日光丸	
Sado Maru	西渡丸	
Tango Maru	丹后丸	
Yoshino Maru	吉野丸	
Changde	彰德号	
Changsha	长沙号	
Hwah Ping	华丙号	
Lingnan	岭南号	
Namsang	南生号	
Nanking	南京号	
Shansi	山西号	

班轮英文名	原有中文（译）名	通用译名
Sui Sang	瑞生号	
Taiping	太平号	
Taiyuan	太原号	
Yochow	岳州号	
Yunnan	云南号	
Aorangi		奥朗基号
Arafura	丫剌夫剌、丫拿夫拉、丫罅乎罅、鸦拿夫拿	阿拉弗拉号
Centaur		马人号
Charon		卡戎号
Dimboola		町布拉号
Eastern	衣士（市）顿、衣时顿	东方号
Empire	炎派、奄派	帝国号
Gascoyne		加斯科涅号
Gorgon		蛇发女妖号
Kanowna	坚郎那、坚那拿	坎诺娜号
Maheno		马希诺号
Manuka		麦卢卡号
Marama		玛纳玛号
Mataram		马踏浪号
Maungunui		蒙哥雷号
Minilya		米李利亚号
Minderoo		明德鲁号
Montoro		蒙托罗号
Nellore	利罗	奈罗尔号
Neptuna		海王星号
Paroo		巴鲁号

班轮英文名	原有中文（译）名	通用译名
Scharnhorst		夏恩霍斯特号
Sharon		雪伦号
Sierra		羲娜号
Sonoma		松诺玛号
St. Albans	圣柯炉（露）滨、圣阿炉滨士、山亚班士、圣丫路彬	圣澳班司号
Sulton		苏尔坦号
Tanda	吞打、天叮、丹打、天打	昙达号
Ventura		范杜拉号
Victoria	获多利	维多利亚号
Ulimaroa		乌里马洛号
Wyandra	寰雅	

附录五　本书有关新会县留学生档案基本情况统计

姓名	籍贯	出生日期	申照日期	发照日期	签证日期	抵澳日期	父/监护人名	担保商铺名	来澳地点/学校	结局
张炼 C. Cheong Lin	官田村	1902-08	1921-04-24	1921-05-16	1921-05-21	1921-09-20 Victoria	张建 Charles Gum	啪冧仔町埠莱园铺	Parramatta啪冧仔町学校	1923-03-09 "Manuka"号往新西兰
吴崇引 Ah Soong	江门	1904-03-14	1921-06-16	1921-08-22 91/S/21	1921-08-26	1922-06-22 Victoria	吴能炎 Ng Nung Yuen	珍富铺 Chun Loy	美利滨，Carlton Advanced School	1924-06-30 "Victoria"号回国
钟子源 Chung Do Goon	南合村	1904-08-17	1921-02-02	1921-02-04 7/S/21	1921-02-08	1921-05-25 Victoria	钟大柱 Charlie Fun	典磨埠永盛号 Enmore, Wing Shing	雪梨踩呪地加林学校Trinity Grammar School	1926-08-21 太平号回国
凌如权 Ling Yee Can	大范里	1904-10-10	不明	1921-06-27 61/S/21	1921-06-28	1921-10-18 Eastern	凌先宏 Sin Fang	美利佯宏昌号 Fang Chong	美利滨，公立学校	1928-02-09 太平号回国
赵冶 Jew Gee	三江村	1905-08-21	不明	1921-08-04 79/S/21	1921-08-12	1921-11-17 Victoria	赵士德 Jew Jack	雪梨上海楼 Shanghai Café	Public Commercial School, Crown St	1926-10-09 "Tanda"号回国

续表

姓名	籍贯	出生日期	申照日期	发照日期	签证日期	抵澳日期	父/监护人名	担保商铺名	来澳地点/学校	结局
凌月超 Ling Giet Chow	大范里	1906-06-21	不明	1921-08-29 103/S/21	1921-08-31	1921-12-12 St. Albans	凌熙 Ling Hie	不明	美利滨Albert Park School	1928-02-09 太平号回国
陈荣 Ah Wing	旺冲村	1906-09-16	不明	1923-09-05 328/S/23	1923-09-08	1924-02-04 Victoria	陈典耀 Sam War(Chun Tin Jock)	三利号洗衣馆 Sam War	雪梨，公立学校 Glebe Superior Public School	1924-11-22 "Ulimaroa" 号前往新西兰
陈金源 Chan Kam Yuen	京梅村	1906-10-30	1925-03-11	1926-02-12 431/S/26	1926-02-15	1926-06-14 三岛丸	陈亚耀 Chin Ah You	宽记 Foon Kee	美利滨，PWMU. School	1930-01-02 "Tanda" 号回国
张钦 Cheong Ham	新会	1907	B19-09-03	未明	1920-01-31	1920-05-23 Victoria	张建 (Charles Ginn, Charles Gum)	啪㘈孖叻埠莱园铺	1923-03-29 获多利号回国	
黄益 Wong Zik	麦田村	1907-02-09	不明	1921-06-27 59/S/21	1921-06-28	1922-01-05 Eastern	黄庆 Wong Hing	雪梨磨市文埠果子铺	Mosman磨市文公立学校	1928-06-14 太平号回国
陈照 Chin Jew	长江村	1907-07-14	1921-05-27	1921-05-30 52/S/21	1921-05-31	1921-11-17 Victoria	陈华 Chin Wah	尾利畔新华隆铺Sun Wah Loong	Rathdowne Street State School皇家学校	1929-06-11 太平号回国
凌钧 Ling Quan	大范里	1907-08-07	1921-09-16	1922-05-22 148/S/22	1922-05-24	1923-08-02 Wyandra	凌发 Ling Fatt	晓佛柏埠新盛铺Sun Shing	美利滨Albert Park School	1925-09-05 "St. Albans" 号回国
凌广大 Ling Kwong Tai	大范里	1907-08-15	1921-08-09	1921-08-29 104/S/21	1921-08-31	1923-01-23 Victoria	凌扶 Ling Foo	晓路佛柏埠新盛铺Sun Shing	美利滨Albert Park School	1929-03-14 彰德号回国

续表

姓名	籍贯	出生日期	申照日期	发照日期	签证日期	抵澳日期	父/监护人名	担保商铺名	来澳地点/学校	结局
何须 Ho Sui	南合村	1907-12-24	1924	1924/02/22 388/S/24	1924-02-26	1924-07-05 Gorgon	何敬 Ho King	顺利号Soon Lee	普扶（Perth）架李市振嘭唝啩学校Christian Brothers' College	1939-09-27 代理父亲经营顺利
曾北位 Tang Pack Wai	沙堆安美村	1908-01-15	1923-01-19	1923-06-05 273/S/23	1923-06-08	1923-10-28 Arafura	司徒仟George Soo Hoo Ten	雪梨玖舞市街Homebush司徒仟屋铺	基督会辟市街雪梨学校 Christ Church School	1926-07-10 "Tanda"号遣返回国
卢雪根（女）Lena Loo	潮连村	1908-03-13	1924-04-28	1925-03-27 421/S/25	1925-03-27	1925-07-07 Tanda	邝门黄氏Mrs Kwong Sue Duk	不明	美利畔Stott's Business College	1926-06-30 "Tanda"号回国
陈华润 Wah Goon	旺涌村	1908-04-03	1921-05-27	1921-06-09 54/S/21	1921-06-13	1922-05-03 Arafura	陈华庆Charles Wah Hing	Brisbane华庆铺	公立学校	1929-07-15 "Tanda"号回国
林荣河 Lim Wing Hall	现龙里	1908-05-05	1922-03-27	1922-06-06 154/S/21	1922-06-21	1922-10-21 Victoria	林嫒 George Lim Nuan	克列埠佐枝林嫒木铺	巧利街皇家学校Currie St Public School	1928-03-24 三岛丸回国
陈登 Chin Ting	京梅村	1908-06-15	1921-07-25	1921-08-09 88/S/21	1921-08-13	1921-11-16 Victoria	陈美和 Chin Mee War	雪梨陈美和铺	高浪王的街学校Super Public School Crown St	1927-07-14 彰德号回国
黄华荣 Wong Wah Wing	京肯村	1908-10-10	1921-07-10	1921-07-18 63/S/21	1921-07-22	1921-12-12 St. Albans	黄悦 Wong Yet	Hawksburn VIC托市畔埠悦利铺	眉土讬谷初等蒙学学校Malvern Road State School	1926-04-23 丹后丸回国

493

续表

姓名	籍贯	出生日期	申照日期	发照日期	签证日期	抵澳日期	父/监护人名	担保商铺名	来澳地点学校	结局
黎启胜 Lai Kai Sing	黎村	1908-11-06	1923-10-08	1923-12-07 358/S/23	1923-12-07	1924-06-27 Victoria	黎才（Li Toy）莫拉滨埠（Moorabbin）	何姉店大埠美市草药铺	小博衙学校	1927-08-11 太平号回国
许荣光 Hui Wing Kwong	会城	1908-12-10	1925-02-16	1925-02-16 No.1191	1925-02-20	1925-05-07 ARAFURA	契父岑福元	不明	尾利畔埠，Ballarat College	1930-04-15 "Tanda"号回国
黄添 Tim Wong	京背村	1909-01-15	1921-09-13	1923-04-26 252/S/23	1923-04-27	1923-12-31 Eastern	黄能（威廉双）W Song	磨市文埠果子铺	Mosman磨市公立学校（Sydney）	1929-12-14 "Nellore"号回国
汤凩 Foong Hong	中心里	1909-01-24	1923-04-11	1923-10-30 345/S/23	1923-11-05	1924-04-20 Victoria	汤杰Hong Ah Get	媚啁畔卡顿铺	礼拜堂学校 P.W.M.U. School	1926-02-19 安艺丸回国
凌阿保 Ling Ah Bow	大兴村	1909-01-28	1922	1922-06-29 162/S/22	1922-07-01	1922-11-29 St. Albans	凌阿李（凌振）Ling Ah Lee (Len Ah John)	洗衣店	美利滨。公立学校	1929-08-13 太平号回国
黄蕊 Wong Yew	京背村	1909-05-20	1923	1923-03-12 238/S/23	1923-03-22	1923-09-22 Victoria	黄恩 Wong Yen	尾利佯埠果子铺	尾椿学校PWMU. School	1926-11-11 彰德号回国
凌亚琼 Len Ah Ken	大范里	1909-08-11	1921-07-21	1921-08-22 100/S/21	1921-08-26	1921-11-17 Victoria	凌亚振 Len Ah John	联记铺 Charlie Ling	美利滨，公立学校	1929-08-13 太平号回国
许其欢 Kee Faun	银塘村	1909-09-10	1923-11-01	1924-03-11 390/S/24	1924-03-14	1924-08-25 Victoria	许锴洪Hoey Kim Hoong	的洛埠百步园 Market Garden at Kyer's Flat	的洛埠学校Bendigo	1928-08-11 太平号回国
凌亚江 Len Ah Kong	大范里	1909-09-14	1921-07-21	1921-08-22 101/S/21	1921-08-26	1926-11-16 Aki Maru	伯父凌亚振 Len Ah John	联记铺 Charlie Ling	美利滨，公立学校	1930-04-14 太平号回国

姓名	籍贯	出生日期	申照日期	发照日期	签证日期	抵澳日期	父/监护人名	担保商铺名	来澳地点/学校	结局
钟龙占 Lum Jim	大泽村	1909-10-21	1922-03-27	1922-10-03 191/S/22	1922-10-04	1926-09-26 Tanda	钟琊Ah Long	洗衣店	美利滨、公立学校	1929-12-04 "Nellore"号回国
陈润 Chin Yuen	京梅村	1910-01-13	1921-07-25	1921-08-09 89/S/21	1921-08-13	1921-11-17 Victoria	陈美和 Chin Mee War	雪梨陈美和铺	高浪王的街学铺 Super Public School Crown St	1931-11-14 南京号回国
黄社稳 Share One Wong	古井镇大朗坡村	1910-04-10	1921-03-10	1922-06-29 160/S/22	1922-07-01	1922-10-16 Victoria	黄昌 Wong Chong	吓李啡埠广昌隆铺 Halifax, QLD (Guong Chon Loong)	吓李啡公立学校 (Halifax State School)	1928-07-24 "Tanda"号回国
陈南昌 Chin Nam Chong	会城	1910-05-05	1922-06-27	1922-08-08 172/S/22	1922-08-11	1923-01-19 Victoria	陈安 Chan On 陈振林(陈宛)	美利伴新华隆号	公立学校	1927-03-20 "Arafura"号回国
周阿胜 Joe Ah Sing	东安村	1910-07-11	1923-03-07	1923-03-19 240/S/23	1923-03-22	1923-07-30 Victoria	周耀 Joe You	广益号商铺 Kwong Yick	美利滨P.W.M.U. School	1925-09-18 真岛丸回国
周念 Joe Name	田金里	1910-04-05	1921	1922-10-03 192/S/22	1922-10-04	1923-01-24 Victoria	周高正 Joe Goo Jing	美利滨合和兴铺Hop Wo Hing & Co.	皇家学校, Rathdown Street State School Carlton	1924-05-02 "Victoria"号病返
周安 Joe On	桥乐村	1910-08-04	1923	1924-02-13 383/S/24	1924-02-14	1924-05-01 Arafura	周立(周高佐) Joe Lip (Joe Go Jor)	美利滨合和兴铺Hop Wo Hing & Co.	P.W.M.U. School	1931-01-19 彰德号回国
陈子明 Chun Otse Ming (Thomas Chun)	西宁村	1910-09-13	1926-09-28	1927-01-06 447/S/27	1927-06-13	1927-08-17 太平	陈芳裕 (即陈芳玛余)	庇厘士彬陈芳裕铺	圣纳翰学校 St. John's Cathedral Day School	1932-03-15 "Nellore"号回国

续表

姓名	籍贯	出生日期	申照日期	发照日期	签证日期	抵澳日期	父/监护人名	担保商铺名	来澳地点/学校	结局
吴帝苔 Thomas Nomchong	文楼村古井	1910-10-12	1921-05-31	1921-10-23 112/S/21	1921-10-28	1921-09-20 Victoria	祖父吴迟德(南昌),Chee Dock Nomechong	必列拓南昌铺 Braidwood, NSW	罗马校堂学校 St. Bede's School	1926-12-31 三岛丸回国
陈华进 Chin Wah Dan	旺冲村	1910-10-15	1922-10-16	1923-01-15 211/S/23	1923-01-17	1923-10-14 岭南	陈祁森 Chin Ging Sham	美利伴新华隆铺	公立学校	1930-07-17 彰德号回国
周荣 Wing Joe	东安村	1910-11-01	1923	2023-10 342/S/23	1923-10-30	1924-03-28 Eastern	周暖Joe Noon (周高梧)	美利滨义合铺	P.W.M.U. School	1930-12-31 彰德号回国
陈荣桂 Chin Wing Quay	京梅村	1910-11-12	1923	1923-12-10 360/S/23	1923-12-11	1924-05-01 Arafura	Chin Keu	宽记Foon Kee	美利滨Essendon State School	1929-01-03 "Tanda" 号回国
钟韩路 H Sam Lee	南合村	1910-11-21	1922-09-30	1923-05-15 259/S/23	1923-05-16	1923-12-17 Victoria	钟三利Sam Lee	汪架据打埠钟三利铺	Wangaratta VIC 皇家学校	1928-04-05 "Tanda" 号回国
汤良 Hong Leong	中心里	1911-02-14	1923-04-11	1923-10-30 346/S/23	1923-11-05	1924-04-20 Victoria	汤杰 Hong Ah Get	娜喇畔卡顿铺	礼拜堂学校 P.W.M.U. School	1936-02-01 南京号回国
黄者莅 Jerry Wong	古井镇大朗坡村	1911-04-03	1921-03-10	1922-06-29 161/S/22	1922-07-01	1922-10-22 Victoria	黄培盛 Poy Shing	吓李哗埠广昌隆铺Guong Chon Loong	昆士兰吓李哗公立学校(Halifax State School)	1926-10-15 "Tanda" 号回国
陈恩 Chen Yen	坑头村福隆里	1911-04-15	1923-12	1924-04-18 401/S/24	1924-05-02	1925-05-25 St. Albans	亚约Ah York	美利伴新华隆铺	Carlton Rathdown St. State School	1927-07-06 "Tanda" 号回国
宋松柏 Shong Tong Park	沙堆村	1911-06-22	1923-03-22	1923-06-22 295/S/23	1923-06-26	1923-10-28 Arafura	宋昭明 Shong Chew Ming	把打池照明铺	国家公立学校 Bathurst, NSW	1932-05-14 南京号回国

姓名	籍贯	出生日期	申照日期	发照日期	签证日期	抵澳日期	父/监护人名	担保商铺名	来澳地点/学校	结局
黄彩(女) Wong Toy	京背村	1911-07-12	1923	1923-03-12 239/S/23	1923-03-22	1923-09-22 Victoria	黄恩Wong Yen	尾利伴埠果子铺	尾椿学校P.W.M.U. School	1929-04-04 "Tanda"号回国
叶乐 Yip Hing Lock	天湖村	1911-08-02	1923-06-30	1923-10-18 338/S/23	1923-10-19	1924-02-08 Victoria	陈旺Chun Wong	美利滨元亨利铺Goon Hing Lee & Co. Ltd.	P.W.M.U. School	1928-09-13 彰德号回国
哥鍪许昌 G Hoey Chong	永安村	1911-08-11	1922-08-12	1922-08-31 179/S/22	1922-09-01	1922-12-20 Eastern	许昌Hoey Chong	汪架镇町埠许昌铺	Wangaratta VIC 皇家学校	1926-04-23 病逝美利滨
华尧 Wah New	旺冲村	1911-08-15	1924	1924-04-18 402/S/24	1924-05-02	1925-07-07 Tanda	亚犁 Ah Lyi	尾利伴埠永亨铺	Carlton 学校	1930-07-17 彰德号回国
钟洪酚 Joan Hoon Kwong	南合村	1911-10-10	1923-12-26	1924-04-07 397/S/24	1924-04-09	1926-04-04 Tanda	钟彬 (陈安Chan On)	夫孛文自埠陈安铺 Fremantle	皇家小童学校 Fremantle Infants School	1928-03-16 "Minderoo"号回国
汤亚悦 Hong Ah Yet	永坚村	1912-03-15	1922-08-11	1922-10-03 193/S/22	1922-10-04	1923-11-04 Arafura	林立 Lum Lipp	林立餐铺Man War Caé	尾利伴Carlton Advanced School	1934-01-03 "Tanda"号回国
钟石仁 Jung Shek Yun	南合村	1912-05-25	1923	1923-09-04 326/S/23	1923-09-06	1924-06-22 Victoria	钟楼Thomas Low(莫寿元夫人)	打丁咘埠钟楼铺Armidale	Wollomombi NSW胡路孟敬学校	1928-01-14 "Tanda"号回国
李乾信 Lee King Sing	三村	1912-06-22	1922-06-15	1922-08-22 175/S/22	1922-08-24	1923-12-01 St. Albans	陈荣进George Wing Dann(黄恩夫人)	永亨公司Wing Young & Co.	美利滨、公立学校	1931年后没有丁消息,档案中止

民国粤人赴澳大利亚留学档案全述　新会卷

姓名	籍贯	出生日期	申照日期	发照日期	签证日期	抵澳日期	父/监护人名	担保商铺名	来澳地点/学校	结局
钟汉 Chung Han (Chin Low)	会城	1912-10-07	1922-12-28	1923-06-14 287/S/23	1923-06-18	1923-10-28 Arafura	钟承朗 Willie Chung Sing	广兴铺	他省可拔埠 Hobart Government State School皇家学校	1936-07-01 获得一年展签后，没有了下文
陈作 Chun Chock	天湖村	1912-11-05	1923-06-20	1923-10-18 339/S/23	1923-10-19	1924-02-08 Victoria	陈旺 Chun Wong	美利滨元亨利铺 Goon Hing Lee & Co. Ltd	美利滨P.W.M.U. School	1938-08-13 南京号回国
陈同利 Hong Lee	天湖村	1912-12-22	1923	1923-07-18 307/S/23	1923-07-20	1923-12-01 St. Albans	陈如庆 Gooey Hing	尾利畔新裕利号 Sun Yee Lee & Co.	P.W.M.U. School	1949-02-15 死于肺结核（尾利畔）
陈积 Chun Yack	天湖村	1913-02-09	1923-06-30	1923-10-18 340/S/23	1923-10-19	1924-02-08 Victoria	陈旺 Chun Wong	美利滨元亨利铺 Goon Hing Lee & Co. Ltd	P.W.M.U. School	1929-10-02 "Tanda"号回国
周锦泉 Chun, Joe Kam	学屏村	1913-04-08	1921-12-29	1922-05-24 151/S/22	1922-05-24	1922-08-26 Victoria	周有 Joe You	美利滨合和兴铺	新亢打学校 St. Peter's School	1924-09-26 "Victoria"号回国
周盛 Joe Shing	龙田村	1913-08-13	1923	1923-07-17 304/S/23	1923-07017	1924-06-22 Dimboola	周撰 Joe Gang	美利滨义合铺 Yee Hop & Co.	P.W.M.U. School	1929-04-04 "Tanda"号回国
陈高明 Chin Go Ming	天湖村	1913-08-14	1923-01-13	1923-06-05 277/S/23	1923-06-08	1923-12-01 St. Albans	陈杰 Chin Git	美利滨新裕利铺	公立学校Carlton	1928-10-06 "Tanda"号回国

续表

姓名	籍贯	出生日期	申照日期	发照日期	签证日期	抵澳日期	父/监护人名	担保商铺名	来澳地点/学校	结局
许进 George Din	吉安村	1913-10-14	1923-04-17	1923-06-05 276/S/23	1923-06-06	1923-10-28 Arafura	许进James Hoey Din	椰李汪架埠许进铺	Yarrawonga VIC 皇家学校	1935-12-04 "Nellore"号回国
何榛 Ho Chun	南合村	1913-12-01	1930-10-01	1930-10-13 589/S/30	1930-11-24 拒签	不明	何彩 Ho Toy	普扶顺利铺 Soon Lee	Christian Brothers College, Perth	拒签
陈华发 Alfred Fong Pie	旺冲村	1913-12-03	1926-10-05	1926-10-14 435/S/26	1927-02-11	1927-12-23 Tanda	陈芳派Fong Pie	庇厘士彬芳派号	圣约翰学校 St. John's Cathedral Day School	1936-09-17 "Nellore"号回国
陈才庆 Chin Toy Hing	坑头村	1913-12-10	1924	1924-02-13 384/S/24	1924-02-14	1924-06-22 Dimboola	陈祥 Chin Young	美利滨埠卡根街七十四号家具店	P.W.M.U.School	1930-03-17 彰德号回国
陈荣旋 Chin Wing Soon	陈冲村	1914-05-23	1922-02-24	1922-10-16 195/S/22	1922-10-18	1923-07-03 Eastern	陈亚媛 Pelly Ah None	Pelly Ah None & Co.	Deniliquin NSW 2710, 公立学校	1928-03-10 彰德号回国
凌亚宜 Ling Ah One	大范里	1914-06-15	1927	1927-03-17 463/S/27	1927-05-06	1927-08-07 太平	凌庆(凌振)Len Hen (Len Ah John)	Laundry	美利滨Wesley college	1928-04-05 "Tanda"号回国
赵德聪 Choo Dug Foon	皋头西京里村	1914-11-17	1927-08-01	1928-02-28 495/S/28	1928-04-20	1928-09-06 Gascoyne	赵启明 Chew Coy Ming	西澳李自步埠 Leederville合发园铺	胜沼寞恳运学校 St. Joseph's Convent	1934-03-11 "Gorgon"号回国
凌添起 Lim Him Hee	大范里	1914-11-21	1927-03-27	1927-04-27 471/S/27	1927-06-17	不明	凌怀Ling Wye	合利号洗衣店 (Hop Lee)	美利滨P.W.M.U. School	获签但未赴澳
周钜 Joe Govey	奇岗村	1914-11-29	1923	1923-07-17 305/S/23	1923-07-17	1924-06-22 Dimboola	周犫Joe Gang	美利滨义合铺 Yee Hop & Co.	P.W.M.U. School	1929-11-14 彰德号回国

姓名	籍贯	出生日期	申照日期	发照日期	签证日期	抵澳日期	父/监护人名	担保商铺名	来澳地点学校	结局
张华 Cheong Wah	坑尾村	1915-01-04	1928-10-15	1928-11-09 522/S/28	1930-01-22	1930-03-21 Gascoyne	何燕杰(何敬) Ho King	西澳普扶埠喜街顺利铺	Christian Brothers College	1932-03-16 "Minderoo"号回国
林华狮 Lim Wah Lee	现龙里	1915-04-15	1922-03-27	1922-06-06 155/S/22	1922-06-21	1922-10-21 Victoria	林媛 George Lim Nuan	克列埠佐枝林煖木铺	Adelaide巧利街皇家学校	1928-03-24 三岛丸回国
何尧 Ho Gue	南合村	1915-05-13	1928-09-26	1928-11-05 521/S/28	1929-03-23	1929-05-29 Minderoo	何敬 Ho King	西澳普扶顺利铺	Christian Brothers College	1933-04-28 太平号回国
陈群业 Chin Coon Gip	坑头村	1915-06-12	1924	1924-02-13 385/S/24	1924-02-14	1924-06-22 Dimboola	陈样 Chin Young	家具店	P.W.M.U.School	1930-03-17 彰德号回国
钟余庆 Chong Yee Hing	平冈村	1915-10-22	1923-10-12	1925-03-13 411/S/25	1925-03-16	1927-04-10 太平	钟大根 Chong Tai Gun	西澳普扶广门盛铺	普扶占市街学校	1930-10-24 "Centaur"号回国
黄亚治 Wong Yee	黄冲村	1915-11-10	1928-05-31	1929-04-27 536/S/29	1929-07-09 拒签	不明	黄文兰Wong Wun Lan	尾利畔新华隆铺	P.W.M.U. School	拒签
梁求益 Leong Kow Yick	小泽村	1915-11-11	1932-01-20	1932-02-11 N. 24722	1932-02-17	1932-06-12 太平	祖父梁协 Leong Hip	美珍号 Mee Chun & Co.	尾利祥, Christian Brothers' College	1938-06-15 "Nellore"号回国
凌全义 Ling Chun Yee	大范村	1916-05-03	1923-02-26	1923-06-14 285/S/23	1823-06-18	1927-08-07 太平	凌亚铎 Len Ah Dock	叔凌亚振联记铺	美利滨, 公立学校	1933-08-16 太平号回国
凌亚兆 Ling Ah Sue	大范里	1916-06-01	1923-08-07	1923-11-27 354/S/23	1923-11-29	1924-05-01 Arafura	凌扶Ling Foo	洗衣铺	美利滨Albert Park School	1931-01-06 "Tanda"号回国

续表

姓名	籍贯	出生日期	申照日期	发照日期	签证日期	抵澳日期	父/监护人名	担保商铺名	来澳地点学校	结局
李胜 Lee Sing	三村	1916-06-15	1929	1931-02-12 599/k/31	1931-03-26 拒签	不明	Lee Kee	普扶埠广利铺	屈臣兄弟学校 Christian Brothers College	拒签
黄柞华 Charlie Wah	京背村	1916-07-07	1929-08-06	1929-08-08 553/S/29	1929-11-15 拒签	不明	黄华 Wong Wah	纽所委省阿备利埠洗衣铺	Albury公立学校	拒签
钟荣治 Chun Wing Gee	钟边村	1916-07-13	1926-11-12	1926-11-15 455/S/26	1926-12-31	1927-04-10 太平	钟炳 W. Chung Bing	钟记木铺 Chung Kee	美利祥P.W.M.U. School	1937-01-09 彰德号回国
威利祥 Willie Cheong	贵岗村	1916-09-12	1923-03-26	1923-07-24 309/S/23	1923-07-26	1925-12-21 Tanda	陈蓬Chin Fung (陈维康)	唛湖埠广益铺	Macknade QLD 本处公立学校	1928-05-18 被歹人残杀
阮显明 Yuen Hin Ming	江门村	1916-11-10	1927-12-20	1928-05-01 502/S/28	1928-07-02 拒签	不明	阮要高 William Yee	雪梨茂生铺 Mow Sang & Co.	Chinese School of English	拒签
钟瞻 Chung Sim	会城	1916-11-20	1922-12-28	1923-06-14 288/S/23	1923-06-18	1923-10-28 Arafura	钟承朗Willie Chung Sing	广兴铺	他省可拔埠 Hobart Government State School皇家学校	1928-06-07 "Arafura"号回国后返澳，入籍
陈携 Chun Kwai	天马村	1916-12-08	1928	1828-04-03500/S/28	1928-08-27 拒签	不明	陈利Chun Wah (陈象忠)	尾利滨新裕利铺	P.W.M.U. School	拒签
陈国荣 Chun Kwok Wing	会城	1917-06-10	1923-12-27	1924-02-06 380/S/24	1924-02-09	1924-03-28 Eastern	陈象柱 Henry Chun	美利滨香港楼	Carlton Rathdown St. State School	1927-12-14 太平号回国

民国赴澳大利亚留学档案全宗·新会卷·述个案学人粤

姓名	籍贯	出生日期	申照日期	发照日期	签证日期	抵澳日期	父/监护人名	担保商铺名	来澳地点/学校	结局
陈树钦 Chan C. Ham	会城	1917-12-14	1931-09-16	1932-01-11No 24716	1932-01-27	1932-10-13 太平	陈象烛 George Chan Home	城多利文招鳞埠左珠砒铺 Mildura, Vic	文招鳞师 姑学校 St. Joseph's school	1937-04-03 "Tanda"号回国
陈阿明 Chin Ah Ming	城内府前街	1917-12-15	1926-10	1927-09-26 457/S/27	1927-12-07	1928-08-09 太平	陈阿沛Chin Ah Poy	美利滨陈沛木铺	列地博衡街学校 P.W.M.U. School	1936-01-04 "Tanda"号回国
钟儒铭 Chung Yee Ming	钟边村	1919-04-03	1929-04-22	1929-04-29 540/S/29	1929-07-02 拒签	不明	祖母D Chung	钟记木铺 Chung Kee	美利滨 St. Peter's College	拒签
阿镕 Ah Tle	芦村	1919-06-10	1930-03-11	1931-05-01 602/S/31	须换私立学校，未回音	不明	新省Sun Sing	新省White Hills, Bendigo	美尔体 P.W.M.U. School	1931-06-26 未进一步申请
温焜肃 Woon Goon Sook	江门	1919-09-06	1929-11-04	1929-12-30 567/S/29	1930-03-17 拒签	不明	Peter Woon Yen	甲伦埠种植圃	Cobram VIC	拒签
陈群 Chan Coon	旺冲村	1919-12-22	1937-01-28	1837-08-12 N. 224122	1937-08-03	1937-09-27 Tanda	Chan Que	美利畔永享公司Wing Young	Christian Brothers' College	1940-03-11 太平号回国
陈文发 Moon Fat	县城	1920-04-04	1933-09-11	不明	1933-10-27 拒签	不明	叔陈柏培 William Pak Poy	C. Yam Yan & Co.,	Darwin打运埠天主教学校Convent School, Darwin	拒签
林炳棠 Lam Ban Hang	小姚村	1921-01-26	1930-09-14	1931-03-17 600/K/31	1931-05-27 Postponed	不明	林景Lam King	美参号Mee Chun & Co.	美利滨 St. Peter's School	1931-05-27 再申请，未赴澳
周枝荣 Joe Gee Wing	桥亭村	1921-07-12	1932-11-10	1932-12-20 N.24734	1933-01-11	1933-05-11 彰德	周有Joe You	合和兴铺	尾利滨，长老会学校	1962-05-03 入籍

续表

姓名	籍贯	出生日期	申照日期	发照日期	签证日期	抵澳日期	父/监护人名	担保商铺名	来澳地点/学校	结局
钟百焜 Chung Pak Koon	会城内	1921-12-03	1934-04-20	1934-06-26 No.122956	1934-06-27	1934-09-01 Nellore	钟承朗 Willie Chung Sing	吓令顿街七十五号铺 (Ah Ham & Co.)	他市民夜省好拔埠 圣彼故市学校 St. Virgil's College, Hobart	1936-11-06 "Nankin"号与父一同归国；次年回澳，最终加入澳籍
陈柏宏 Chun Pak Wang	天马村	1921-12-13	1938-07-05	不明	1938-10-14 拒签	不明	陈早 Chun Joe	生果铺	汤士威炉 Christian Brothers' College	拒签
李眠丰 Lee Minn Fong	江门启明里	1922-11-20	1936-02-10	1936-03-03 N.223936	1936-03-06	1936-05-14 彰德	李钰 P. Lee Yook	P李钰号	美利滨, St. Joseph's School	1941-09-22 太平号回香港
赵能卓 Chew Hung Chuck	许村	1925-11-24	1939-03-28	1939-05-15 N.437961	1939-05-25	1939-10-07 Neptuna	George Chuck	雪梨草医铺	Marist Brothers' Commercial College	1940-07-03 太平号回国
黄铨 Wong Soon	会城内	1927-07-15	1939-05-17	1939-07-31 N.437986	1939-08-15	1939-11-26 太平	黄亚林 Ah Lim	美利畔富源铺 Melbourne, Foo Goon & Co.	Church of England free Kindergarten Schools	1948-07-06 山西号回国
陈乐 Chan Lock	石渠里	1927-08-10	1936-07-06	1937-11-24	1937-12-01	不明	陈的 Chan Dick	域多利眼啁嚹 Mildura, Vic 茉蔬果子铺	罗马教学校 Convent of Mercy	获签后未见有进一步资料